Philipp Plattner

Französische Schulgrammatik

Philipp Plattner

Französische Schulgrammatik

ISBN/EAN: 9783744637695

Hergestellt in Europa, USA, Kanada, Australien, Japan

Cover: Foto ©Paul-Georg Meister /pixelio.de

Weitere Bücher finden Sie auf **www.hansebooks.com**

Französische Schulgrammatik.

Von

Ph. Plattner.

Zweite Auflage.

Karlsruhe.
J. Bielefeld's Verlag.
1887.

Vorrede zur 1. Auflage.

Die vorliegende Schulgrammatik ist für den Gebrauch in den mittleren und oberen Klassen höherer Lehranstalten bestimmt. Sie soll ihrer Anlage nach ein Buch sein, welches nach einem vorbereitenden Kursus von etwa zwei Jahren den Schüler auf seinem ganzen Unterrichtsgang begleiten kann. Das Buch soll möglichst in keiner wichtigeren Frage die Auskunft versagen, die Begründung der Regeln und das Eingehen auf Einzelheiten des Sprachgebrauchs nicht scheuen, zugleich aber durch seine Einrichtung sich dazu eignen, das Unentbehrliche von dem für den weniger vorgerückten Schüler noch nicht passenden Stoff deutlich zu scheiden.

Es ist eine berechtigte Forderung, daß der Unterricht sich zu beschränken lernt, und daß totes Einlernen mehr und mehr durch sorgfältige Übung nicht nur ergänzt, sondern ersetzt wird. Aber verkehrt wäre es, wenn die Schulgrammatik selbst aus dieser von dem Lehrer zu erfüllenden Pflicht das Recht herleiten wollte, sich auf eine Summe rezeptartig zugeschnittener Regeln zu beschränken und dem selbständigen Urteil des Unterrichtenden vorzugreifen. Im Gegenteil halte ich es für die Aufgabe der Schulgrammatik, nicht bloß den grammatischen Lernstoff in einer Weise vorzuführen, daß eines das andere ergänzt und rundet und daß die Einzelheiten zur festeren Aneignung der Hauptsachen beitragen, sondern auch die mannigfachen Andeutungen über Sprachgebrauch, welche unumgänglich dem Schüler im Laufe des Unterrichts in zerstreuter und darum oft wirkungsloser Form zugeführt werden müssen, an einer passenden Stelle in Zusammenhang mit Verwandtem zu bringen. Mit diesem Bestreben im Einklange steht es, wenn auch die Beispiele und Mustersätze vielfach absichtlich gewählt sind, um das französische Wissen nach anderer Richtung zu fördern oder aufzufrischen.

Durch verschiedenen Druck wurde dem Auge deutlich erkennbar gemacht, was als wirklicher Lernstoff zu betrachten ist, und was lediglich zur Erläuterung oder Begründung, zur weiteren Ausführung oder schärferen Begrenzung der Hauptregeln beizufügen war. In der Syntax besonders ist weiter das eigentliche Grundwerk dadurch kenntlich gemacht, daß die Beispiele in Kursivschrift der Regel voranstehen. Etwaige Ziffern entsprechen den Ziffern der nachfolgenden Regel. Zugleich wurde darauf gesehen, daß die Ziffern der An=

merkung in engem Anschluß an die der Regel stehen; wo das nicht angängig war, wurde es auf irgend welche Weise angedeutet, meist durch Wiederholung des Vermerks Anm. in jedem einzelnen Falle. In den beigegebenen Listen wurde das Wesentlichste durch gesperrten Druck bezeichnet.

Diese Teilung vorzunehmen, war nötig, schon um einen Anhalt für die Einrichtung des Übungsbuches zu gewinnen. Daß ich bei der Scheidung der Ansicht eines jeden und dem Bedürfnis jeder Schule oder jeder Klasse gerecht geworden bin, ist nicht vorauszusetzen. Jedenfalls habe ich mich davor zu hüten gesucht, meine eigene Ansicht über Unentbehrlichkeit walten zu lassen, und habe mich bemüht, ein Durchschnittsmaß zu finden, das dem verbreitetsten Bedürfnis genügen kann. Sache des unterrichtenden Lehrers muß es bleiben, weitere Ausscheidungen vorzunehmen oder einzelne Partien des in die Anmerkung verwiesenen Stoffes gleichzeitig mit der Regel vorzuführen. Das zugehörige Übungsbuch wird für die Syntax eine möglichst weitgehende Aussonderung des Wichtigsten vornehmen durch die Einflechtung einer Reihe von Übungsstücken, welche berechnet sind, nach der Einübung der sog. unregelmäßigen Verba und kurzer Wiederholung der regelmäßigen Formenlehre die Hauptregeln der Syntax im Laufe etwa eines Semesters in den Besitz des Schülers zu bringen. Es soll damit verhütet werden, daß, wie es jetzt meist geschieht, syntaktisches Einzelwerk vorgenommen werden muß, ehe die wesentlichsten Sprachgesetze sämtlich im Unterricht vorgekommen sind, und es soll dem Übelstande vorgebeugt werden, daß der vor beendigter Obersecunda abgehende Schüler ein in der einen Hälfte ausgebautes, in der anderen aber kaum angelegtes syntaktisches Wissen mitnimmt.

Da das Lateinische sowohl wie das Englische zur Vergleichung herangezogen ist, könnte das Buch besonders für Realgymnasien berechnet erscheinen. Aber diese Hinweise sind, für das Lateinische in der Formenlehre, für das Englische besonders in der Syntax, bei weitem nicht in dem ihnen gebührenden Umfange gegeben. Auch hier hat der Lehrer nach eigenem Ermessen einzugreifen; die Grammatik hat nur den Weg zu zeigen oder, besser gesagt, den Weg nicht zu verbauen. So bleibt immer noch ein Lehrbuch möglich, das verschiedenartigen Ansprüchen genügt, um so mehr, da die einen in dem ausbauenden Teil des französischen Unterrichts sich mehr und mehr höheren Forderungen werden fügen müssen, während in dem grundlegenden Teil die anderen gut daran thun werden, sich der Methode jener zu nähern. Den eigentlichen Schwerpunkt meiner Arbeit habe ich in das zu verlegen gesucht, was jedem französischen Unterricht in jeder Schule gemeinsam bleiben muß, die Aneignung eines korrekten Ausdrucks, welcher sich um sprachmeisternde Schrullen nicht kümmert, aber sich bemüht, auch im kleinsten sorgfältig zu sein.

In Bezug auf die Terminologie, in welcher die Anbahnung einheitlichen Gebrauchs wünschenswert ist, bin ich im ganzen Lücking gefolgt, habe mir aber, wo es praktisch schien, andere Bezeichnungen gestattet. Da die französische Benennung besonders der Tempora noch zahlreiche Anhänger hat, wurde dieselbe gewöhnlich in Klammer beigefügt.

Die Beispiele sollten gut französisch und klar sein, sollten aber nicht gehäuft werden. Die Schulgrammatik stellt Gesetze auf, die Rechtfertigung und Belegung gehört an einen andern Ort. Einzelne Mustersätze wird indes das Übungsbuch noch enthalten.

Aus demselben Grunde wurden nur ausnahmsweise Citate gegeben. Es ist mir eine Pflicht hier anzuerkennen, daß ich anderen vieles verdanke; besonders wären die Namen A. Darmesteter, Förster, Körting, Koschwitz, Lücking, G. Paris, Tobler[1] u. a. häufiger zu nennen gewesen. Aus den vorhandenen Grammatiken habe ich Nutzen zu ziehen gesucht, größeren noch allerdings aus den mir zugänglich gewordenen Beurteilungen derselben. Von sehr hohem Werte waren mir die Arbeiten von Bertram, Schmager und Schulze, welche sich die Beobachtung des neueren Sprachgebrauchs und die schärfere Fixierung der Regeln zur Aufgabe machen. Außerdem habe ich eigene Arbeiten benützt, teilweise auch durch die Vergleichung ausgedehnter Materialsammlungen denselben vorgegriffen. Unter den neueren von Franzosen verfaßten Grammatiken ist vorzüglich die von Chassang oft zu Rate gezogen worden, welche in der Auffassung historischer Vorgänge vielfache Irrtümer, aber in der Beurteilung der bestehenden Spracherscheinungen eine verständige, von Künstelei unbeirrte Darstellung zeigt.

Für die ganze Anlage des Buches bin ich Herrn Oberschulrat v. Sallwürk zu besonderem Danke verpflichtet, welcher durch seine Mitteilungen über die Behandlung des französischen Unterrichts in Baden und seinen Rat meine Ansichten bekräftigte oder berichtigte.

Indem ich diese Grammatik der Öffentlichkeit übergebe, versichere ich, daß ich für jede Beurteilung derselben dankbar sein werde, möge dieselbe das Gute anerkennen, welches das Buch mir zu besitzen scheint, oder die Schwächen aufdecken, welche demselben trotz der verwandten Mühe und Sorgfalt sicherlich anhaften. Vor allem willkommen werden mir zustimmende wie mißbilligende Äußerungen sein, welche auf eigener Beobachtung des gegenwärtigen Sprachgebrauchs beruhen.

Straßburg, den 10. September 1882.

---

[1] Vorzugsweise ist hier auf Abhandlungen und Recensionen zu verweisen, die in Zeitschriften erschienen sind; in erster Linie kommen die „Zeitschrift für roman. Philologie" und die „Revue critique" in Betracht.

Vorrede zur 2. Auflage.

Die neue Auflage weist eine größere Zahl von Änderungen auf, zu welchen Zuschriften und Recensionen sowie eigene Beobachtungen Veranlassung gaben. Besonders von zwei Seiten hat das Buch eingehende Besprechung gefunden: in dem „Centralorgan f. d. Interessen d. Realschulw." (Direktor Merkel) und in der „Zeitschr. f. neufr. Spr. u. Litt." (Oberlehrer Dr. Rambeau). Beider Recensenten Vorschläge sind dem Buche sehr zu statten gekommen und waren um so wertvoller, da sie sich gegenseitig ergänzten.

Ganz umgestaltet ist der Abschnitt über das ungleichförmige Verb. In der 1. Aufl. war die Einteilung von Brachet (Nouv. gramm. française) zu Grunde gelegt worden. Da das Buch aber auch für mittlere Klassen verwendbar sein mußte, trat in der Anordnung manche Verschiebung ein. Daraus ergab sich der schon bei Brachet fühlbare Mißstand, daß eine streng wissenschaftliche Einteilung nicht durchführbar war und trotzdem eine die Übersicht erschwerende Zahl von Unterabteilungen nötig wurde. Letzteres ist durch die neue Einteilung nach Stämmen vermieden; die von Rambeau vorgeschlagene und für eine Wiederholung in den oberen Klassen sehr praktische Einteilung findet man im § 78.

Um den Gebrauch beider Auflagen neben einander zu erleichtern, ist die frühere Paragraphenzählung in Klammer beigefügt worden.

Château-Salins, im Mai 1887.

Ph. Plattner.

Inhalt.

Die Zahlen weisen auf die Paragraphen.

Erster Teil: Lautlehre und Rechtschreibung.

I. **Lautlehre.** Die Sprachlaute, 1. Die Vokale, 2. Laut und Schriftzeichen y, 3. Verstummen von Vokalen, 4. Vokallaute mit ungewöhnlicher Aussprache, 5. Die Nasalvokale, 6. Die Nasallaute em, en, im, in, 7. Die Diphthonge, 8. Die Diphthonge nach g, q, 9. Diphthonge mit y als Schriftzeichen, 10. Diphthonge mit geschliffenen Lauten, 11. Das geschliffene n, 12. Die Konsonanten, 13. Mehrere Zeichen für denselben Laut, 14. Ein Zeichen für verschiedene Laute, 15. Die s=Laute, 16. Die x=Laute, 17. Ungewöhnliche Zeichen, 18. Aspiriertes h, 19. Namen mit stummem h, 20. Verstummen von Konsonanten, 21. Ausnahmsweise hörbare Konsonanten, 22. Auslautendes s, 23. Stummes s im Inlaut, 24. Aussprachescherze, 25. Die Bindung, 26.

II. **Rechtschreibung:** Die Elision, 27. Orthographie, 28—31. Gebrauch großer Anfangsbuchstaben, 32. Der Bindestrich, 33. Das Trema, 34. Die Accente, 35. Die Silbenteilung, 36. Abkürzungen, 37. Die Interpunktion, 38. Das Komma, 39. Lautregeln, 40. Schriftregeln, 41.

Zweiter Teil: Formenlehre.

Die Wortarten, 42.

I. **Verb:** Genus, Modus u. s. w., 43. Einteilung der Verben, 44—46. Die Konjugation. Stamm, 47. Endung, 48. Übersicht der Endungen, 49. Formenbildung, 50. Gleichförmige Konjugationen, 51—55. Hülfsverben, 56 bis 60. Der Gebrauch der Hülfsverben in den umschreibenden Zeiten: Intransitive mit être, 61; avoir und être, 62. Reflexive, 63. Reflexiver und reciproker Sinn, 64. Französisches Reflexiv für deutsches Intransitiv oder Transitiv, 65. Französisches Intransitiv oder Transitiv für deutsches Reflexiv, 66. Intransitiv und reflexiv zugleich, 67. Einzelne Unregelmäßigkeiten: Verben auf -cer, -ger, -guer und -quer, 68. Die e-Laute, 69. Behandlung des e in vorletzter Silbe bei Verben, 70. Verben auf -ayer, -oyer, -uyer, 71. Aller, 72. S'en aller, 73. Envoyer, 74. Haïr, fleurir, bénir, 75. Gebiet der gleichförmigen Konjugationen, 76. Ungleichförmige Verben: Gebiet derselben, 77. Formenbildung, 78. Ungleichförmige Verben auf -ir, 79—81. Auf -re, 82—85. Auf -oir, 86—88. Defektive Verben, 89. Unpersönliche Verben, 90. Im Deutschen unpersönliche Verben, die es im Französischen nicht sind, 91.

II. **Artikel**: Bestimmter und unbestimmter, 92. Teilungsartikel, 93.

III. **Substantiv**: **Pluralbildung**: Regelmäßiger Plural, 94. Fehlen des Pluralzeichens, 95. Plural auf x, 96. Doppelte Pluralbildung, 97. Zusammengesetzte Substantive, 98. Nur im Plural übliche Wörter, 99. Nebenbedeutung im Plural, 100. Stoffnamen und Abstrakte, 101. Personennamen, 102. Singular für Plural, 103. Plural für Singular, 104. — **Geschlecht**: Bestimmung desselben, 105. Männlich der Bedeutung nach), 106; weiblich, 107. Flußnamen, 108. Der Endung nach männlich, 109; weiblich, 110. An dem Ursprung als männlich erkennbar, 111. Geschlechtsbestimmung nach der Etymologie, 112. Scheideformen, 113. Homonymen, 114. Les gens, 115. Wörter, deren Geschlecht leicht verfehlt wird, 116. Natürliches und grammatisches Geschlecht, 117.

IV. **Adjektiv**: **Motion des Adjektivs und des Substantivs**: Die Motion, 118. Motionsunfähige, 119. Motion bei lautem Vokal und Nasalvokal, 120; bei konsonantischem Auslaut, 121; abweichende Formen, 122. Verwendung der Motionsformen, 123. Einzelne Bemerkungen, 124. — **Pluralbildung**: Plural der einfachen Adjektive, 125. Motion und Plural der zusammengesetzten Adjektive, 126. — **Komparation**: Regelmäßige, 127; organische, 128. Einzelne Bemerkungen, 129. Steigerungsunfähige, 130. Absoluter Superlativ, 131. Vertauschung der Komparationsgrade, 132.

V. **Adverb**: **Bildung der Adverbien**: Ohne besondere Endung, 133. Gewöhnliche Bildung, 134; abweichende, 135. Komparation, 136. **Verwendung**: Bemerkungen zu einzelnen Adverbien, 137. En, y scheinbar pleonastisch, 138. Vertauschung von Adjektiv und Adverb: Adverb für Adjektiv, 139; Adjektiv für Adverb, 140. Neutrales Adjektiv bei Verben, 141. Verbale Umschreibung deutscher Adverbien: Temporale, 142; modale, 143.

VI. **Zahlwörter**: Einteilung, 144. Kardinal- und Ordinalzahlen, 145. Aussprache, 146. Bildung, 147; der Ordinalzahlen, 148. Bruchzahlen, 149. Zahladverbien und Multiplikativzahlen, 150. Zahlsubstantive, 151. Kardinal- für Ordinalzahl, 152. Orthographie der Zahlwörter, 153. Stellung der Zahlwörter, 154.

VII. **Pronomen**: Einteilung, 155. **Persönliches Pronomen**: Formen, 156. Verbundenes Pronomen: Verwendung, 157; Kombination und Stellung der Objektsformen, 158; Stellung der zum Infinitiv gehörigen Objektsformen, 159. — **Possessivpronomen**: Einteilung, 160. Adjektivisches Possessiv: Formen, 161; in Zusammensetzungen, 162. Substantivisches

Possessiv: Formen, 163. — Demonstrativpronomen: Einteilung, 164. Formen, 165. Zusatz von ci, là, 166. Demonstrativ und Determinativ, 167. Sonstige Demonstrative, 168. — Relativ- und Interrogativpronomen: Formen, 169. — Indefinites Pronomen: Einteilung, 170. Substantivische Fürwörter, 171; adjektivische, 172; adjektivische und substantivische, 173.

VIII. Präposition: Eigentliche Präpositionen, 174. Präpositionale Redensarten, 175. Wiedergabe deutscher Präpositionen: an, 176; auf, 177; aus, 178; außer 179; bei 180; binnen, 181; bis 182; durch 183; für, 184; gegen, 185; hinter, 186; in, 187; mit, 188; nach, 189; über, 190; um, 191; unter, 192; von, 193; vor, 194; zu, 195.

IX. Konjunktion: Koordinierende Konjunktionen, 196; subordinierende, 197.

X. Interjektion: Eigentliche Interjektionen, 198. Schallwörter, 199.

Dritter Teil: Syntax.

Einteilung, 200.

I. Wortstellung des Aussagesatzes: Bedeutung derselben, 201. Regelmäßige Wortstellung, 202. Accusativobjekt vor dem Verb, 203. Präpositionales Objekt vor dem Accusativobjekt, 204. Adverbien und adverbiale Bestimmungen, 205.

II. Fragestellung: Fragesatz, 206. Inversion im direkten Fragesatz, 207. Inversion eines beliebigen Subjekts außer der Frage, 208; Inversion des substantivischen Subjekts, 209; obligatorisch, 210.

III. Verb: Transitive und intransitive Verben: Transitive, 211; Intransitive, 212. Rektion der Verben: Mit dem Accusativ, 213; Verben, welche mit der Rektion die Bedeutung wechseln, 214; Unterschied des persönlichen und des sächlichen Objekts, 215; Zusammentreffen beider Objekte, 216. — Übereinstimmung von Subjekt und Prädikat: Ein einzelnes Subjekt, 217; mehrere verbundene Subjekte, 218; Subjekte verschiedener Person, 219. — Gebrauch der Zeiten: Französische und deutsche Zeiten, 220. Zeiten mit gleicher Verwendung, 221. Imperfekt 222. Historisches Perfekt, 223. Historisches Plusquamperfekt, 224. Zeiten des Bedingungssatzes, 225; des Konzessivsatzes, 226. — Konjunktiv: Einteilung, 227. Konjunktiv im Hauptsatze, 228. Konjunktiv im Nebensatze: Verwendung, 229. Nach anderen Konjunktionen als einfachem que: Temporale Konjunktionen, 230; konditionale, 231; konsekutive, 232; konzessive, 233; finale, 234; mit Negation, 235; Wiederholung der Konjunktionen, 236. Konjunktiv nach que: Konjunktiv des Begehrens, 237; der Irrealität, 238; einzelne Bemerkungen, 239. Konjunktiv im Relativsatze, 240. — Zeitenfolge, 241. — Infinitiv: Reiner Infinitiv als Subjekt, 242; als logisches Subjekt, 243; als Prädikat, 244; als Objekt, 245. Infinitiv mit à nach Substantiven, 246; adverbial, 247; nach

Verben, 248; nach Adjektiven, 249. Infinitiv mit anderen Präpositionen: mit de, 250; mit de und à, 251; mit sonstigen eigentlichen Präpositionen, 252. Infinitiv statt eines Nebensatzes, 253. — Particip: Particip des Präsens: Einteilung, 254; Verbaladjektiv und Particip, 255; Particip und Gerundium, 256; Particip des Präteritums: ohne Hülfsverb, 257; mit Hülfsverb, 258.

IV. **Artikel und Substantiv**: Verwendung der Artikel, 259. Artikel bei Personennamen, 260; bei Städtenamen, 261; bei Ländernamen, 262; Ländernamen ohne Artikel, 263; bei Flußnamen, 264. Gattungs- und Artbegriff in attribut. Verhältnis, 265. Artikel vor determinativen Bezeichnungen, 266. Bestimmter Artikel abweichend vom Deutschen, 267; in Redensarten, 268. Artikel fehlt vom deutschen Gebrauch abweichend, 269; in präpositionalen Redensarten, 270; in verbalen Ausdrücken, 271. Artikel fehlend wie im Deutschen, 272. Apposition, 273. Wiederholung des Artikels, 274. Korresponsion der Artikel, 275. — Artikel im partitiven Sinn: Mit einem Adjektiv, 276; nach Quantitätsbestimmungen oder Negation, 277. — Artikel bei prädikativem Substantiv (doppelter Nominativ oder Accusativ), 278. — Der Infinitiv als Prädikat: Nominativ (Accusativ) mit dem Infinitiv, 279. Prädikatsinfinitiv im aktiven und im passiven Sinn; Ersatz durch ein Particip, 280. Accusativ mit dem Infinitiv bei transitivem Verb, 281. Dativ mit dem Infinitiv, 282. — Accusativ, 283.

V. **Pronomen**: **Persönliches Pronomen**: Vertauschung der Zahl oder der Person, 284. Le prädikativ, 285. En, y, 286. Ausfall des verbundenen Pronomens, 287. Unrichtiges le, en, y, 288. Einzelne Bemerkungen, 289. Unverbundenes Pronomen ohne Verb, 290; beim Verb, 291. Soi, 292. Unverbundenes Pronomen bei Sachen, 293. Zusammenfassung der Fürwörter, 294. — **Possessivpronomen**: Vertauschung der Zahl oder der Person, 295. En statt des Possessivs, 296. Verstärkung des Possessivs, 297. Wiederholung, 298. Possessiv fehlt, 299. Possessiv zugefügt, 300. Ethisches Possessiv, 301. Stellung des Possessivs bei Zusammensetzungen, 302. Substantivisches Possessiv, 303. — **Demonstrativpronomen**: Eigentliches: Adjektivisches Demonstrativ, 304; substantivisches, 305; neutrales ce, 306; c'est und il est, 307; ceci, cela ohne Prädikat, 308; mit Prädikat, 309; ce vor dem logischen Subjekt, 310. Determinativ: Adjektivisches, 311; substantivisches, 312; celui-là, 313; ce, 314; cela, 315. — **Relativpronomen**: Qui, 316. Lequel, 317. Einschiebung eines Beziehungswortes, 318. Neutrales qui, 319. Que, ce que als Nominativ, 320. Relativadverbien: dont, 321; où, 322; que, 323. Beziehungsloses Relativ, 324. — **Interrogativpronomen**: Quel, 325. Lequel, 326. Qui, 327. Neutrales que, 328. Quoi, 329. Anknüpfung des indirekten Fragesatzes, 330. Interrogativ im Ausrufesatz, 331. — **Indefinites Pronomen**: Nur substantivisch: On, personne, rien, 332. Nur adjektivisch: Maint, certain, différents, divers, 333. Adjektivisch und substantivisch: Un, 334; l'autre, 335; l'un l'autre, 336; pas un, 337; nul, aucun, 338; rien etc. bei negativem Sinn, 339; plusieurs, 340; tel, 341; même, 342; tout, 343; tout als Adverb, 344; chaque, chacun, 345; quelque, quelqu'un, 346; quiconque, quelconque, 347; Relative Indefinite konzessiv, 348; adverbiales quelque—que, 349.

VI. **Adjektiv: Stellung: Hauptregel**, 350; regelmäßig nach dem Substantiv, 351; mit wechselnder Bedeutung, 352. — **Substantivisches Adjektiv**, 353; Ersatz für dasselbe, 354. — **Kongruenz: Hauptregel**, 355; ein Adjektiv bei verschiedenen Substantiven, 356; verschiedene Adjektive bei einem Substantiv, 357. — **Komparativsatz: Einteilung**, 358. Komparativsätze der Gleichheit, 359; der Ungleichheit, 360; der Proportionalität, 361.

VII. **Adverbien der Affirmation und der Negation:** Ohne unmittelbare Verbindung mit dem Verb, 362. Negation beim Verb, 363. Stellung der Negation, 364. Ne...que, 365. Negative Konjunktionen, 366. Ne ohne Füllwort, 367 und 368. Expletives ne, 369.

VIII. **Präposition:** Gleiche Präposition vor verschiedenen Substantiven, 370. Verschiedene Präpositionen vor gleichem Substantiv, 371.

Berichtigungen.

S. 17 Z. 9 v. o. lies l'angélus.
S. 46 Z. 19 v. u. lies *all-*.
S. 78 Z. 16 v. o. lies *je naquis*.
S. 114 Z. 17 v. o. lies *supérieur*.
S. 138 Z. 6 v. u. lies demie.
S. 203 Z. 7 v. o. lies égales.

Erster Teil:

I. Lautlehre.[1]

§ 1. Die Sprachlaute. Die Sprachlaute zerfallen in eigentliche Laute oder Vokale und bloße Geräusche oder Konsonanten.

Die Vokale zerfallen in reine Vokale, Mischvokale, Nasalvokale und Diphthonge. Die Konsonanten sind entweder eigentliche Konsonanten oder Mittellaute (Liquide). Die eigentlichen Konsonanten werden nach der Art, wie sie im Munde hervorgebracht werden, in Verschlußlaute und Reibelaute eingeteilt; nach der Art, wie sie im Kehlkopf entstehen, teilt man sie in stimmhafte (weiche) und stimmlose (harte) Konsonanten.

§ 2. Die Vokale. Die reinen Vokale sind im Französischen, von dem tiefsten angefangen und mit Auslassung des zweiten a-Lautes

u ó ò a è é i

Die Mischvokale entstehen aus je zwei dieser Vokale. Es sind folgende drei: ö (aus ò und è), ő (aus ó und é), ü (aus u und i).

Bezeichnet werden die reinen Vokale durch

ou, o (au), o (au, eau), a, è (ê), é, i (y),

die Mischvokale durch

eu (œu), eu (œu), u

Beide e-Laute werden auch durch nachfolgende Konsonanten und Konsonantenverbindungen kenntlich gemacht; ai ist oft das Zeichen für jeden der beiden e-Laute, ei nur für den offenen.

§ 3. Laut und Schriftzeichen y. Eigentliches y findet sich nur in Wörtern griechischer Herkunft (la dynastie), wird aber in denselben wie i gesprochen.

Aus anderen Sprachen werden Wörter mit dem konsonantischen Anlaut y entlehnt, welcher indessen französisch die vokalische Aussprache (i) annimmt: un yacht (spr. *iak*), le yatagan, la yole. An der vokalischen Aussprache wird nichts geändert, wenn die sog. halbe Aspiration (wie in onze) eintritt. Nicht aspiriert sind z. B. Yarmouth, York, Young, wogegen le Yucatan, le couvent de Yuste.[2]

---

[1] Vergl. Anhang zum „Elementarbuch der franz. Sprache", 2. A.

[2] So lautet der Name des bekannten spanischen Klosters, welches nicht nach einem Heiligen, sondern nach einem vorbeiströmenden Bache benannt ist.

Statt aï wird häufig noch **ay** geschrieben: la bayadère, le cipaye (Seapoy) und in vielen Namen: Bayard, Bayonne, Bayeux, la Biscaye, Blaye, Cayenne, Fayel, Lafayette, les îles Lucayes, Mayence, Mayenne.

Anm. Dagegen steht jetzt aï in l'aïeul, la baïonnette, la faïence, la naïade, le païen. Das ältere y steht noch für i öfter im Anlaut (les yeux, l'Yonne), besonders aber im Auslaut bei Namen: Cluny, Coligny, Sully[1]. Dieses y hat (wie x als Pluralzeichen) seinen Grund in der früher herrschenden Sucht, am Wortschluß Buchstaben zu setzen, welche Schnörkel gestatten. In Namen auf ai darf nicht mehr y stehen: Cambrai, Douai, Tournai, Tokai; auch Albi ist stehende Schreibart.

Zu bemerken Sylla (Sulla). Gegen die Etymologie schreibt man le style, le stylet, umgekehrt un asile, un abîme.

§ 4 (¹). Verstummen von Vokalen.

Der Vokal a verstummt in août, l'août (Erntezeit), un aoûteron (Erntearbeiter), Curaçao (Insel), le curaçao (Pomeranzenliqueur), Saône, le toast (auch toste geschr.).

e ist stumm in Caen, Decaen, Jean, Maëstricht (spr. *mastrik*),[2] Staël; ferner in seoir und dessen Zusammensetzungen.

Das i wird nicht gehört in un oignon, une encoignure (Mauerecke, Eckschrank); manche schreiben es auch nicht. Enghien ist wie *anghin* zu sprechen.

o ist stumm in le faon (Junges bei den Hirscharten), le paon und ihren Ableitungen, in le taon (Rindsbremse) und Laon, nach manchen auch in Craon und Raon. Einzelne sprechen o statt oo in Laocoon u. a.

Anm. Früher war a stumm in aoriste und ist es noch bei manchen in extraordinaire. In la douairière und Montaigne wurde früher ai wie a gesprochen. Die gewöhnliche Sprache läßt i verstummen in le moignon, le poignard, la poignée, le poignet, empoigner. Für taon kam früher die Aussprache *tan* und *ton* vor.

§ 5(²). Vokallaute mit ungewöhnlicher Aussprache.

In Fremdwörtern (besonders dem Englischen entlehnten) wird öfter der fremde Laut unvollkommen nachgeahmt: lady (spr. *lédi*), le square (spr. *skouèr'*), le spleen (spr. *splin'*), le rail (Eisenbahnschiene, spr. *rèl'*) u. a.

Ein e steht für kurzes (oder mittellanges) a in la femme, hennir, le Hennuyer (Hennegauer), nenni (oh nein), solennel, la solennité, solenniser, la solennisation und in der Adverbialendung -emment.

Anm. Hennir wird auch mit offenem, nenni mit geschlossenem e gesprochen, letzteres ist durchaus unrichtig. Vor mn findet sich der a=Laut (für e) nicht mehr, da indemniser, une indemnité jetzt offenes e haben.

---

[1] Die französischen Historiker setzen hier vielfach i. — Im Engl. ist y geblieben. Vgl. einerseits engl. Henry mit franz. Henri, andererseits the lady, to reply, happy mit the ladies, he replies, happily.

[2] Zur Bezeichnung der Aussprache sind die üblichen französischen Lautzeichen gewählt: s für scharfen, z für weichen S=Laut, k für den harten, gh für den weichen Palatallaut, j für den weichen, ch für den harten Sch=Laut; n am Silbenschluß ist immer nasal, sonst steht n'; ll bedeutet den geschliffenen Laut.

§ 6. Die Nasalvokale. Von vier (offenen) Vokalen werden Nasalvokale gebildet: a, ò, è und ō. Bezeichnet werden dieselben durch ein auf den Vokal folgendes m oder n, wobei jedoch auf diese Zeichen weder ein Vokal noch ein zweites m oder n folgen darf.

§ 7. (³) **Die Nasallaute em, en, im, in.** Gegen die Regel sind em, en nasal in enivrer, ennoblir¹ (veredeln), l'ennui, enorgueillir, deren Ableitungen und in den mit emm- beginnenden Wörtern, soweit sie mit en zusammengesetzt sind, z. B. emmener.

Nicht nasaliert werden em, en in Fremdwörtern (èm', èn' zu sprechen): l'abdomen (Unterleib), amen, le décemvir, le dictamen (Antrieb), le dolmen (keltisches Steindenkmal), le gluten (Klebstoff), le gramen (Glied der Gräserfamilie), l'hymen (Ehe, nur poetisch), le lichen (spr. *likèn'*, Flechte), le spécimen (Probestück) und in der Interjektion hem. Ebenso im Auslaut fremder Namen: Aden, Beethoven, Bethléem, Culloden, Éden, Harlem, Jérusalem, Lutzen u. a. Seltener im Inlaut: le Kremlin, Nemrod (früher Nembrod) und wegen des folgenden n in Agamemnon, Clytemnestre, Lemnos (s laut). — Bemerke: un examen (spr. *ègzamin*).

Em, en lauten wie nasales **in** im Inlaut von Fremdwörtern und fremden Namen²: un agenda (Notizbuch), un appendice, Bembo, Bender, le Bengale, Benjamin, le benjoin (Benzoë), la benzine, le centumvir (spr. *sintom'vir*), le compendium (spr. *-om'*, Handbuch), (h)endécagone (elfseitig), Gassendi, Gengis-Kan, Genséric, le Groënland³ (d laut), a Kempis (s laut), Marengo, Memphis (s laut), Mentor, le pensum (spr. *-om'*, Strafaufgabe), la Pensylvanie, le pentamètre, le pentateuque, pentélique, Rembrandt (*rinbran, rinbrant'* und *ranbran* gespr.), le rhododendron (on nasal), le sempervirens (spr. *sinpervirins* mit lautem s), Spencer und le spencer (spr. *-èr'*), Wen(t)zel. Ebenso im Auslaut bei le Camoëns und Rubens (s in beiden laut). In den weniger häufigen deutschen Namen (Aremberg, Lemberg u. a.) spricht man den Nasallaut in, in den bekannteren (Nuremberg, Oldenbourg, le Wurtemberg u. a. dagegen besser an; g ist immer stumm.

Selten ist en = nasalem im im Inlaut französischer Namen: Benserade, Penthièvre; häufiger im Auslaut: Agen, Dupuytren, Gien, nach einzelnen auch Écouen. Über Enghien vgl. § 4.

Anm. Nach manchen sind im, in nasal auch in immangeable, immanquable, innégociable u. a. — Im Auslaut von Fremdwörtern und fremden Namen sind meist auch -am, -im nicht nasal, ebensowenig -um (wie *-om'* zu sprechen: Abraham (aber Adam wie *adan*), Joachim als biblischer Name wie *joakim'* (als moderner Name wie *joachin*), un album, le pensum u. s. w. — Der Nasal **-un** klingt wie on oder eun in fremden Namen: Stralsund, le Sund; nur wie eun in Dunkerque. Les Burgundes spricht les Burgondes, wie auch oft geschrieben wird.

---

¹ Dagegen anoblir (in den Adelstand erheben).
² Bei einzelnen findet sich auch die Aussprache *èm', èn'*.
³ Auch Groenland geschrieben.

§ 8. Die Diphthonge. Dieselben sind im Franz. Verbindungen zweier Vokale zu einer Silbe (nicht zu einem Laut). Sie entstehen durch den kurzen Vorschlag eines i, o, ou, u vor einem reinen, nasalen oder Mischvokal. Da der Vorschlagsvokal geringere Dauer hat, als der nachfolgende, so sind die franz. Diphthonge steigende.

§ 9(⁴,⁵). Diphthonge nach g, q. Im Unterschied zu dem bloßen Schreibzeichen u (§ 15) ist öfter u nach g, q der Vorschlagslaut eines Diphthongs und vertritt den Vorschlagsvokal ou vor folgendem a, den Vorschlagsvokal u vor folgendem e oder i.

Nach g ist u wie deutsches ü zu sprechen in une aiguille und ähnlichen Wörtern, also auch in un aiguillon (Stachel), un aiguilleur (Weichensteller), aiguiser (schärfen, spitzen), in Guise, le Guide (Guido Reni), le Guipuzcoa, Guy (Veit), la Guyane, le linguiste, linguistique. Ferner mit **tréma** auf folgendem e oder i in aigu, -uë, ambigu, -uë (zweideutig), contigu, -uë (anstoßend), exigu, -uë (gering), la ciguë (Schierling), l'exiguïté und ähnlichen, sowie in dem Verb arguer (folgern; j'arguë, nous arguïons). Vgl. l'acuité.

Wie ou lautet u nach g in un alguazil (l laut), le Guadalquivir (qu = k), (la) Guadeloupe, la Guadiana, le guano, Guarini, lingual, nach einzelnen auch in le couguar.

Anm. Manche sprechen u wie deutsches ü auch in la Guyenne[1], Duguay-Trouin, Guizot, inextinguible. — Dagegen muß u stumm sein in le gui (Mistel), Guyon, Guyot, Lesdiguières, Tannegui du Châtel, Séguier.

Nach q klingt u wie deutsches ü in Aquilée, équestre (Ritter-, Reiter-), équilatéral (gleichseitig), l'équitation (Reitkunst), le questeur, le quiétisme, le quinquennium (beide qu in gleicher Art), le quintidi (fünfter Tag der Dekade), Quirinus (s laut), le Quirinal, le requiem (spr. -èm'), l'ubiquité (Allgegenwart) und ähnlichen. Manche sprechen ebenso Quinte-Curce und Quintilien, sowie la liquéfaction (Schmelzen).

Wie ou lautet u nach q in adéquat (t meist stumm), une aquarelle, l'aqua-tinta, l'aqua-toffana, un aquarium, aquatique (Wasser-), l'équanimité, l'équateur, une équation (Gleichung), l'exequatur (Vollziehungsauftrag), in-quarto (in Quart; in nasal), loquace (redselig), le quaker (spr. *kouakr'*, auch englisch), le quantum, le quartidi (vierter Tag der Dekade), le quartz (spr. *-ts*), le quatuor (Quartett), le square (§ 5), endlich in den mit quadra-, quadri-, quadru- beginnenden Wörtern z. B. le quadrupède (ausgen. le quadrille, le quadrillage).

§ 10(⁷). Diphthonge mit y als Schriftzeichen. Ein von dem Vokal y = i (§ 3) verschiedenes y ist dieses Zeichen, wo es für ii steht und aus i + j entstanden ist, d. h. aus einem gewöhnlichen und einem in der Schrift nach unten verlängerten i (nicht mit dem Konsonanten j zu verwechseln). Man wählte dieses Zeichen zu einer Zeit, wo für u und v (u voyelle und u consonne) getrennte Zeichen noch nicht bestanden oder noch nicht nach heutiger

---

[1] Wer das nicht thut, schreibt besser la Guienne; auch neben la Guyane findet sich la Guiane mit stummem u.

Art unterschieden wurden. Zur Unterscheidung schrieb man oft u und ü (mit tréma), mit letzterem wäre aber ein Doppel-i (ii) wieder leicht verwechselt worden; dieser Verwechslung steuerte das Zeichen y.

Es steht in den Verbindungen ay, oy, uy vor tönendem Vokal: le rayon, le moyen. Das erste i verbindet sich mit dem vorhergehenden, das zweite lehnt sich an den folgenden Vokal, also ist rayon wie *rè-ion* zu sprechen.

Da für y Bedingung ist, daß tönender Vokal folgt, so steht (im Einklang mit der Aussprache) einfaches i im Auslaut, vor stummem e und vor Konsonanten. Mit einer tönenden Endung aber tritt auch das zweite i (Vorschlagsvokal zu dem folgenden Vokal) und mit ihm das Zeichen y ein. Vgl. Troie mit les Troyens, den Stamm fui- mit le fuyard.

Dasselbe findet bei allen Verben statt, deren Stamm auf ai, oi, ui ausgeht, d. h. bei denjenigen auf ayer, oyer, uyer sowie bei fuir, traire, croire, voir, sowie bei avoir und être.

Daher un essai, il essaie, aber nous essayons;
il emploie, ils emploient, aber il employa;
un appui, j'appuie, aber appuyez;
il fuit, qu'il fuie, aber fuyons, fuyant;
tu crois, tu vois, aber vous croyez, vous voyez.

Anm. Die wenigen Verben auf -eyer (sowie asseoir) behalten ey auch vor stummem e. Dasselbe ist bei den Verben auf -ayer noch erlaubt: je paye neben je paie. Die erstere Schreibung entspricht der verbreiteten Aussprache eines zweiten i bei diesen Verben[1] (*pè-i"* oder *pé-i"* für *pè'*).

Vor Konsonanten und stummem e steht ay statt ai-i in le pays, le paysan, une abbaye (spr. *abéi"*). Wörter wie payons, moyen sind nach dem Vorausgehenden untrennbar[2].

§ 11 (^{15}). Diphthonge mit geschliffenen Lauten.

Durch die Anfügung des geschliffenen l an Vokale entstehen die Diphthonge ill, eill, aill, euill, ouill, welche im Auslaut nur mit einfachem l geschrieben werden. Es sind fallende Diphthonge, da der geschliffene Laut nur einen Nachschlag bildet.

Der geschliffene Laut ist nicht vorhanden und -il wird im Auslaut wie iel gesprochen hauptsächlich in Abigaïl, un alguazil (vgl. § 9), le béril (auch béryl), le Brésil, civil und incivil, un exil, le fil (Faden), il, nil, le Nil, oïl (ja, in langue d'oïl), le pistil (Stempel bei Blüten), le profil, puéril, subtil, vil, viril, volatil (flüchtig). Auch avril, le babil (Geplauder), le cil (Wimper), le péril spricht man meist jetzt in gleicher Weise, andere mouillieren hier l.

In der Verbindung -ill- haben nicht den geschliffenen Laut Achille, la billevesée (Hirngespinst), le billion (tausend Millionen), le calville (eine Apfel-

---

[1] In vulgärer Sprache auch sonst; so das bekannte que je voye (*voi-i"* gespr.) statt que je voie, que j'aye (gespr. *è-i"* oder *é-i"*) statt que j'aie.

[2] Mo-yen könnte nur derjenige trennen, welcher nach südfranzösischer Art *mo-ien* ausspricht. In Savoyard darf nur ein i hörbar sein (Bewohner von Savoyen les Savoisiens).

sorte), la camarilla, Camille (Kamillus; als weiblicher Name, Kamilla, meist l mouillée), le codicille, Cyrille, distiller (destillieren), Gilles (Ägidius) und le gille (Gimpel), l'imbécillité f. (Einfältigkeit), instiller (einflößen), Lille und Delille, Mabille, mille, le millier, le milliard (= le billion), le million, la myrtille (Heidelbeere), osciller, le und la pupille (Mündel), la pupille (Augenpupille), pusillanime (kleinmütig), scintiller (funkeln), Sillery (eine Champagnersorte), titiller (prickeln), tranquille, vaciller (schwanken), la ville, le village, la villa, le vaudeville (Lustspiel mit Couplets), la Villette, Villars, Villers-Cotterets (spr. *vilèr*-), Villeroi, Joinville, Séville, Villon u. a. Außerdem -illaire z. B. maxillaire (Kinnbacken=), die (deutsche) Endung -willer (-viller) bei Ortsnamen, ferner im An- und Auslaut: illustrer, les Illinois; le bill, l'Ill, le mandrill.

Anm. Zum geschliffenen l gehört jetzt unbedingt vorausgehendes i[1]. Auch Namen richten sich nach dieser Forderung, öfter mit Unrecht, weil sie nicht nach der gewöhnlichen Orthographie zu beurteilen sind. Sully sollte gegen den herrschenden Gebrauch mit geschliffenem ll gesprochen werden[2]; Talleyrand wird *talëran* gesprochen, obwohl der Name früher auch Tailleran geschrieben wurde und wohl sicher mit tailler[3] zusammenhängt.

§ 12 (¹⁴). **Das geschliffene n.** Während in dem geschliffenen l von der eigentlichen Aussprache des l nichts übrig geblieben ist (außer in landschaftlicher Aussprache), bewahrt das geschliffene n teilweise seine eigentliche Aussprache und bildet einen einfachen Laut, welcher mit n beginnt, aber rasch zu j übergeht. Nach Konsonant (épargner, borgne) steht dieser Laut selbständig da; nach Vokal dagegen beeinflußt er bereits durch seinen j=Laut diesen Vokal und bildet Laute, die mit den im § 11 erwähnten Diphthongen Ähnlichkeit haben.

Bezeichnet wird das geschliffene n durch gn. So entstehen die Verbindungen

ign, égn, èyn, (eign, aign), agn, ogn, ugn, oign.

G behält dagegen seinen eignen Laut vor n hauptsächlich in folgenden Wörtern: un agnat (Anverwandter von väterlicher Seite), le cognat (Anverwandter von mütterlicher Seite), le diagnostic (meist: Diagnose), la géognosie, igné (feurig) und ähnliche, inexpugnable (uneinnehmbar), le magnat, le magnificat (t laut), la physiognomie (auch physiognomonie[4] Kunst, Gesichtszüge zu deuten), régnicole (Staatsbürger), stagnant; nach einzelnen auch une imprégnation (Sättigung), aber nicht imprégner. Im Anlaut wird g immer getrennt gesprochen: le gnome.

§ 13. **Die Konsonanten.** Nach der Tabelle auf S. 239 des Elementarbuchs sind

---

[1] Ausnahme bildet la semoule (Gries) mit geschliffenem l und für den Vers le linceul, da es mit -euil reimen darf.
[2] Auch für Neuilly fand sich früher Nully.
[3] Aber kaum von tailler les rangs (Bulwer, Hist. char. I, 14).
[4] Dagegen la physionomie (Physiognomie).

Stimmhaft (weich): b, v, d, z, j, g.
Stimmlos (hart): p, f, t, s, ch, k.

In der Schrift aber werden öfter mehrere dieser Zeichen für denselben Laut oder auch eines derselben für verschiedene Laute gebraucht. Manchmal stimmt die Schreibung, weil sie etymologisch ist, nicht mit der Aussprache überein.

§ 14. Mehrere Zeichen für denselben Laut. Der weiche s-Laut wird neben z auch durch s, x bezeichnet: zéro, maison, deuxième. Neben j findet sich vor e, i, y auch g: âgé, agir, gymnase.

Nur in Fremdwörtern steht k, sonst qu, daneben aber c und ch vor Konsonanten und im Auslaut: crier, chrétien, sac, Koch. Auch vor a, o, u hat c (manchmal auch ch) den k-Laut: car (choral).

Der scharfe s-Laut wird neben s (ss) auch durch c vor e, i, y, durch ç vor anderen Vokalen und durch x bezeichnet: soir, classe, race, reçu, soixante.

§ 15 (⁵,¹⁷). Ein Zeichen für verschiedene Laute. Da g vor e, i, y als Zischlaut (neben j) verwendet wird, so muß ihm vor diesen Vokalen ein u angefügt werden, wenn es als Gaumenlaut auftritt: long, longue; le langage, la langue. In Verben bleibt u auch vor anderen Vokalen: distinguer, nous distinguons. — In Fremdwörtern steht öfter gh für gu: le ghetto, la ghilde (auch guilde), le Righi. In deutschen Namen genügt bloßes g: Gessner, ebenso le Geyser und le geyser (spr. *ghè-èr*, heißer Sprudel). — Das Zeichen q allein findet sich in arabischen Namen auch im Inlaut: Sériaqous, Louqsor.

Das Zeichen ch steht in franz. Wörtern sowohl für den scharfen Zischlaut (sch), wie für k.

In Fremdwörtern lautet ch meist wie k und zwar immer vor Konsonanten (aber Vichnou mit k oder sch), vor a, o, u (aber Chabrias mit k oder sch) und im Auslaut (außer le punch, spr. *pon-ch'* und dem französischen Stadtnamen Auch).

Vor e, i haben auch die bekannteren Fremdwörter die Aussprache des ch wie sch angenommen.¹ Wörter italienischen Ursprungs behalten hier den k-Laut: Michel-Ange, Civita-Vecchia und ebenso Machiavel (in den Ableitungen des letzteren wird dagegen ch = sch gesprochen). Außerdem behalten den k-Laut: l'Achéloüs, l'archéologie, l'archétype (Urbild), l'archiépiscopat, Blucher, brachial, Chéops, Chéronée (selten sch), la Chersonèse, la chiliade² (Tausend), Chiron, alle Zusammensetzungen mit chir- (Hand, z. B. la chiragre Handgicht, la chiromancie Weissagung aus der Hand, außer la chirurgie und ähnlichen), un échinoderme (Stachelhäuter), Lachésis, le lichen (vgl. § 7), la malachite (Malachit, selten sch), Melchior, Melchisédech (s scharf), un

---

¹ Daher steht qu in le monarque u. a. Wogegen le patriarche ch = sch).
² In den (unrichtig gebildeten) Zusammensetzungen mit kilo- ist k schon in der Schrift eingetreten.

orchestre, Pulchérie, la trichine (auch sch), le trochée (Trochäus; nach Littré in den Schulen nur mit sch). L'Achéron wird meist mit sch gesprochen; über Joachim vgl. § 7 Anm. Bemerke Antiochus (ch = k, s laut), aber Antioche (ch = sch).

Sch lautet wie ch (= sch), auch in Eschyle (alt sk), wie sk in le schéma oder schème, sowie in italienischen Namen (Fieschi, Ischia). Der flämische Name Aerschot (Schiller, Abf. b. Niederl.) ist *ar=got'* zu sprechen (s weich wegen des folgenden g).

Stumm ist ch in un almanach, wie g lautet es in la drachme.

§ 16 (¹⁸,¹⁹). **Fortsetzung: Die s-Laute.** Das Zeichen s steht (neben z) für den weichen s-Laut zwischen Vokalen, daher auch bei der Bindung.

Auch zwischen Vokalen hat s scharfen Laut in zusammengesetzten Wörtern, wenn es den zweiten Bestandteil anlautet: l'asymétrie f. (Mangel an Symmetrie), un asyndeton und une asyndète (beides Asyndeton), le contresens (Schluß-s stumm, Widersinn), contresigner (gegenzeichnen), le cosinus (beide s scharf), la désuétude (Veralten), un entresol (Zwischenstock), le havresac (Ranzen), une idiosyncrasie (erstes s), un monosyllabe, un parisyllabe, un polysyllabe (ein-, gleich-, mehrsilbiges Wort), un parasol (großer Sonnenschirm, meist für Herren), la préséance (Vorrang, Vorsitz), présupposer (voraussetzen), in den wenig üblichen resigner (wieder unterzeichnen) und resonner (wieder schellen; aber nicht in résigner verzichten und résonner erschallen), le soubresaut (Ruck, Erschütterung), le tournesol (Sonnenblume), vraisemblable und den ähnlichen Wörtern. Ebenso in Namen, deren erster Bestandteil de, le, la ist: Desnaix, Lesage, Lasalle; ferner nach i in Formen von gésir.

Ausgenommen sind die Wörter, in welchen die Zusammensetzung nicht mehr empfunden wird, z. B. le présage, préserver, présider, la présomption und verwandte. In abasourdir (betäuben) wird s und z gesprochen.

Vor den Konsonanten b, d und g hat s ausnahmsweise den weichen Laut: l'asbeste, le presbytère, Asdrubal, le Brisgau, Sganarelle. Doch ist diese Aussprache nicht allgemein anerkannt und andere sprechen in asbeste, Lisbonne, le sbire (Sbirre), Strasbourg scharfes s. Da an in trans Nasalvokal bildet, so tritt auch hier vor Vokalen und weichen Konjonanten (b, d, g, j, v) weiches s ein: la transaction (Verhandlung, Kompromiß), transitif, transdanubien, transversal (schneidend), doch sprechen andere vor g und v scharfes s; vor stummem e und vor i in transir (zum Erstarren bringen) hat s scharfen Laut. Ebenso in la Transylvanie (Siebenbürgen), weil s für ss steht, d. h. den zweiten Bestandteil anlautet.

Außerdem klingt s oft weich nach Mittellauten in l'Alsace, Arsace (Arsaces), balsamique (duftend), Tilsit. Nach einzelnen auch vor Mittellauten in le christianisme, Israël, l'asthme und l'isthme (über th vgl. § 21).

§ 17 (²²,²³). **Fortsetzung: Die x-Laute.** Der zusammengesetzte Laut x besteht entweder aus k + s oder aus g + z, es giebt daher einen harten und einen weichen x-Laut. Ersterer ist der häufigere.

Den weichen Laut gz hat x in der Silbe (h)ex, z. B. 'un exil, exhumer (ausgraben), l'hexamètre. Bedingung ist jedoch, daß Vokal oder stummes h folgt. Außerdem im Anlaut fremder Wörter: Xanthippe, Xavier, le Xénil (spr. -*il*), Xercès oder Xerxès (spr. -*cès*') und Artaxerce, Artaxercès, Artaxerxès. Manche schwanken zwischen ks und gz, z. B. die mit xylo- beginnenden Wörter.

Als bloßes Zeichen für den scharfen s-Laut steht x anlautend in Xaintrailles (alte Orthographie für s, wie man auch Xaintes, la Xaintonge schrieb). — Früher sprachen einzelne Xénophon in derselben Weise. — Ebenso spricht man scharfes s in Auxerre (aber Saint-Germain-l'Auxerrois wie ks), Auxonne, Béatrix (auch -ice geschrieben), Bruxelles, Cadix, Luxeuil (auch ks), soixante, le Texel (auch ks). Ebenso in six, dix, wenn x nicht verstummt oder gebunden wird. Die verschiedenen Orte des Namens Aix sowie Aix-la-Chapelle werden verschieden gesprochen, am rätlichsten ist es, überall ks zu sprechen.[1]

Zeichen für den sanften s-Laut (z) ist x in six und dix in der Bindung und den Ableitungen z. B. sixième, le dixième, le sixain (Sechszeile), ebenso in dix-sept[2], dix-huit, dix-neuf.

Wie k lautet x in spanischen Namen Xérès, Ximenès, le Xucar, doch sprechen andere gz. Ferner lautet ex wie *ek*' vor s und ç: un exsudat, une exception, d. h. der zweite Bestandteil verschwindet vor dem s-Laut. Aus diesem Grunde ist folgendes s öfter in der Schrift ausgefallen: expirer, l'extinction (Auslöschen), extirper (ausrotten).

Auslautendes x verstummt (außer einzelnen oben genannten Wörtern) nicht in Gex, Saint-Yrieix.

§ 18 ([11]). Ungewöhnliche Zeichen

finden sich vielfach, hauptsächlich weil die Schrift sich nach der Etymologie richtet, nicht aber die Aussprache.

C hat den Laut von g in second und dessen Ableitungen, ebenso in la reine-Claude. In la drachme hat ch den Laut des g.

G hat den Laut des k in le joug (andere sprechen g, vielfach verstummt der Endkonsonant). Einzelne sprechen auch in le bourg am Ende ein k. La gangrène (Wundbrand) hat jetzt regelmäßige Aussprache. Für Glasgow wird häufig Glascow geschrieben und gesprochen.

---

[1] Nach dem richtigen Grundsatz von B. Schmitz, daß bei schwankender Aussprache die beste diejenige ist, welche die Ausnahme beseitigt. Unkenntnis der Ausnahmen und Drang nach Vereinfachung bringen auch die Franzosen dazu, jedem Buchstaben den Laut zu geben, welcher ihm gewöhnlich zukommt. Man spricht Luxeuil, le Texel oft schon mit ks; Luxembourg und Saint-Germain-l'Auxerrois, in welchen die regelmäßige Aussprache des x die einzig übliche ist, wurden früher auch mit scharfem s gesprochen. In Belgien ist auch Bruxelles mit ks üblich.

[2] Manche erleichtern sich die Aussprache, indem sie zwei scharfe s sprechen. Demnach müßte man aber z. B. auch im Englischen die Aussprache monts für das schwierige months anerkennen.

T lautet wie **s** (ss):

1) in der Endung -tie bei vorausgehendem Vokal: la diplomatie, la Béotie, la minutie (Tüftelei). Ausgenommen ist la sotie (allegorisches Stück des ältesten französischen Theaters) mit t=Laut, und une ineptie (Ungereimtheit), l'inertie f. (Trägheit) mit s=Laut trotz vorausgehenden Konsonanten.[1]

2) In allen Endungen[2], welche nach **ti** noch eine tönende Silbe haben: martial, essentiel, Dioclétien, la patience, une invention. Bemerke: Miltiade, le Spartiate (in beiden Wörtern t = s).[3]

Ti hat dagegen immer seinen eigenen Laut (nicht t wie s):

1) Wenn **s**, **x** vorhergeht: la question.
2) Vor **Verbalendungen**: nous inventions. Daher wird in initier (einweihen) und balbutier (stammeln) immer t wie s gesprochen.
3) In den Verbindungen tié, tîé, tier: la moitié, entier, entière. Vgl. jedoch oben balbutier, initier.
4) In chrétien, Critias, un étiage (Pegel).

Z klingt wie scharfes **s** in Rhodez, Suez, Cortez, Lopez und ähnlichen.[4] So klingt auch **tz** in Metz und Retz (andere *tz*). Sonst wird (besonders in deutschen Wörtern) tz als scharfes s mit vorausgehendem t gesprochen: Austerlitz (selten -*ice* gespr.), Biarritz, le quartz (vgl § 9), les strélitz (Strelitzen), le Hartz. Als scharfes s (ohne t) in Coblentz und (eau de) Seltz, die auch Coblence, Selz geschrieben werden.

§ 19 ([12]). Aspiriertes h.

Folgende Liste enthält nur die üblichsten Wörter, in welchen h als aspiriert gilt. Die am häufigsten vorkommenden Namen sind eingereiht; von den mit * bezeichneten läßt sich auch der Gebrauch mit stummem h nachweisen. Die abgeleiteten und ähnlichen Wörter sind nicht angegeben.

le h (doch nicht nach der alten Aussprache, *ache*)
hâbler prahlen
*Habsbourg (doch le comte d'H
la hache Beil
hagard scheu, verstört
la haie Hecke
la Haye Haag
le haillon Lumpen
le Hainaut Hennegau
la haine Haß
haïr hassen
la haire Büßerhemd
le halage Schiffziehen
*Halberstadt
le hâle Bräunung der Haut
haleter heftig atmen
la halle die Markthalle
Halle Halle a. d. S.
la hallebarde Hellebarde
le hallier dichtes Gebüsch
le halo Hof (bes. des Mondes)
la halte Rast (milit.)
Ham frz Stadt (spr. am')

---

[1] Die ältere Ausnahme der mit -mantie (Wahrsagekunst) zusammengesetzten Wörter ist weggefallen, da man -mancie schreibt.

[2] Daher weder in la tiare, noch in le soutien u. a.

[3] Sogar in chrestomathie soll nach der Akad. th wie s lauten.

[4] Stumm ist z, wenn in Landschaftsnamen -ez für -ais steht, z. B. le Forez (nach dem Orte Feurs benannt). — Oft wird Biarrits geschrieben.

§ 12. Aspiriertes h.

le hamac Hängematte (c laut)
*Hambourg
le hameau Weiler
la hampe Schaft an Lanzen oder Fahnen
le Hampshire
le hanap Humpen (p laut)
Hanau
la hanche Hüfte
le hangar der Schuppen
le hanneton Maikäfer
*(le) Hanovre[1]
la Hanse Hansa (aber (h)anséatique)
hanter häufig besuchen
happer erschnappen
la haquenée Zelter (Pferd)
la harangue feierliche Ansprache
le haras Gestüt (s stumm)
harasser abmatten
harceler necken
la harde Rudel
les hardes f. Kleidungsstücke
hardi kühn
Hardy (frz. Dramatiker)
le harem (spr. -èm')
le hareng Häring
hargneux streitsüchtig
le haricot Bohne
la haridelle Mähre (Pferd)
Harlem (vgl. § 7)
le harnais Pferdegeschirr
le haro[2] (Ruf des öffentlichen Unwillens)
Harold

la harpe Harfe
la harpie Harpye
le harpon Harpune
le Hartz (vgl. § 18)
Harwich
le hasard Zufall
la hase Häsin
*Hastings
la hâte Eile
le haubert Panzerhemd
la hausse Steigen (exhausser hat stummes h)
haut hoch[3]
la Havane
hâve abgemagert
le Havel die Havel
le havre kleiner natürlicher Hafen, der nicht durch Ausbau genügende Tiefe erlangt hat
le Havre
le havresac Ranzen
hé! (z. B. in hé bien)
le heaume Helm (Ruder)
*Heidelberg[4]
hein? was? wie?
Heine
le Helder
héler anrufen
hem (vgl. § 7)
hennir (vgl. § 5)
le Hennuyer (vgl. § 5)
la Henriade[5]
le héraut Herold (aber nicht héraldique)
le hère; un pauvre h. armer Schlucker

---

[1] Immer le pavillon d'Hanovre.
[2] Ehemals in der Normandie (und noch auf den normännischen Inseln rechtlich anerkannter Appell eines Geschädigten an die richterliche Gewalt.
[3] Doch vielfach stumm in Zusammensetzung bei Namen: Hautefort, Haute(s)rive(s), Hautvilliers, rue d'Hautpoul.
[4] Vielfach la tonne, l'université, le château d'H. Ebenso les brasseries de Bonn et d'H. (Daudet, les Rois en exil 53.)
[5] Aber nicht Henriette, welches meist stummes h hat, ebenso wie Henri in familiärem Gebrauch. Auch bei Historikern ist d'Henri sehr häufig. Oft hat nur der Setzer de Henri daraus gemacht, weil sein d' an das Zeilenende gekommen wäre.

hérisser sträuben
le hérisson Igel
*Hernani
la hernie Bruch (als Gebrechen)
le hernute Herrenhuter
le héron Reiher; ebenso la fontaine de Héron Heronsbrunnen (obwohl hier griechischer Name)
le héros Held (aber nicht l'héroïne u. a.)
*Herschel
la herse Egge
le Hérule
*Hesdin (vgl. § 24)
la Hesse
le hêtre Buche
heurter anstoßen
le hibou Eule
hideux abscheulich
la hiérarchie
hisser aufziehen
Hobbes, le hobbisme
le hobereau Krautjunker
hocher schütteln
*Hochstedt
la Hogue
Hohenstaufen
Hohenzollern
holà!
*Holbein
la Hollande[1]
le Holstein
le homard Hummer
Hombourg
Honduras (s laut)
*Honfleur
le hongre Wallach
la Hongrie Ungarn
honnir beschimpfen
la honte Scham, Schande
le hoquet Schluchzen
la horde Horde

le horion Puff
hormis außer
Horn, Hornes
hors außer
le Hottentot (Schluß-t stumm)
le houblon Hopfen
la houille Steinkohle(n)
la houle hohle See
la houlette Schäferstab
la houppe Schopf
la houppelande zu weiter Rock oder Überrock (fast nur scherzhaft)
le hourra
houspiller zerzausen
la housse Schabracke, Überzug
la houssine Gerte
le houx Stechpalme
la huche Backtrog
huer mit Hohnrufen verfolgen
*Hugo, Victor H.
*Hugues, z. B. Hugues Capet
le huguenot Hugenott
huiler[2] einölen, obwohl l'huile
le huis clos Verhandlung bei geschlossenen Thüren
huit (aber dix-huit und vingt-huit mit stummem h)
Hull
Humboldt
*Hume
humer schlürfen
le Hun Hunne
la hune Mastkorb
*Huningue Hüningen
la huppe Wiedehopf
la hure Wildschweinkopf
hurler heulen
le Huron Hurone
le hussard Husar
le hussite
la hutte Hütte.

---

[1] Die fehlerhaften Ausdrücke roi, tabac, toile, fromage d'H. sind zur Nachahmung nicht zu empfehlen.

[2] Von Jaubert, gloss. du Centre I, 519 mit Recht allgemein üblich genannt; von der Akademie aber nicht als aspiriert bezeichnet.

§ 20 (¹³). Namen mit stummem h. Folgende Namen haben u. a. stummes h. Auch hier bezeichnet * das Vorkommen des entgegengesetzten Gebrauchs.

l'Habéas-corpus	Haydn	Hildesheim
*Haguenau	l'Hécla	l'Himalaya
Hahnemann	*Hégel	l'Hindoustan
Haïti	Heisterbach	Hoffmann
*Hamilton	Héligoland, Helgoland	Holborn
Hamlet	*Héloïse	Hubert
*Harfleur	l'Hérault (vgl. § 21)	Hubertsbourg
*Haroun	Herder	*l'Hudson (asp. h alt)
l'Hase (Fluß)	*Héristal	Hugolin Ugolino
Hasli (Thal)	l'Herzégovine	l'Humber
Hastenbeck	Hildebrand	*Humbert

§ 21 (⁹). Verstummen von Konsonanten. Im Auslaut verstummen Konsonanten nach Nasalen, aber auch in sonstigen Fällen, wenn sie nicht durch folgendes stummes e geschützt sind. Besonders verstummen s und die im Alphabet folgenden Konsonanten (t, x, z) im Auslaut (v steht nie als Auslaut). Auch im Inlaut findet oft Verstummen von Konsonanten statt.

B verstummt in le Doubs und einigen Familiennamen mit alter Orthographie, z. B. Lefebvre; als Endkonsonant nach Nasalen.

C verstummt samt dem folgenden t in un amict (Schultertuch des Priesters), un aspect, distinct, indistinct, l'instinct, le respect, succinct (bündig). Es verstummt nicht mehr vor t in arctique und antarctique, sowie in dem Namen der Stadt Lectoure. Als Endkonsonant verstummt c nach Nasalen, ferner in un accroc (Riß), arc in der Zusammensetzung vor Konsonant (z. B. un arc-boutant, Strebepfeiler, nicht aber auch in un arc de triomphe), le broc (hölzerne Weinkanne der Küfer), le caoutchouc, le clerc (Bureauschreiber), le cric (Wagenwinde), le croc (Haken), un escroc (Gauner), un estomac, le marc (Mark; Trester), *le porc¹, le raccroc (unverdientes Gelingen beim Spiel), le tabac; samt s in les échecs (Schachspiel) und les lacs (Schleife). Für le pic-vert (Grünspecht) schreibt man pivert. In un almanach ist ch stumm. L'arsenic hat meist lautes c.

D ist stumm in Madrid, seltner in Valladolid. Es in den Verbindungen nord-est, nord-ouest, sud-est, sud-ouest u. a. nicht zu sprechen (bezw. nicht zu binden) ist Seemannsbrauch und nicht nachzuahmen.

F wird nicht gesprochen in la clef (Schlüssel, nicht clé zu schreiben) und le chef-d'œuvre (Meisterwerk, spr. ché-). Ebenso in Neufbrisach (Neuf-Brisach, ch = k) und ähnlichen; Neuchâtel (Neuenburg in der Schweiz) wird ohne f geschrieben. Im Plural ist f stumm (nach dem geschlossenen Vokal) in les

---

¹ In diesem und den nächstfolgenden Paragraphen bedeutet *, daß auch die andere Aussprache sich findet.

bœufs, les œufs. Ferner in les cerfs, les nerfs, am besten auch im Singular dieser beiden Wörter, jedenfalls in Zusammensetzungen (Konsonant folgt!), z. B. le cerf-volant (Hirschkäfer, Papierdrache), nerf de bœuf (Ochsenziemer), sowie bei nerf im bildlichen Sinne. Die Singulare bœuf, œuf haben lautes f (nach offenem Vokal), einzelne lassen es in bœuf salé, œuf dur, œuf frais u. a., d. h. vor Konsonant verstummen. In le bœuf gras (Ochse des Fastnachtsaufzugs) verstummt f immer.[1]

G verstummt in der Verbindung gn bei den Wörtern Clugny (jetzt üblicher Cluny), *Compiègne, *Regnard, Regnault, signet (Buchzeichen; öfter sinet geschrieben). G ist stumm in le doigt (Finger) und vingt sowie in ihren Ableitungen; meist auch in le legs (Legat); es wird nicht gehört in -berg und -bourg bei Zusammensetzungen, Littré macht eine Ausnahme für un iceberg, wo g = k lautet. Beide g verstummen in Augsbourg. In (la) Ma(g)deleine wird jetzt nicht mehr g geschrieben.

L verstummt als Auslaut in le baril (Fäßchen), le chenil (Hundehütte), le courtil (ländliches Hausgärtchen), le coutil (Drillich), le fils, le fournil (Backstube), le fraisil (Steinkohlenasche), le fusil, gentil (im Singular vor vokalischem Anlaut mouilliert), le gril (Bratrost), le ménil (bewohnter Ort, und so in Zusammensetzungen Ménilmontant, Dumesnil), le nombril (Nabel), un outil (Werkzeug), le persil (Petersilie), le pouls (Puls, auch s stumm), soûl, le sourcil (Augenbraue, auch -il' und ill gesprochen). Früher (in vulgärer Sprache noch) verstummte l auch in il[2], ils. Mit dem folgenden Konsonant verstummt l in den Endungen auld, ault, ould, oult: l'Hérault, Quinault, la Rochefoucauld, Sainte-Menehould (spr. menou), Arnoult, aber nicht in Soult und Fould. Ebenso wird l nicht gehört in Belfort (spr. bé-) und Namen mit alter Orthographie Chaulnes, Gault(h)ier, Lons-le-Saulnier (spr. lons').

M ist stumm in un automne (Herbst), damner (verdammen) und seinen Ableitungen.

N verstummte in älterer Zeit in Béarn.

P ist stumm in baptiser und sculpter, sowie in deren Ableitungen. Ferner in le cheptel (Viehweidevertrag), in sept und le septième, aber nicht in den ähnlichen Wörtern (z. B. septembre). Außerdem meist nach Nasal, doch vgl. § 22.

Q kann man verstummen lassen in le coq d'Inde (Truthahn).

R ist stumm in monsieur (on nicht Nasal) und messieurs. Familiär wird es vor Konsonanten vielfach unterdrückt in notre, votre, quatre (jedoch nicht in Notre-Dame, weil ein Dental folgt). R lautet ferner nicht in Alger, Tanger, *Gérardmer, welche am Ende mit é gesprochen werden.

---

[1] Dieser Aufzug ist im eigentlichen Paris (nicht in den Vorstädten) seit 1870 verschwunden.

[2] Nach Littré ist dies noch allgemein üblich in un homme comme il (spr. i) faut und ähnlichen.

§ 32. Hörbare Konsonanten. 15

S vgl. § 23, 24.

T verstummt nach einzelnen in post vor Konsonant, z. B. postdater (nachbatieren), le post-scriptum. Über sein Verstummen mit c vgl. oben. In circonspect, suspect und le district ist t allein stumm, nach andern auch c, wieder andere sprechen beide Konsonanten. Auch nach ch (wie k) ist t stumm: le yacht, Dordrecht, Utrecht. Mit dem vorausgehenden s verstummt t in Jésus-Christ, aber nicht in le Christ, l'Antéchrist (Akad. 1878). Th ist stumm in le Goth, l'Ostrogoth (ostrogot geschr. in der Beb. Barbar, Tölpel), le Visigoth; auch in l'asthme und meist in l'isthme (über das s vgl. § 16). In Rembrandt (§ 7) lassen manche dt verstummen.

X und Z sind meist stumm als Endkonsonanten, vgl. § 23 und 17.

§ 22 (¹⁰,¹⁶). Ausnahmsweise hörbare Konsonanten.

B lautet nach Vokal in fremden Namen: Job; ebenso in le radoub (Ausbesserung eines Schiffes).

C lautet in (saint) Marc und Saint-Marc (aber nach einzelnen stumm in la place Saint-Marc, le lion de Saint-Marc). Beide c sind hörbar in le porc-épic (Stachelschwein), fast allgemein lautet c in l'arsenic. Nach Nasal ist es hörbar in donc (folglich, denn) zu Anfang oder am Ende des Satzes und in le zinc.

D lautet am Ende fremder Namen nach Vokalen und Konsonanten: le Cid, David, le Sund, Stralsund (§ 7), Seeland, le Groënland. Ebenso in le sud, le talmud, George Sand.

G lautet am Wortschluß in Fremdwörtern, sogar nach Nasal: le pouding, Canning, Lessing, Young. Ebenso in Berg, nach manchen in bourg (Marktflecken, vgl. § 18, 21) und allgemein in le bourgmestre (auch bourguem. geschr.).

K lautet in le Danemark.

L vgl. § 11.

P lautet (auch nach Nasal) in abrupt (abgerissen), l'Assomption (Mariä Himmelfahrt), lě contempteur (Verächter), une exemption (Befreiung, Dispens, aber nicht in exempt, exempter), un impromptu (Stegreifgedicht), la présomption (Dünkel), la rédemption (Erlösung), somptueux (prunkhaft), le symptôme und in den Wörtern, welche den aufgezählten ähnlich sind. Am Wortende lautet p in Alep (Aleppo), le cap, le croup (häutige Bräune), Gap, le hanap (Humpen), le jalap (Jalappe), le julep (erfrischender Arzneitrank). In le cep (Rebenstock) lassen viele p hören.

R ist laut nach offenem e in amer, Anvers (Antwerpen), un aster (Aster), l'auster (Südwind, poet.), le belvéder (Aussichtsturm, meist -ère geschr.), Boufflers, le cancer (Krebs als Krankheit oder Zeichen des Tierkreises), cher, le Cher, la cuiller (manchmal -ère geschr.), un enfer, les enfers, envers und vers, l'éther, le fer, fier, le frater (Feldscherer), le Gers, hier, un hiver, le magister, la mer, le pater (Gebet des Herrn), Suger, Téniers (viele sprechen téniè), Thiers, le tiers (der dritte), l'univers, le ver (Wurm), le vers (Vers) sowie in der entsprechenden Form von acquérir u. s. w. Das s nach dieser Endung ist stumm, man sprach es ehemals oft in le vers, es klingt in Belgien in Anvers und Téniers.

Ebenso lautet -er in einzelnen französischen Ortsnamen (Quimper, Saint-Omer) und in fremden Namen: Esther, Jupiter, Lucifer, Munster, le Niger. Über die Ausnahmen Alger, Tanger vgl. § 21. Fremde (bes. deutsche) Personennamen und Appellative werden meist -èr' ausgesprochen[1]: Muller, le kirschwasser, le thaler (doch auch wie *vasr'*, *talr'*); in einzelnen Wörtern entspricht der doppelten Aussprache auch eine doppelte Schreibung: Lancaster, le quaker, le stathouder neben Lancastre, quacre, stathoudre (die ersten Formen mit der zugehörigen Aussprache sind vorzuziehen).

S vgl. § 23, 24.

T ist laut nach c, die Ausnahmen s. § 21. Außerdem lautet es am Wortende in abrupt (abgerissen), un accessit (lobende Erwähnung), l'aconit (Eisenhut), *l'alphabet, brut (roh, brutto), le but (bes. am Ende des Satzes), le Christ und l'Antéchrist (vgl. § 21), chut! (stille!), le cobalt, *le coût (Kosten eines Aktenstücks), *le débet (Soll, Debet), le déficit, la dot, et (in latein. Ausdrücken, z. B. et cætera), l'est (Osten), l'exeat, le fat (Geck; die Aussprache mit stummem t nimmt zu), *le fait (Thatsache), le granit, huit (acht), immédiat (unmittelbar; nur bei einzelnen, ebenso médiat), un indult, le knout (Knute), le lest (Ballast), mat (matt; einzelne lassen t verstummen, doch nie im Ausdruck des Schachspiels), moult (alt für beaucoup), net (rein), l'ouest (Westen), le prétérit, le rapt (Entführung), le rit (Ritus, meist rite geschr.), le rut (Brunstzeit), sept (sieben, vgl. § 21), soit! (sei es, meinetwegen!) *le sot, le sport, *subit (plötzlich), le toast (vgl. § 4), le transit (s weich), un ut (Musiknote c), le vermout (Wermutwein), vingt (in der Zahlenreihe 21—29), le vivat, le whist, le zénith.

In fremden Namen wird t meist gehört; es ist aber stumm in Bajazet, Mahomet, Achmet (ch = k, andere sprechen hier t), Josaphat. In französischen Namen ist auslautendes t stumm; hörbar dagegen in Albret, Lameth, le Lot, Soult.

W verstummt in le bowl (große Tasse ohne Henkel, meist bol geschrieben).

X vgl. § 17.

Z ist laut in le gaz (Gas), nach einigen in le ranz des vaches (Kuhreigen). Ebenso in Namen: Berlioz, (la) Vera-Cruz.

§ 23 ([20]). **Auslautendes s.** Im Auslaute fremder Namen nach lauten Vokalen ist s laut und scharf, daher z. B. Damas, wogegen s verstummt in le damas (Damast). Ausgenommen sind nur Jésus, Lucas, Nicolas und Colas, sowie Thomas, in welchen s stumm ist (in Thomas Morus spricht man beidemal s). Judas hat meist auch stummes s, immer in le judas (Guckloch).

---

[1] Ebenso -willer in französierten deutschen Ortsnamen: Guebwiller (spr. *-vilèr'*); wogegen -villers mit stummem r: Rambervillers (spr. *-vilé*).

§ 23. **Auslautendes** s.

Unter den französischen (oder französierten) Namen, in welchen Schluß s lautet, sind die wichtigeren: Argens, *Arras, Blacas, Brueys, Calas, le Calvados, le Camoëns (vgl. § 7), Carpentras, Clovis, Dubartas, Ducis, Duras, *Fréjus, Genlis, Gibus, *Havas, Honduras, Lens, Lesseps, *Lons-le-Saulnier (vgl. § 21), *Lorris, la Lis, Mars (doch nicht mehr in Cinq-Mars), Mazas, Médicis, Mons, *Nuits (t stumm), Rapin Thoiras, Reims, Rubens (vgl. § 7), Senlis, Sens, Sieyès (spr. *siès*, nach anderen *sièz*, *siü-iès*), Vaugelas.

Ebenso wird s gesprochen in folgenden Wörtern: un agnus (gn mouilliert), un aloès (Aloe), l'angelus, un argus, un as, un atlas, bis[1] (da capo), le blocus (Blokade, Cernierung), le burnous, *donner campos (schulfrei geben), faire chorus (einstimmen), le crocus, *le dervis (jetzt meist derviche), ès (in bachelier ès lettres u. a.), le fils (Sohn; aber gemütlich spöttisch *mon fi*), faire florès (florieren), la gens (en = in, die römische Gens), le droit des gens (Völkerrecht), gratis, *hélas, l'hiatus, un iris (Iris im Auge, Schwertlilie), *jadis (vormals), le lapis (Lasurstein), un laps de temps (Zeitverlauf), le lis[2] (Lilie), le maïs, mars (März), le mérinos (Merinoschaf, -wolle), les mœurs s., mons (spöttische Abkürzung von monsieur), mordicus (steif und fest), motus! (still!), une oasis, un obus (früher meist mit weichem s, Granate), un omnibus, l'orléans (Lüstre, ein Kleiderstoff), un os[3], un ours (im Plural meist stummes s), le palmarès (Liste der preisgekrönten Schüler), le pathos, plus (nur am Satzende oder mitten im Satz, wenn der Sinn eine Pause erlaubt[4]; viele sprechen s vor que; überall kann man s verstummen lassen), le plus-que-parfait (nie stummes s), le prospectus, le rébus, le relaps (rückfälliger[5] Sünder), le rhinocéros, le sens[6], le sinus, sis (andere lassen in dem ohnehin seltenen Masculinum das s verstummen; gelegen), le stras (auch strass; nachgeahmter Diamant), *sus (en sus dazu, außerdem, courir sus à qu jemand angreifen, als vogelfrei behandeln), le syllabus, *tous (im substantivischen Gebrauch), les us (Brauch), le vasistas (Guckfenster), la vis (Schraube). Außerdem klingt s in den Konjunktionen lorsque und puisque, selten in tandis que; bei eintretender Trennung verstummt es: lors (meist dann alors) même que, andere wollen in puis donc que das s nicht verstummen lassen. Laut war s in

---

[1] Auch unserem 2, 2a, 2b u. s. w. entsprechend bei Einschiebungen in eine Reihenfolge: le numéro (paragraphe, etc.) 2, 2bis, 2ter u. s. w.

[2] Nicht in la fleur de lis Lilie im französischen Königswappen.

[3] Jetzt auch im Plural s laut, außer in Redensarten: il ne sera pas de vieux os (spr. ó) er wird nicht alt werden, il n'a que la peau et les os (spr. ō) er hat nur Haut und Knochen.

[4] Doch nicht bei le plus, non plus, sans plus, (tout) au plus.

[5] Rückfälliger Verbrecher le récidiviste.

[6] Da bei diesem Worte lautes s sich hauptsächlich eingedrängt hat, um Verwechselung mit sang zu meiden, so verstummt s meist, wo Verwechselung unmöglich ist: les cinq sens, le sens commun, le contresens, seltener in le non-sens, immer in sens dessus dessous, welches trotz Widerspruchs einzelner mit sens zusammenhängt (vgl. des verres sens dessus dessous umgestülpte Gläser auf einem Schenktisch; sens = Richtung, Dimension).

ains (aber, dagegen); früher auch in le vers (Vers); manchmal verstummt es noch in les mœurs, doch gilt diese Aussprache für manieriert.[1]

§ 24 ([21]). Stummes s im Inlaut. Das frühere stumme s in der Mitte der Wörter ist weggefallen. In baste! (basta!), le bourgmestre, le vaguemestre (Wagenmeister, mit dem Postwesen der Truppe betrauter Unteroffizier), festoyer (bewirten), le registre ist demnach s laut und die Aussprache *regître* ist auf eine Linie mit *les mœur'* zu stellen.

Dagegen haben viele Namen die alte Orthographie beibehalten und werden noch mit stummem s geschrieben, so besonders die mit des anlautenden: Descartes, Desmoulins, Despréaux, ebenso wäre Deshoulières zu sprechen, da h aspiriert ist, aber die Aussprache *dé-zoulièr'* ist die stehende geworden. Stumm ist ferner s in l'Aisne, Bescherelle, Chasles, Cosne, Duguesclin, Lemaistre, Nesle, les Pélasges, Praslin, Le Quesnoy, Rosny u. a. Mit t verstummt s in Prévost, Proust, Provost, Saint-Genest, Davoust (auch Davout) u. a. Manche schwanken, so d'Estrées, Saint-Priest (spr. *pri'* oder *priest* Nismes ist durch Nîmes verdrängt; neben Cosme (Cosmo), Estienne, Hesdin, l'Hospital stehen Côme, Étienne, Hédin, l'Hôpital. Dagegen ist s laut z. B. in Boiste, de Maistre, Montesquieu und Montesquiou, (Audiffret)-Pasquier, Robespierre, Saint-Just; ebenso in Malesherbes.

§ 25 ([24]). Aussprachescherze. Les poules du couvent couvent. Il convient que nos amis obvient à cet inconvénient. Vos frères négligent leurs devoirs, j'espère que vous serez moins négligent. Ces trois sœurs se parent comme des châsses[2], car leur parent va arriver. Mes cousins résident à Paris chez le résident d'une cour étrangère. Peu de cuisiniers excellent à faire ce mets excellent. A l'époque de la montaison[3] les saumons affluent à cet affluent du Rhin.

Quand on nous mettait en retenue[4], nous nous en exemptions au moyen d'exemptions[5]. Les intentions de notre voisin sont peu conciliantes; il faudra bien que nous lui intentions un procès. Nous objections beaucoup de choses contre les objections de notre adversaire. Notre inspecteur est si facile à tromper qu'il faut que nous inspections encore ses inspections.

Mon ami est trop fier pour mentir, vous pouvez vous fier à ce qu'il dit. On voit bien à son accent qu'il est de l'est. J'avais beau chercher, je ne vis pas la vis que vous prétendez avoir mise. Votre fils est cruel, il attache des fils aux pattes des hannetons.

Dans une séance de l'Académie, Nodier donnait connaissance à la commission du Dictionnaire de quelques définitions qu'il avait rédigées.

---

[1] Habitude propre aux rhéteurs de collège nennt es Francis Wey.
[2] la ch. Reliquienschrein.
[3] la m. Laichzeit.
[4] la r. Nachsitzen.
[5] Petit certificat que le maître donne à un écolier quand il est satisfait de lui, et à l'aide duquel l'écolier peut se racheter de quelque punition ou obtenir une sortie de faveur (Littré).

§ 25. Aussprachescherze.

Après avoir défini les mots abolition, apparition, exhibition, prohibition, dans leurs diverses acceptions, il termina par cette phrase: que *ti* se prononce *ci*. Un de ses collègues lui répliqua assez légèrement: »Votre dernière observation est inutile; on sait bien que le *t* entre deux *i* se prononce toujours comme *c*.« Nodier, sans se déconcerter, lui répondit avec un sourire malin: »Mon cher collègue, ayez pitié de mon ignorance et faites-moi l'amitié de me prouver la moitié de ce que vous venez de me dire.«

Didon dina, dit-on, du dos d'un dodu dindon. — Pour qui sont ces serpents qui sifflent sur vos têtes? — Poisson sans boisson est poison. — Quel est le fleuve le plus éloigné de la mer? (l'amer). — C'est le Doubs (le doux). — Cinq capucins, le corps sain, les reins ceints, furent expulsés du sein de leur saint monastère, pour avoir contrefait le seing de leur supérieur, au Mont-Cassin.

    Il a tant plu
    Qu'on ne sait plus
    Pendant quel mois il a le plus plu;
    Mais le plus sûr, c'est qu'au surplus,
    S'il avait moins plu,
    Ça m'eût plus plu.

§ 26 ([25],[26]). **Die Bindung** (*la liaison*). Die Bindung[1] zweier oder mehrerer Wörter bezweckt die Beseitigung des Hiatus und die Ermöglichung rascher Aufeinanderfolge der dem Sinne nach zusammengehörigen Wörter. Sie tritt daher nicht ein zwischen Wörtern, die nicht in engerem grammatischen Verhältnis zu einander stehen, und kann, auch wenn dieses Verhältnis gegeben ist, unterbleiben, sobald auf ein Wort größerer Nachdruck gelegt wird und somit nach demselben eine kleine Pause entsteht.[2]

Die Bindung besteht darin, daß auch stummer Schlußkonsonant vor vokalisch anlautendem Wort wieder laut wird; die gebundenen Wörter verschmelzen in ein einziges, so daß der Schlußkonsonant des ersten zum Anfangskonsonant des folgenden Wortes wird und dessen erste Silbe konsonantisch anlautet.

Ein die Bindung rechtfertigendes engeres grammatisches Verhältnis besteht zwischen
1) dem Artikel (bezw. dem ihn vertretenden Possessiv oder Demonstrativ) und dem Substantiv: les usages, mon hôte, cet étage;
2) dem Zahlwort und dem durch dasselbe multiplizierten Worte: deux amis;
3) dem voranstehenden Adjektiv und seinem Substantiv: un vieil abus.

---

[1] Unter Bindung im weiteren Sinne versteht man die im Französischen nötige trennungslose Aufeinanderfolge der Wörter, möglichst von Interpunktion zu Interpunktion. Nur durch diese Bindung verliert der französische Wortton (letzte volle Silbe) das Unangenehme, welches er bei Ungeübten zeigt.

[2] Also dieselbe Ausnahme wie bei der Elision, nur tritt im letzteren Fall die Pause vor dem hervorzuhebenden Worte ein.

Ebenso im Plural bei nachstehendem Adjektiv: des hommes indépendants. Der *style soutenu* schreibt auch für den Singular Bindung vor;

4) dem Adverb und dem durch dasselbe näher bestimmten Adjektiv, Particip u. dgl.: un discours souvent obscur, une lettre mal écrite, il sait bien écrire;
5) der Präposition und ihrem Kasus: en avril, sans aucun retard, avant un mois;
6) dem verbundenen persönlichen Fürwort und dem Verb, auch in der Inversion: il entend, vient-il?;
7) dem Hülfsverb und dem Particip: vous l'avez entendu;
8) dem Verb und seinem Prädikat (bezw. Objekt): son frère est aumônier dans un régiment, vous soutenez une mauvaise thèse, ils iront à la campagne;
9) der Konjunktion und dem nächsten Wort: mais on ne l'exige pas;
10) dem durch ein Substantiv ausgedrückten Subjekt und dem Verb: le succès arrive lentement.

Dabei ist noch ein Unterschied zu machen zwischen dem *style soutenu* (höherer Vortrag, Deklamation), in welchem die Bindung eine viel größere Ausdehnung erhält, und dem *discours familier* (Umgangssprache), welcher sich nur in den 7 ersten Punkten dem Gesetze der Bindung fügt.

Einzelne Konsonanten erleiden bei der Bindung eine Erweichung oder Härtung. So bindet man

f in dem Zahlwort neuf[1] wie v: huit ou neuf arbres;
s und x wie z: ces amis, deux amis;
g wie k: un long espoir déçu;
d wie t (ausgenommen nord und sud[2], vgl. § 21): un grand écrivain.

In den Wörtern auf rd und rt bleibt der Endkonsonant auch in der Bindung stumm und r wird herüber gezogen: un sourd et muet, un fort alliage de cuivre.

Nach einem Nasallaut lauten b und p auch in der Bindung nicht, g bindet nur in long, sang, rang, c dagegen allgemein: le camp ‖ ennemi, suer sang et ‖ eau, un franc original.

Substantive auf and, end, ond binden nie, solche auf ant, ent, ont nur vor Adjektiven: un marchand ‖ étranger, un agent étranger.

Die Nasallaute werden meist, besonders in der Umgangssprache, nicht gebunden, mit Ausnahme der Wörter en, on, un, mon, ton, son, bien als Adverb und rien vor dem Verb: il n'a rien entendu. Man spricht den Nasallaut wie gewöhnlich und zieht nur n zum folgenden Worte: mon ami wie *mon nami*; andere sprechen statt des Nasallautes reinen Vokal: *mo nami*[3].

---

[1] Nicht also jedes f, wie früher oft angegeben wurde.
[2] Sowie die Namen, in welchen d am Schlusse laut ist.
[3] Folgerecht sprechen von diesen manche un ami genau wie une amie aus. Besonders ist dies Eigenheit der Südfranzosen.

§ 27. Die Elision.

Die Endungen -er, -ier (mit stummem r natürlich) binden in Adjektiven vor Substantiven (nicht aber in Substantiven), jedoch nur im *style soutenu*, welcher auch das r der Infinitivendung -er bindet. Ein geschliffenes l erhält bei der Bindung von selbst einen stärkeren, d. h. mehr konsonantischen Laut: Un travail interrompu n'est pas commencé.

Nicht gebunden werden Namen von Personen, Ländern, Städten und Flüssen, ebenso wenig das t von et.

II. Rechtschreibung.

§ 27. Die Elision *(l'élision)*. Außer in der Volkssprache können jetzt nur auslautendes e, ferner a in la und i in si (nur vor il[1], ils) durch den Apostroph ersetzt werden.

Der Vokal e fällt weg in 9 einsilbigen Wörtern: ce, de, je, le, me, ne, que, te, se sowie in einigen mit que gebildeten Zusammensetzungen.

Je und ce erleiden in der Inversion keine Elision: Puissé-je arriver à temps! Est-ce à moi que vous parlez? — Die Fürwörter le und la nicht in unmittelbarer Verbindung mit dem Imperativ: Dis-le à ton frère. (Dagegen Va l'annoncer à ton frère, wo le in unmittelbarer Verbindung mit dem Inf. steht. Über die Ausnahme vor en, y vgl. § 157.

Lorsque, puisque und quoique verlieren ihr e nur vor il (ils), elle (elles), un (une), on.

Jusque nur vor à (au, aux), en, ici, où, alors.

Bemerke quelqu'un neben aucun, chacun.

Presque verliert sein e nur in la presqu'île.

Entre kann nur in Zusammensetzungen vor einem Vokal verkürzt werden: un entr'acte, s'entr'accuser. Vgl. contre in la contrescarpe, re in racheter, rouvrir (aber la réouverture). Häufig, aber nicht nachzuahmen ist entr'eux, entr'elles, entr'autres.

Vor einem Unterscheidungszeichen kann keine Elision stattfinden. Die durch Elision verbundenen Wörter gelten für ein einziges und demnach darf nie bei der Abtrennung der Apostroph an das Zeilenende zu stehen kommen[2] aujour-d'hui (nicht etwa aujourd'-hui). Davantage und le gendarme sind ganz verschmolzen.

Anm. Obiges bildet die Regel, welche einzuhalten ist, wenn auch hin und wieder die Elision weiter ausgedehnt wird. Erlaubt ist es, eine sonst mögliche Elision zu unterlassen, in folgenden Fällen: Vor Wörtern, die einen

---

[1] Si lautete früher se, aber dieses ist nicht der Grund der Elision. Dieselbe trat vielmehr ein, weil doppeltes i für den Franzosen ein besonders starker Mißton ist; vgl. j'irai (für j'y irai), häufiges lequel (für qui) vor il, Meidung von Formen wie nous riions u. a.

[2] Ausgenommen der unrichtige Apostroph in grand'mère u. a. Grand erhält in diesen Wörtern am Zeilenende Apostroph und Bindestrich.

Nachdruck erhalten; besonders vor dem Zahlwort un: Il est parti par le train de une heure quarante. Ebenso vor un, wo es zu Anfang eines Titels steht: Il a écrit une comédie sous le titre de *Un Parent millionnaire*. Überhaupt unterbleibt die Elision vor einem zusammenhängenden Ausdruck: Dans le sens de *être de la dépendance de quelque juridiction*, le verbe *ressortir* se conjugue comme *finir*. Die beim Sprechen in solchen Fällen sich einstellende kleine Pause würde durch die Elision verwischt.

Onze und oui gelten für aspiriert; vor ihnen findet daher weder Bindung noch (außer in Redensarten) Elision statt. Zu merken auch le uhlan.

Bei den Namen der Buchstaben findet sich für das Auge die Elision vor Konsonanten: l'm, l'n, l's (gesprochen l'emme u. s. w.).

§ 28. Orthographie. Anderer Vokal.
Anderen Vokallaut als den im Deutschen bei den entsprechenden Wörtern üblichen haben l'alun (Alaun), une amnistie[1], Andrinople, un apothicaire[2], un asile, la baïonnette[3], la bandoulière (Bandelier), le cachalot (Cachelot), le camarade, le caporal, le carnaval, le casoar (Kasuar), Catherine, la chimie (und die ähnlichen), le ciment (Cement), le colisée (Kolosseum), la colophane (Kolophonium), le contrevenant (Kontravenient), le corindon (Korund), la cornaline (Karneol), le cristal, le dauphin (Delphin), distiller (destillieren, sowie die ähnlichen), le doyen (Dekan), le dromadaire, une émeraude (Smaragd), un étendard (Standarte), la gondole (Gondel; als Luftschiff meist la nacelle), un ïambe[3] (Jambus), Iéna[3], le Japon (Japan), la lavande (Lavendel), la mer de Marmara (Marmor-, besser Marmarameer), le médecin, la médecine, le Mogol (Mongole), la momie (Mumie), le nabab (Nabob), Nemrod, un ouragan (Orkan), la pertuisane (Partisane), la rhubarbe (Rhabarber), la Sibérie, le sirop, le style, le violoniste.

Statt des bei uns üblichen a steht e in: le fondement, un ornement, le parlement, le sacrement. Dagegen fondamental, sacramentel (neben sacramental).

Statt des bei uns üblichen e steht a in la correspondance, la tendance. Vgl. ähnliche Fälle § 255 Anm. 3.

Statt des von uns erwarteten ie haben e als Endung die Frauennamen Cécile, Hortense, Lucile, Odile, Olympe, ferner l'orthographe f. (Orthographie) und la Sicile.

Auf -eté (nicht -ité) lauten aus la fermeté, une habileté, la naïveté, la rareté, la souveraineté. Bemerke la cruauté. Vokal- oder Silbenausfall (bezw. -zusatz) bieten im Vergleich zum Deutschen folgende Wörter: algébrique, l'éclectisme, l'épicurisme, un ermite (Eremit), le macaron (Makrone), le

---

[1] Folge des Itacismus (η wie i gesprochen).
[2] Kaum üblich außer in un mémoire d'apothicaire (übertrieben hohe Rechnung); man sagt un pharmacien.
[3] i für deutsches j (in Jambus besser auch deutsch i gesprochen).

mahométisme, un ouragan (Orkan), la peluche (Plüſch, aber nicht kurz geſchorener), le pythagorisme. Einzeln ſtehen les Aborigènes und l'Antéchrist (vor 1878 ohne Accent). — Man ſetzt nicht œu in den Namen Brébeuf, Rutebeuf, Elbeuf u. a.

§ 29. Orthographie. Einfacher und Doppelkonsonant.

Der Doppelkonſonant iſt zu bemerken in un actionnaire, und ebenſo commissionnaire, dictionnaire, fonctionnaire, missionnaire), la baïonnette, la barcarolle, la barrette, le camellia (beſſer als camélia), le canonnier, le carrosse, la Circassie (deutſch auch beſſer Cirkaſſien), consommer (aufbrauchen, verzehren, vgl. consumer), le cornette (Kornett), le courrier, Emmanuel, le fourrage, le fourrier, la grosse (Gros), le hussard, une imbécillité (aber imbécile), la marionnette, le marron (größere eßbare Kaſtanie), le nègre marron, le pensionnat, la perruque, personnel, la pommade, les Sarrasins, le schibboleth (ſpr. *chibolèt*), le sonnet, le vassal. La littérature (Litteratur, früher oft Literatur).

Dagegen iſt der einfache Konſonant in folgenden Wörtern zu beachten: l'abatage (Abholzung, obwohl abattre), annuler, attraper (treffen, ebenſo la chausse-trape, Fußangel), bachique (Bacchus!), la baliste (Balliſte), la batiste (Batiſt), la bigoterie und le bigotisme, la bonhomie (Gutmütigkeit, ebenſo la prud'homie, lächerliche Klugthuerei), boursouflé (ſchwülſtig), le busard (Weihe), la carafe (Waſſerflaſche), la caricature, le carrousel, la cavalerie, la casemate, la chaloupe, le chariot (Wagen, wogegen la charrette, le charron, le charrue u. a.), le cigare, le club und le clubiste, le compromis, le cotillon, le crabe (Krabbe), le cristal, le cyprès (s ſtumm), le débat, le doublet (Nebenform), un échafaud (Schafott), une étape, la frégate, la galerie, galoper, la girafe, la glose (Gloſſe), le groupe (Gruppe), la guitare, le Hanovre, innomé (unbenannt, obwohl von nommer), la loterie, le loto, la madone (ebenſo la belladone, aber la prima donna), la pantoufle, persifler (obwohl siffler), la pilule (Pille), le protocole (kaum anders als bei Kongreßverhandlungen, ſonſt le procès-verbal), la rapière (Degen älterer Zeit, jetzt nur ſpöttiſch), le sapeur, le saphir, Sapho, le sbire (Sbirre), le siroco oder le siroc, le Sorboniste (obwohl la Sorbonne), la sotie, la symétrie, le wagon. Man ſchreibt le Péloponèse und le Péloponnèse, Tartufe und Tartuffe; üblich iſt jetzt l'Orénoque (früher equ), doch noch Jacques; le Finistère iſt die von vielen befolgte (und offizielle) Schreibung dieſes Departements, andere ſchreiben richtiger Finisterre. Die Schreibweiſe der Akademie zeigt vielfach Ungleichheiten; neben agrandir, agréger, agression mit einem g ſteht aggraver; neben apaiser, apercevoir, aplanir, aplatir, aposter mit einem p ſtehen apparaître, apposer u. a. Neben frisotter, garrotter, grelotter (baisoter vor 1878 auch mit tt) ſtehen buvoter, clignoter, vivoter; assonance, dissonance, résonance (letzteres vor 1878 nn) ſtimmen jetzt überein, aber neben assonant, dissonant ſteht résonnant, neben maçonner ſteht ramoner, neben patronage, patronal, patronat ſtehen patronner und patronnesse.

§ 30. **Orthographie. Anderer Konsonant und Konsonantenausfall.** Ein uns auffälliger Konsonant tritt ein in les Açores, un abricot (Aprikose), un adjudant (Adjutant, vgl. aide de camp, ersteres ist eine Charge, letzteres eine Funktion), une agate (Achat), un alcali (aber le kali), annexer und une annexion, la mer d'Azov (oder Azof), Belzébuth (oder Béelzébuth), le bismuth (Wismut), le bocal (flaschenartiges Gefäß), le Bosphore, le brocart (Brokat), la cabriole (Kapriole), le cadastre (Kataster), le canot (Kahn, Boot), Céladon (Seladon), le cervelas (Cervelatwurst), le chocolat, le coloris (Kolorit), la courbe (Kurve), déposer (deponieren, ebenso un exposant Exponent, imposer (imponieren), le dervis (üblicher derviche), le différend (streitiger Punkt), une églogue (Ekloge), une esquisse (Skizze), un étendard, la faisanderie (Fasanerie), le gaz, la grenade (Granatapfel, Handgranate), la harpe (Harfe), le kopeck (Kopeke), le luth (Laute), le magasin, le maravédis, le massepain (Marzipan), le mastic (Mastix), le matelas (Matratze), la mosquée (Moschee), le motif, naïf, le nerf (§ 21), les Normands (auch für die alten Normannen), Othon[1], le parchemin (Pergament), la parque (Parze), le placard (Plakat), le primat (Primas), provençal, le rabais (Preisermäßigung)[2], la salade, le Sicambre (Sigambrer), le rhum (spr. *rom*', Rum), le rubis (Rubin), le simoun (spr. *-oun*', Samum), syntaxique (jetzt auch syntactique), les tarots (Tarot). Ein n ist eingetreten u Andrinople und la lanterne. Ein s ist angetreten in un albinos (spr s), un aloès (s laut, Aloe), Georges, le laquais, lilas, le mérinos (spr. s); d als Auslaut haben le bézoard (Bezoarstein), le boyard (Bojar), t hat le climat, le pistolet, **te** hat le stigmate (Stigma).

Ausfall von Konsonanten bemerken wir in l'alcool, un amiral (richtiger als das deutsch=englische Admiral), un apophtegme, un aqueduc[3], Ariane (Ariadne), un arlequin, un aruspice, un avent (Advent), un avocat, le bambou, le bilan (Bilanz), le sucre candi, le caractère, la diphtérie, la diphtongue, une hémmoragie (Blutsturz), un horizon, la juridiction, le margrave, le métis (s laut, Mestize), le paquebot (Postdampfer), la patenôtre, le rapsodie, la recette (Einnahme, Küchenrezept[4], Anweisung zur Bereitung von Hausmitteln), Reims, le romarin, le rythme, le sabbat, le trône, le viaduc. Ein c ist ausgefallen (bezw. verwandelt) in le conflit, le contrat, un édit, un extrait, un interdit, un objet, le produit, le projet, le sujet. Ein s ist ausgefallen in la plupart, plutôt, quelquefois.[5]

---

[1] Der römische Kaiser Otho. Meist auch für das deutsche Otto, wofür besser unterrichtete Franzosen Otton setzen.
[2] Unser Rabatt, d. h. nach festen Grundsätzen erfolgende Preisermäßigung ist besser un escompte, la remise.
[3] Nicht mehr aquéduc.
[4] Ärztliches Rezept une ordonnance, auch une prescription.
[5] Angleichung an das alte quelquefois (= une fois, un jour), in welchem der Singular berechtigt war.

§ 31. Orthographie. Einzelnes. Namen.

Das stumme e am Schlusse ist zu beachten in absurde, un archonte, un automate, compacte und contracte (wogegen exact, intact), la compote, le diplomate, la dispute, fixe (ebenso préfixe, aber préfix als Rechtsausdruck), le gnome, le golfe, le jésuite, un organe, ovale, le pacte, le pilote, profane, un ukase. Dagegen fehlt e in le comité, le jubilé, le Levant, le pétard (Petarde).

Nach 11 steht i nur, wenn die Mouillierung nicht eintritt (le million u. a.), doch auch le joaillier (Juwelier), le marguillier (Mitglied des Kirchenvorstandes), le médaillier (Münzschrank).

Zu einem Worte verschmolzen sind bonjour, bonsoir, le bienvenu; ebenso lequel, laquelle, ledit, ladite, dudit, de ladite u. s. w. Bemerke quelquefois, doch quelque chose, quelque part.

Über die Namen Jacques vgl. § 29, Catherine § 28, Otton und Georges § 30. George steht nur, wo die englische Namensform gewählt wird (§ 266, 1a). Einzelne Namen, bes. Charles, Gilles (Ägidius), Jacques, Jules wurden früher mehr ohne als mit s geschrieben und können in der Poesie noch ohne s gebraucht werden; vor Vokalen sind sie dann einsilbig.

Die griech. Namen auf -es (ης) haben stummes e erhalten: Alcibiade, Aristide, Aristote (Aristoteles), Cambyse, Démosthène (jetzt häufig Démosthènes), Diogène, Éphialte, Miltiade (t = ss), Socrate, Sophocle, Thémistocle, Thucydide u. s. w. Dagegen ist die griech. Form erhalten in Périclès[1], Thalès und einigen weniger bekannten. Bemerke Xerxès oder Xercès (beide gzèrcès'), aber Artaxerce neben Artaxercès. Die auf -eus und -æus auslautenden Namen haben -ée: Persée, Thésée, Histiée, Machabée, Ptolémée. Doch Achille (vom lat. Achilles).

Die auf -aus auslautenden verlieren u: Agésilas, Ménélas (und so Ladislas, Stanislas), ausgen. Archélaüs und sonstige weniger bekannte.

Die lat. Namen auf -o werden den griech. auf -on angeglichen: Caton, Scipion wie Xénophon, Hiéron. Griech. -o bleibt: Sapho.

§ 32. Gebrauch großer Anfangsbuchstaben.

Dieselben stehen:

1) Bei Namen jeder Art, selbst wenn dieselben zu Appellativen geworden sind des Nemrods.

2) Bei allen Bezeichnungen für Gott: Dieu (aber in der Mythologie le dieu). le Créateur, le Tout-Puissant u. s. w. Ebenso schreibt man l'Évangile, la Bible, l'Écriture sainte, le Talmud, le Coran oder l'Alcoran.

3) Geographische Bezeichnungen, welche aus Substantiv und Adjektiv bestehen geben nur letzterem Majuskel: la mer Noire. Nord, Sud, Est, Ouest, Orient, Occident haben meist großen Anfangsbuchstaben; sie müssen ihn haben, wenn sie für Ländergruppen stehen: l'Orient (Morgenland), oder wenn sie abgekürzt werden: la latitude N. Ebenso l'Amérique du Nord u. a. Le nouveau monde (Akab.) neben le Nouveau-Monde.

---

[1] In fremden Namen ist s nach lautem Vokal stets laut (§ 23).

4) Bezeichnungen, welche der politischen Geographie angehören, schreiben Substantiv und Adjektiv mit großem Buchstaben: la République Française, les Basses-Alpes, les Pays-Bas.
5) Église als Kirchengemeinschaft hat großes **E**, ebenso État (Staat), doch schreibt man im Plural lieber les états, weil les États die Landstände bedeutet. Doch les États-Unis u. a. (politische Benennung).
6) Völkernamen haben Majuskel. Einzelne schreiben il est français, c'est un anglais, was nicht nachzuahmen ist.
7) Namen von Glaubensgemeinschaften werden meist mit kleinem Anfangsbuchstaben geschrieben: les chrétiens, les juifs, les mahométans. Majuskel ist hier erlaubt.
8) Das Adjektiv grand hat großen Anfangsbuchstaben, wenn es appositiv steht: Alexandre le Grand. Zahlwörter behalten auch hier Minuskel: François premier, wofür aber regelmäßig Ziffer eintritt: François Ier. Saint vor dem Namen hat kleines s: saint Paul, aber Majuskel und Bindestrich, wenn es mit dem Namen zur Bezeichnung eines Tages oder einer Örtlichkeit gebraucht wird: la Saint-Jean, la porte Saint-Antoine.
9) Der männliche Artikel in Familiennamen steht jetzt nicht mehr einzeln: Lesage. Der weibliche ist manchmal auch verbunden (Lafontaine), bleibt aber meist getrennt und behält dann besser Minuskel: la Fontaine, la Rochefoucauld; häufiger steht indessen großer Buchstabe.
10) Bei Büchertiteln geben manche dem ersten Wort Majuskel: Le gendre de M. Poirier. Üblicher ist es, dieselbe dem ersten bedeutungsvolleren Wort zuzuweisen: le Bourgeois gentilhomme.
11) Sobald auf Wörter, die sonst kleinen Anfangsbuchstaben erhalten, größerer Nachdruck gelegt werden soll, wenn sie z. B. zu Benennungen werden, nehmen sie Majuskel: les journées de Juillet (Julirevolution).

Anm. Mit kleinem Anfangsbuchstaben sind zu schreiben die Namen der Wochentage, Monate und Jahreszeiten. Ebenso die von Namen abgeleiteten Adjektive: allemand, parisien, virgilien. — Vous, votre erhalten auch in Briefen kleinen Anfangsbuchstaben.

§ 33. Der Bindestrich[1] *(le trait d'union)*. Derselbe ist üblich:

1) In Zusammensetzungen: le chef-lieu. Bemerke la grand'mère neben le grand-père. In ennemi-né und ähnlichen setzen einzelne (mit der Akad.) den Bindestrich. Vielfache Ungleichheiten: le contrefort, aber la contre-mine; le contrepoint, aber contre-pointer. Das Streben geht (wie im allgemeinen) dahin, den Gebrauch zu beschränken; seit 1878 ist der Bindestrich unterdrückt, z. B. in la contrebasse, le contrefort, le contremaître, la contremarche, la contremarque, le contrepoids, le

---

[1] Der zur Verbindung von Wörtern zu einer Gesamtheit dienende Strich heißt *trait d'union*, der zum Abbrechen am Zeilenende dienende *tiret*. Letzteren Namen führt auch der Gedankenstrich (—).

contrepoint, le contrepoison, le contresens, le havresac u. a. Bemerke le moyen âge.

2) In mehrteiligen Ausdrücken und Wörtern; peut-être, sur-le-champ, le plus-que-parfait, c'est-à-dire (est-ce à dire), le qu'en-dira-t-on (un on dit); doch tout à coup, tout à fait. Besonders bei Verbindungen, die dasselbe Wort zweimal enthalten: le tête-à-tête, vis-à-vis; doch peu à peu. Ebenso in Verbindungen mit Wörtern, die eine selbständige Existenz in der Sprache nicht haben: un in-folio, un ex-roi; doch le bachelier ès lettres (s in ès ist laut). Auch sonst finden sich Ungleichheiten: au-dessous, au-dessus, au-devant (doch au dedans, au dehors, au delà). par-devant, par-dessous, par-dessus, par-devers (doch par deçà, par delà).

3) Besonders erhalten mehrteilige Namen den Bindestrich: les Pays-Bas, les Deux-Siciles, le département de Saône-et-Loire, Boulogne-sur-Mer, le Plessis-lez-Tours[1], le Théâtre-Français. Früher auch Charles-le-Téméraire u. a. Bemerke Charles-Quint, Sixte-Quint und Philippe-Auguste, obwohl Auguste hier Beiname ist. Ebenso werden nach französischem Brauch Vornamen unter einander verbunden: Jean-Jacques Rousseau. Ähnlich Jésus-Christ, Tite-Live, Quinte-Curce, Aulu-Gelle. Am besten behält man den Bindestrich auch bei der Abkürzung bei: J.-J. Rousseau, ebenso J.-C.

Dasselbe geschieht bei Appellativen, wenn sie stehende Bezeichnungen werden: le Bas-Empire, le Saint-Empire; les basses Pyrénées, aber les Basses-Pyrénées (Departement).

Bei Sprachbezeichnungen wie le bas latin, le vieux français, le haut allemand setzt man am besten keinen Bindestrich.

4) Zusammengesetzte Adjektive werden verbunden: sourd-muet. So besonders auch, wenn dem ersten die Form auf -o gegeben wurde: gréco-romain. Oder wenn das erste Adjektiv ein Adverb vertritt: nouveau-né (bei tout jedoch nur in tout-puissant). Bemerke frais cueilli, clairsemé.

Bei Farbenadjektiven unterbleibt meist der Bindestrich: vert foncé, vert brun, bleu pâle, gris sale, jaune doré. Trotzdem schreibt die Akad. un habit gris-brun, du pain bis-blanc, nach Littré fehlerhaft. Der Bindestrich steht, wenn auf das Farbenadjektiv ein die Nüance bezeichnendes Substantiv folgt: jaune-citron, vert-pomme, trotzdem bleu barbeau (Akad).

5) In der Inversion wird das durch Fürwort ausgedrückte Subjekt mit dem Verb verbunden: puis-je, allons-nous, parle-t-on.

6) Mit dem affirmativen Imperativ werden sämtliche nachfolgenden Fürwörter verbunden: allons-nous-en. Die Unterdrückung des zweiten Bindestrichs hat nur einen Sinn, wenn auch keine Bindung möglich ist: portez-y en.

---

[1] Lez (lat. latus) = bei. Oft unrichtig lès in Ortsnamen. Der Name steht öfter ohne Artikel; le Plessis ist eigentlich ein Appellativ (die Einfriedigung) und verlangt den Artikel.

7) Même wird mit dem vorausgehenden Personalpronomen verbunden: moi-même, eux-mêmes.
8) Ci und là haben Bindestrich nach dem substantivischen Demonstrativ: celui-ci, celles-là; ebenso nach einem Substantiv mit vorausgehendem adjektivischen Demonstrativ: cette maison-ci, ces arbres-là.

Auch in jusque-là (nicht in dès là, par là), là-bas, là-dessous, là-dessus, là-haut (nicht in là dedans, là dehors, là contre), ci-joint, ci-inclus, ci-gît, ci-après, ci-contre, ci-dessus, ci-dessous, ci-devant wird Bindestrich gesetzt.
9) Quelqu'un, quelqu'une hat im Plural quelques-uns, quelques-unes.
10) Über den Gebrauch beim Zahlwort vgl. § 153.

Anm. Nach très wird nicht mehr der Bindestrich gesetzt.[1] Auch in non seulement ist er weggefallen. Dagegen nach outre-Rhin, outre-Manche, outre-mer u. a.

§ 34. Das Trema *(le tréma).* Es deutet an, daß zwei neben einander stehende Vokale getrennt zu sprechen sind: haïr, la faïence, Caïus, Saül (aber Saul Saulus). Im Anlaut wird dieses Zeichen überflüssig und ungleichmäßig verwendet: un ïambe, wogegen l'iode, ionien und selbst un choliambe, un choriambe.

Wenn ein anderes Zeichen (der Accent) die Trennung der Vokale anzeigt, so fällt das Trema weg: obéir, Cnéius. Auch bei oe ist es überflüssig (denn der Mischvokal ist œ), daher coercitif. Dagegen ist aus älterer Zeit übrig geblieben Noël[2], le Groënland (§ 7); ebenso Staël (spr. *stäl*), Maëstricht (spr. *mastrik'*), weil æ (a + e) erst ein neueres Zeichen ist; früher auch Emmanuël (jetzt ohne Trema), weil ue mit eu gleichwertig war.

In der Verbindung uë, uï nach g[3] deutet das Trema an, daß u eigenen Laut hat: la ciguë u. a. (§ 9). In Eigennamen fehlt dagegen das Trema: Guise u. a.

§ 35. Die Accente. Die Accente (Acutus, Gravis, Cirkumflex, *l'accent aigu, l'a. grave, l'a. circonflexe*) dienen teilweise zur Kennzeichnung des Lautes (é für geschlossenen, è für offenen e-Laut), teilweise zur Unterscheidung gleichlautender Wörter (la und là, ou und où), teilweise zur Angabe des Konsonanten- oder Vokalausfalles oder zur Bezeichnung der Länge.

Der Cirkumflex findet sich auf allen Vokalen außer y, der Gravis auf à, è, ù, der Acutus nur auf é. In der Schrift werden sie bei Majuskeln weggelassen; ebenso (aus praktischen Gründen) im Druck außer bei dem e-Laut[4], welcher als É, È und Ê auftritt. Im einzelnen ist zu bemerken:

Cirkumflex für Ausfall von Konsonant (meist s): la fête (Fest), la fenêtre

---

[1] Doch le Très-Haut (der Allerhöchste, d. i. Gott).
[2] Statt le poëme, le poëte jetzt poème, poète.
[3] Seit 1878 schreibt die Akad. la perspicuité (vorher uï) wie schon früher la promiscuité.
[4] Nur das Wörterbuch setzt Accente über anderen Majuskeln.

(Fenster), le hêtre (Heister, Buche), le maître (Meister), le moût (Most), la Pentecôte (Pfingsten), l'âme (Seele). Dagegen ist das prothetische e nur offen, wenn s bleibt (espérer), kann aber dann nicht Accent erhalten. Vor ausge: fallenem s ist es geschlossen: épine, école, étude.

Cirkumflex für Ausfall von Vokal findet sich in gaîment, gaîté, dénoûment, dénûment, dévoûment, remercîment, u. a. neben gaiement, gaieté, dénouement, dénuement, dévouement, remerciement. Bemerke la piqûre (û für uu) und le châtiment (obwohl für châtiement). Bei Futurformen findet sich in der Poesie vereinzelt derselbe Cirkumflex: je paîrai, il crîra, il emploîrait für je paierai, il criera, il emploierait.

Der Cirkumflex fehlt in la citerne (Cisterne), la moutarde (Mostrich, Senf), le moutier (Münster), un otage (Geisel, engl. hostage), ferner in chacun (aus chasqu'un), la plupart, plutôt u. a.

Auf entlehnten Wörtern ist der Cirkumflex oft nur Zeichen der Länge: le dôme (Kuppel), extrême, suprême, les mânes, Pâris (Sohn des Priamus) le théâtre. Unrichtig ist er in le pôle (lat. pŏlus, le thrône (lat. thrŏnus); er sollte nicht fehlen z. B. in un arome, la zone.

In der Tonsilbe ist ein Vokal mit Cirkumflex lang, obwohl manche in une aumône, le gîte, la Pentecôte u. a. kurzen Vokal sprechen. Außerhalb der Tonsilbe verliert dagegen der Vokal an Länge und ê ist kürzer in nous fêtons als in la fête.

In Ableitungen verschwindet öfter der (unberechtigte, d. h. nur die Länge bezeichnende) Cirkumflex: la grâce: gracier, gracieux; la disgrâce: disgracier, disgracieux; infâme: une infamie; jeûner: déjeuner, à jeun; le pôle: polaire, le symptôme: symptomatique; le trône: introniser.

Kein ê kann stehen vor Doppelkonsonanten (ll, mm, nn u. s. w.), eben: sowenig vor mehreren Konsonanten, daher un espoir, Edmond, exister (x ist zusammengesetzt, § 17). Ch, ph, th sind einfache Laute. Auch é kann nicht vor zwei Konsonanten stehen, die nicht Muta mit folgender Liquida (Mittel: laut) sind.

Für die Vorsilbe re- (-ré) gelten folgende Regeln: re- steht vor Kon: sonanten, -ré vor Vokalen: retenir, aber réoccuper (doch tritt meist vor Vokalen Elision des e ein: rentrer, rouvrir). Wenn ré- vor Konsonant steht, so ist der Grund, daß re- mit einem Worte zusammengesetzt wurde, welches mit é anlautete: rétablir aus re-établir, réchapper aus re-échapper[1]; oder das Wort gilt für das Französische nicht als zusammengesetzt, weil es dem Lateinischen entlehnt ist: réclamer, réfléchir, répéter. — In manchen Fällen entstehen Scheideformen: recréer (wieder schaffen), récréer (ergötzen), repartir (wieder abreisen, erwidern), répartir (verteilen), resonner (wieder tönen), résonner (wiederhallen) u. a. Wechsel zwischen stummem e und é zeigt sich in: le rebelle: la rébellion; recueillir: la récolte; le refuge: se réfugier; relatif:

Oft ist dies nicht mehr erkennbar, so réjouir aus dem nicht mehr vor: handenen éjouir.

corrélatif; la religion: l'irréligion; le remède: irrémédiable; replet: la réplétion; le reproche: irréprochable; requérir: la réquisition. **Bemerke auch** un évêque: un archevêque; secret, le secrétaire: sécréter, la sécretion.

Schwankend waren oder sind noch (die eingeklammerte Form ist zu **meiden**): un aqueduc (aquéduc), l'arsenic (arsénic), le bélier (belier), la Bohème (Bohême), Brême (Brème), celer (céler), Cervantes (Cervantès), Chateaubriand (Châteaubriand), désirer (desirer), dorénavant (dorenavant, **obwohl etymologisch richtig**), un épitomé (épitome), Pepin (Pépin), le rébus (rebus), la reclusion (réclusion), redondant (rédondant), la trêve (trève).

Anm. Zu warnen ist vor dem Cirkumflex in le bateau, la chute, le coteau, le Havre, un interprète, la joute. Zu bemerken, weil für uns fremdartig le chimpanzé, Ninive. — Nach französischem Brauch[1] erhalten auch lateinische Wörter Accente; so das lange a des Ablativs (vice versâ, ab hoc et ab hâc), ebenso das e des Adverbs (optimè, nota benè).

§ 36. Die Silbenteilung *(la décomposition des mots en syllabes).* Die Silbenteilung ist unabhängig von der Aussprache; denn während letztere *san-ctuaire* vorschreibt, teilt man *sanc-tuaire* ab. Sie ist unabhängig auch von der Etymologie; sogar die Zusammensetzung, wo sie nicht äußerlich durch den Bindestrich (contre-mine, sous-entendu) kenntlich gemacht ist, wird bei der Silbenteilung mißachtet.

Über manche Punkte herrscht keine Einstimmigkeit; die folgenden Regeln geben den von der Akademie befolgten Gebrauch:

1) Mehrere nach einander folgende Vokale bleiben ungetrennt, mögen sie der Aussprache nach getrennt werden können oder nicht: la rei-ne, bien, le cin-quiè-me, la géo-mé-trie, la théo-rie, la priè-re, vio-lent, la poé-sie, la zoo-lo-gie. Wörter wie crier, tuer sind demnach nicht trennbar. Selbst die Zusammensetzung thut nichts zur Sache: la préé-mi-nen-ce, rééli-re, ex-traor-di-nai-re (Littré trennt a-o).

2) Ein Konsonant zwischen Vokalen gehört zur zweiten Silbe: a-me-ner, le ca-non. Als einfache Konsonanten gelten nicht bloß ch, ph, th, sondern alle, welche h nach sich haben: la ta-che, une a-po-stro-phe, un a-thé-née, la si-lhouet-te, Fai-dher-be, Sarah Ber-nhardt (dagegen le mal-heur u. a.). Vgl. auch 6.

Nur vor Konsonant kann x abgetrennt werden: une ex-tinc-tion; Wörter wie le Saxon sind untrennbar. Über y vgl. § 10 Anm.

Wie aus obigen Beispielen ersichtlich, wird unbedenklich getrennt, wenn der abgetrennte Konsonant auch nur stummes e nach sich hat.

3) Doppelkonsonanten (ss, tt, mm u. s. w.) werden getrennt ac-cep-ter, al-ler, som-mer, la gros-seur, le trot-toir. Sogar geschliffenes ll: sourcil-ler, une o-reil-le.

---

[1] Dieser Gebrauch ist noch weit verbreitet, wird aber von den Franzosen (Littré) selbst bekämpft. Die Akad. hat 1878 diese Accente gestrichen, in nota benè (sprich *béné*) ließ sie auffallender Weise die alte Schreibart.

4) Zwei verschiedene Konsonanten werden getrennt: la pro-duc-tion, le dic-tion-nai-re, un ad-jec-tif, le ser-vi-teur.

So auch s mit folgendem Konsonant: des-cen-dre, dis-pu-ter, jus-que, une his-toi-re, la jus-ti-ce, exis-ter.

Dagegen bleibt gn ungetrennt: nous crai-gnons, la Po-lo-gne. Selbst wenn g und n nicht den geschliffenen Laut bilden: un a-gnat, la sta-gna-tion.

Ebenso bleiben l und r mit vorausgehender Muta immer verbunden: le ta-bleau, é-clai-rer, qua-tre, un ou-vra-ge.

5) Von drei Konsonanten (mögen darunter stumme sein oder nicht) gehören die beiden ersten zur vorausgehenden Silbe: le sanc-tuai-re, le sculp-teur, somp-tueux. Doch muß auch hier l, r mit vorhergehender Muta vereinigt bleiben: em-ployer, le nom-bre, l'An-gle-ter-re, un es-cla-ve, le ma-gis-trat, le por-trait.

6) In der Behandlung von Zusammensetzungen finden sich Widersprüche, besonders in den mit ab(s), apo, dés, in, mal, més, ob, per, sub, sur, trans gebildeten Wörtern. So abs-te-nir und ebenso une abs-cis-se; dés-a-bu-ser, dés-a-van-ta-ge und so meist, doch le dé-sa-gré-ment, le dé-sar-roi und sogar dé-sin-té-res-sé neben dés-intéressé; in-al-lia-ble une in-ap-pli-ca-tion, in-ex-tri-ca-ble, in-hu-main, in-scri-re, aber une i-na-mis-si-bi-li-té, une i-ner-tie, une i-non-da-tion; mal-a-droit, le mal-heur, aber ma-lai-sé; ob-scè-ne, ob-sta-cle, aber obs-cur; pé-remp-toi-re, aber le per-oxy-de; sub-al-ter-ne, le sub-stan-tif, sub-ve-nir, aber su-bir, la su-bor-di-na-tion; la sur-a-bon-dan-ce, aber su-ran-ner; trans-cen-dant, trans-pa-rent, aber tran-scri-re.

§ 37. **Abkürzungen** (*les abréviations*). Bei der Abkürzung wird entweder nur der erste Buchstabe des abzukürzenden Wortes beibehalten und nach demselben ein Punkt gesetzt; oder außer dem ersten Buchstaben (dann Majuskel) werden auch der letzte oder die letzten Buchstaben beibehalten und dann meist höher gestellt. Ein Punkt darf in diesem Falle nicht stehen. Ausnahmsweise findet sich in Mgr ein mittlerer Buchstabe beibehalten. Der Plural wird durch Verdoppelung angedeutet, wenn nur der Anfangsbuchstabe gesetzt wurde; durch Anfügung von s, wenn der Schlußbuchstabe beibehalten wurde. Oft wird beides vereinigt, mit Unrecht, weil s den Plural hinlänglich kenntlich macht. Unbezeichnet bleibt der Plural bei Münznamen.

Man kürzt monsieur = **M**. (Pl. **MM**.), früher (beim Schreiben noch öfter) auch **M**^{r} (Pl. **M**^{rs}); madame = **M**^{me} (Pl. **M**^{es}); mademoiselle = **M**^{lle} (Pl. **M**^{lles}); monseigneur = **Mgr** (Pl. **NNSS**. = nosseigneurs); maître = **M**^{e} (Pl. **M**^{es}); sieur = **S**^{r}, doch bleibt dies Wort meist ungekürzt.

Von sonstigen Abkürzungen sind bemerkenswert: **S. M.** (Sa Majesté, Pl. **LL. MM.**), **S.S.** (Sa Sainteté), **S. A. R.** (Son Altesse Royale), **S. Exc.** (Son Excellence), **N. S.** (Notre Seigneur), **J.-C.** oder **J. C.** (Jésus-Christ),

N.-D. (Notre-Dame), St-Pétersbourg, St-Cloud[1] (Saint-Pétersbourg, Saint-Cloud), **N. S. E. O.** (für nord, sud, est, ouest), **V^e** (veuve), **Cie** und **C^o** (compagnie), **M^d** (marchand), **M^n** (maison d. h. Firma). fr. und f. (francs) m. (mètre), 5 m. 6 c. (5 mètres 6 centimètres), **kil.** kilomètre(s), auch kilogramme(s), wofür üblicher **kilog**(s), oder **kilo**(s)), h. (heure(s), 4 h. 50 (4 heures 50 minutes), **degré c.** (degré(s) centigrade(s) Grad Celsius), dafür auch 10⁰ 0/00 (lies 10 degrés centigrades), 5 %$_0$ oder 5 p. %$_0$ (5 pour cent), **in-f°** (in-folio), **n°** (numéro), **p.** (page), p. 203 **et suiv.** (suivantes), **etc.** (et cætera), **c.-à-d.** (c'est-à-dire), **s.-ent.** (sous-entendu), **s. v. p.** (s'il vous plaît), **Voy.** (voyez, dafür üblicher voir), **ms.** (manuscrit, Pl. **mss.**), **s. l. n. d.** (sans lieu ni date). Für septembre, octobre u. s. w. oft 7bre, 8bre, 9bre, 10bre.

Die römische Ziffer nach Regentennamen darf keinen Punkt haben, denn es ist keine Ordinalzahl (Ordinalzahlen werden französisch außerdem nicht mit Punkt gekürzt): Charles Ier, Henri IV u. s. w. Meist auch römische Ziffer bei Angabe des Jahrhunderts: le **XVIIe** siècle. Für die Kürzung von Ordinalzahlen werden sonst arabische Ziffern verwendet: 1er, 1re (premier, première), 2e, 3e (deuxième, troisième) u. s. w. Die Zahladverbien werden 1⁰, 2⁰, 3⁰ u. s. w. gekürzt (lies primo, secundo, tertio oder premièrement u. s. w.).

Herr N. N. heißt französisch **M. N.** (nur ein **N.**), üblicher **M. X.** oder Anfangsbuchstabe des Namens mit drei Punkten: **M. R...**; früher drei Sternchen (*astérisque*, *étoile*), daher Monsieur R Trois-Étoiles. Vgl. englisch Mr. R — (gelesen Mister R Blank).

§ 38. Die Interpunktion *(la ponctuation).* Die Interpunktionszeichen sind: der Punkt (*le point*), der Strichpunkt oder das Semikolon (*le point virgule, le point et virgule*), der Doppelpunkt oder das Kolon (*les deux points*, mißbräuchlich auch *le tréma*), das Komma, der Beistrich (*la virgule*), das Ausrufezeichen (*le point d'exclamation*), das Fragezeichen (*le point d'interrogation*), der Gedankenstrich (*le tiret, le tiret de séparation;* in anderer Anwendung *les points suspensifs, les points de suspension*), die Anführungszeichen (*les guillemets*), die (runde) Klammer (*la parenthèse*), die eckige Klammer (*les crochets*), wozu man meist noch die bei Verweisungen üblichen Zeichen rechnet, den Stern (*l'astérisque*) und das Kreuz (*la croix de renvoi*).

Mit Ausnahme des Kommas werden die Unterscheidungszeichen wie im Deutschen verwendet. Doch ist zu bemerken:

Das Kolon steht, wenn der nachfolgende Satzteil aus dem vorhergehenden eine Folgerung zieht, ihn entwickelt, erläutert oder zusammenfaßt: Le siècle de Louis XIV, qu'on nous montre à distance comme si imprégné de littérature, s'en occupait très peu: dans la préface d'un de ses ouvrages, le comte de Caylus dit qu'alors on ne lisait guère que des contes de fée.

---

[1] Bleiben besser ungekürzt. Jedenfalls nicht **S.**, was nur San (in italienischen Ortsnamen) bedeuten könnte.

Das Ausrufezeichen, welches wir nach der Briefüberschrift (*la vedette*) setzen, muß im Französischen durch Komma gegeben werden: Monsieur, Vous serez bien étonné en voyant le timbre de cette lettre.

Der Gedankenstrich dient zur Absonderung von Rede und Gegenrede: Qu'est-ce là? lui dit-il. — Rien. — Quoi! rien! — Peu de chose. — Mais encor? — Le collier dont je suis attaché De ce que vous voyez est peut-être la cause. Er tritt sogar manchmal vor ein neues Alinea. — Die Unterbrechung einer angefangenen Rede wird nicht nach unserer Weise durch Gedankenstrich, sondern durch die *points suspensifs* (...) bezeichnet.

Die Anführungszeichen werden oft durch Kursivschrift (*italiques*) ersetzt, wenn ein Fremdwort, Neologismus, Argotausdruck u. dgl. angeführt wird, überhaupt wenn der Verfasser die Verantwortlichkeit für das, was er schreiben mußte, ablehnt: Nos jeunes gens riches *s'amusent*, nos jeunes gens pauvres se *pochardent*.[1]

§ 39. Fortsetzung: Das Komma.

Der in der Verwendung des Kommas zwischen deutschem und französischem Brauch hervortretende Unterschied liegt darin begründet, daß unser Komma Satzzeichen, die französische *virgule* Tonzeichen ist, d. h. daß unser Komma den Bau des Satzes deutlicher machen, die *virgule* dagegen dem Lesenden zeigen soll, wo eine Pause (zum Atemholen) eintreten kann. Oft fällt die Redepause mit einem syntaktischen Abschnitt zusammen, dann fällt auch französischer und deutscher Kommagebrauch zusammen.

Das Komma steht im Französischen weder vor dem mit einer Konjunktion (besonders que) eingeleiteten Satze, noch vor der indirekten Frage, wenn dieselben von dem vorausgehenden Verb (oder Ausdruck) unmittelbar abhängen: Vous me demandez, mon ami, pourquoi je tiens à ce qu'on ne me rectifie pas ma ponctuation à l'imprimerie. J'ignore si Alexandre Dumas père ponctuait ses manuscrits et corrigeait ses épreuves.

Ebenso steht das Komma nicht vor dem que des Komparativsatzes; es fehlt auch öfter vor dem konditionalen si: Un bon discours est incompréhensible à l'oreille s'il est débité sans ponctuation, et désagréable si la ponctuation est mauvaise.

Zwischen dem Verb und dem davon abhängigen (reinen oder präpositionalen) Infinitiv darf kein Komma stehen.

Das Komma fehlt vor dem Relativsatz, wenn derselbe für das Verständnis des Satzganzen wesentlich ist (also eine Redepause nicht eintreten kann); es steht dagegen, wenn der Relativsatz nur eine Erläuterung oder bei-

---

[1] Bemerke auch die ungleiche Behandlung des se und s' in diesem Falle: apostrophierte Wörter bilden mit dem folgenden ein einziges. Dieses Beispiel und die meisten folgenden sind absichtlich aus George Sand und zwar aus einem Artikel über Interpunktion entlehnt.

§ 39. Das Komma.

läufige Bemerkung enthält (die Pause tritt dann unwillkürlich ein). Daraus ergiebt sich, daß celui qui, ce qui nie durch Komma getrennt werden, und daß dieses Unterscheidungszeichen häufiger vor lequel als vor qui steht: Si vous parlez de choses que tout le monde entend à demi-mot, ne leur donnez pas l'importance qu'elles ne doivent point avoir. Aber: Aimerait-on mieux la découverte de quelque loi des corps, ou l'invention de quelque nouvelle preuve métaphysique de l'existence de Dieu, laquelle n'a pas besoin de preuves? Damit kann das Komma für den Sinn des Satzes entscheidend werden: L'obéissance et le respect sont dus à l'autorité, dont Dieu est la source. Sinn: alle Obrigkeit ist aus Gott; Auslassung des Kommas führt zu der Sophisterei: man schuldet Gehorsam nur derjenigen Obrigkeit, welche aus Gott ist. — Am Schlusse des Relativsatzes steht meist ein Komma, es fehlt dagegen, wenn der Relativsatz wie der nachfolgende Satzteil ziemlich kurz sind (Redepause tritt nicht ein). Wenn der Relativsatz durch eine Participialkonstruktion vermieden wird, so gilt die Regel, welche für das Relativ selbst gegeben wurde: La ponctuation, c'est l'intonation de la parole, traduite par des signes de la plus haute importance.

Zeit- und Ortsangaben werden zu Anfang wie in der Mitte des Satzes durch Komma abgesondert. Viele thun dies auch bei modalen Bestimmungen und präpositionalen Satzteilen: Roxane est, avec Phèdre, le rôle le plus difficile que Racine ait écrit. Regelmäßig werden **par exemple, au contraire** u. a. durch Komma abgetrennt.

In einer Aufzählung fällt vor dem letzten mit et angereihten Gliede das Komma weg. Es steht aber vor etc., wenn diese Abkürzung den Beschluß einer Reihe bildet. Im Polysyndeton steht das Komma regelmäßig vor **et**: Alors c'étaient des larmes, des désespoirs, et le jeûne, et le cilice, et la discipline! Auch hier markiert es nur die für die rhetorische Wirkung nötige Pause.

Wenn ein vorausgehendes Satzglied (besonders ein Verb) im Verlaufe des Satzes zu ergänzen ist, tritt notwendig eine kleine Stockung ein, die wieder durch Komma angedeutet wird: L'épée de Charlemagne s'appelait la Joyeuse, celle de Roland, Durandal, celle de Renaud, Flamband, celle d'Olivier, Hauteclaire. Athènes devint l'alliée d'Argos, Lacédémone, de Thèbes. Der Klarheit wegen kann dann ein anderes Komma durch Strichpunkt ersetzt werden: Les enfants lui redemandaient leurs pères; les femmes, leurs maris; les frères, leurs frères.

§ 40. Lautregeln.¹)

1) Die Endungskonsonanten s, t können nicht an Stämme treten

a) auf zwei unter sich verschiedene Konsonanten,
b) auf zwei unter sich gleiche Konsonanten,
c) auf einen ihnen selbst gleichen oder ähnlichen Konsonanten, sowie auf v.

Dabei wird in dem Falle

a) der letzte Konsonant des Stammes gestrichen: servir [serv-]: je sers, il sert,
b) zunächst einer der beiden Konsonanten gestrichen und dann ebenso wie im Falle
c) s angefügt, wenn im Stamme noch keines steht; t wird angefügt, wenn im Stamme kein t oder d steht. Vor t fällt s des Stammes aus. Ein v räumt beiden Endungskonsonanten den Platz.

finir [fin-, erweiterter Präsensstamm finis(s)-]: je finis, il fini-t.
naître [nais(s)-]: je nais, il naî-t.

1a) Nach Nasalvokalen zählen m und n nicht als Konsonanten, der Stamm vend- endigt daher auf einfachen Konsonant.

Dasselbe ist bei den Stämmen von mentir, se repentir, sentir der Fall, welche gleichwohl unter Lautregel 1a fallen müssen. Es handelt sich bei ihnen nur um eine orthographische Verschiedenheit. Früher lautete die 1. Sing. je ment, je sent; nach Eintritt des s für diese Person fiel das t aus, wie auch früher bei Substantiven auf -ant, -ent dieser Konsonant vor dem Plural-s wegfiel (vgl. § 94 Anm. 1).

Ist der letzte Konsonant r, so fällt er nicht weg, sondern die Form wendet sich der 1. Konjugation zu: ouvrir [ouvr-]: j'ouvre.

b) Auch bei geschliffenem ll, welches erhalten bleibt (d. h. nicht u wird oder in ou aufgeht), wendet die Form sich der I. Konjugation zu: cueillir [cueill-]: je cueille.

c) Ausnahmsweise tritt t auch nach c nicht an: vaincre, il vainc.

Bei den Verben auf -aître und bei plaire wird das vor t ausgefallene s durch den Cirkumflex (auf ai) ersetzt. Ebenso erhält o den Cirkumflex bei den Verben auf -ore für das vor t ausgefallene nicht etymologische s. — Bliebe v als Stammauslaut, so müßte auch bei den v-Stämmen die Einzahl der I. Konjugation sich zuwenden.

¹ Später wird Lautregel durch LR, Schriftregel durch SR abgekürzt.

plaire [plais-]: je plais, il plaî-t.

vendre [vend-]: je vend-s, il vend.

battre [bat(t)-]: je bat-s, il bat.

vivre [Verbalstamm viv-]: je vi-s, il vi-t.

Überhaupt kann auf v kein Konsonant außer l, r folgen (vli, vlan, vivre, vivrai), so wenig als v im Auslaut stehen kann. Aus dem Adjektivstamm [viv-] entsteht daher das Adjektiv vif, dessen ursprünglicher (stimmhafter, weicher) Konsonant erst in der weiblichen Form (vive) wieder hervortritt.

2) Ein im Auslaut nasal gewordener Vokal wird wieder rein, sobald er in den Inlaut tritt: fin, fine; bon, bonne; mien, mienne. Dabei wird n zum geschliffenen Laut gn, wenn das Stammwort g enthielt: malin, maligne; peindre, je peins, nous peignons.

3a) Ein in der letzten Silbe des Stammes oder Wortes stehendes geschlossenes e wird offen, wenn eine stumme End=silbe folgt: étranger, étrangère; régner, règne.

3b) Ein in der letzten Silbe des Stammes stehendes stummes (d. h. dumpfes) e wird offen vor jeder stummen Silbe: mener, je mène, je mènerai.

Vor l und t wird nicht è gesetzt, sondern der offene Laut durch Verdoppelung des Konsonanten bezeichnet: mortel, mortelle; muet, muette; appeler, j'appelle; jeter, je jette.

4) Im Auslaut, vor stummem e und vor Konsonanten haben ai, oi, ui ihren gewöhnlichen Laut: un essai, il essaie, ils croient, il croit, la fuite. Vor einem tönenden Vokal aber erhalten sie einen kurzen i=Nachschlag, welcher die Silbe mit der folgenden verbindet. Das vorhandene i wird mit dem Nachschlags= zu y verbunden: essayons, croyant, fuyez. (§ 10.)

---

2) Dabei wird nasales e zu offenem e, da der Nasalvokal è aus dem offenen Vokal entstanden ist.

3a) Außerhalb der Tonsilbe kann é vor stummer Silbe stehen: sec, sèche, aber la sécheresse.

3b) Ebenso wird bei c der offene Laut durch Verdoppelung (cqu) be=zeichnet: grec, grecque.

4) Immer schreibt man ey: ils s'asseyent. Auch ay ist vor stummem e erlaubt: il essaye.

5) Jede Infinitivendung wird verkürzt im Futur. Das oi der Endung oir und das e der Endung re fallen ganz weg: donner, finir, recevoir, rompre: donnerai, finirai, recevrai, romprai.

6) Vor den konsonantischen Endungen x (für s) und t wird l nach Vokal zu u: le cheval, les **chevaux**; valoir [val-], je vaux, il **vaut**.

7) Als Verbindungslaut wird d eingeschoben zwischen n und r: tenir [ten-], je tien-d-rai.

Schon im Infinitiv bei prendre, craindre u. s. w.

§ 41. Schriftregeln.

1) Wenn c (= ss) und g (= j) vor a, o, u zu stehen kommen, so wird als Zeichen, daß sie jenen Laut behalten, unter c die *cédille* gesetzt (ç) und dem g ein e angefügt: je lance, nous lançons; je mange, il **mangea**.

2) Wenn c (= k) und g (als sanfter k=Laut) vor e, i, y zu stehen kommen, so wird als Zeichen, daß sie jenen Laut behalten, beiden ein u nachgesetzt, c aber zugleich in q verwandelt: public, **publique**; vaincre, je vaincs, je **vainquis**; long, **longue**.

3) Umgekehrt wird aber nicht ein überflüssig werdendes u nach c (q) und g gestrichen. Die einmal feststehende Schreibart eines Wortes wird nicht geändert, außer wo es geschehen muß.

---

6) Auch nichtgeschliffenes ll: falloir [fall-]: il faut. Geschliffenes ll kann in vorausgehendem ou verschwinden: bouillir [bouill]: il bout.

7) Auch zwischen l (welches entweder zu u wurde oder in ou aufging) und r wird d eingeschoben: valoir [val-]: je vaudrai; vouloir [voul]: je voudrai. Unnötigerweise bleibt dieses d in den Einzahlformen des Präsens bei prendre, moudre, coudre. In letzterem Verb wurde ausnahmsweise d zwischen (ausgefallenem) s und r eingeschoben, während sonst t eingeschoben ist, z. B. connaî(s)tre, naî(s)tre.

1) *Cédille* heißt: kleines z; das Häkchen ist aus einem z entstanden.

2) Um Verwechslung zu meiden, wird einem auf ausgesprochenes u (nach g) folgenden e, i das *tréma* gegeben: aigu, aiguë (§ 9).

3) Wenn aber einmal geändert wird, so können einzelne Formen auch andere nach sich ziehen, bei welchen die Änderung unnötig wäre: vaincre, je vainquis und so auch nous vainquons.

Daher provoquer, nous provoquons (nicht provocons); distinguer, il distingua (nicht distinga).

4) Um die Häufung von **u** zu vermeiden, wird der Vokal eu nach alter Weise mit ue bezeichnet nach **c, g**: accueil, accueillir. orgueil.

5) Als Endung oder Endungsauslaut steht **x** statt **s** nach au, eau, eu, œu: le roseau, les roseaux; le feu, les feux; le vœu, les vœux; valoir, je vaux; vouloir, je veux; deux.

Manchmal auch nach ou: le genou, les genoux.

6) Vor stummem e muß ein solches **x** wieder zu **s** werden: heureux, heureuse; faux, fausse; roux, rousse; doux, douce (c vor e lautet = ss).

7) Geschliffenes **l** muß stets **i** vor sich haben. Im Auslaut wird es mit l, im Inlaut mit ll bezeichnet: pareil, pareille; gentil, gentille, la gentillesse; accueil, accueillir. (§ 11.)

---

5) Ausgenommen die Adjektive bleu (blau) und feu (verstorben), sowie die Verbalform je meus von mouvoir (bewegen).

Zweiter Teil:
Formenlehre.

§ 42(⁴⁰). Die Wortarten (*les parties du discours*).
Es giebt im Französischen 10 Wortarten:
  I. Beugungsfähige: Artikel, Substantiv, Adjektiv, Zahlwort, Pronomen und Verb.
  II. Beugungsunfähige: Adverb, Präposition, Konjunktion und Interjektion.

I. Das Verb (*le Verbe*).

§ 43(⁴¹). Genus, Modus, Tempus, Numerus und Person.
Man unterscheidet bei dem Verb ein Aktiv und ein Passiv (*verbe actif, v. passif*, oder *voix active, v. passive*).
  Der Modus (*le mode*) ist dreifach[1]: Indikativ, Konjunktiv und Imperativ (*l'indicatif, le subjonctif, l'impératif*).
  Die Zeiten (*les temps*) sind:
  a) 3 einfache: Präsens (*le présent*), Imperfekt (*l'imparfait*) und historisches Perfekt (*le parfait défini*, auch *passé défini*);
  b) 2 zusammengesetzte: Futur (*le futur*) und Imperfekt des Futurs oder Konditional (*le conditionnel*);
  c) 5 umschreibende: Perfekt (*le parfait indéfini*, auch *passé indéfini*), Plusquamperfekt (*le plus-que-parfait*), historisches Plusquamperfekt (*le parfait antérieur*, auch *passé antérieur*), Perfekt des Futurs (*le futur antérieur*) und Plusquamperfekt des Futurs oder zweites Konditional (*le conditionnel antérieur*).
  Der Konjunktiv umfaßt nur 4 Zeiten: Präsens, Imperfekt, Perfekt und Plusquamperfekt (*présent, imparfait, parfait (passé), et plus-que-parfait du subjonctif*). Ein Imperativ findet sich nur zum Präsens.
  Die Mittel- oder Nominalformen begreifen in sich die Infinitive (Substantivform des Verbs) und Participien (Adjektivform des Verbs). Es giebt einen Infinitiv des Präsens (einfach) und einen Inf. des

---

[1] Unter den vieldeutigen Ausdruck modes reihen manche auch das Konditional, den Infinitiv und sogar das Particip. Littré spricht auch von einem *mode réfléchi*.

Perfekts (umschreibend); zwei einfache Participien, das des Präsens (*participe présent*) und das des Präteritums (*participe passé*), durch Umschreibung wird das Particip des Perfekts[1] gebildet.

Der Numerus ist zweifach: Singular (*le singulier*) und Plural (*le pluriel*), jeder mit 3 grammatischen Personen (1re, 2e, 3e *personne*).

§ 44 (⁴²). Einteilung der Verben nach der Bedeutung.

Ihrer Bedeutung nach zerfallen die Verben in
1) Hülfsverben (*verbes auxiliaires*), d. h. solche, die zur Formenbildung anderer Verben dienen[2] und
2) Begriffsverben, d. h. solche, die eine Thätigkeit oder das Beharren in einem Zustande ausdrücken.

§ 45 (⁴³). Einteilung der Verben nach der Thätigkeit.

Nach der Art, wie sich die ausgedrückte Thätigkeit äußert, teilt man die Verben in
1) Transitive (*verbes actifs, v. transitifs*),
2) Intransitive (*verbes neutres, v. intransitifs*),
3) Reflexive (*verbes réfléchis, v. pronominaux*) und
4) Unpersönliche (*verbes impersonnels*).

Jedoch kann ein und dasselbe Verb mehreren dieser Abteilungen zugleich angehören. Die französischen Grammatiker führen auch die passive Form (*verbes passifs*) besonders auf.

§ 46 (⁴⁴). Einteilung der Verben nach der Formenbildung.

Wir unterscheiden
1) Gleichförmige Verben, und zwar:
    a) mit dem Inf. auf -er, I. Konjugation;
    b) } mit dem Inf. auf -ir { und der Silbe -iss-, II (a) Konjugation[3]
    c) }   { ohne die Silbe -iss-, II (b) Konjugation;
    d) mit dem Inf. auf -re, III. Konjugation.
2) Ungleichförmige Verben, d. h. diejenigen, welche im Inf. und einzelnen Formen sich den obigen anschließen, aber in einer Reihe von Formen sich von denselben unterscheiden, sowie sämtliche Verben auf -oir.

Die Konjugation II a unterscheidet sich von II b nur im Präsens und Imperfekt; erstere nennt man auch die Konjugation mit erweitertem, letztere die mit reinem Stamm.

Die I. und II. Konjugation (mit erweitertem Stamm) nennen wir Hauptkonjugationen, weil die große Mehrzahl der Verben ihnen folgt und sie allein noch Zuwachs durch neugebildete Verben erhalten können.

---

[1] Z. B. **ayant donné**. Meist giebt man den Namen Part. Perf. auch der (hier als Part. Prät. bezeichneten) Form **donné**.
[2] Aber auch (im Französ. mehr als im Deutschen) ein selbständiges Dasein haben.
[3] Konjugation mit erweitertem Stamm (II a, *conjugaison inchoative*, ch = k), Konjugation mit reinem Stamm (II b, *conjugaison directe*).

Die Konjugation.

§ 47 (¹ ²). Stamm. Bei jedem Verb unterscheidet man den Stamm *(le radical)* und die Endung *(la terminaison)*.

Der Stamm erleidet in der Regel keine Veränderung als die Erweiterung -iss- im Präsens und Imperfekt der II. Konjugation (Gegensatz: Reiner Stamm). Unter dem Einfluß des auf ihn fallenden Worttons *(accent tonique)* wird er aber bei einzelnen Verben der I. Konjugation in den Präsens- und Futurformen verstärkt: mener [*men-*], je mène, je mènerai. Dasselbe findet sich im Präsens des ungleichförmigen prendre [*prend-, pren-*], ils prennent.

Aus demselben Grund erhält der Stamm in den Präsensformen einiger Verben einen Diphthong, z. B. venir [*ven-*], je viens; acquérir [*acquér-*], j'acquiers. Im Futur bleibt der Diphthong (je viendrai) oder offener Laut tritt ein (j'acquerrai).

Aus ou wird in der Tonsilbe der Präsensformen oft eu, z. B. mourir [*mour-*], je meurs. Nur im Indikativ: pouvoir [*pouv-*], je peux; vouloir [*voul-*], je veux.

Unter dem Einfluß eines früher folgenden i wurde a des Stammes zu ai (= offenem e) in aller [*va-*], je vais; haïr [*ha-*], je hais. Zu ai (= geschlossenem e) in avoir [*av-*], j'ai¹; savoir [*sav-*], je sais.

Besonders aber tritt aus dem gleichen Grund in dem Konjunktiv des Präsens statt des reinen Vokals ein fallender Diphthong ein bei aller, valoir, falloir, vouloir (j'aille, je vaille, il faille, je veuille), ein steigender in pouvoir (je puisse). Nur letzterer bleibt auch außerhalb der Tonsilbe.

Auch ss, ch in dem Präsens Konj. von faire, savoir (je fasse, je sache), hängt mit einem früher nachfolgenden i zusammen.

§ 48. Endung.² Die Endungen sind teils stätig (konstant), teils in den verschiedenen Konjugationen verschieden. Die Endung kann einfach oder mehrfach sein. Einfach ist sie z. B. in je donn-ai. Mehrfach ist sie z. B. in den Futurformen, welche mit dem Präsens und Imperfekt (letzteres für das Konditional) von avoir derart zusammengesetzt sind, daß an den Inf. die einsilbigen Formen ai, as, a, ont vollständig antreten, von den zweisilbigen avons, avais u. s. w. der letzte Teil (Tonsilbe ohne das zum Stamme gehörige v). Je donnerai = j'ai [à] donner ich habe zu geben, d. h. ich werde geben. Hierin kann man jedoch eher eine Anfügung (Suffix) erkennen.

Mehrfache Endung hat il finit (als Präsens, nicht als hist. Perf.), entstanden aus Stamm fin-, Inchoativ- oder Erweiterungssilbe -iss-, wovon (nach PN 1 b, c) nur i zurückbleibt, und Endung der dritten Person t. Als mehrfach kann man auch die Endung in je (tu) finis betrachten, da is zwar nur der Rest der Inchoativsilbe ist, s aber zugleich das Zeichen der Personalendung vertritt, dessen Antreten unmöglich war.

Einzelne Endungen haben außerdem einen Charaktervokal. Derselbe zeigt an, zu welcher Konjugationsform das Verb gehört: tu donn-**a**s, tu romp-**i**

---

¹ Offen im (ganzen) Konjunktiv j'aie.
² Franz. *la terminaison* die Endung schlechthin, *la désinence* deren letzter Bestandteil oder der Endungsauslaut.

§ 49. Übersicht der Endungen.

	Singularformen				Pluralformen			
	Konjugation							
	I	II a	II b	III	I	II a	II b	III
Präs. Ind.	e	(is)		s	(iss) ons			
	es	(is)		s	(iss) ez			
	e	(i)t		t	(iss) ent			
Präs. Konj.		(iss) e				(iss) ions		
		(iss) es				(iss) iez		
		(iss) e				(iss) ent		
Imperativ	e	= den entsprechenden Formen des Präs. Ind.						
Part. Präs.		(iss) ant						
Imperf. Ind.		(iss) ais				(iss) ions		
		(iss) ais				(iss) iez		
		(iss) ait				(iss) aient		
Hist. Perf.	ai		is		âmes		imes	
	as		is		âtes		îtes	
	a		it		èrent		irent	
Imperf. Konj.	asse		isse		assions		issions	
	asses		isses		assiez		issiez	
	ât		ît		assent		issent	
Futur	ai				ons			
	as				ez			
	a				ont			
Konditional	ais				ions			
	ais				iez			
	ait				aient			
Part. Prät.	é		i	u				

Anm. 1) Die Inchoativsilbe -iss- (lat. -isc-, -esc-) findet sich nur im Präsens und Imperfekt der II. Konjugation. Sie fehlt auch in der Konjugation II b. Im Lateinischen bedeutete sie den Anfang einer Thätigkeit. Im Französischen ist diese Bedeutung verloren; ein Anklang an dieselbe findet

sich in dem Umstand, daß die aus Adjektiven gebildeten Verben immer der II. Hauptkonjugation zufallen: maigrir (von maigre) abmagern, d. h. anfangen mager zu sein. Einen Bedeutungsunterschied kann die Inchoativform nicht mehr vermitteln; ähnlich ist im Französischen auch öfters die Iterativform in ihrer Bedeutung abgeschwächt: remplir verdrängt emplir, neben enfermer, joindre stehen renfermer, rejoindre mit vielfach gleicher Bedeutung, raffiner hat affiner ganz verdrängt. Besonders bei den Zusammensetzungen mit en (remblai, rembourrer, remplacer, rencontrer, renforcer, renverser u. a.) und in Mundarten noch häufiger.

2) Im Lateinischen hatte die 1. Sing. kein s, ebensowenig die 2. Sing. des Imperativs. Im Franz. hat nur im Präsens und hist. Perfekt der I. Konjugation und im Futur aller Konjugationen die 1. Sing. kein s. Ebenso hat nur in der I. Konjugation die 2. Sing. des Imperativs kein s. Sonst ist s angetreten, wo es nicht schon stand wie bei den s-Stämmen und der Konjugation II a. Vgl. LR 1 b, c. Die Poesie verwendet noch alte Formen (wie je vien, je doi, je croi, je reçoi u. a.) im Reim.

§ 50 (^{50,70}). Formenbildung.

a) Gleichförmige Verben.

1) Die umschreibenden Zeiten werden bei allen Verben in übereinstimmender Weise durch die Verbindung der Hülfsverben **avoir** oder **être** mit dem Particip des Präteritums gebildet, welches in der I. Konjugation auf -é, in der II. (a und b) auf -i, in der III. auf -u auslautet.

2) Die zusammengesetzten Zeiten werden gebildet durch Anfügung der Endungen -ai u. s. w. (bezw. -ais u. s. w.) an den Infinitiv, dessen Endungsvokal in der I. und II. Konjugation verkürzt wird (je donnerai, je finirai, je servirai), in der III. Konjugation wegfällt (je romprai).

b) Ungleichförmige Verben.

1) Bei den ungleichförmigen Verben hat das Part. Prät. sehr verschiedene Formen. — Die Nebenform bénit (von bénir) ist nicht zur Bildung der umschreibenden Zeiten zu verwenden. — Bemerke den Circumflex auf der männl. Form des Sing. in crû, dû, mû (croître, devoir, mouvoir).

2) Bei den Verben auf -oir (z. B. recevoir) wurde der Endungsdiphthong zunächst in e verkürzt (recever), welches dann wegfiel (je recevrai). — Die Endungen müssen ihrer bei allen Verben gemeinsamen Herkunft wegen stätige sein.

Bemerke: j'enverrai (envoyer), je verrai (voir), j'assiérai (asseoir), je courrai (courir), j'acquerrai (acquérir), je mourrai (mourir), je cueillerai (cueillir), je ferai (faire), je serai (être), j'aurai (avoir), je saurai (savoir), je pourrai (pouvoir), je voudrai (vouloir), je vaudrai (valoir), il faudra (falloir), je viendrai (venir), j'irai (aller).

2) Im Präsens Ind. endigt die 1. Sing. auf -s, außer in der I. Konjugation: je donne.¹

Wenn die 1. Sing. auf -s aus-lautet, so ist sie der 2. Sing. gleich. Der 2. Sing. ist die entsprechende Person des Imperativs gleich, außer in der I. Konjugation: tu donnes, aber donne.³

Die 3. Sing. endigt auf -t, außer nach c, a.⁴ Ausgenommen sind auch die d- und c-Stämme (LM 1 c), wogegen bei den t-Stämmen das verbleibende t des Stammes zu-gleich die Endung vertritt, ebenso wie s des erweiterten Stammes das Endungs-s vertritt in je (tu) finis (LM 1, b, c).

In der 1. und 2. Plur. wird i zu y bei den ai-, oi- und ui-Stämmen (§ 10). Ebenso in den gleichen

3) Statt -s steht -e bei den Verben mit Übergangsformen (cueillir, ouvrir u. ähnl.). — Statt -s steht -x² in je vaux, je peux, je veux (valoir, pouvoir, mouvoir, LM 5), jedoch nicht bei je meus (mouvoir). Kein Beispiel für x nach ou!

Bemerke das im Sing. verbleibende d von prendre, coudre, moudre, ebenso bei asseoir.

Bemerke je puis neben je peux (pouvoir). Kein tu puis!

Ausgenommen sind auch die Verben mit Übergangsformen und die mit konjunktivischem Imperativ: aie, sache, veuille (avoir, savoir, vouloir). Vgl. sois.

Auch hier sind die Verben mit Übergangsformen zu beachten. — Bemerke: il prend, il coud, il moud, il assied (prendre, coudre, moudre, asseoir), dagegen il craint, il résout (craindre, résoudre).

Für ein vor t ausgefallenes s tritt der Circumflex ein bei il con-naît, il naît, il plaît (aber il tait), il gît (connaître, naître, plaire, taire, gésir), ebenso in il clôt (clore) mit nicht etymologischem s.

Hierher gehören von den ungleich-förmigen Verben fuir, traire, croire, voir. Früher auch bruire, braire,

---

¹ Dieses stumme e wird vor je in der Inversion zu é, welches aus-nahmsweise wie è klingt. Ebenso puissé-je, dussé-je und die Endung ai im gleichen Falle: donnerai-je.
² Nach der Akad. je défaus (défaillir) gegenüber je faux (faillir). Bei Littré irrtümlich j'équivaus (équivaloir).
³ Doch muß s antreten vor en, y: gardes-en, retournes-y. Ebenso bei allen nicht auf s (x) auslautenden Imperativen: aie, va, offre, sache u. a. Meist macht man die unnötige Ausnahme, daß s nicht antritt, wenn en nicht zu dem Imperativ gehört: retourne en prendre, va en chercher.
⁴ Daher auch il donna, il va, il eut und übereinstimmend mit letzterem kein t in der 3. Sing. des Futurs. Dagegen steht t nach a: qu'il donnât. Bei jeder 3. Sing. jedoch, die vokalisch auslautet, wird zur Beseitigung des Hiatus und Vermeidung der Elision -t- eingeschoben in der Inversion vor vokalisch anlautendem Fürwort (il, elle, on): donne-t-il, donna-t-elle, va-t-on.

§ 50. Formenbildung.

Personen des Präsens Konj. (und des Imperativs), des Imperfekts und dem Part. Präs.

Diesen beiden Personen sind die entsprechenden Personen des Imperativs gleich.

4) Das Präsens Konj. hat nur stätige Endungen:
Singular: e, es, e.
Plural: ions, iez¹, ent.
Die 1. und 2. Plur. sind den entsprechenden Personen des Imperfekt Ind. gleich.
Die 3. Plur. ist derselben Person des Präs. Ind. gleich.

5) Im historischen Perfekt haben die 1. und 2. Plur. den Cirkumflex auf dem Charaktervokal.

6) Im Imperfekt Konj. steht der Cirkumflex für ausgefallenes s vor dem t der 3. Sing.

die Zusammensetzungen von choir und die oi-Konjugation von asseoir; alle diese Formen sind nicht mehr üblich.

Ausgenommen sind die konjunktivischen Imperative ayons, soyons, sachons, veuillons (ayez, soyez, sachez, veuillez), von welchen jedoch nur die beiden ersten genau mit den Konjunktivformen übereinstimmen.

Die 1. Plur. hat eine ungewöhnliche Endung in nous sommes. — Die 2. Plur. in vous êtes, vous dites (und vous redites), vous faites; die erste derselben (êtes) ist nicht zugleich Imperativform. — Die 3. Plur. hat ungewöhnliche Endung in ils ont, ils sont, ils vont, ils font.

4) Ausgenommen je (tu) sois, il soit, il ait.

Kein i in nous soyons, nous ayons (vous soyez, vous ayez).

Ausgenommen: nous soyons, nous ayons, nous puissions, nous fassions, nous sachions (vous soyez u. s. w.).

Ausgenommen sind ils sont: qu'ils soient, ils ont: qu'ils aient, ils vont: qu'ils aillent, ils valent: qu'ils vaillent, ils veulent: qu'ils veuillent, ils font: qu'ils fassent, ils peuvent: qu'ils puissent, ils savent: qu'ils sachent.

5) Croître hat den Cirkumflex in allen Formen. Nous haîmes, vous haîtes und

6) ebenso qu'il haît ohne Cirkumflex, weil derselbe sich mit dem Trema nicht vereinigen ließe.

¹ Die Endungen -ions, -iez im Präs. Konj., Imperfekt und Imperf. des Futurs sind einsilbig (früher im Imperfekt zweisilbig). Stets zweisilbig sind sie jedoch nach Muta mit folgender Liquida: nous entrions, vous sembliez, nous mettrions, vous voudriez. Vgl. dieselbe Ausnahme bei quatrième (§ 146). Warum ist nous lions (lier) zweisilbig? — Statt der Endungen -ais, -ait, -aient stand früher -ois, -oit, -oient. Die neue Form drang erst im dritten Decennium unseres Jahrhunderts völlig durch.

Die gleichförmigen
§ 51. Einfache Zeiten

Indikativ.   *Indicatif.*

I.   II a.

Präsens *Présent.*

je donn e	ich gebe	je fin is	ich endige		
tu donn es		tu fin is		} N	
il donn e		il fin it		} 1, b, c	
nous donn ons		nous fin iss ons			
vous donn ez		vous fin iss ez			
ils donn ent		ils fin iss ent			

Imperfekt *Imparfait.*

je donn ais	ich gab	je fin iss ais	ich endigte
tu donn ais		tu fin iss ais	
il donn ait		il fin iss ait	
nous donn ions		nous fin iss ions	
vous donn iez		vous fin iss iez	
ils donn aient		ils fin iss aient	

Histor. Perfekt *Parfait (passé) défini.*

je donn ai	ich gab	je fin is	ich endigte
tu donn as		tu fin is	
il donn a		il fin it	
nous donn âmes		nous fin îmes	
vous donn âtes		vous fin îtes	
ils donn èrent		ils fin irent	

Futur *Futur.*

je donn er ai	ich werde	je fin ir ai	ich werde
tu donn er as	[geben	tu fin ir as	[endigen
il donn er a		il fin ir a	
nous donn er ons		nous fin ir ons	
vous donn er ez		vous fin ir ez	
ils donn er ont		ils fin ir ont	

Imperf. des Fut. *Conditionnel.*

je donn er ais	ich würde	je fin ir ais	ich würde
tu donn er ais	[geben	tu fin ir ais	[endigen
il donn er ait		il fin ir ait	
nous donn er ions		nous fin ir ions	
vous donn er iez		vous fin ir iez	
ils donn er aient		ils fin ir aient	

§ 51. Einfache Zeiten des Aktivs: Indikativ. 47

Konjugationen.
des Aktivs: Indikativ.

Indikativ.   *Indicatif.*

IIb.   III.

Präsens *Présent.*

je ser s ich diene		LR 1 a	je romp s ich breche		
tu ser s			tu romp s		
il ser t			il romp t		
nous serv ons			nous romp ons		
vous serv ez			vous romp ez		
ils serv ent			ils romp ent		

Imperfekt *Imparfait.*

je serv ais ich diente		je romp ais ich brach	
tu serv ais		tu romp ais	
il serv ait		il romp ait	
nous serv ions		nous romp ions	
vous serv iez		vous romp iez	
ils serv aient		ils romp aient	

Histor. Perfekt *Parfait (passé) défini.*

je serv is ich diente	je romp is ich brach	
tu serv is	tu romp is	
il serv it	il romp it	
nous serv îmes	nous romp îmes	
vous serv îtes	vous romp îtes	
ils serv irent	ils romp irent	

Futur *Futur.*

je serv ir ai ich werde		je romp r ai ich werde	
tu serv ir as [dienen]		tu romp r as [brechen]	
il serv ir a		il romp r a	
nous serv ir ons		nous romp r ons	
vous serv ir ez		vous romp r ez	
ils serv ir ont		ils romp r ont	

Imperf. des Fut. *Conditionnel.*

je serv ir ais ich würde		je romp r ais ich würde	
tu serv ir ais [dienen]		tu romp r ais [brechen]	
il serv ir ait		il romp r ait LR 5	
nous serv ir ions		nous romp r ions	
vous serv ir iez		vous romp r iez	
ils serv ir aient		ils romp r aient	

§ 52 (⁵¹). Einfache Zeiten des Aktivs: Konjunktiv und Imperativ.

Konjunktiv. — Subjonctif.

Präsens *Présent.*

I.	II a.	II b.	III.
je donn e ich gebe	je fin iss e ich endige	je serv e ich diene	je romp e ich breche
tu donn es	tu fin iss es	tu serv es	tu romp es
il donn e	il fin iss e	il serv e	il romp e
nous donn ions	nous fin iss ions	nous serv ions	nous romp ions
vous donn iez	vous fin iss iez	vous serv iez	vous romp iez
ils donn ent	ils fin iss ent	ils serv ent	ils romp ent

Imperfekt *Imparfait.*

je donn asse ich gäbe	je fin isse ich endigte	je serv isse ich diente	je romp isse ich bräche
tu donn asses	tu fin isses	tu serv isses	tu romp isses
il donn ât	il fin ît	il serv ît	il romp ît
nous donn assions	nous fin issions	nous serv issions	nous romp issions
vous donn assiez	vous fin issiez	vous serv issiez	vous romp issiez
ils donn assent	ils fin issent	ils serv issent	ils romp issent

Imperativ. — Impératif.

donn e gieb	fin is endige	ser s biene	romp s brich
donn ons	fin iss ons	serv ons	romp ons
donn ez	fin iss ez	serv ez	romp ez

§ 53 (³¹). Umschreibende Zeiten des Aktivs.

Perfekt *Parfait (passé) indéfini.*

j'ai { donné (fini) / servi (rompu) }   ich habe { gegeben (geendigt) / gedient (gebrochen) }

Plusquamperfekt *Plus-que-Parfait.*

j'avais { donné (fini) / servi (rompu) }   ich hatte { gegeben (geendigt) / gedient (gebrochen) }

Histor. Plusquamperf. *Parfait (passé) antérieur.*

j'eus { donné (fini) / servi (rompu) }   ich hatte { gegeben (geendigt) / gedient (gebrochen) }

Perfekt des Futurs *Futur antérieur.*

j'aurai { donné (fini) / servi (rompu) }   ich werde { gegeben (geendigt) / gedient (gebrochen) } haben

Plusquamperf. des Fut. *Conditionnel antérieur.*

j'aurais { donné (fini) / servi (rompu) }   ich würde { gegeben (geendigt) / gedient (gebrochen) } haben

Perfekt Konj. *Parfait (passé) du subjonctif.*

j'aie { donné (fini) / servi (rompu) }   ich habe { gegeben (geendigt) / gedient (gebrochen) }

Plusquamperf. Konj. *Plus-que-Parfait du subjonctif.*

j'eusse { donné (fini) / servi (rompu) }   ich hätte { gegeben (geendigt) / gedient (gebrochen) }

§ 54 (³¹). Einfache und umschreibende Mittelformen des Aktivs.

Infinitiv *Infinitif*	**Präsens** *Présent* donner geben finir endigen servir dienen rompre brechen	avoir	**Perfekt** *Parfait* donné gegeben fini geendigt servi gedient rompu gebrochen	haben
Particip *Participe*	**Präsens** *Présent* donnant gebend finissant endigend servant dienend rompant brechend	ayant	**Perfekt** *Parfait* donné gegeben fini geendigt servi gedient rompu gebrochen	habend

Präteritum *Passé*
donné gegeben, fini geendigt, servi gedient, rompu gebrochen.

§ 55 (⁵²). Bildung des Passivs.

Präsens *Présent*	je suis trompé(e) nous sommes trompé(e)s	ich werde getäuscht
Präsens Konjunktiv *Présent du subjonctif*	je sois trompé(e) nous soyons trompé(e)s	ich werde getäuscht
Imperfekt *Imparfait*	j'étais trompé(e) nous étions trompé(e)s	ich wurde getäuscht
Imperfekt Konjunktiv *Imparfait du subjonctif*	je fusse trompé(e) nous fussions trompé(e)s	ich würde getäuscht
Histor. Perfekt *Parfait (passé) défini*	je fus trompé(e) nous fûmes trompé(e)s	ich wurde getäuscht
Futur *Futur*	je serai tromp(é)e nous serons trompé(e)s	ich werde getäuscht werden
Imperf. des Futurs *Conditionnel*	je serais trompé(e) nous serions trompé(e)s	ich würde getäuscht werden
Imperativ *Impératif*	sois trompé(e) soyons, soyez trompé(e)s	werde (oder: sei) getäuscht
Inf. Präs. *Infinitif prés.* » **Perf.** » *parf.*	être trompé (e, s, es) avoir été trompé (e, s, es)	getäuscht werden getäuscht worden sein
Part. Präs. *Participe prés.* » **Perf.** » *parf.*	étant trompé (e, s, es) ayant été trompé (e, s, es)	getäuscht werdend getäuscht word. seiend
Perfekt *Parfait (passé) indéfini*	j'ai été trompé(e) nous avons été trompé(e)s	ich bin getäuscht worden
Perfekt Konjunktiv *Parfait (passé) du subjonctif*	j'aie été trompé(e) nous ayons été trompé(e)s	ich sei getäuscht worden
Plusquamperfekt *Plus-que-Parfait*	j'avais été trompé(e) nous avions été trompé(e)s	ich war getäuscht worden
Plusquamperf. Konj. *Plus-que-Parfait du subjonct.*	j'eusse été trompé(e) nous eussions été trompé(e)s	ich wäre getäuscht worden
Histor. Plusquamperf. *Parfait (passé) antérieur*	j'eus été trompé(e) nous eûmes été trompé(e)s	ich war getäuscht worden
Perfekt des Futurs *Futur antérieur*	j'aurai été tromp(é)e nous aurons été trompé(e)s	ich werde getäuscht wor- [den sein
Plusquamperf. des Futurs *Conditionnel antérieur*	j'aurais été trompé(e) nous aurions été trompé(e)s	ich würde getäuscht wor- [den sein

§ 56 (⁴⁷). Indikativ der Hülfsverben.

Indikativ.   *Indicatif.*

Avoir — Être

Präsens *Présent.*

j'ai	ich habe	je suis	ich bin
tu as	du hast	tu es	du bist
il a	er hat	il est	er ist
nous avons	wir haben	nous sommes	wir sind
vous avez	ihr habt	vous êtes	ihr seid
ils ont	sie haben	ils sont	sie sind

Imperfekt *Imparfait.*

j'avais	ich hatte	j'étais	ich war
tu avais	du hattest	tu étais	du warst
il avait	er hatte	il était	er war
nous avions	wir hatten	nous étions	wir waren
vous aviez	ihr hattet	vous étiez	ihr waret
ils avaient	sie hatten	ils étaient	sie waren

Histor. Perfekt *Parfait (passé) défini.*

j'eus	ich hatte	je fus	ich war
tu eus	du hattest	tu fus	du warst
il eut	er hatte	il fut	er war
nous eûmes	wir hatten	nous fûmes	wir waren
vous eûtes	ihr hattet	vous fûtes	ihr waret
ils eurent	sie hatten	ils furent	sie waren

Futur *Futur.*

j'aurai	ich werde	⎫	je serai	ich werde	⎫
tu auras	du wirst		tu seras	du wirst	
il aura	er wird	⎬ haben	il sera	er wird	⎬ sein
nous aurons	wir werden		nous serons	wir werden	
vous aurez	ihr werdet		vous serez	ihr werdet	
ils auront	sie werden	⎭	ils seront	sie werden	⎭

Imperfekt des Fut. *Conditionnel.*

j'aurais	ich würde	⎫	je serais	ich würde	⎫
tu aurais	du würdest		tu serais	du würdest	
il aurait	er würde	⎬ haben	il serait	er würde	⎬ sein
nous aurions	wir würden		nous serions	wir würden	
vous auriez	ihr würdet		vous seriez	ihr würdet	
ils auraient	sie würden	⎭	ils seraient	sie würden	⎭

4*

§ 57 (⁴⁷). Konjunktiv und Imperativ der Hülfsverben.

Konjunktiv.   *Subjonctif.*

Avoir			Être	
Präsens *Présent.*				
j'aie	ich habe		je sois	ich sei
tu aies	du habest		tu sois	du seist
il ait	er habe		il soit	er sei
nous ayons	wir haben		nous soyons	wir seien
vous ayez	ihr habet		vous soyez	ihr seiet
ils aient	sie haben		ils soient	sie seien
Imperfekt *Imparfait.*				
j'eusse	ich hätte		je fusse	ich wäre
tu eusses	du hättest		tu fusses	du wärest
il eût	er hätte		il fût	er wäre
nous eussions	wir hätten		nous fussions	wir wären
vous eussiez	ihr hättet		vous fussiez	ihr wäret
ils eussent	sie hätten		ils fussent	sie wären

Imperativ.   *Impératif.*

aie	habe	sois	sei
ayons	laßt uns haben	soyons	laßt uns sein
ayez	habet	soyez	seid

§ 58 (⁴⁷). Einfache und umschreibende Mittelformen.

Infinitiv *Infinitif.*		**Präsens** *Présent.*		
	avoir haben		être	sein
		Perfekt *Parfait.*		
	avoir eu gehabt haben		avoir été	gewesen sein
Particip *Participe.*		**Präsens** *Présent.*		
	ayant habend		étant	seiend
		Präteritum *Passé.*		
	eu gehabt		été	gewesen
		Perfekt *Parfait.*		
	ayant eu gehabt habend		ayant été	gewesen seiend

§ 59 (⁴⁷). Umschreibende Zeiten der Hülfsverben.

Avoir	Être
Perfekt *Parfait (passé) indéfini.*	
j'ai eu ich habe gehabt	j'ai été ich bin gewesen
nous avons eu wir haben ge=[habt	nous avons été wir sind ge=[wesen
Plusquamperfekt *Plus-que-Parfait.*	
j'avais eu ich hatte gehabt	j'avais été ich war gewesen
nous avions eu wir hatten [gehabt	nous avions été wir waren [gewesen
Histor. Plusquamperf. *Parfait (passé) antérieur.*	
j'eus eu ich hatte gehabt	j'eus été ich war gewesen
nous eûmes eu wir hatten ge=[habt	nous eûmes été wir waren [gewesen
Perfekt des Futurs *Futur antérieur.*	
j'aurai eu ich werde gehabt [haben	j'aurai été ich werde gewesen [sein
nous aurons eu wir werden [gehabt haben	nous aurons été wir werden [gewesen sein
Plusquamperf. des Fut. *Conditionnel antérieur.*	
j'aurais eu ich würde gehabt [haben	j'aurais été ich würde gewesen [sein
nous aurions eu wir würden [gehabt haben	nous aurions été wir würden [gewesen sein
Perfekt Konj. *Parfait (passé) du subjonctif.*	
j'aie eu ich habe gehabt	j'aie été ich sei gewesen
nous ayons eu wir haben ge=[habt	nous ayons été wir seien ge=[wesen
Plusquamperf. Konj. *Plus-que-Parfait du subjonctif.*	
j'eusse eu ich hätte gehabt	j'eusse été ich wäre gewesen
nous eussions eu wir hätten [gehabt	nous eussions été wir wären [gewesen

Das Particip eu in den oben stehenden Formen ist wie jedes Particip Präterit. eines transitiven Verbs veränderlich und stimmt in Geschlecht und Zahl mit dem vorausgehenden Accusativ überein. Das Particip été ist dagegen unveränderlich und kann nicht mit dem Subjekt übereinstimmen.

§ 60 (⁴⁵). Eigentliche und uneigentliche Hülfsverben. Von den beiden eigentlichen Hülfsverben dient avoir zur Bildung der umschreibenden Zeiten des Aktivs, être zur Bildung sämtlicher Formen des Passivs. Außerdem werden die umschreibenden Zeiten der Reflexiven nur mit être gebildet und eine kleine Zahl von Intransitiven wählt être statt avoir in den umschreibenden Zeiten des Aktivs. Être selbst bildet seine umschreibenden Formen mit avoir.

Anm. Hülfsverben im weiteren Sinn werden außerdem aller und devoir, wenn sie zur Umschreibung des Futurs dienen (§ 142, 241 A. 1); faire vor einem Infinitiv zur Bildung von Transitiven oder Kausativen (§ 84); dasselbe Verb, wenn es bei ne... que eingeschoben wird (§ 365 A. 1) oder ein früheres Verb vertritt (§ 84); einzelne Verben, welche zur Umschreibung eines Adverbs dienen (§ 142 f.); Verben der Bewegung vor einem Infinitiv (§ 244 A. 2) und savoir vor dem indirekten Fragesatz in (für uns) pleonastischer Verwendung (§ 330) u. a.

Modale Hülfsverben nennt man **devoir, pouvoir, savoir, vouloir, oser.**

Der Gebrauch der Hülfsverben in den umschreibenden Zeiten.

§ 61 (⁵³). Intransitive mit être. Alle transitiven und intransitiven Verben bilden die umschreibenden Zeiten des Aktivs mit avoir. Nur folgende 13 Intransitive, von welchen 9 eine Bewegung im eigentlichen Sinne bezeichnen, 4 eine Bewegung im übertragenen Sinne (Eintritt in das Dasein, Austritt aus dem Dasein), werden mit être verbunden:

I. Aller, venir,   II. Naître, éclore,
    entrer, sortir,   mourir, décéder.
    tomber, choir,
    arriver, partir und retourner.

Anm. Choir (fallen) ist nur noch im Infinitiv üblich. Wie die hier aufgezählten Verben haben auch deren Zusammensetzungen être, also échoir (zufallen, fällig werden).

Ausgenommen sind dagegen **contrevenir** à qc (sich vergehen gegen), **subvenir** à qc (sorgen für) und selbstverständlich (als Transitive) circonvenir qn (berücken, hintergehen) und prévenir qn (zuvorkommen, benachrichtigen). Für repartir vgl. § 62, für déchoir ebenda Anm. 2. Partir (aufspringen von gejagtem Wild, losgehen von Schußwaffen) kann mit **avoir** verbunden werden.

§ 62 (⁵⁴). Intransitive mit avoir und être. Einzelne Verben werden je nach ihrer Bedeutung mit avoir oder être verbunden, so

mit *avoir*	mit *être*
convenir à qn (à qc) passen	convenir de qc übereinkommen,
demeurer wohnen	demeurer bleiben [gestehen
échapper entgehen	échapper entschlüpfen
expirer sterben	expirer ablaufen (Frist u. dgl.)
repartir erwidern	repartir wieder abreisen

Also Le mot m'a échappé; s'il a été prononcé, je rappelle l'orateur à l'ordre. — Le mot ne m'est point échappé, je l'ai dit à dessein.

Rester ist nur in der Bedeutung bleiben und daher nur mit être zu gebrauchen.

Anm. 1) Expirer steht manchmal auch in der Bedeutung sterben mit être. Auch bei échapper finden sich häufig Beispiele verschiedenen Gebrauchs, die teilweise anerkannt sind.

2) Bei einer Reihe von Verben sind beide Hülfsverben erlaubt, und zwar wird **avoir** gebraucht, wenn das Geschehen, **être** dagegen, wenn der infolge der Thätigkeit eingetretene Zustand bezeichnet werden soll. Der Gebrauch entscheidet sich jedoch bei den einzelnen Verben gewöhnlich vorwiegend für eines der beiden Hülfsverben. Die wichtigsten sind:

aborder landen (meist avoir)	échouer stranden (meist avoir)
apparaître erscheinen (fast nur être)	embellir sich verschönern
disparaître¹ verschwinden (fast nur avoir)	émigrer auswandern (meist avoir)
avancer vorrücken	empirer sich verschlimmern meist avoir)
changer sich ändern	grandir größer werden (meist avoir
croître² wachsen (meist avoir)	monter hinaufsteigen (meist être
décroître abnehmen (meist avoir)	passer werden, gehen, vorbei-,
déborder übertreten (meist avoir)	darübergehen u. s. w. (meist être
déchoir verfallen (meist être)	prendre zufrieren (meist être)
geler frieren, dégeler (auf-)tauen	rajeunir sich verjüngen (meist avoir
dégénérer entarten	vieillir altern (meist avoir)
descendre herabsteigen, -fahren	

¹ Paraître, comparaître, reparaître nur mit avoir.
² Nicht auch accroître, welches nur être zuläßt. Um die Thätigkeit auszudrücken, nimmt man s'accroître. Der Unterschied ist also derselbe wie bei s'être couché ((sich) zu Bette gelegt haben), être couché (zu Bette liegen), ebenso s'être levé und être levé, s'être envolé und être envolé, s'être évanoui und être évanoui.

Also: Après avoir descendu (la montagne) environ deux heures, nous trouvâmes un village. — Déjà le soleil était descendu derrière les hautes cimes des montagnes.

Von den früher hierher gehörigen Verben sind **accourir** und **sonner** (midi est sonné, deux heures sont sonnées) nur mit **être**, dagegen **cesser** und **périr** nur mit **avoir** zu gebrauchen.

3) Von den unpersönlichen Verben werden die umschreibenden Zeiten mit **avoir** gebildet, auch wenn dasselbe Verb im persönlichen Gebrauch beide Hülfsverben zuläßt, daher il a dégelé. Jedoch il lui est échappé de dire qu'il se croyait trahi wegen des Bedeutungsunterschiedes. Nur être lassen im unpersönlichen Gebrauch zu die Reflexive (s'ensuivre) und die § 61 aufgezählten (il est tombé de la pluie). Résulter (sich ergeben) hat meist **être**.

§ 63 (⁵⁶). Reflexive. Die reflexiven Verben bilden ihre einfachen und umschreibenden Zeiten (letztere immer mit dem Hülfsverb être) nach folgendem Muster:

je me trompe ich täusche mich	je me suis trompé(e) ich habe mich
tu te trompes	tu t'es trompé(e) [getäuscht
il se trompe	il s'est trompé
elle se trompe	elle s'est trompé(e)
nous nous trompons	nous nous sommes trompé(e)s
vous vous trompez	vous vous êtes trompé(e)s
ils se trompent	ils se sont trompés
elles se trompent	elles se sont trompées

Im affirmativen Imperativ findet Nachstellung des reflexiven Fürworts statt: détrompe-toi (sieh deinen Irrtum ein), détrompons-nous, détrompez-vous.

Anm. 1) Die französischen Grammatiker teilen die reflexiven Verben in *verbes pronominaux essentiels* und *verbes pronominaux accidentels*. Zu den ersteren gehören die Verben, welche sich nur im reflexiven Gebrauch finden, z. B. s'efforcer (sich bemühen); zu den letzteren rechnet man die Verben, welche auch im transitiven oder intransitiven Gebrauch vorkommen, z. B. s'approcher (sich nähern) neben approcher (näher rücken; näher kommen).

2) Das Reflexivpronomen steht in der Regel im Accusativverhältnis zu dem Verb. Unter den *verbes pronominaux essentiels* hat nur s'arroger (sich anmaßen) das Pronomen im Dativverhältnis, unter den übrigen z. B. se plaire, se complaire (sich gefallen), se déplaire (je me déplais quelque part es gefällt mir irgendwo nicht), se rire spotten.

3) Das Reflexivpronomen muß in Person und Zahl mit dem Subjekt übereinstimmen. Eine doppelte Konstruktion ist bei dem Infinitiv erlaubt, wenn ein Subjekt der 1. oder 2. Person gemeint, aber nicht ausgedrückt ist:

Il faut avoir un peu de patience et ne point vous affliger outre mesure (oder et ne point s'affliger outre mesure).

4) Statt der paſſiven Konſtruktion tritt im Franzöſiſchen häufig bei ſächlichem Subjekt ein reflexives Verb ein: Ces mots peuvent se prendre les uns pour les autres. La guerre se continuait. Cela n'a pas besoin de se dire. Voilà ce qui se raconte. Selten bei perſönlichem Subjekt: Bernard reconnaissait les sites au milieu desquels il s'était élevé (aufgewachſen war). Marie de Kérouare grandit et s'éleva dans ce château féodal comme une fleur dans une vase gothique. Beide Beiſpiele von J. Sandeau; die Selbſtthätigkeit (etwa: unbeauſſichtigt aufgewachſen) iſt nicht damit ausgedrückt.

§ 64 (⁵⁶). Reflexiver und reciproker Sinn. Das Reflexiv ſteht ſowohl im eigentlich **reflexiven** wie im **reciproken** Sinn. In beiden Fällen muß bei dem Verb das Reflexivpronomen ſtehen, wenn es auch ſcheinen könnte, daß ein nach dem Verb folgender Zuſatz es unnötig macht. Daher: er ſprach mit ſich ſelbſt il se parlait à lui-même; ſie haben einander derbe Wahrheiten geſagt ils se sont dit leurs vérités l'un à l'autre. Der eigentliche Ausdruck der Reciprocität (l'un à l'autre) könnte im letzteren Satze fehlen oder durch mutuellement, réciproquement, entre eux erſetzt werden.

Anm. 1. Das Reflexivpronomen muß wegfallen vor dem Part. Prät. Le temps écoulé entre la fin de la première croisade et le commencement de la seconde. Vor dem Part. Präſ. fällt es weg, wenn dasſelbe adjektiviſch auftritt: Le soleil levant, couchant. Des gens bien portants.[1] Dagegen bleibt das Pronomen erhalten, wenn das Particip ſeinen verbalen Charakter bewahrt: Les Romains se destinant à la guerre mirent toutes leurs pensées à la perfectionner.

2) Der Infinitiv eines reflexiven Verbs verliert das Pronomen in der Verbindung mit **faire**, beſonders in häufigen Verbindungen: faire souvenir qn de qc, faire taire, faire évader, faire asseoir, faire repentir u. a. Doch nur, wenn das Reflexiv wirklich reflexiven Sinn hat; im reciproken Sinn bleibt das Pronomen gewöhnlich erhalten: La tempête faisait s'entre-choquer[2] les cimes des grands arbres.

Öfter fehlt auch nach **laisser, sentir, voir** das Reflexivpronomen, wenn nicht der Subjektaccuſativ zwiſchen dieſe Verben und den Infinitiv tritt: Nous ne vous laisserons pas repentir d'avoir été brave et fidèle (A. de Musset). Vous comptez donc me laisser en aller à pied? (A. Dumas). Ne laissez

---

[1] Richtig, obwohl Fr. Wey meint, es könne nur des gens qui portent bien bedeuten.
[2] Die Zuſammenſetzung mit **entre** giebt dem Reflexiv den Sinn der Reciprocität.

pas éteindre le feu. Beispiel anderer Art § 282 A. 3. Einzeln envoyer promener (§ 74 Anm.).

§ 65 (³⁷). Französisches Reflexiv für deutsches Intransitiv oder Transitiv:

s'abonner abonnieren
s'appeler, se nommer heißen
s'attendre à qc gefaßt sein auf
se composer de qc bestehen aus
je me comprends ⎱ ich weiß, was ich
je m'entends ⎰ sagen will
se cotiser pour qc beisteuern zu
se déclarer ausbrechen (Brand)
se déconcerter die Fassung verlieren
se dédire de¹ läugnen, widerrufen
se défier de qc ⎱ mißtrauen
se méfier de qc ⎰
se désister de qc abstehen von
se dessécher vertrocknen
se détromper seines Irrtums gewahr
s'écouler verfließen   [werden
s'écrouler einstürzen
s'emporter in Zorn geraten; durchgehen (Pferd)
s'entêter ⎱ à faire qc hartnäckig
s'obstiner ⎰ darauf bestehen etwas
s'opiniâtrer ⎰ zu thun
s'éteindre erlöschen
s'évader entweichen
se faner ⎱ verblühen, verwelken
se flétrir² ⎰

se fier à qn trauen
se formaliser übel aufnehmen
s'impatienter die Geduld verlieren
   (aber patienter)
se lamenter klagen
se lever aufstehen
se mettre à faire qc beginnen
se moquer de qn verspotten
se mourir siechen, im Sterben liegen
se mutiner meutern
se noyer ertrinken³
se parjurer falsch schwören
se passer de qc entbehren; la scène
   se passe à la campagne das Stück
   spielt auf dem Lande
se promener spazieren gehen
se ranger bei Seite treten
se réfugier flüchten (le refuge)
se repentir de qc bereuen
se réveiller ⎱ aufwachen
s'éveiller ⎰
se révolter revoltieren
se rire de qn spotten über
se taire schweigen
se tenir debout (droit) stehen
se trouver mal⁴ ohnmächtig werden

Ferner mit en verbunden: s'en aller (weggehen), s'enfuir (entfliehen), s'envoler (wegfliegen), s'ensuivre (folgen), s'endormir (einschlafen), se rendormir (wieder einschlafen) u. a.

§ 66 (⁵⁸). Französisches Intransitiv oder Transitiv für deutsches Reflexiv:

---

¹ Objekt zu se dédire kann nur en, etwa auch rien sein, aber nicht ein Substantiv; je me dédis de ma promesse ist nicht französisch.
² Von anderem Stamm se flétrir = se déshonorer.
³ Zugleich sich ertränken (wofür auch se jeter à l'eau). Der Doppelsinn schadet nicht und ist auch vorhanden in se tuer (sich töten; durch Zufall um das Leben kommen).
⁴ Wofür auch das öfter grundlos angefochtene s'évanouir.

§ 66. Französisches Intransitiv oder Transitiv für deutsches Reflexiv.

ambitionner qc \
briguer¹ qc / sich bewerben um
arriver sich ereignen
bouger sich rühren
doubler sich verdoppeln; und so tripler, décupler, sich verdreifachen, verzehnfachen u. a.
conspirer sich verschwören
débarquer sich ausschiffen
délibérer sich beraten
déroger sich etwas vergeben
différer sich unterscheiden
diminuer abnehmen
empirer sich verschlimmern
encourir sich zuziehen
feindre sich stellen als ob . . .
fondre sur qn sich stürzen auf
avoir honte sich schämen
marquer sich auszeichnen

bien mériter de sich verdient machen um
patienter sich gedulden (aber s'impatienter)
penser sich denken² (comme on le pense bien, comme bien on pense wie man sich denken kann)
prendre la liberté, la peine sich die Freiheit, die Mühe nehmen, prendre congé sich verabschieden
séjourner sich aufhalten
serpenter sich schlängeln
tâcher sich bemühen
tenir sich halten d. h. dauernd Widerstand leisten
trainer (tirer) en longueur sich in die Länge ziehen
varier sich ändern; flottieren

§ 67 (⁵⁹). Verben, welche intransitiven (transitiven) und reflexiven Gebrauch zugleich haben.

In früherer Zeit konnten die Intransitive beliebig das Reflexivpronomen vor sich nehmen. So steht dasselbe noch zwecklos in s'écrier, s'évader u. a. besonders aber in Verbindung mit en: s'en aller, s'enfuir, s'en venir, s'en retourner, il s'en faut u. s. w. Später bildete sich öfter ein Unterschied heraus zwischen dem Intransitiv und dem Reflexiv.

1) Der Unterschied liegt in der vor dem folgenden Infinitiv zu verwendenden Präposition³;
essayer, décider, résoudre, offrir, refuser, hasarder de faire qc, aber
s'essayer, se décider, se résoudre, s'offrir, se refuser, se hasarder à faire qc.

2) Der Unterschied liegt in der Rektion des Verbs:
attaquer qc aber s'attaquer⁴ à qc (angreifen)
dépouiller qc aber se dépouiller de qc (ablegen)
revêtir qc aber se revêtir de qc (anlegen).

Man sagt ceindre la couronne (sich die Krone auf das Haupt setzen), reflexiv nur, wenn ein Körperteil genannt ist, daher se ceindre la tête d'un

---

¹ Nicht leicht im guten Sinne; briguer une place ein Amt durch Protektion zu erhalten suchen.
² Aber: denken Sie sich nur imaginez, figurez-vous (nicht pensez).
³ Leise Bedeutungsunterschiede sind auch hier vorhanden, z. B. refuser de faire qc sich weigern, se refuser à faire qc sich sträuben, sich nicht gebrauchen lassen.
⁴ S'attaquer hat oft den Nebenbegriff des Unablässigen oder Unüberlegten.

diadème. — Bemerke disputer de qc (streiten über), reciprok se disputer qc (sich streiten um, aus disputer qc à qn jemand etwas streitig machen).

3) Unterschied nach der Bedeutung:

douter de qc zweifeln an   se douter de qc ahnen[1]
imaginer ersinnen, begreifen, sich vorstellen   s'imaginer sich einbilden
louer qn loben   se louer de qn zufrieden sein mit (vgl. sich etwas loben).

Man sagt une fenêtre ouvre sur un balcon, une porte ouvre sur le jardin (gehen nach, führen nach = donner sur); s'ouvrir heißt: offen daliegen, offen stehen: une gorge de vallée s'ouvre vers le nord, une plaine s'ouvre devant nous.

4) Der Gebrauch im bildlichen Sinn macht einen Unterschied:

apercevoir qn (qe) erblicken, wahrnehmen; s'apercevoir de qe[2] inne werden, bemerken, merken,
incliner und s'incliner sich neigen; bildlich nur letzteres,
multiplier und se multiplier (sich vermehren); letzteres immer im Sinne: sich vervielfältigen (ebenso viel leisten wie mehrere andere),
(se) rougir sich rot färben; rougir erröten, sich schämen.

5) Das Reflexiv betont die Selbstthätigkeit des Subjekts:

approcher de qn (de qe) näher kommen   s'approcher de qn (de qe) sich nähern
baigner[3] baden (von Dingen)   se baigner baden (von Personen)
baisser sinken   se baisser sich bücken
changer sich ändern   se changer[4] sich umkleiden
coucher übernachten   se coucher zu Bette gehen
échapper entgehen   s'échapper entwischen
échouer stranden   s'échouer auf den Strand laufen[5]
embellir schöner werden   s'embellir sich verschönern[6]
reculer zurückweichen   se reculer zurückprallen
reposer Ruhe finden   se reposer ausruhen
sécher trocken werden   se sécher sich die Kleider am Leibe trock= nen
tourner sich drehen (Erde, Maschine)   se tourner sich umwenden

---

[1] Douter war früher = craindre, se douter entsprach also unserem sich fürchten vor etwas, daher: etwas ahnen.

[2] D. h. wo im Deutschen inne werden eingesetzt werden kann, muß das Reflexiv stehen. Daher nur je m'en aperçois (ich bemerke es); je l'aperçois ich bemerke ihn) und nur s'apercevoir vor einem Nebensatz mit que.

[3] Des arbres dont les pieds baignent dans l'eau. Le corps baignait dans une mare de sang. La lune baigne der Mond hat einen Hof.

[4] Die Akademie verlangt gegen den Gebrauch hier changer. Se changer beschränkt sie auf moralische Änderung und Vertauschung des Zustands: se changer (ein anderer Mensch werden), l'eau se change en glace, en vapeur.

[5] Absichtlich, um die spätere Hebung des Schiffes zu erleichtern.

[6] Besonders bei Städten, weil diese selbstthätig gedacht werden.

§ 59. Verben, welche intransitiv und reflexiv zugleich sind.

Das Reflexiv ist bei diesen Verben meist nicht aus dem Intransitiv hervorgegangen, sondern aus dem Transitiv[1] derselben Verben: baigner un enfant, ebenso se baigner. — Man sagt auch s'embellir, se rajeunir, se vieillir sich durch Kunstmittel schöner, jünger, älter machen (z. B. Schauspieler), auch se rajeunir, se vieillir sein Alter zu gering, zu hoch angeben u. s. w.

6) Das Reflexiv wird durch eine nähere Bestimmung bedingt: augmenter und s'augmenter (sich vermehren), aber s'augmenter de qc (sich um etwas vermehren), avancer und s'avancer (vorrücken), aber s'avancer à marches forcées (in Eilmärschen), passer und se passer (vergehen), aber sa vie se passe à faire des projets.

7) Das Reflexiv ist nötig, wenn das Sachobjekt fehlt: confesser ses péchés, aber se confesser (beichten). Bemerke je m'en suis confessé ich habe es gebeichtet, je l'ai confessé ich habe ihn zur Beichte gehört, vgl. apercevoir, résumer les arguments (die Beweisgründe kurz zusammenfassen), aber pour nous résumer (um das Gesagte kurz zusammenzufassen), rétracter qc und se rétracter de qc (etwas zurücknehmen, widerrufen), aber nur se rétracter (Widerruf leisten).

Meist auch bei échapper: le prisonnier s'est échappé.

8) Das Intransitiv ist auf den Imperativ beschränkt: s'arrêter (einhalten), aber arrête, arrêtons, arrêtez, se dépêcher (sich beeilen), aber oft dépêchons, dépêchez.

So auch approchez (kommen Sie näher), n'approche pas! (keinen Schritt näher!). Der Zuruf gare! (aufgepaßt!) ist Imperativ zu se garer (ausweichen).

Unregelmässigkeiten einzelner Verben der beiden Hauptkonjugationen.

§ 68 ([60]). Orthographische Eigentümlichkeiten der Verben auf -cer, -ger, -guer, -quer.

1) Renoncer (verzichten), *je renonçai, nous renonçons.*
   Prolonger (verlängern), *je prolongeai, nous prolongeons.*
2) Distinguer (unterscheiden), nous distinguons.
   Provoquer (reizen), nous provoquons.

1) Die Verben der I. Konjugation, welche c oder g vor der Infinitivendung haben, sind nach SR 1 zu behandeln.

---

[1] Teilweise ist dies auch bei den anderen Klassen der Fall.

2) Die Verben, welche gu oder qu vor der Infinitivendung haben, sind nach SR 3 zu behandeln.

Anm. Die Zeichen ç und ge sind für das Auge berechnet, daher je renonçai, je prolongeai, wenn auch ai = é lautet. Ebenso ç'ait été, aber c'eût été, obwohl ait den è- und eût den u-Laut hat. — Die *cédille* wird nicht benutzt in douceâtre (süßlich) und ist überflüssig bei den Substantiven auf -eau, z. B. le lionceau (junger Löwe).

§ 69 (⁶¹). Einfluſs der folgenden Silbe auf die e-Laute.

1) Offenes ê kann sich in einem Worte vor stummer wie vor tönender Silbe finden: la fête, nous fêtons.
2) Offenes è kann nur vor einer Silbe stehen, welche stummes e hat: la Suède. Vor tönender Silbe tritt es in geschlossenes é über: les Suédois.
3) Sobald ein sonst stummes e abermals stummes e nach sich hat, nimmt es den Laut (meist auch die Bezeichnung) eines offenen e-Lautes an: le cheveu (spr. *ch'veu*), aber les rois chevelus (die Merowingerkönige, spr. *cheuv'lu*); les Rochelois, les Cévenols gegenüber la Rochelle, les Cévennes.

Anm. 1) Das offene ê bleibt nur, wenn der Cirkumflex berechtigt, nicht aber wenn er das (§ 35 erwähnte) Längezeichen ist, daher extrême, Gênes: une extrémité, le Génois.

2) Öfter steht noch é vor stummer Silbe: un événement, un empiétement (Übergriff), le médecin, la médecine, la pécheresse, le poétereau (Poetaster), la sécheresse; Fénelon, Frédegonde, Saint-Évremond. In diesen Wörtern (wie in puissé-je u. a.) wird é geschrieben, aber è gesprochen. Manche sprechen auch è, um Übereinstimmung zwischen Schrift und Aussprache zu erzielen.

Das frühere é hat dem è den Platz geräumt in un avènement, complètement, un orfèvre, le pèlerin, la sève und in den Wörtern auf -ège.¹

3) Auch wenn mehrere der einsilbigen Wörter je, me, te, le, ne u. a. auf einander folgen, erhält (wenn nicht Sinn oder Wohlklang eine andere Anordnung verlangen) von zweien das erste, von dreien das mittlere, von vieren das erste und dritte den kürzeren offenen Laut, der bald mehr offenem è, bald mehr offenem eu gleicht: je ne sais (fast *jèn' sé*), je ne le donne pas (fast *j' nèl' don' pa*), je ne te le rendrai jamais (fast *jèn' tèl' randré*).

§ 70 (⁶²). Behandlung des e in vorletzter Silbe bei Verben der I. Konjugation.

Der im Infinitiv in vorletzter Silbe stehende e-Laut tritt in folgenden Formen in die Tonsilbe: im Singular des Präsens (Ind., Konj. und Imper.) und in der 3. Plur. des Präsens (Ind. und Konj.).

---

¹ Ausnahmen finden sich also (von il crée, ils siéent, puissé-je u. ähnl. abgesehen) nur mehr in der Neben-, nicht mehr in der Haupttonsilbe.

§ 70. Behandlung des e in vorletzter Silbe bei Verben der I. Konj.

Der drittletzten Silbe gehört dieser e-Laut im Futur und Imperfekt des Futurs an. Während in den angeführten Präsensformen der e Laut sich in der Haupttonsilbe findet, steht er in den Futurformen in der Nebentonsilbe.

1) Prêter   je prête   nous prêtons   je prêterai
2) Protéger   je *protège*   nous protégeons   je protégerai
3) Mener   je mène   nous menons   je mènerai
    Jeter   je jette   nous jetons   je jetterai
    Acheter   j'achète   nous achetons   j'achèterai

1) Ein ê bleibt immer erhalten (weil bei Verben nur berechtigter Cirkumflex vorkommt).
2) Das geschlossene é ist nach LR 3 a und
3) Das stumme e nach LR 3 b zu behandeln.

Dagegen tritt der Accent (statt der Verdoppelung) ein z. B. bei folgenden Verben: bourreler (peinigen, vom Gewissen), celer (verheimlichen) und déceler (enthüllen), geler (gefrieren) und dégeler (auftauen), harceler (necken), peler (schälen), acheter und racheter (zurückkaufen), becqueter oder béqueter (picken).

Anm. 1) Die Verben auf -éer behalten überall é: créer, on crée, on créera. In der Inversion wird das e der 1. Sing. laut und somit wird aus je règne, je mène, j'appelle: régné-je, mené-je, appelé-je. — In Substantiven kann Doppelkonsonant und é (für stummes e, auch) vor tönender Silbe stehen (une appellation, une élévation), aber auch nur in der Nebentonsilbe (daher nicht in le modeleur u. a.).

Anm. 2) Das Verbleiben des é in der Nebentonsilbe (je protégerai) ist unerklärlich und nicht allgemein anerkannt. Früher sagte man, daß das folgende e ganz verstumme und daher e gewissermaßen direkt vor der Tonsilbe stehe. Besser ist die Erklärung, daß außerhalb der Haupttonsilbe der eigentliche Stammvokal weniger der Veränderung ausgesetzt ist. Immer bleiben je protégerai und je mènerai Gegensätze. — In vulgärer Aussprache verschwindet die Nebentonsilbe öfter (*j'ach'terai*), anerkannt ist dieser Gebrauch für j'épousseterai von épousseter (abstäuben).

Anm. 3) Daß für den offenen e-Laut zwei Schreibweisen existieren, haben die früheren Kalligraphen verschuldet, welche Doppelkonsonanten liebten; daher je jette wie sujet, sujette; bon, bonne. In zweifelhaften Fällen greift man am sichersten zur Konsonantenverdoppelung. Oft gewährt ein ähnliches Substantiv einen Anhaltspunkt, also il cachette (versiegelt), il étincelle (funkelt), il modèle (modelliert), il morcelle (zerstückelt), weil la cachette (Versteck), une étincelle, le modèle, le morcellement vorhanden sind (aber doch il étiquète neben une étiquette).

§ 71 (⁶³). Die Verben auf -ayer, -oyer, -uyer.

Payer	je *paie*	nous payons	je *paierai*
Employer	j'*emploie*	nous employons	j'*emploierai*
Essuyer	j'*essuie*	nous essuyons	j'*essuierai*

In Aussprache und Schreibung sind diese Verben nach LM + zu behandeln.

Bei den Verben auf -ayer ist die Aussprache des zweiten i auch vor stummem e noch üblich und daher auch die Schreibart je paye, je payerai gestattet (vgl. § 10 Anm.).

Anm. 1) Wenn in der Inversion das e der 1. Sing. laut wird, tritt y wieder ein: j'emploie, aber employé-je. Vgl. § 70 Anm. 1.

2) Das i der Endungen -ions, -iez kann nicht mit vorausgehendem i zu y verschmelzen: nous criions, nous mendiions. Nach u tritt gewöhnlich in diesen Endungen das Trema ein: vous tuïez. Bemerke auch nous fuyions, vous croyiez. Alle diese Formen sind aus Wohllautsrücksichten nach Möglichkeit zu meiden.

3) Das e der Futurformen nach einem Vokal ist völlig stumm, wie in j'emploierai auch in il avouera, vous prierez, ils tueraient. Über die Schreibweise j'emploirai, il marira vgl. § 35.

§ 72 (⁶⁴). Aller (gehen). Hist. Perf. j'allai; Part. Prät. allé.

Aller bildet seine Formen von 3 verschiedenen Stämmen: *va(d)-* (lat. vadere), *i(r)-* (lat. ire) und *-all* (unbekannter Herkunft).

§ 72. Für je vais sagt die Volkssprache noch je vas. — In familiärer Sprache werden Zeiten der Vergangenheit von être statt derjenigen von aller gebraucht, ebenso mit Zusatz von s'en für s'en aller: Nous prîmes des pistolets, un autre témoin, et fûmes au bois de Vincennes (*A. de Musset*). Le comte de Schomberg avait été proposer au roi d'Angleterre Charles II d'épouser la sœur du roi de Portugal (*H. Martin*). On n'avait pu empêcher que quelques fabricants de draps n'eussent été porter leur industrie en Angleterre (ders.). Si Louis XIV a été jusqu'à applaudir Pradon, c'est un peu trop d'impartialité peut-être (*E. Despois*). Le prince de Soubise s'en fut, du même pas, chez Madame de Pompadour (*J. Janin*).

Aller und **venir**. Venir hat Bezug auf den Ort, an welchem der Sprechende sich befindet (oder an den er sich im Geiste hinversetzt), aller bezieht sich auf jeden anderen Ort: **J'irai** vous voir demain, aber **venez** me voir demain. Je serai ce soir à l'opéra, **venez** m'y rejoindre. **J'irai** avec vous, aber voulez-vous **venir** avec moi? — Ich werde (hin) kommen **j'irai** (nie je viendrai: Y viendras-tu? (nämlich wohin ich dich bestellt habe). Antwort: J'irai.

§ 72. Aller gehen.

Präs. Ind.		Präs. Konj.		Imp. va
je vais	nous allons	j'aille	nous allions	allons, allez
tu vas	vous allez	tu ailles	vous alliez	Part. allant
il va	ils vont	il aille	ils aillent	Fut. j'irai

Im Präs. Konj. haben die stammbetonten Formen den (fallenden) Diphthong aj (vgl. § 47). Der Imperativ lautet vas vor den Pronominaladverbien en, y. Aus Wohllautsrücksichten fällt y vor den Futurformen weg: ich werde dahin gehen j'irai.

§ 73 (⁶⁵). **S'en aller (weggehen).** S'en aller bildet seine Formen ganz wie aller. En ist immer unmittelbar nach dem Reflexiv zu setzen: je m'en vais; il s'en est allé, pourquoi vous en êtes-vous allé? Also auch bei dem affirmativen Imperativ: va-t'en (nicht va-t-en), allons-nous-en, allez-vous-en.

§ 74 (⁶⁶). **Envoyer (schicken).** Von der regelmäßigen Formenbildung weicht nur das Futur j'enverrai (und j'enverrais) ab. Ebenso renvoyer (zurückschicken). — Ganz regelmäßig aber

Derselbe Unterschied findet sich in den Verbindungen aller (venir) voir besuchen, aller (venir) trouver aufsuchen, aller (venir) chercher holen, aller (venir) prendre abholen, aller (venir) habiter (vivre) ziehen, um zu wohnen, aller (venir) combattre ziehen gegen, um zu bekämpfen.

Ebenso für unser gewesen (wo été unrichtig wäre): Vous êtes allé à Blois? (der Fragende ist nicht in Blois), aber je ne suis jamais venu à Blois auparavant (der Sprechende befindet sich in Blois, aber zum erstenmal).

§ 73. En folgt also ganz dem Gebrauche, welcher für en bei dem Zusammentreffen mit dem verbundenen persönlichen Fürwort vorgeschrieben ist. Doch begehen auch die Franzosen häufig Fehler gegen diese Regel, welche früher nicht feststand. Während in alter Zeit il s'est en allé und andererseits il s'en est fui vorkam, ist jetzt für alle Verben, die ein getrenntes en haben (s'en aller, s'en venir, s'en revenir, s'en retourner), obige Regel streng einzuhalten. Wo en anders gestellt wird, bleibt es mit dem Verb verbunden: s'enfuir, il s'est enfui. Statt s'ensuivre müßte demnach (was viele thun) s'en suivre geschrieben werden, denn man sagt nur il s'en est suivi un combat acharné. — Früher auch, um die Schwierigkeit zu umgehen, il s'en est ensuivi, was einzelne noch gut heißen.

§ 74. Verbindungen: envoyer chercher (holen lassen), envoyer sauter, envoyer rouler (beide: fortschleudern), envoyer promener oder envoyer paître beide sehr familiär: zum Henker schicken). — Statt envoyer chercher ist in

sind convoyer (einen Transport zur See — manchmal auch: zu Lande — begleiten), dévoyer und fourvoyer (irre führen), se fourvoyer (irre gehen).

§ 75 (⁶⁷). **Einzelnes zur zweiten Hauptkonjugation.** Haïr (hassen, h asp. Stamm *ha*-, mit Erweiterung *haiss*-) hat als einzige Unregelmäßigkeit, daß es im Präs. Ind. Sing. (je hais, tu hais, il hait) und in der 2. Sing. Imper. (hais) nicht die Stammerweiterung angenommen hat und i deshalb nicht das *tréma* erhält (vgl. § 47).

Fleurir (blühen) ist neugebildet für das ältere florir. Im bildlichen Sinn aber ist das Part. Präs. florissant und das Imperfekt je florissais geblieben, also: des villes florissantes; le poète Ronsard florissait au XVIᵉ siècle. Von Sachen kann als Imperfekt immer fleurissais gewählt werden.

Bénir (segnen) hat zwei Formen für das Part. Prät.: béni, bénie (neuere Form) und bénit, bénite (ältere Form). Letztere hat sich für eine Anzahl von Verbindungen erhalten, wo von kirchlich geweihten Dingen die Rede ist: un cierge bénit, du buis bénit, le pain bénit, l'eau bénite (geweihte Kerze, Palme, d. h. Buchszweig, geweihtes Brod, Weihwasser) u. a.

———

gewöhnlicher Sprache sehr üblich faire appeler, welches aber aus folgendem Grunde von der Grammatik verworfen wird. Faire in Verbindung mit einem Intransitiv ist klar (daher faire venir le médecin völlig korrekt), in Verbindung mit einem Transitiv aber doppelsinnig, weil der Accusativ nicht zwischen faire und den Infinitiv treten kann; faites appeler le médecin könnte demnach auch den Sinn geben: veranlaßt den Arzt, daß er ruft. Da aber dieser Sinn kaum in die Worte hineingelegt werden kann, kümmert sich die Umgangssprache auch nicht um das Verbot. Vgl. beim Acc. mit dem Inf.

§ 75. Über die Formen, welche Cirkumflex verlangen, s. § 50, 5, 6. — Die Form bénit sieht man am besten als reines Adjektiv an und schreibt béni, wo nur das Particip am Platze sein kann, also in Verbindung mit einem Hülfsverb oder wo par nachfolgt; andere behalten auch für das wirkliche Particip die Form mit t bei. — In der Bauernsprache ist die alte Form auch sonst erhalten: Elle est guérite (für guérie).

§ 76. Gebiet der gleichförmigen Konjugationen.

Zur I. Hauptkonjugation gehören alle Verben auf -er mit Ausnahme des ungleichförmigen aller.

Zur II. Hauptkonjugation gehören alle Verben auf -ir, welche nicht zur Konjugation II b. gehören. Ungleichförmige Verben dieser Art giebt es nicht.

Zu der II. Konjugation mit reinem Stamm (II b.) gehören außer servir nebst desservir schädigen

dormir¹ schlafen, nebst
   s'endormir einschlafen
   se rendormir wieder einschlafen
mentir lügen, nebst
   démentir Lügen strafen
se repentir bereuen
sentir fühlen, nebst
   consentir einwilligen

pressentir vorher fühlen
ressentir lebhaft fühlen
partir² abreisen, nebst
   repartir erwidern, wieder abreisen
   se départir de qe sich entfernen von
sortir ausgehen, nebst
   ressortir wieder ausgehen

Folgende Verben dagegen sind nicht mit den obigen zusammengesetzt und gehen nach der Hauptkonjugation:

répartir verteilen, je répartis.
asservir unterjochen, j'asservis.
assortir passend zusammenstellen, j'assortis.
ressortir à qe abhängig sein, je ressortis.

Zur III. Konjugation gehören die Verben auf -andre, -endre (außer prendre), -ondre und -ordre.³

Die ungleichförmigen Verben.

§ 77 (⁶⁸). Gebiet derselben. Außer dem in § 72 aufgeführten aller gehören hierher eine Reihe von Verben auf -ir mit reinem Stamm, eine größere Zahl von Verben auf -re und endlich einige Verben auf -oir. Demnach unterscheiden wir drei ungleichförmige Konjugationen, die nach der Infinitivendung benannt werden. Nach der Art, wie sich die Formenbildung

---

¹ Also je dors, je mens, je me repens (de qc), je sens. je pars, je sors. Dormir schlafen, coucher die Nacht zubringen (la chambre à coucher), se coucher zu Bette gehen, être couché zu Bette liegen, coucher quelque part (während einer Reise) übernachten.

² Partir pour la France (pour Paris) abreisen nach; aller en France (à Paris) reisen nach; voyager en France bereisen (in verschiedener Richtung).

³ Gleichförmig ist daher vendre, ebenso battre, vaincre, welche nur orthographische Verschiedenheiten zeigen, der Übersichtlichkeit wegen aber zu § 82 gezogen wurden.

von derjenigen der gleichförmigen, oder wie man meist sagt regel=
mäßigen Verben unterscheidet, teilen wir jede Konjugation in
Gruppen ab.

Die Zahl der einfachen hierher gehörigen Verben ist sehr gering; selbst
mit den zur gleichförmigen Konjugation IIb. und III. gehörigen bilden sie zu=
sammen nur etwa $1/50$ der sämtlichen französischen Verben.

Dafür aber sind sie ungemein wichtig wegen der großen Menge ihrer
Zusammensetzungen und wegen ihres häufigen Vorkommens. Der Mehrzahl
nach sind es Zeitwörter, die im täglichen Leben fortwährend wiederkehren.
Aus diesem Grunde haben sie ihre alte Form beibehalten; sie wurden zu viel
gebraucht, als daß sie ihre Flexion einer der Hauptkonjugationen hätten an-
bilden können.

§ 78. **Formenbildung.** Das historische Perfekt und Parti=
cip Prät. der ungleichförmigen Verben.[1]

I. Verben auf -ir.

Das hist. Perf. hat die Endung -is (lat. -īvi) in assaillir, bouillir,
cueillir, faillir, fuir, ouvrir, servir, vêtir.

Es ist stammbetont in acquérir, tenir.

Es hat die Endung -us (lat. -ŭi, d. h. mit einem im Französischen
weiter nach dem Wortschluß verlegten Ton)[2] in courir, mourir.

Das Part. Prät. hat die Endung -i (lat. -ītum) in assaillir, bouillir,
cueillir, faillir, fuir, ouïr, servir. Es ist stammbetont in acquérir, mourir,
ouvrir (und souvrir, welchen offrir, souffrir für diese Form nachgebildet sind).

Es hat die Endung -u (lat. -ūtum) in férir, issir, tenir, vêtir.

II. Verben auf -re.

Das hist. Perf. hat die Endung -is (lat. -īvi) in battre, conduire,
coudre, craindre, écrire, rompre, suivre, vaincre, vendre. Mit Veränderung
des Stammes in naître.

Es ist stammbetont (lat. s, außer faire) in dire, faire, mettre, prendre,
rire (alle auf -is) und conclure (auf -us).

Es hat die Endung -us (lat. -ŭi, u teilweise aus Konsonant) mit er=
haltenem Stammvokal in moudre, paraître, résoudre, mit Veränderung des
Stammes in vivre, mit verschwundenem Stammvokal in boire, connaître,
croire, croître, lire, paître, plaire.

Das Part. Prät. hat die Endung -u (lat. -ūtum) in battre, coudre,
rompre, vaincre.

---

[1] Die Bemerkungen gelten auch für Zusammensetzungen und ähnlich zu
konjugierende Verben, wenn sie nicht besonders aufgeführt sind. Die Muster=
verben der Konjugation IIb. und III. sind zur Vergleichung mit aufgeführt. —
Für die Bildung der übrigen Formen vgl. § 50.

[2] So franz. je moulus, je résolus, je valus, je voulus nicht von lat.
mólui, resólvi, válui, vólui, sondern von den anders betonten Formen molúi,
resolúi, valúi, volúi.

Es hat ferner die Endung -u (lat. -ūtum, teilweise für -itum) mit erhaltenem Stammvokal in moudre, paraître, résoudre, mit Veränderung des Stammes in vivre, mit verschwundenem Stammvokal in boire, connaître, croire, croître, lire, paître, plaire (s. oben dieselben bei dem hist. Perf.).

Es hat die Endung -t (lat. -tum) mit vorausgehendem stammhaften i in dire, écrire; mit vorausgehendem i, welches aus c entstand, in conduire, cuire, faire, traire; mit vorausgehenden Nasalvokal in craindre.

Es hat die Endung -s (lat. -sum) in clore, mettre, prendre, reclure.

Es hat vokalischen Auslaut infolge Wegfalls des t (lat. -tum) und zwar auf -i in luire, nuire, suffire; auf -é in naître (né aus natum wie chanté aus cantatum). Infolge Wegfalls des s (lat. -sum) in conclure, rire. Endlich hat suivre das Part. Prät. auf -i.

III. Verben auf -oir.

Das hist. Perf. hat die Endung -us (lat. -ŭi) mit erhaltenem Stammvokal in falloir, valoir, vouloir; mit verschwundenem Stammvokal in déchoir, devoir, mouvoir, pleuvoir, pouvoir, recevoir, savoir.

Es ist stammbetont mit der Endung -s in asseoir, voir.

Das Part. Prät. hat die Endung -u (lat -ūtum, -ĭtum) mit erhaltenem Stammvokal in falloir, valoir, vouloir; mit verschwundenem Stammvokal in déchoir, devoir, mouvoir, pleuvoir, pouvoir, recevoir, savoir (alle wie oben) und voir.

Es ist stammbetont mit der Endung -s (lat. -sum) in asseoir.

Ungleichförmige Verben auf -ir.

I. Gruppe.

§ 79. Übergangsformen von der II. zur I. Konjugation im Sing. des Präs. Ind. und des Imperativs: ouvrir, cueillir (zu LR 1a, b).

Ouvrir (öffnen); j'ouvris; ouvert.

Präs. j'ouvre   nous ouvrons   Präs. ⎧ j'ouvre
Ind. tu ouvres vous ouvrez   Konj. ⎨ nous ouvrions
      il ouvre ils ouvrent   Fut. ⎩ j'ouvrirai

Ebenso: couvrir bedecken, offrir anbieten, souffrir leiden.

§ 79. Wie ouvrir:
    découvrir auf-, entdecken   entr'ouvrir halb öffnen
    recouvrir wieder bedecken   rouvrir wieder öffnen

Recouvrir nicht mit recouvrer (wieder erlangen) zu verwechseln.

Wie cueillir (über die Schreibung SR 4):
    accueillir (aufnehmen) und recueillir (sammeln).

Assaillir (anfallen); j'assaillis; assailli und tressaillir (erzittern, zusammenfahren) wie cueillir, jedoch bilden beide im Futur j'assaillirai, je tressaillirai.

Cueillir (pflücken); je cueillis; cueilli.

Präs.	je cueille	nous cueillons	Präs.	je cueille
Ind.	tu cueilles	vous cueillez	Konj.	nous cueillions
	il cueille	ils cueillent	Fut.	je cueillerai

Anm. Zwei hierher gehörige Verben zeigen keine Übergangsformen, weil das geschliffene l nicht erhalten bleibt. Bei bouillir (Stamm *bouill-*) verschwindet der geschliffene Laut in ou, bei faillir (Stamm *faill-*) tritt Vokalisierung des l (LR 6) ein. Faillir ist nur eine Nebenform von falloir (beide von lat. *fallere*); unter dem Einflusse des zweiten Stammes *fall-* (falloir) tritt auch bei dem Stamme *faill-* das l in u über, ebenso wie einzelne Substantive auf -ail den Plural wie die auf -al bilden, weil sie eine Nebenform auf -al besitzen oder besaßen (vgl. § 96 A. 2).

Bouillir (kochen); je bouillis; bouilli.

Präs.	[je bous	[nous bouillons	Präs.	[je bouille
Ind.	tu bous]	vous bouillez]	Konj.	nous bouillions]
	il bout	ils bouillent	Fut.	il bouillira

Faillir (mangeln, ermangeln); je faillis; failli.

Präs.	[je faux	[nous faillons	Präs.	fehlt
Ind.	tu faux	vous faillez]	Konj.	
	il faut]	ils faillent	Fut.	[je faudrai]

II. Gruppe.

§ 80. Ohne Lautverstärkung: vêtir (LR 1c), courir, fuir (LR 4).

Assaillir fängt an defektiv zu werden. Von dem einfachen saillir (hervorragen, vorspringen, bef. in der Architektur; nie springen!) ist nur die 3. Sing. und Pl. Impf. erhalten: il saillait, ils saillaient, das Futur müßte il saillera lauten. Man gebraucht lieber faire saillie, être en saillie (sur qc). Saillant ist Adjektiv: un fait saillant.

§ 79. Anm. Bouillir. Die Bedeutung läßt nur das Vorkommen der 3. Sing. und Plur. zu. Kochen (als Trans.) heißt faire bouillir.

Faillir. Von dem ganzen Verb sind nur noch je faillis und failli üblich: je faillis tomber, j'ai (j'avais) failli mourir ich wäre beinahe gefallen, gestorben. Dafür auch j'ai manqué de tomber und (mehr familiär) j'ai pensé tomber.

In der Bedeutung Bankerott machen, geht faillir nach der Hauptkonjugation. Dafür brauche man lieber faire faillite, tomber en faillite. Allgemein üblich ist un failli (Bankerottierer). La banqueroute ist betrügerischer Bankerott.

Défaillir (mangeln, schwach werden) ist außer dem Impf. und dem Pl. Präs. Ind. ebenso wenig üblich wie faillir. Das Part. défaillant (kraftlos, erschöpft) ist Adjektiv geworden.

Vêtir (kleiden); je vêtis; vêtu.

Präf. Ind.	je vêts tu vêts il vêt	nous vêtons vous vêtez ils vêtent	Präf. Konj. Fut. { je vête nous vêtions je vêtirai

Courir (laufen); je courus; couru.

Präf. Ind.	je cours tu cours il court	nous courons vous courez ils courent	Präf. Konj. Fut. { je coure nous courions je courrai

Fuir (fliehen, Stamm *fui*-); je fuis; fui.

Präf. Ind.	e fuis tu fuis il fuit	nous fuyons nous fuyez ils fuient	Präf. Konj. Fut. { je fuie nous fuyions je fuirai

§ 80. Wie vêtir: se vêtir (sich kleiden), revêtir qn de qc (bekleiden mit), revêtir qe und se revêtir de qe (sich bekleiden mit) und das seltenere dévêtir (entkleiden), se dévêtir de qe (sich einer Sache begeben).

In der Umgangssprache wird vêtir vielfach schon nach der II. Hauptkonjugation gebildet, wofür auch in der Litteratur sich Beispiele finden. Investir (einschließen, cernieren; belehnen) gehört zur II. Hauptkonjugation.

Wie courir:
accourir herzueilen
concourir à qe beitragen
 „ pour qe sich bewerben um
discourir de (sur) qe weitläufig reden

encourir qe sich zuziehen
parcourir durchlaufen
recourir à qn, à qc s. Zuflucht nehmen
secourir qn helfen

Der alte Inf. courre war früher üblich in courre le cerf (hetzen), wo jetzt courir gebraucht wird. Noch manchmal la chasse à courre, à cor et à cri(s) Hetjagd. Von diesem Inf. ist das Futur gebildet, wie auch bei acquérir (§ 81) das Futur acquerrai von einem alten Inf. acquerre gebildet ist. In beiden Futuren sind die zwei r deutlich getrennt zu sprechen, fast als ob sie aus courrerai, acquerrerai entstanden wären. Von mourir (§ 81) lauten im Futur gleichfalls beide r; mourrai ist aus mourerai (für mourirai, vgl. cueillerai) entstanden. Die beiden anderen sind Angleichung, begünstigt durch die Eigenheit der Volkssprache, r in manchen Fällen zu verdoppeln (z. B. mair'rie für mairie).

Wie fuir: s'enfuir fliehen, entfliehen.

III. Gruppe.

§ 81. Mit Lautverstärkung in der Tonsilbe: acquérir, mourir, tenir.

Acquérir (erlangen); j'acquis; acquis.

Präj. j'acquiers nous acquérons   Präj. ⎰ j'acquière
Inb. tu acquiers vous acquérez   Konj. ⎱ nous acquérions
    il acquiert ils acquièrent   Fut. j'acquerrai

Mourir (sterben); je mourus; mort.

Präj. je meurs nous mourons   Präj. ⎰ je meure
Inb. tu meurs vous mourez   Konj. ⎱ nous mourions
    il meurt ils meurent   Fut. je mourrai

§ 81. Wie acquérir:

conquérir erobern   s'enquérir sich erkundigen
   reconquérir wieder erobern   requérir auffordern, verlangen

Conquérir wird von einigen auf den Inf., das hist. Perf. und die umschreibenden Zeiten beschränkt. — Requérir (ersuchen) ist nicht mehr üblich. Für requérir (requirieren) jetzt réquisitionner. — Das einfache quérir (auch quérir) findet sich nur noch in aller quérir (holen), welches familiärer ist als aller chercher. Mundarten aber machen noch einen synonymischen Unterschied: aller quérir, wenn man genau weiß, wo der gewünschte Gegenstand zu finden ist, aller chercher dagegen, wenn man erst danach suchen muß.

Wie mourir: se mourir hinsiechen, im Sterben liegen.

Wie tenir und venir:

s'abstenir sich enthalten   contrevenir zuwiderhandeln
appartenir gehören   devenir werden
contenir enthalten   redevenir wieder werden
détenir gefangen halten   intervenir sich ins Mittel legen
entretenir unterhalten   parvenir gelangen
maintenir aufrecht halten   prévenir qn zuvorkommen, (warnend)
obtenir erlangen   benachrichtigen
retenir zurückhalten   provenir herrühren
soutenir stützen, behaupten   revenir zurückkommen
circonvenir qn berücken   se souvenir de qe sich erinnern
convenir de qe übereinkommen, ein-   subvenir à qe sorgen
   gestehen, c. à qn passen, geziemen   survenir gegen Erwarten kommen,
     disconvenir de qe leugnen   eintreten

Anm. Sich erinnern an etwas se souvenir de qe oder se rappeler qe Jemand erinnern an etwas dagegen rappeler qe à qn oder faire souvenir qn de qe (über das fehlende se § 64 Anm. 2).

Unser werden wird französisch verschieden ausgedrückt:

§ 81. Ungleichförmige auf -ir. III. Gr.

Tenir (halten); je tins; tenu (LM 7).

Präj. je tiens nous tenons
Ind. tu tiens vous tenez
il tient ils tiennent
Ebenso: venir kommen.

Präj. ⎰ je tienne
Konj. ⎱ nous tenions
Fut. je tiendrai

Ungleichförmige Verben auf -re.

I. Gruppe.

§ 82. Orthographische Verschiedenheiten; d-, t- und k-Stämme: vendre, battre, mettre, vaincre (LM 1 b c, SM 3).

Vendre (verkaufen, St. *vend*-); je vendis; vendu.

Präj. je vends nous vendons
Ind. tu vends vous vendez
il vend ils vendent
Ebenso alle auf -andre, -endre (außer prendre), -ondre und -ordre.

Präj. ⎰ je vende
Konj. ⎱ nous vendions
Fut. je vendrai

---

1) Beim Passiv durch être: il fut pris (er wurde gefangen genommen).
2) Bei Adjektiven und Substantiven meist devenir, wenn die Änderung des Zustandes nicht vorwiegend durch eigenes Zuthun bewirkt wurde: devenir grand; devenir officier. Wird zugleich der frühere Zustand angegeben, so tritt oft ein für uns unnötiger Relativsatz ein: D'esclave (qu'il était) il devint maître; de riche qu'il était il est devenu pauvre. — Auch andere Wörter: Il a (est) passé capitaine. Manchmal das hist. Perf. von être: Un moine de Jumièges devint archevêque de Canterbury, un autre moine normand fut évêque de Londres. — Bei Adjektiven zu bemerken se faire vieux (alt werden), tomber malade (krank werden, vgl. engl. to fall ill).
3) Bei eigenem Zuthun meist se faire: se faire marin (Seemann werden), se faire Turc. — Ebenso être: Vous n'avez pas voulu me permettre d'être avocat.
4) Im Sinne von abgeben, das Zeug haben für steht faire: Il ne sera jamais un bon acteur.
5) Bei Witterungsangaben u. dgl. commencer à faire: es wird Tag, Nacht, warm, kalt), il commence à faire jour (nuit, chaud, froid). Nicht etwa devenir.

Battre (ſchlagen, St. *batt-*); je battis; battu.

Präſ. je **bats** nous **battons**   Präſ. ⎧ je **batte**
Ind. tu **bats** vous **battez**   Konj. ⎩ nous **battions**
   il **bat** ils **battent**   Fut.   je **battrai**

Mettre (ſetzen, legen, ſtellen, St. *mett-*); je **mis**; mis.

Präſ. je **mets** nous **mettons**   Präſ. ⎧ je **mette**
Ind. tu **mets** vous **mettez**   Konj. ⎩ nous **mettions**
   il **met** ils **mettent**   Fut.   je **mettrai**

Der Stammauslaut tt dient zur Bezeichnung des offenen e; in den einſilbigen Formen iſt dieſe Bezeichnung nicht nötig, daher fällt ein t vor s weg (LR 1 b c). — Hiſt. Perf. ſtammbetont; Part. Präſ. auf -s.

Vaincre (ſiegen, beſiegen, St. *vainc-*); je **vainquis**; vaincu.

Präſ. je **vaincs** nous **vainquons**   Präſ. ⎧ je **vainque**
Ind. tu **vaincs** vous **vainquez**   Konj. ⎩ nous **vainquions**
   il **vainc** ils **vainquent** Fut.   je **vaincrai**

§ 82. Genau wie rompre gehen nur ſeine Zuſammenſetzungen.
  Wie battre:

abattre **niederſchlagen**   débattre **verhandeln**
combattre **bekämpfen**   se débattre **ſich wehren**
    rabattre **herunter-, nachlaſſen**.

  Wie mettre:

se mettre **anfangen**   omettre **unter-, auslaſſen**
admettre **zulaſſen**   permettre **erlauben**
commettre **begehen** (z. B. une faute) promettre **verſprechen**
compromettre **bloßſtellen**   remettre **zurückſtellen, verſchieben, ein-**
se démettre de qc **zurücktreten**   soumettre **unterwerfen** ⎰**händigen**
émettre **äußern**   transmettre **überliefern**

Anfangen iſt mit **commencer** nur dann zu geben, wenn ein Fortſchreiten, eine Zunahme oder längere Dauer der begonnenen Handlung möglich iſt: Le jour commençait à poindre der Tag fing an ſich zu zeigen; je commence à comprendre. Sonſt iſt **se mettre à faire qc** zu wählen, daher se mettre (oder se prendre) à rire, à pleurer. Ebenſo wenn anfangen für die Aufeinanderfolge zweier Handlungen gebraucht wird: nach dem Abendeſſen fing man an zu tanzen après souper on se mit à danser. — Mettre (obwohl von lat. *mittere*) heißt nicht „ſchicken". — Se démettre, von einem Amt. Se soumettre ou se démettre! Se démettre une épaule ſich eine Schulter ausrenken.

II. Gruppe.

§ 83. Nasal- und v-Stämme: prendre, craindre (LM 2, 7), vivre, suivre, écrire (LM 1 c), boire.

Prendre (nehmen, St. *pren(d)*-); je pris; pris.

Präs.	je prends nous prenons	Präs. ⎰	je prenne
Ind.	tu prends vous prenez	Konj. ⎱	nous prenions
	il prend ils prennent	Fut.	je prendrai

Craindre (fürchten, St. *crai(g)n*-); je craignis; craint.

Präs.	je crains nous craignons	Präs. ⎰	je craigne
Ind.	tu crains vous craignez	Konj. ⎱	nous craignions
	il craint ils craignent	Fut.	je craindrai

N vor Konsonant, gn vor Vokal.

Vivre (leben, St. *viv*-); je vécus; vécu.

Präs.	je vis nous vivons	Präs. ⎰	je vive
Ind.	tu vis vous vivez	Konj. ⎱	nous vivions
	il vit ils vivent	Fut.	je vivrai

§ 83. Wie prendre:

apprendre lernen, erfahren
désapprendre verlernen
comprendre begreifen
surprendre überraschen
entreprendre unternehmen
se méprendre fehl greifen
reprendre wieder nehmen, erwidern

Prendre (oder emporter) une ville (einnehmen) wird gesagt, wo lediglich ausgedrückt werden soll, daß der Eingang erzwungen wurde. Conquérir une ville (erobern) dagegen, wenn die Einnahme zugleich zum dauernden Besitz führte.

Wie craindre, alle auf -aindre, -eindre, -oindre:

contraindre zwingen
plaindre beklagen
astreindre verpflichten
atteindre erreichen
ceindre umgürten
empreindre aufprägen
enfreindre übertreten
éteindre auslöschen
étreindre zusammenziehen
feindre vorgeben, sich verstellen
geindre ächzen, jammern
peindre malen
restreindre beschränken
teindre färben
joindre verbinden; j. qn zusammentreffen mit
enjoindre auftragen, einschärfen
rejoindre wieder verbinden, treffen
oindre salben
poindre sprossen, anbrechen (nur im Inf. und Fut. gebräuchlich).

Wie vivre:

revivre (wieder aufleben, nochmals durchleben)   survivre à qn überleben

Suivre (folgen, St. *suiv-*); je suivis; suivi.

Präj.	je suis nous suivons	Präj.	⌠ je suive
Ind.	tu suis vous suivez	Konj.	⌡ nous suivions
	il suit ils suivent	Fut.	je suivrai

Écrire (schreiben, St. *écriv-*); j'écrivis; écrit.

Präj.	j'écris nous écrivons	Präj.	⌠ j'écrive
Ind.	tu écris vous écrivez	Konj.	⌡ nous écrivions
	il écrit ils écrivent	Fut.	j'écrirai

Boire (trinken, St. *buv-*); je bus; bu.

Präj.	je bois nous buvons	Präj.	⌠ je boive
Ind.	tu bois vous buvez	Konj.	⌡ nous buvions
	il boit ils boivent	Fut.	je boirai

Anm. Dieser Gruppe schließen sich einige andere andere Stämme an. Coudre (nähen, St. *cous-*) und moudre (mahlen, St. *moul-*) schließen sich an prendre und behalten wie dieses d im Sing. des Präj. Ind. Résoudre (beschließen, St. *résolv-*) schließt sich an craindre; es hat wie dieses t in der 3. Sing. des Präj. Ind. und résou- vor Konsonant, résolv- vor Vokal.

Coudre (nähen); je cousis; cousu.

Präj.	je couds nous cousons	Präj.	⌠ je couse
Ind.	tu couds vous cousez	Konj.	⌡ nous cousions
	il coud ils cousent	Fut.	je coudrai

Wie suivre:
poursuivre (verfolgen) un das unperfönliche il s'ensuit (es folgt, es ergiebt sich).

Wie écrire:

décrire beschreiben	proscrire ächten
inscrire einschreiben	souscrire unterschreiben, s. pour qe
prescrire vor=, verschreiben	subscribieren
	transcrire ausschreiben, anführen

Boire. Wo trinken durch boire und wo es durch prendre zu übersetzen ist, läßt sich schwer feststellen. Jedenfalls ist das früher verworfene boire du café ganz unanfechtbar. Boire sagt man bei gewöhnlichen Getränken (boire du vin, de la bière, de l'eau, du lait u. a.), prendre bei solchen, welche (nach franz. Brauch) nur ausnahmsweise oder in bestimmten Fällen (z. B. als Arznei) getrunken werden (daher prendre du thé, du chocolat, du petit-lait, de la tisane, les eaux, d. h. Gesundbrunnen u. a.). Für boire läßt sich meist prendre einsetzen und gilt dann als gewähltere Ausdrucksweise.

§ 83. Anm. Wie coudre:
découdre auftrennen, recoudre wieder nähen.

§ 83. Ungleichförmige auf -re. II. Gr.

Moudre (mahlen); je moulus; moulu.

Präs. je **mouds**   ⎡ nous moulons ⎤   Präs. ⎧ ⎡ je moule   ⎤
Ind. tu **mouds**   ⎢ vous moulez ⎥   Konj. ⎨ ⎣ nous moulions ⎦
      il **moud**   ⎣ ils moulent ⎦   Fut.   je moudrai

Résoudre (beschließen); je résolus; résolu.

Präs. je **résous** nous résolvons   Präs. ⎧ je résolve
Ind. tu **résous** vous résolvez   Konj. ⎨ nous résolvions
      il **résout** ils résolvent   Fut.   je résoudrai

III. Gruppe.

§ 84. S-Stämme (PM 1 b c): conduire, lire, plaire, connaître, naître, croître, dire, faire.

Conduire (führen, St. *conduis-*); je conduisis; conduit.

Präs. je **conduis** nous conduisons   Präs. ⎧ je conduise
Ind. tu **conduis** vous conduisez   Konj. ⎨ nous conduisions
      il **conduit** ils conduisent   Fut.   je conduirai

Wie moudre:
émoudre (schleifen), rémoudre (wieder schleifen) und remoudre (wieder mahlen).

Wie résoudre:
absoudre (lossprechen, seltener: freisprechen) und dissoudre (auflösen), welche aber im Part. Prät. **absous** (absoute), **dissous** (dissoute) haben. Das hist. Perf. derselben ist nicht üblich.

Die Formen absolu (unbedingt, unbeschränkt) und dissolu (ausschweifend) sind Adjektive. Weil sie keine Verbalformen sind, meidet man auch die (ihnen ähnlichen) hist. Perfekte. — Résous ist eine wenig übliche Nebenform des Part. Prät. résolu.

§ 84. Wie conduire:
se conduire sich betragen   réduire zurückführen, beschränken
reconduire zurück begleiten   séduire verführen
éconduire abweisen   traduire übersetzen
déduire abziehen, folgern   construire erbauen
enduire überziehen   reconstruire wieder errichten
induire verleiten, folgern   détruire zerstören
introduire einführen   instruire unterweisen
produire hervorbringen   cuire kochen
reproduire reproducieren

Ferner **nuire** (schaden) und **luire** (leuchten), doch Part. Prät. nui, lui. Letzteres mit reluire (erglänzen), dessen hist. Perf. je reluisis gebraucht werden kann (je luisis ist unüblich), Part. Prät. relui.

Lire (lesen, St. *lis-*); je lus; lu.

Präs. je lis nous lisons
Ind. tu lis vous lisez
    il lit ils lisent

Präs. ⎧ je lise
Konj. ⎩ nous lisions
Fut. je lirai

Plaire (gefallen, St. *plais-*); je plus; plu.

Präs. je **plais** nous plaisons
Ind. tu **plais** vous plaisez
    il **plaît** ils plaisent

Präs. ⎧ je plaise
Konj. ⎩ nous plaisions
Fut. je plairai

Ebenso taire verschweigen, se taire schweigen, doch ohne Cirkumflex in der 3. Sing. Präs. Ind. (il tait, il se tait).

Connaître (kennen, St. *connaiss-*); je connus; connu.

Präs. je **connais** nous connaissons Präs. ⎧ je connaisse
Ind. tu **connais** vous connaissez Konj. ⎩ nous connaissions
    il **connaît** ils connaissent Fut. je connaîtrai

Der Cirkumflex steht vor t.

Naître (zur Welt kommen, St. *naiss-*); je nacquis; né.

Präs. je **nais** nous naissons
Ind. tu **nais** vous naissez
    il **naît** ils naissent

Präs. ⎧ je naisse
Konj. ⎩ nous naissions
Fut. je naîtrai

Cirkumflex vor t.

    Wie lire:
élire erwählen, réélire wieder erwählen, relire wieder lesen.
    Wie plaire:
complaire gefällig sein   déplaire mißfallen.
    Wie connaître:
méconnaître verkennen   apparaître erscheinen
reconnaître erkennen   comparaître vor Gericht erscheinen
paraître scheinen, erscheinen   disparaître verschwinden
         reparaître wieder erscheinen.

    Ferner repaître, meist nur se repaître de qe (sich nähren von, sich abspeisen lassen mit) und paître (weiden, Intransitiv; nur in poetischer Sprache auch Trans.), welchem histor. Perf. und Part. Prät. fehlen.
    Wie naître:
renaître (wieder erstehen), dessen Part. Prät. jedoch gemieden wird.
    Naître (von lat. *nascere*, nicht von *nasci*) ist durchaus aktivisch; er wurde geboren il naquit oder il est né (nicht il fut né).

§ 84. Ungleichförmige auf -re. III. Gr.

Croître (wachſen, St. *croiss-*); je crûs; crû.

Präſ. je crois   nous croissons   Präſ. ⎧ je croisse
Ind. tu crois   vous croissez   Konj. ⎩ nous croissions
      il croît   ils croissent   Fut. je croîtrai

Cirkumflex in allen Formen, welche mit den gleichen von croire (§ 85) verwechſelt werden könnten; doch que je crusse.

Dire (ſagen, St. *dis-*); je dis; dit.

Präſ. je dis   nous disons   Präſ. ⎧ je dise
Ind. tu dis   vous dites   Konj. ⎩ nous disions
      il dit   ils disent   Fut. je dirai

Imperativ: dis, disons, dites.

Ebenſo (auch in der 2. Pl. Präſ. Ind. und Imp.) redire (wieder ſagen).

Faire (machen, thun, St. *fais-*); je fis; fait.

Präſ. je fais   nous faisons   Präſ. ⎧ je fasse
Ind. tu fais   vous faites   Konj. ⎩ nous fassions
      il fait   ils font   Fut. je ferai

Wie croître:
accroître vermehren   décroître abnehmen
s'accroître anwachſen   recroître wieder wachſen.

Croître und ſeine Zuſammenſetzungen haben den Cirkumflex im ganzen Sing. Präſ. Ind. und in der 2. Sing. Imper. Im hiſtor. Perf. (aber nicht im Impf. Konj. je crusse) hat nur das einfache Verb den Cirkumflex. Im Part. Prät. (crû, crus, crue, crues) hat ihn auch nur das einfache Verb und recroître (recrû). Le cru (Ackerlage, Wachstum) ohne Accent. Vgl. devoir, mouvoir.

Wie dire (doch disez in der 2. Pl. Präſ. Ind. und Imp.):
contredire qn widerſprechen   interdire unterſagen
dédire in Abrede ſtellen   médire übles nachreden
se dédire widerrufen (§ 65)   prédire vorherſagen

Maudire (verwünſchen) hat im Inlaut ss: nous maudissons, vous maudissez, que je maudisse, je maudissais u. ſ. w. Außer Inf. und Part. Prät. bildet das Verb daher ſeine Formen wie die II. Hauptkonjugation. Wahrſcheinlich Angleichung an bénir, da beide Verben ihrer Bedeutung wegen oft nebeneinander geſtellt werden.

Wie faire:
contrefaire nachmachen, fälſchen   surfaire überfordern
défaire völlig ſchlagen   méfaire u. malfaire (übel thun) nur im Inf.
refaire abermals thun   forfaire à qc (ſich vergehen gegen) hat
satisfaire befriedigen   nur Inf. u. umſchreibende Zeiten.

Imperativ: fais, faisons, faites.

In den mehrsilbigen Formen (also außerhalb der Tonsilbe) klingt ai der Stammsilbe wie e, man spricht nous faisons, faisant, je faisais wie *fezon, fezan, fezè* u. s. w. Doch ist nicht beim Schreiben e für ai zu setzen.

Ferner:
Confire (einmachen); je confis; confit.

Präs.	je **confis** nous confisons	Präs.	je confise
Ind.	tu **confis** vous confisez	Kon	nous confisions
	il **confit** ils confisent	Fut.	je confirai

Ebenso **suffire** (genügen), doch Part. Prät. suffi.

Anm. 1) faire in Verbindung mit dem Inf. eines Intransitivs bildet transitive, in Verbindung mit dem Inf. eines Transitivs dagegen kausative Verbalbegriffe: Faire naître (hervorrufen), faire mourir (hinrichten), faire partir une lettre (abschicken), faire ressortir un fait (hervorheben), faire sentir une difficulté (hinweisen auf), faire valoir ses droits (zur Geltung bringen), faire valoir une ferme (bewirtschaften) u. a. Faire écrire une lettre, faire jeter un pont sur une rivière u. a. Besonders zu erwähnen sind faire observer und faire remarquer (darauf aufmerksam machen: ich mache Sie darauf aufmerksam, daß . . . . je vous fais observer (remarquer) que . . .).

Wenn im Deutschen kein einzelnes Verb für solche Verbindungen existiert, so tritt **lassen** vor den Infinitiv, welches sowohl ein Veranlassen (durch **faire** auszudrücken) als ein Zulassen (durch **laisser** auszudrücken) sein kann: On a fait évader le prisonnier (zum Entweichen verholfen). On a laissé échapper le prisonnier (ungenügend bewacht). Nous avons une magnifique salle de billard où les hirondelles ont fait leurs nids. J'ai fait laisser en paix les nids d'hirondelles.

2) Unser **machen** in Verbindung mit einem Adjektiv ist französisch meist durch **rendre** (wie lat. reddere) zu geben: rendre heureux, rendre malade. **Faire** tritt jedoch ein, sobald nicht der Übergang aus einem Zustand in einen anderen, sondern die erste Schöpfung bezeichnet wird: Il allait sous la mitraille aussi tranquille que si Dieu l'avait fait invulnérable. — Ce meuble est assez joli, mais vous l'avez fait trop petit. — **Faire** ist das stärkere Wort und tritt manchmal nachdrücklich statt rendre ein: Les Autrichiens raillaient Frédéric. La terrible boucherie de Lissa (Leuthen) les fit sérieux. — Je veux vous faire heureuse, je veux vous faire heureuse et puissante. — Oder faire tritt ein, weil rendre ganz verkehrten Sinn gäbe: Mme Fratief s'endetta pour la (sa fille) faire belle (herausputzen).

Niemals darf **rendre** mit einem Part. Prät. verbunden werden, daher: sich verhaßt (beliebt) machen se faire haïr (aimer). Vgl. faire mépriser, rendre méprisable.

IV. Gruppe.

§ 85. Vokalische Stämme: rire, conclure, croire (LM 4).

Rire (lachen, St. *ri-*); je ris; ri.

Präs. je ris	nos rions	Präs. ⎧ je rie
Ind. tu ris	vous riez	Konj. ⎩ nous riions
il rit	ils rient	Fut. je rirai

Conclure (schließen, St. *conclu-*) je conclus; conclu.

Präs. je conclus	nous concluons	Präs. ⎧ je conclue
Ind. tu conclus	vous concluez	Konj. ⎩ nous concluïons
il conclut	ils concluent	Fut. je conclurai

Croire (glauben, St. *croi-*); je crus; cru.

Präs. je crois	nous croyons	Präs. ⎧ je croie
Ind. tu crois	vous croyez	Konj. ⎩ nous croyions
il croit	ils croient	Fut. je croirai

Anm. Zu diesen Stämmen gehört auch
Traire (melken, St. *trai-*); —; trait.

Präs. je trais	nous trayons	Präs. ⎧ je traie
Ind. tu trais	vous trayez	Konj. ⎩ nous trayions
il trait	ils traient	Fut. je trairai

3) **Faire** tritt öfter an die Stelle eines vorausgehenden Verbs: Connaissez-vous mieux que vous ne faites. Selten steht jetzt dieses faire vor einem Accusativ: Elle vénérait son tuteur comme on ferait un père (engl. she worshipped her tutor as she would have done her father).

§ 85. Die Konjugation von rire hat manche äußere Ähnlichkeit mit der I. Hauptkonjugation; zu warnen ist vor il ria u. a.

Ebenso se rire de (sich lustig machen über, verachten) und sourire (lächeln).

Für conclure gilt in Bezug auf die äußere Ähnlichkeit mit Formen der I. Hauptkonjugation dasselbe wie für **rire**; zu warnen ist vor je concluerai u. a. Ebenso: exclure (ausschließen). Von reclure ist nur das Part. Prät. reclus (klausnerisch abgeschlossen) üblich.

Die einzige Zusammensetzung von croire (accroire) findet sich nur in faire accroire qc à qn (weismachen).

§ 85. Anm. Wie traire: abstraire (abtrennen), distraire (zerstreuen), extraire (ausziehen) und soustraire (entwenden, entziehen, subtrahieren).

Ferner das nur in der 3. Sg. u. Pl. des Präsens Ind. und beider Future, sowie im Infinitiv vorkommende braire (gahnen, brüllend singen).

Ferner clore, welches jetzt s-Stamm zeigt und daher auch Cirkumflex auf der 3. Sing. Präſ. Ind. hat, urſprünglich aber (in Übereinſtimmung mit dem lat. Stammwort claudere, vgl. rire von ridere, conclure von concludere) Vokalſtamm hatte.

Clore (ſchließen, St. clo(s)-); —; clos.
Präſ. Ind. je **clos**, tu **clos**, il **clôt**. Konj. que je close. Fut. je clorai werden als vorhandene Formen aufgeführt. Man kann jedoch alles außer dem Inf. clore, dem Part. Prät. clos, close und der 3. Sing. il clôt als unüblich betrachten.

Ungleichförmige Verben auf -oir.

I. Gruppe.

§ 86. Stämme auf -ev und -al(l)-: recevoir, valoir, falloir (LR 1 c, 6; SR 5).

Recevoir (erhalten, St. recev-) je reçus; reçu.

Präſ. je **reçois** nous **recevons**	Präſ. ⎰ je **reçoive**
Ind. tu **reçois** vous **recevez**	Konj. ⎱ nous **recevions**
il **reçoit** ils **reçoivent**	Fut. je **recevrai**

Valoir (gelten, St. val-); je valus; valu.

Präſ. je **vaux** nous **valons**	Präſ. ⎰ je **vaille**
Ind. tu **vaux** vous **valez**	Konj. ⎱ nous **valions**
il **vaut** ils **valent**	Fut. je **vaudrai**

Wie clore:
éclore (ausſchlüpfen, aus dem Ei; aufblühen) mit folgenden Formen:
Präſ. il éclôt   Präſ. qu'il éclose   Fut. il éclora (früher ô)
Ind. ils éclosent   Konj.

Aber auch hier ſind nur der Inf. éclore, das Part. Prät. éclos, éclose und il éclôt als wirklich üblich anzuſehen.

§ 86. Wie recevoir:
Apercevoir (wahrnehmen), concevoir (faſſen, begreifen), décevoir (täuſchen), percevoir (erheben, von Abgaben). Décevoir wird von vielen auf den Inf. und die umſchreibenden Zeiten beſchränkt.

Ferner devoir (ſchulden, ſollen, müſſen), welches jedoch im Part. Prät. dû (aber dus, due, dues) hat; ebenſo das Part. redû von redevoir (heraus= zahlen müſſen), nicht das Adjektiv indu (ungehörig).

Wie valoir:
équivaloir (gleichkommen) und prévaloir (vorwalten), doch hat letzteres im Präſ. Konj. je prévale.

§ 87. **Falloir** (nötig sein, St. *fall-*); il fallut; fallu.

Präs. Ind. il faut. Präs. Konj. il faille. Impf. il fallait.
Fut. il faudra.
Kommt als unpersönliches Verb nur in der 3. Sing. vor.

II. Gruppe.

§ 87. Sonstige v- und l-Stämme: vouloir, pouvoir, savoir (LR 1 c, 6; SR 5).

Vouloir (wollen, St. *voul-*); je voulus; voulu.

Präs.	je veux nous voulons	Präs. ⎧ je veuille
Ind.	tu veux vous voulez	Konj. ⎩ nous voulions
	il veut ils veulent	Fut. je voudrai

Imperativ: [veuille, veuillons], veuillez.

Zu falloir:
Der abhängige Satz nach il faut hat regelmäßig den Konjunktiv und kann durch die Infinitivkonstruktion ersetzt werden:
1) Il faut que chacun rende compte de ses actions,
2) Il faut qu'on rende compte de ses actions,   Il faut rendre compte de ses actions.
3) Il faut que vous en rendiez compte,   Il vous faut en rendre compte.
4) Il faut que vous me rendiez compte.

1) Niemals, wenn das Subjekt des abhängigen Satzes ein anderes Wort als ein Personalpronomen oder on ist.
2) Wenn das Subjekt des abhängigen Satzes on ist, fällt es in der Infinitivkonstruktion weg.
3) Wenn es ein Personalpronomen ist, so tritt es als Dativ vor falloir; vor dem Infinitiv darf jedoch kein weiteres Personalpronomen stehen, wohl aber ein Reflexiv oder Pronominaladverb.
4) Daher vermeidet man im letzten Fall die Infinitivkonstruktion, wenn nicht das Subjekt als selbstverständlich ausgelassen werden kann (il faut me rendre compte Sie müssen mir Rechenschaft geben, vgl. il me faut rendre compte ich muß R. geben). Doch kamen in älterer Sprache auch Verbindungen wie il vous faut le rendre u. a. vor und finden wieder Aufnahme.

§ 87. Zu vouloir:
Die 1. Plur. Imper. kommt nie vor. Die 2. Sing. findet sich kaum anders als in der Redensart en vouloir à qn (böse sein auf jem.) und lautet dann gewöhnlich veux. Früher gab man die Formen voulons, voulez an als Ausdruck bestimmter Willensmeinung.

Pouvoir (können, St. *pouv-*); je pus; pu.

Präſ. je peux (puis) nous pouvons   Präſ. { je puisse
Ind. tu peux   vous pouvez   Konj. { nous puissions
     il peut   ils peuvent   Fut. je pourrai

In der affirmativen Form steht sowohl je puis als je peux; in der negativen meist je ne peux pas oder je ne puis; in der Frage nur puis-je.

Savoir (wissen, St. *sav-*); je sus; su.

Präſ. je sais nous savons   Präſ. { je sache
Ind. tu sais vous savez   Konj. { nous sachions
     il sait ils savent   Fut. je saurai

Imperativ: sache, sachons, sachez. Part. Präſ. sachant. Im ganzen Sing. Präſ. Ind. ist *sé* zu sprechen.

Anm. Außer dem Hülfsverb avoir gehören in diese Gruppe mouvoir (für den Sing. Präs. Ind. vgl. LM 1c) und pleuvoir.

Mouvoir (bewegen, St. *mouv-*); je mus; mû (mus, mue, mues).

Präſ. je meus nous mouvons   Präſ. { je meuve
Ind. tu meus vous mouvez   Konj. { nous mouvions
     il meut ils meuvent   Fut. je mouvrai

Pleuvoir (regnen, St. *pleuv-*); il plut; plu.

Präſ. Ind. il pleut (LM 1c). Präſ. Konj. il pleuve. Imperf. il pleuvait. Fut. il pleuvra.

Das Part. Präſ. ist voulant, das alte (veuillant) ist in bienveillant, malveillant erhalten.

Zu savoir:

Anm. Je ne saurais ist der Bedeutung nach soviel wie je ne puis, ist demnach eine (logische) Präsensform. Folgt auf diesen Ausdruck ein von demselben abhängiger Konjunktiv, so ist es derjenige des Präsens. — Je ne saurais ist die höflichere, mit dem eigenen Urteil zurückhaltende Form. Vgl. § 221 Anm. 4, § 241 Anm. 4.

Das deutsche können ist mit pouvoir zu übersetzen, wenn es sich um eine physische Möglichkeit handelt: Pouvez-vous jouer du piano aujourd'hui? Il peut jouer du piano pendant trois heures consécutives sans être fatigué. Wo es sich dagegen um eine Fertigkeit handelt, die erlernt werden muß, tritt savoir ein: Savez-vous jouer du piano? oder savez-vous le piano? Ebenso il sait l'anglais er kann englisch (engl. he can speak French, aber he knows French).

III. Gruppe.

§ 88. Vokalische Stämme: asseoir, voir (AW 4).

Asseoir (setzen, begründen, St. *assey*-); j'assis; assis.

Präs.	j'assieds	nous asseyons	Präs.	(j'asseye
Ind.	tu assieds	vous asseyez	Konj.	{ nous asseyions
	il assied	ils asseyent	Fut.	j'assiérai (j'asseyerai)

§ 87. Anm. Wie mouvoir (doch hat ihr Part. Prät. keinen Cirkumflex) émouvoir (erregen, wofür meist émotionner) und promouvoir (befördern), welches außer dem Inf. und den umschreibenden Formen nicht vorkommt.

Auch von mouvoir sind für die gewöhnliche Sprache viele Formen so gut wie nicht vorhanden, in dem wissenschaftlichen Ausdruck aber häufig.

§ 88. Zu asseoir:

Daneben findet sich auch folgende Konjugationsweise, doch werden die y erfordernden Formen nicht mehr gebraucht.

Präs.	j'assois	[nous assoyons	Präs.	(j'assoie
Ind.	tu assois	[vous assoyez]	Konj.	{ [nous assoyions]
	il assoit	ils assoient	Fut.	j'assoirai

Ebenso wie asseoir haben beide Konjugationsweisen s'asseoir (sich setzen; être assis sitzen), rasseoir (wieder setzen, beruhigen) und se rasseoir (sich wieder setzen).

Surseoir (à qc, selten qe verschieben) bildet seine Formen nur nach der zweiten Konjugationsweise (mit oi), hat jedoch im Fut. je surseoirai.

[Seoir] (sitzen, stehen, von Kleidern; anstehen, geziemen) hat nur die 3. Sing. und Plur.

| Präs. il sied | Imperf. il seyait | Fut. il siéra |
| Ind. ils siéent | ils seyaient | ils siéront |

Die umschreibenden Formen fehlen, da das Part. Prät. (sis, sise) nur als Adjektiv (gelegen) üblich ist. Sis gehört dem Aktenstil an; gelegen von Städten und dergleichen ist assis (oder situé u. a.). — Das Part. Präs. ist nur als Substantiv üblich: se mettre sur son séant (sich aus der liegenden zur sitzenden Stellung aufrichten). Wie [seoir] geht [messeoir] (übel anstehen, nicht geziemen).

Wie voir:

entrevoir (ahnen, vermuten) und revoir (wieder sehen). — Ferner pourvoir à qc (sorgen für etwas) und prévoir (vorhersehen), welche im Fut. je pourvoirai, je prévoirai bilden; das erstere hat im hist. Perf. je pourvus.

Von dépourvoir ist nur das Part. Prät. dépourvu (entblößt, nicht im Besitze von etwas) erhalten.

Voir (sehen, St. *voi-*): je vis; vu.

Präj.	je vois nous **voyons**	**Präj.**	ſ je voic
Ind.	tu vois vous **voyez**	**Konj.**	l nous voyions
	il voit ils voient	**Fut.**	je verrai

§ 89 ([103]). **Defektive Verben** (*verbes défectifs, verbes défectueux*). Die von einzelnen Verben mangelnden Zeiten wurden bei dieſen Verben angegeben. Dabei iſt nicht ausgeſchloſſen, daß einzelne Schriftſteller manche Formen gebrauchen, welche für die gewöhnliche Sprache als nicht vorhanden gelten. Andere Formen ſind ſelten, werden aber noch von der Grammatik anerkannt; ſo einzelne Zeiten von **conquérir, décevoir, mouvoir** u. a.

Was von den eigentlichen Defektiven (**accroire, braire, clore, éclore, choir, dépourvoir, quérir, reclure, seoir** und **traire**) erhalten iſt, findet ſich an der dieſen Verben zukommenden Stelle verzeichnet.

Bruire (rauſchen, lärmen) geht jetzt nach der II. Hauptkonjugation in den Formen il bruissait, ils bruissaient. Außer dem Infinitiv kommt ſonſt nur il bruit vor. Bruyant iſt Adjektiv geworden.

Von **chaloir** (daran gelegen ſein) iſt nur die 3. Sing. Präj. Ind. erhalten in il ne m'en chaut (daran iſt mir nichts gelegen) und peu m'en chaut (es kümmert mich wenig). Das Part. Präſ. liegt in nonchalant (ſorglos phlegmatiſch).

Von **férir** (ſtoßen, ſchlagen) findet ſich der Inf. in sans coup férir (ohne Schwertſtreich), ſeltener das Part. Prät. féru (verſeſſen auf).

Frire (backen) hat im Part. Prät. frit. Von den einfachen Zeiten iſt nur der Sing. Präj. Ind. (je fris, tu fris, il frit), der Sing. des Imp. (fris) und die Future (je frirai, je frirais) erhalten. Die fehlenden Formen werden mit faire frire umſchrieben (vgl. faire bouillir und faire cuire neben cuire).

Von **gésir** (liegen) iſt erhalten die 3. Sing. und Pl. des Präj. Ind. (il gît, ils gisent), dieſelben Perſonen des Imperf. (il gisait, ils gisaient) und das Part. Präſ. (gisant). Nach i klingt s immer ſcharf; früher ſchrieb man

---

Ferner:

Déchoir (herabſinken; St. *déchoi-*) je déchus; déchu.

Präj.	je **déchois** [nous déchoyons]	**Präj.**	ſ je déchoie
Ind.	tu **déchois** [vous déchoyez]	**Konj.**	l [nous déchoyions]
	il **déchoit** ils déchoient	**Fut.**	[je décherrai]

Die Formen mit y und das Futur kommen nicht mehr vor.

Ebenſo geht échoir (zufallen, fällig werden), doch iſt es der Bedeutung gemäß nur in der 3. Perſon üblich. Es hat ein Part. Präſ. échéant (le cas échéant vorkommenden Falles); auch méchant (böſe) iſt urſprünglich Part. Präſ. eines hierher gehörigen Verbs. Das einfache choir iſt noch im Inf. üblich, beſonders in (se) laisser choir.

auch ss. — Gésir ist von Sachen oder Toten (ci-gît hier ruht) zu gebrauchen. Auf Sachen angewandt, heißt es meist: unbeachtet daliegen, als wertlos weggeworfen sein. Auf Lebende angewandt bedeutet es: hülflos daliegen.

Von issir ist nur das Part. Prät. issu (hervorgegangen aus, abstammend von) erhalten.

Von ouïr (hören) findet sich noch das Part. Prät. ouï in altertümlich scherzhafter Rede, selten in ernster Sprache. — Ouïr steht entendre gleich (hören), beide stehen écouter gegenüber (zuhören, lauschen). Ouïr und entendre nie: hören = erfahren, daher: ich habe es gehört (= erfahren) je l'ai entendu dire, j'en ai entendu parler (alt je l'ai ouï dire).

Zu erwähnen sind noch folgende Formen: von **apparoir** (erhellen, sich ergeben) findet sich im Aktenstil il appert; von **souloir** (pflegen) noch il soulait vor Infinitiven (aber nur scherzhaft), von **sourdre** (hervorquellen) die Form il sourd (l'eau sourd ist noch ziemlich häufig), von **tistre** (weben, wofür jetzt tisser) das Part. Prät. tissu. Von dem alten Verb **ouvrer** (bearbeiten), welches im Präsens j'euvre (vgl. alt je treuve von trouver u. a.) bildete, findet sich noch das Part. Prät. ouvré (engl. wrought zu to work) in du fer ouvré (durch Schmieden in bestimmte Form gebrachtes Eisen), dafür auch ouvragé.

§ 90 ([104]). **Un͏persönliche Verben** (*verbes impersonnels*). Defektiv sind auch die unpersönlichen Verben, weil sie ihrer Bedeutung nach nur in der 3. Sing. vorkommen können: il pleut, qu'il pleuve, il pleuvait, il pleuvra u. s. w.

Die üblichsten sind il y a[1] (es giebt), il est[2] (es giebt), il s'agit de (es handelt sich um), il a va de (es dreht sich um, es gilt, z. B. il y va de la tête), il importe (es ist wichtig), il arrive (es geschieht), il s'entend (es versteht sich), il vaut mieux (selten il est mieux, es ist besser), il résulte und il s'ensuit (es folgt daraus; il suit nur im wissenschaftlichen Gebrauch).

Ferner il neige, il tonne (donnert), il grêle (hagelt), il gèle, il dégèle (taut), il fait beau, il fait froid, il fait nuit u. a.

Anm. 1) Wenige dieser Verben sind ausschließlich unpersönlich. Auch pleuvoir wird manchmal persönlich konstruiert: Les tuiles pleuvaient sur la chaussée. So deutsch: regnen, hageln = dicht fallen.

---

[1] Nur ausnahmsweise hat y doppelte Funktion und ist zugleich als Ortsadverb zu übersetzen: C'est une chapelle un peu profane; il y a des statues de toutes les divinités.

[2] Meist in der Poesie, doch auch in Prosa, wo es sich um die Existenz im allgemeinen handelt: Il n'est pire valet que celui qui raisonne.

2) Der unpersönliche Gebrauch kennt nur den Singular, auch wenn das Substantiv, welches zu il das logische Subjekt bildet, im Plural steht: Dans tous les temps, il s'est trouvé des hommes qui ont cherché un moyen de succès dans le contre-pied des opinions reçues (im Kampfe gegen die herrschende Ansicht).

3) Unpersönliche Konstruktion im Passiv findet sich hauptsächlich bei Verben des Denkens und Sagens: comme il a été dit plus haut, il fut convenu que . . ., il fut connu que . . ., il fut décidé que . . . Sonst meidet man dieselbe und wählt als Subjekt on, welches ältere Grammatiker daher ein unpersönliches Pronomen nannten: On dansera (es wird getanzt). On ferme! (es wird geschlossen!). Dîne-t-on bientôt? (wird bald gegessen?).

4) Bei Zahlenangaben darf nicht statt il y a der unserem es sind entsprechende Ausdruck gewählt werden: Combien y a-t-il de maisons dans villa cege? — Il y en a cent soixante (nicht ce sont). Dagegen nous sommes cinq, ils étaient huit (es sind unser fünf).

5) Das unpersönliche il fehlt öfter: suffit, n'importe, à (de) quoi sert?, que sert? In mieux vaut, autant vaut hindert die Stellung den Zusatz von il.

Die Volkssprache läßt il noch häufiger weg: faut y aller, y a pas à dire, comment va? (wie geht's?) u. s. w.

Die Auslassung muß stattfinden:

a) In einer Reihe von meist der Volkssprache angehörigen Redensarten: qu'importe?, peu importe, peu s'en faut, tant s'en faut, reste à savoir (es fragt sich nur), mal lui en prit (übel bekam es ihm), si bon vous semble?, que vous en semble?, m'est avis (mich dünkt), si tant est que . . . (wenn überhaupt), d'où vient?, de là vient que . . .. soit dit entre nous (en passant), und ohne Verb in libre (permis) à vous (es steht Ihnen frei). Besonders auch in formelhaften Wunschsätzen ohne que, vgl. § 228 u. Anm. 1.

b) Wenn das zugehörige Verb im Part. Präs. steht[1]: Il prit sur lui d'obtenir ce consentement, n'y ayant rien qui pût faire un légitime obstacle (About).

§ 91 ([105]). **Im Deutschen unpersönliche Ausdrücke, welche es im Französischen nicht sind**[2]:

Es bekömmt ihm gut il s'en trouve bien.

Dabei blieb es nous en restâmes là, les choses en sont là.

Es brennt! au feu! Es brennt im Hause le feu est à la maison. (Brennt es irgendwo? y a-t-il le feu?)

Es dauerte lange, bis er seines Irrtums gewahr wurde il fut longtemps sans (à, avant de) s'apercevoir de son erreur.

Wenn es ihm einfällt, mich zu beunruhigen s'il s'avise de m'inquiéter.

Es fehlt der Besatzung an Lebensmitteln la garnison manque de vivres.

Es fehlt mir nichts (= ich bin nicht krank) je n'ai rien.

[1] Mit Unrecht manchmal als veraltet bezeichnet.
[2] Die meisten dieser Redensarten waren auch im Französischen früher unpersönlich und finden sich manchmal noch so gebraucht.

§ 91. Im Deutschen unperſönliche Ausdrücke.

Es freu mich je suis bien aise, charmé, heureux, ravi, enchanté (de pouvoir vous rassurer).

Es friert mich j'ai froid. **Es hungert mich** j'ai faim. **Es dürſtet mich** j'ai soif.

Es gefällt mir hier je me plais ici; **es gefällt mir nicht hier** je me déplais ici.

Es iſt mir daran gelegen zu erfahren je tiens à savoir ...

Es gelingt mir etwas zu thun je réussis à faire qc[1], je parviens à faire qc. **Es mißlingt mir** j'échoue à faire qc. **Es iſt nicht gelungen** ... On n'a pu encore réussir à atteindre le pôle nord.

Es geſchieht ihm recht c'est bien fait; il est servi à souhait; il ne l'a pas volé; il n'a que ce qu'il a mérité.

Es langweilt mich je m'ennuie (à faire qe)[2].

Es thut mir leid je suis fâché, désolé, contrarié, vexé, j'ai bien du regret.

Es liegt mir nichts daran je ne me soucie pas de ...

Es reut mich je me repens de ...

Es ſchaudert mich je frémis de ...

Es ſchlägt l'horloge a sonné deux heures; deux heures vont sonner, sont sonnées, midi est sonné[3]. **Es läutet Sturm** le tocsin sonne. **Es klingelt** on sonne. **Es klopft** on frappe (à la porte).

Es war Sonntag on se trouvait au dimanche, on était (nous étions) au dimanche. **Es war (iſt) der 4. April** on était (nous sommes) le (ober au) 4 avril. **Heute iſt Sonntag** c'est dimanche aujourd'hui. **Heute iſt der 15. Juli** c'est aujourd'hui le 15 juillet. — **Mir iſt als ſähe ich ihn noch** je le vois encore. **Mir iſt als ſähe ich das kommen** je vois cela d'ici.

Es ſetzt mich in Staunen je m'étonne, je suis étonné, surpris.

Es ſteht Ihnen frei etwas zu thun vous êtes libre[4] de faire qc. — **Es ſteht ihm übel an ſich noch zu beklagen** il est mal venu (il a mauvaise grâce) à se plaindre.

Es träumte mir je rêvais.

Was wird aus uns werden? que deviendrons-nous?

Es iſt mir nicht wohl je suis mal à mon aise, je suis indisposé.

Es widerſtrebt mir etwas zu thun je répugne à faire qe (doch auch il me répugne de faire qe).

Es wundert mich je m'étonne.

---

[1] Natürlich ſagt man auch quelque chose me réussit. Il y a des gens à qui rien ne réussit.

[2] Je m'ennuie de faire qe ich bin es überdrüſſig.

[3] Nur familiär il a sonné deux heures.

[4] Libre iſt perſönlich und unperſönlich, permis nur unperſönlich möglich.

II. Der Artikel (*l'Article*).

§ 92 (¹⁰⁶). Bestimmter und unbestimmter Artikel. Der bestimmte Artikel (*l'article défini*) lautet le für das männliche, la für das weibliche Geschlecht. Beide werden vor vokalischem Anlaut apostrophiert: le lion der Löwe, la fleur die Blume, l'homme der Mensch, l'âme die Seele.

Im Plural verschmelzen die Präposition de und à mit dem Artikel zu des, aux; im Singular findet die Verschmelzung zu du, au nur bei dem (nicht apostrophierten) männlichen Artikel statt.

Anm. Eine ähnliche Verschmelzung hatte früher bei der Präposition en und dem Plural des Artikels statt: ès (s laut) für en les. Erhalten ist diese Form in bachelier (licencié, docteur) ès lettres (ès sciences) u. a. Hieraus ergibt sich, daß die in Frankreich häufige Anwendung dieses ès vor einem Singular ein grober Fehler ist.

Der unbestimmte Artikel (*l'article indéfini*) lautet un für das männliche, une für das weibliche Geschlecht.

§ 93 (¹⁰⁷). Der sogenannte Teilungsartikel (*l'article partitif*). Stoffnamen und Abstrakte behalten im Singular wie im Plural[1] den Artikel, auch wenn sie nicht ihrem ganzen Begriff nach zu fassen sind: du pain, du raisin, du vin, de l'eau, du cuivre, du courage, de la bravoure. Des raisins, des ambitions malsaines. Das partitive de mit dem Artikel nennt man den Teilungsartikel.

Konkrete Substantive lassen nur im Plural[2] einen Teilungsartikel zu: des maisons, des arbres.

Substantive mit dem Teilungsartikel können als Subjekt und Objekt gebraucht werden und nehmen alle Präpositionen, auch die Kasuspräposition à, vor sich): Des maisons entourées de petits jardins couvraient la plaine. Partout on voyait des visages heureux. Nous sommes toujours exposés à

---

[1] Stoffnamen werden im Plural gewöhnlich zu Appellativen, Abstrakte häufig zu Konkreten, vgl. § 101.

[2] Im Singular nur abhängig von Quantitätsbestimmungen (vgl. § 277), oder wenn sie als Stoffnamen aufgefaßt werden können, daher du raisin (vgl. § 103,3).

des revers de fortune. Dans l'adversité comptez toujours sur des temps meilleurs.

Das partitive de mit seinem Artikel fällt dagegen weg, sobald ein zweites de einzutreten hätte. Aus La voiture était suivie par des soldats wird, sobald de für par eingesetzt wird: La voiture était suivie de soldats.

III. Das Substantiv (*le substantif, le nom*).

Die Pluralbildung (*la formation du pluriel*).

§ 94 ([108]). **Regelmäfsiger Plural.** Der Plural der Substantive wird in der Regel durch Anfügung eines s an den Singular gebildet: l'arbre, les arbres; la maison, les maisons.

Anm. 1) Früher ließ man in den Wörtern auf -ant und -ent, besonders in mehrsilbigen, das auslautende t vor dem Plural-s weg; man schreibt jetzt l'enfant, les enfants (nicht enfans). Doch les gens (zu dem Sing. la gent). Tout hat im Plural tous (aber les touts als Plural zu dem Substantiv le tout das Ganze).

2) Als im Französischen noch zwei getrennte Kasus (Nominativ und Accusativ) bestanden, hatte die französische zweite Deklination (wie die entsprechende lateinische) s als Zeichen des Nom. Sing. murs (murus) und des Acc. Pl. murs (muros). Der Acc. Sing. und Nom. Pl. hatten im Lateinischen (murum, muri) kein s und erhielten im Französischen keine Endung: mur. So wurden zunächst auch die Masculina der anderen Deklinationen, dann die Feminina behandelt. Als der Kasusunterschied wegfiel, wurde s für die Bezeichnung des Plurals verwendbar.

§ 95 ([109]). **Fehlen des Pluralzeichens.** Keinerlei Pluralzeichen nehmen an:

1) Die Wörter auf (tönenden oder stummen) Zischlaut, s, x, z (LR 1 c): le bras, la voix, le nez: les bras, les voix, les nez.
2) Die Indeklinabilien, d. h. Wörter, welche nicht zum Nomen gehören: des a, des si, des peut-être.

Anm. Die Fremdwörter werden verändert, wenn sie eingebürgert sind: des accessits (lobende Erwähnung), des albums, des alibis, des alinéas, des apartés (beiseite Gesprochenes), des déficits, des duos, des impromptus, des numéros, des opéras, des pensums (Strafarbeit), des quiproquos (Verwechselung), des spécimens (Probeexemplar), des vivats u. a. Nicht verändert werden dagegen des errata (Druckfehlerverzeichnisse¹), des post-scriptum, des Te Deum u. a.

Einzeln ist noch für die aus neueren Sprachen entlehnten Wörter zu bemerken: des bravos (Bravorufe), aber des bravi (besoldete Banditen); carbonaro, dilettante, lazarone haben den italienischen Plural carbonari, dilettanti, lazaroni. Deutsche und englische Wörter können mit ihrem richtigen Plural in das Französische übertragen werden, doch genügt auch bloße Anfügung eines s.

§ 96 (¹¹⁰). Plural auf x. Statt s tritt (§ N 5) x ein:
1) Bei den Wörtern auf -au (meist -eau) und -eu: le noyau (Kern), le château, le cheveu, Plural les noyaux, les châteaux, les cheveux.
2) Bei den meisten Wörtern auf -al, welche (nach LR 6) l vor Konsonant in u verwandeln: un amiral, le canal, le général, le piédestal, le rival, le signal, le vassal u. s. w. Plural les amiraux u. s. w.
3) Bei einigen Wörtern auf -ou:

le bijou Kleinod   le genou Knie
le caillou Kiesel   le hibou Eule
le chou Kohl   le joujou Spielzeug.

Anm. 1) Ausgenommen ist nur le landau (früher landaw, der Laubauer, nämlich Wagen), les landaus.

2) Von den Wörtern auf -al bilden u. a. folgende den Plural durch bloße Anfügung eines s: le bal (Ball), le cal (Schwiele), le carnaval, le chacal, le choral (Choral), le régal (Festschmaus). Ebenso meist un idéal² (Ideal).

Namen auf -al können nicht den Plural auf -aux bilden: les Gals (= Gaëls); les monts Ourals. Dans leurs combats les crabes ne sont pas des Achilles, mais plutôt des Annibals.

Die Substantive auf -ail hatten meist eine Nebenform auf -al³. Folgende Substantive bilden ihren Plural von dieser Nebenform, also auf -aux:

le bail Pachtvertrag   le travail Arbeit
le corail Koralle   le vantail Flügel eines Fensters (oder
un émail Schmelz   einer Flügelthüre) [Scheibchen
le soupirail Kellerfenster   le vitrail⁴ Fenster aus vieleckigen

---

¹ Ein Druckfehler: une faute d'impression, une erreur typographique, seltner un erratum.
² Wogegen das Adjektiv idéal besser idéaux.
³ Diese lebt im Volke noch fort. So kommt auch les bestiaux von einem in der Bauernsprache noch vorhandenen le bestial.
⁴ Der Sing. ist noch üblich. — Oft wird auch le plumail (Federwisch) aufgeführt; derselbe heißt nur le plumeau, was nicht auch Federbett (le duvet) bedeutet.

Zu le bétail gehört der Plural les bestiaux (beides: das Vieh d. h. Horn-, Woll= und Borstenvieh; Pferde meist ausgeschlossen).

§ 97 (¹¹¹). **Doppelte Pluralbildung.** Drei Substantive haben einen Plural auf x nach verwandeltem und einen Plural auf s nach erhaltenem l: un aïeul (Großvater); les aïeuls (die Großväter väterlicher und mütterlicher Seite), les aïeux (die Vorfahren).

Le ciel hat les cieux in der gewöhnlichen Bedeutung (Himmel), dagegen des ciels de lit (Betthimmel), ce peintre a des ciels à lui (eigene Art, Firmament und Wolken zu malen); in der Bedeutung Klima findet sich beides: En automne beaucoup d'oiseaux passent sous d'autres cieux. La Provence est sous un des plus beaux ciels de l'Europe.

Un œil (Auge) hat im Plural les yeux, aber des œils-de-bœuf (runde Fenster¹; runde Wanduhren).

Anm. Homme hat bald hommes, bald gens. Un jeune homme, des jeunes gens. Le bonhomme (ehrliche Haut; Wachspuppe u. dgl) hat les bonshommes, le bon homme (redlicher Mann, meist homme de bien) dagegen les gens de bien. Leute (d. h. Soldaten) les hommes (les gens- cher: Dienstboten).

§ 98 (¹¹²). **Plural der zusammengesetzten Substantive.** In Zusammensetzungen sind nur nominale Bestandteile (Substantiv, Adjektiv, Pronomen) veränderlich. Im einzelnen ist zu bemerken:

1) Bei voller Verschmelzung der Bestandteile wird der erste als unveränderlich behandelt: un orfèvre, le gendarme, la grand'- mère²; le portefeuille, un acompte (Abschlagszahlung) haben im Plural les orfèvres, les grand'mères u. s. w.

2) Bei bloßer Aneihung werden alle nominalen Bestandteile ver- ändert: le chef-lieu (chef=principal, Hauptort), la longue- vue (Fernrohr), Plural les chefs-lieux, les longues-vues.

3) Wenn zwei Substantive durch eine Präposition verbunden sind, so bleibt das zweite unverändert: le chef-d'œuvre (Meisterwerk), un arc-en-ciel (Regenbogen), Plural les chefs-d'œuvre, les arcs-en-ciel (binde *arkan ciel*).

4) Ein Substantiv, welches mit einem Adverb oder einer (dann zum Adverb gewordenen) Präposition verbunden ist, wird

---

¹ Auch deutsch „Bullenaugen" für runde Fenster auf Schiffen.
² Apostrophiertes Wort verwächst mit dem folgenden zu einem einzigen.

allein verändert: le vice-roi, un avant-coureur (Vorläufer), Plural les vice-rois, les avant-coureurs.

5) Bei einer Verbindung von Substantiv und Verb (Imperativ) bleiben beide Teile unverändert: la perce-neige (Schneeglöckchen), le tire-bouchon (Pfropfenzieher), le pèse-lait (Milchwage), Plural les perce-neige u. s. w.

6) Verbindungen, welche kein nominales Element enthalten, sind unveränderlich: le passe-partout (Hauptschlüssel), le tohu-bohu (Wirrwarr), Plural les passe-partout, les tohu-bohu.

Anm. 1) Trotzdem haben le gentilhomme, le bonhomme den Plural les gentilshommes (spr. *gentizom'*), les bonshommes. Ebenso die mit dem Possessiv zusammengesetzten, also messieurs, mesdames, mesdemoiselles, nosseigneurs[1]. Bemerke le chevau-léger, les chevau-légers.

2) Steht das angereihte Substantiv in dem unbezeichneten possessiven Genitiv, so darf es nicht das Pluralzeichen erhalten: l'Hôtel-Dieu, Plural des Hôtels-Dieu[2]. In les Anglo-Saxons (Angelsachsen) und ähnlichen ist der erste Bestandteil unveränderlich. Vgl. § 126.

3) Le tête-à-tête, ebenso les tête-à-tête u. a., weil nicht ein zusammengesetztes Substantiv, sondern ein mehrgliedriger Ausdruck vorliegt. Le timbre-poste, le wagon-poste (Briefmarke, Bahnpostwagen) u. a. haben les timbres-poste, les wagons-poste, weil zwischen beiden Wörtern eine Präposition ausgefallen ist.

4) Man schreibt auch les après-midis; früher les après-midi, weil man après als wirkliche Präposition ansah.

5) Auch le tire-botte (Stiefelzieher), le couvre-pied (Steppdecke) u. a. bleiben im Plural unverändert. Wenn man trotzdem des tire-bottes geschrieben findet, so hat dies seinen Grund darin, daß viele schon im Singular le tire-bottes schreiben.

Bei den mit garde zusammengesetzten Substantiven herrscht keine Einstimmigkeit. Nach der Akademie ist der zweite Bestandteil veränderlich in le garde-fou (Brückengeländer)[3], la garde-robe, unveränderlich in la garde-boutique (Ladenhüter).

§ 99 (113). Nur im Plural sind üblich:

1) Einzelne Ländernamen: les Asturies, les Grisons (Graubünden). Früher noch andere und oft noch les Indes (Indien überhaupt, Ostindien). In der alten Geographie nur l'Inde, was jetzt auch meist für Ostindien ge-

---

[1] Verächtlich monsieurs, madames: Un tas de petits monsieurs. — In der Anrede messeigneurs.

[2] Wörtlich „Gottes Haus" So heißt ein Pariser Spital und in vielen anderen Städten das Hauptspital. Nicht aber darf jedes Spital so genannt werden.

[3] Treppen-, Stiegengeländer la rampe.

§ 99. Substantive ohne Singular.

braucht wird. Vorderindien l'Hindoustan, Hinterindien l'Indo-Chine, Westindien les Antilles (früher les Indes occidentales). Stehende Ausdrücke: la guerre des Gaules (Cäsars gallischer Krieg), l'empereur de toutes les Russies (gewöhnlich l'empereur de Russie). La route (maritime) de l'Inde und des Indes.

2) Ortsnamen können nur pluralisch sein, wenn sie gleichzeitig den Artikel haben les Sables d'Olonne, les Quatre-Bras.

Die übrigen auf s, es auslautenden Städtenamen sind Singulare: Châlons-sur-Marne (aber besser Chalon-sur-Saône), Londres, Lucques, Naples, Athènes, Bruxelles u. a.[1]

3) Folgende Substantive finden sich nur im Plural:

alentours m. Umgebung
appointements m. Gehalt
archives f. Archiv
arrérages m. Rückstände
catacombes f. Katakomben
confins m. äußerste Grenze
cortès f. Cortes
décombres m. Schutt
dépens m. Unkosten
dommages et intérêts[2] m. Schadloshaltung
échecs[3] m. Schachspiel
entrailles f. Eingeweide, Herz
environs m. Umgebung
épinards m. Spinat
fastes m. Fasten (Jahrbücher)
fiançailles f. Verlöbnis
fonts (baptismaux) Taufstein
Fourches Caudines f. Caudinisches Joch
frais m. Kosten

funérailles f. Leichenbegängnis
bonnes grâces Gunst
gens m. Leute
hardes f. Kleider u. dgl.
mânes m. Manen
matériaux m. Materialien
mœurs f. Sitten
nippes f. Putzsachen
obsèques f. feierliches Leichenbegängnis
oubliettes f. Verließ
pénates m. Hausgötter
pierreries f. Edelsteine
pleurs m. Thränen
prémices f. Erstlinge
régates f. Regatta
rênes f. (de l'État) Zügel
sévices m. grausame Behandlung
ténèbres f. Finsternis
thermes m. Thermen
vêpres f. Vesper
vivres m. Lebensmittel

Sehr selten ist der Singular von:

annales f. Annalen
armoiries f. Wappen
arrhes f. Handgeld
broussailles f. Gestrüpp
délices f. Wonne[4]
embûches f. Hinterhalt
entraves f. lästige Fessel

fouilles f. Ausgrabungen
honoraires m. Honorar
jumelles f. Operngucker
mathématiques f. Mathematik[5]
préparatifs m. Vorbereitungen
voies de fait f. Gewaltthätigkeit

---

[1] Dieses s ist so wenig Pluralzeichen wie das s in Jaques u. a. (§ 31).
[2] Meist dommages intérêts, was von Vielen verworfen wird.
[3] Un échec ein Mißerfolg, eine Schlappe.
[4] Der Singular le délice ist veraltet.
[5] Ohne Artikel ist der Singular ziemlich üblich.

Anm. Sehr oft finden sich auch im Singular: ancêtres m. Ahnen, débris m. Trümmer, landes f. Heideland.

Adverbiale Ausdrücke im Plural: être aux aguets (auf der Lauer sein), être aux écoutes (lauschen), rire aux éclats (laut lachen), être aux prises (handgemein sein), être aux ordres de qn (zu Diensten stehen), parvenir à ses fins (sein Ziel erreichen), à ses côtés (ihm zur Seite; aber à côté de lui), à reculons (rückwärts), à tâtons (tastend), par les soins de qn (durch seine Bemühung, auf sein Betreiben), sans commentaires (ein Kommentar ist überflüssig), sous réserves (unter Vorbehalt), être sur ses gardes (auf seiner Hut sein), aller sur les brisées de qn (jemanden ins Gehege gehen), sur ces entrefaites (mittlerweile), oft sur (par) les ordres de qn (neben par ordre de qn).

§ 100 ([114]). Nebenbedeutung im Plural. Außer der Bedeutung des Singulars[1] haben im Plural eine weitere Bedeutung:

Singular.	Plural.
une arme Waffe	les armes Wappen
un arrêt Einhalt, Urteil	les arrêts Arrest (milit.)
un artifice Kunstgriff	les artifices Ränke
la bouche Mund	les bouches (Fluß=)Mündung
le cadre Rahmen	les cadres Cadres (milit.)
le ciseau Meißel, Schermesser	les ciseaux Schere[2]
la défense Verbot	les défenses Hauer, Stoßzähne
le droit Recht	les droits Zoll, Gebühr
un effet Wirkung	les effets Effekten, Staatspapiere
un enfer Hölle	les enfers Unterwelt
une épingle Stecknadel	les épingles Nadelgeld
un esprit Geist	les esprits Lebensgeister, Besinnung
un état Zustand	les États Landstände[3]
un être Wesen	les êtres d'une maison innere Einrichtung eines Hauses
l'étrenne f. erste Benutzung	les étrennes Neujahrsgeschenk
la force Kraft	les forces Streitkräfte
le gage Pfand	les gages (Dienstboten=)Lohn[4]
l'humanité f. Menschlichkeit	les humanités Humaniora
un intérêt Interesse	les intérêts Zinsen

---

[1] Welche im Plural nur fortbesteht, wenn der Begriff es erlaubt.
[2] Eine Schere une paire de ciseaux.
[3] Auch der Staat (das Reich) heißt les états (États), wenn vom Verhältnis zum Fürsten die Rede ist: Un prince sans états. Le landgrave consentit à livrer à l'empereur sa personne et ses états. — Kirchenstaat: les États de l'Église (du Pape, de Rome) oder l'État ecclésiastique (pontifical, romain).
[4] Die Gage hat im Französischen keinen entsprechenden Ausdruck.

§ 100. Nebenbedeutung im Plural.

Singular.	Plural.
une lettre Brief	les lettres Litteratur[1]
la lunette Fernrohr	les lunettes Brille
le neveu Neffe	les neveux Kindeskinder
la noce Hochzeitsgesellschaft	les noces Ehe (en secondes noces)[2]
l'ouïe f. Gehör	les ouïes Kiemen[3]
la planche Brett	les planches Bühne
la pratique Ausübung	les pratiques Kniffe
le procédé Verfahren	les procédés Höflichkeit
la vacance Stellenvakanz	les vacances Schulferien[4]
la vérité Wahrheit	les vérités bittere Wahrheiten

Außerdem bemerke être aux abois (in verzweifelter Lage sein, eigentlich[5] von dem durch die Hunde gestellten Hirsch) von l'aboi m. (Gebell). Les Français = le Théâtre-Français oder la Comédie-Française und so les Italiens (Pariser italienische Oper), les Invalides = l'Hôtel des Invalides.

§ 101 (115). **Plural der Stoffnamen und Abstrakten.**

1) Die Stoffnamen bilden einen Plural nur, wenn die Stoffe nach ihrem Ursprung, ihrer Qualität u. dgl. unterschieden werden: les cafés, les fers, les huiles. Oder, wenn sie eine abgeleitete Bedeutung annehmen: les glaces (Eisfelder), les neiges (Schneefälle, -massen, -flächen), les sables (Sandwüsten), les gazons (Rasenflächen), les avoines, les orges (Hafer-, Gerstenfelder), les eaux (Gesundbrunnen, Bad[6]), les grandes eaux (Wasserkünste), les fers (Ketten, schwerer Kerker), les cuivres (Blechinstrumente) u. a.

2) Unter den Abstrakten bilden die Thätigkeitsbegriffe (le cri, le regard u. a.) leicht einen Plural; seltener Substantive, welche eine Eigenschaft bezeichnen (la justice, l'ambition, l'intelligence u. a.). Sehr üblich sind les amours-propres, les colères, les désespoirs, les espérances (seltner les espoirs), les peurs, les vengeances. Insbesondere steht der Plural

    a Wenn Abstrakte eine konkrete Bedeutung annehmen oder derselben sich nähern: les vies (Lebensbeschreibungen), les richesses (Schätze, Reichtum), les libéralités (Geschenke), les misères (unglückliche Umstände, Ereignisse). Öfter bezeichnet der Plural die Einzelhandlungen, welche aus der (durch den Singular ausgedrückten) Eigenschaft hervorgehen: la politesse Höflichkeit, des politesses Höflichkeitsbezeigungen; la bassesse Ge-

---

[1] Les lettres humanistische Wissenschaften, les sciences exakte Wissenschaften. — Ein Brief früher auch des lettres (lat. litterae); noch in lettres patentes, lettre(s) de créance, lettres de rappel, lettres de grâce, lettres de noblesse.
[2] Hochzeit als Feierlichkeit heißt la noce oder les noces.
[3] Der wissenschaftliche Name ist les branchies f. Unter les ouïes versteht die Naturwissenschaft nur die Kiemenlöcher.
[4] Oft auch (statt les vacations) Gerichtsferien.
[5] Und daher auch im Todeskampf liegen, aber nicht von Menschen (obwohl von C. Delavigne sogar in der Poesie so gebraucht).
[6] Bad = Badestadt une ville d'eaux, une station balnéaire.

meinheit, des bassesses niedrige Handlungen; la bonté Güte, des bontés Beweise von Güte u. a.

b. Wenn der Begriff an mehreren Objekten oder an demselben Objekt mehrfach zur Erscheinung gelangt: L'empereur balançait entre les sièges d'Arles et de Marseille. Les règnes de Henri IV et de Louis XIII. Henri VIII ne respectait pas mieux les propriétés que les vies de ses sujets. Souffrir mille morts.

§ 102 (¹¹⁶). Plural der Personennamen.

1) Wenn mehrere Einzelwesen gleichen Namens bezeichnet werden sollen, bleibt der Name unverändert: les deux Racine, les deux Corneille, les trois Otton.

Dagegen werden (nach lateinischem Muster) antike Namen verändert: les deux Gracques, les trois Curiaces.

2) Wenn eine Familie gemeint ist, bleibt der Name unverändert: les Dumont, les Fourchambault. Eine Ausnahme machen historische Namen, daher les Condés, les Guises, les Stuarts, les Tudors. Nichtfranzösische Namen, welche unfranzösische Konsonantenverbindung oder lauten Vokal am Ende haben, bleiben jedoch unverändert: les Hohenzollern, les Wasa, les Nassau.¹

3) Ein Name, der im emphatischen Plural steht, bleibt unverändert: les Racine (eine Racine, auch: un Racine). Das Pluralzeichen tritt ein, wenn mehrere Personen gemeint sind: les Estiennes (spr. *étièn'*, Leute wie die Brüder Stephanus).

4) Wenn ein Name zum Appellativ wird (antonomastisch gebraucht ist), so soll er das Pluralzeichen haben: des Esculapes des village. Oft aber fehlt dasselbe: ces Mirabeau de carrefour (demagogische Volksredner).

5) Wenn ein Kunstwerk nach dem Urheber genannt ist, so bleibt es unverändert: des Raphaël (Gemälde von R.). Viele verlangen des Raphaëls.

Wenn Gegenstände der Industrie nach dem Erfinder oder Verfertiger genannt sind, tritt das Pluralzeichen ein: les krupps, les chassepots. Aber les canons Krupp, les fusils Chassepot (fein s und großer Buchstabe).

---

¹ Les Médicis (sprich s) ist scheinbare Ausnahme; auch der Singular dieses völlig französischen Wortes hat s.

6) Wenn ein Kunstwerk nach der dargestellten Person benannt ist, so tritt das Pluralzeichen ein: les christs de l'art byzantin.

§ 103 (¹¹⁷). **Zahlvertauschung: Singular für Plural.**
Der Singular tritt häufig statt des Plurals ein:
1) Bei Völkernamen: L'Écossais passe pour fier aussi bien que l'Espagnol.
2) Bei Gattungsnamen: Le paysan est de sa nature soupçonneux. Le soldat sera nourri par l'habitant (die Soldaten werden von den Bürgern verpflegt werden). So besonders häufig: la femme, le bourgeois, le consommateur (Konsument), le courtisan, le riche, le pauvre u. a.
3) Ebenso im kollektiven Sinn: Le canon (das Geschütz) grondait depuis cinq heures du matin. Le poisson est rare dans cette rivière. Sehr häufig le raisin (die Trauben), le corail (die Korallen). Manche behaupten (mit Unrecht), man dürfe nicht les raisins gebrauchen.

Anm. Im Französischen steht der Singular, während wir den Plural zu setzen pflegen in: l'actif, le passif (Aktiva, Passiva, d. h. Vermögen und Schulden); le pantalon, le caleçon (Unterbeinkleider); être au service de qn, prendre (du) service dans une armée; se battre à l'épée, au pistolet; je n'ai pas fermé l'œil de la nuit; être sur pied, mettre sur pied; il n'a rien à se mettre sous la dent; être en voyage; ouvrir la tranchée; se faire illusion sur qe (doch auch se faire des illusions und oft je ne me fais pas d'illusions). Bemerke auch en faveur de qn (zu Gunsten). Argent nie als Plural; die öffentlichen Gelder les fonds (les deniers) publics.

§ 104 (¹¹⁸). **Zahlvertauschung: Plural für Singular.**
Der Plural steht, wo im Deutschen der Singular üblich ist, in:
Les apparences sont trompeuses; garder les apparences. Mettre le feu aux poudres (die Sache zur Entscheidung bringen); la soute aux poudres (Pulverkammer); la conspiration des poudres. Mettre, remettre les pieds quelque part. Le ministère des cultes; ebenso oft un employé des postes, des télégraphes. Les temps modernes; les temps héroïques; les temps fabuleux; dans les derniers temps, ces derniers temps. Dans les commencements (aber au commencement). Les mauvais traitements (schlechte Behandlung, Mißhandlung). Prendre les devants (vorausgehen); les derrières (Rücken) d'une armée. A vos risques et périls[1]. Les Hautes Terres (schottisches Hochland), les Basses Terres[2] (schottische Niederung). Les campagnes (le plat pays, das platte Land). Les croyances populaires. Devenir amis. Rendre ses comptes (Rechenschaft ablegen). Faire des aveux. Faire ses adieux, ses compliments à qn. Faire ses preuves, faire ses premières armes (sich die Sporen verdienen). Prendre ses aises (es sich

---

[1] Früher beide ohne s. Daher ist die Bindung *ris-ké* hier richtig.
[2] In beiden wird seltener das Adjektiv nachgestellt.

bequem machen). Jeter qc (z. B. l'argent) par les fenêtres¹. Se rendre aux désirs de qn (dem Wunsche willfahren). Être, se rendre sur les lieux (Ort der That).

Außerdem bemerke: Un fossé large de quatre pieds (4 Fuß) u. s. w. La garde (Garde als Elitetruppe) darf nicht auf Verhältnisse vor 1789 übertragen werden, es hieß les gardes. — Son nom était dans toutes les bouches (in aller Mund); des vers dignes d'être retenus par toutes les mémoires². — Par principes (grundsätzlich); par moments, par instants (zeitweise), par degrés (allmählich), par endroits (stellenweise); aber natürlich par an, par semaine (jährlich, wöchentlich).

Das Geschlecht *(le genre des substantifs)*.

§ 105 ([119]). Bestimmung desselben. Das Geschlecht der Substantive kann im Französischen nicht nach kurzen Regeln bestimmt werden. Einzelne Anhaltspunkte, nach denen man dasselbe mit annähernder Sicherheit finden kann, gewähren
1) die Bedeutung,
2) die Endung,
3) die Entstehung und Herkunft der Wörter.

Das natürliche Geschlecht leistet nur sehr geringe Hülfe bei der Bestimmung des grammatischen Geschlechts, und zwar nur bei der Mehrzahl der Bezeichnungen von Personen und bei einer geringen Zahl von Tiernamen. Die Sachnamen sind wie im Deutschen unter die verschiedenen Geschlechter verteilt.

§ 106 ([120]). Männlich sind der Bedeutung nach
1) die Namen der Himmelsgegenden und der Winde: le nord, le sud, l'occident, l'orient (ebenso le Levant³ die Levante); le nord (meist le vent du nord), l'aquilon, le zéphyr(e) u. a.;
2) die Namen der Jahreszeiten, der Monate und Wochentage: le printemps, l'été, l'automne, l'hiver; janvier, mars, juin, octobre; le dimanche, le lundi, le samedi;
3) die Namen der Berge und Gebirge (die pluralischen auf -es ausgenommen): le Har(t)z, le Hunsrück, le Jura, le Liban. Weiblich dagegen les Alpes, les Andes, les Ardennes, les Cévennes, les Pyrénées, les Vosges u. s. w.;

---

[1] Der Singular wird von manchen für unrichtig erklärt.
[2] Und so in ähnlichen Fällen zur Vermeidung des substantivischen de tous
[3] Le Levant (auch l'Orient, l'Anatolie bedeuten: Morgenland) die östlichen Mittelmeerländer. Gegensatz le Couchant (oder l'Occident, alt auch le Ponant, le Ponent) Abendland.

§ 107. Weiblich der Bedeutung nach.

4) Die Namen der Metalle: l'or, le platine, le cuivre, le fer u. f. w.;
5) die Baumnamen: le chêne (Eiche), le hêtre (Buche), un orme (Ulme), le tilleul (Linde), le sapin (Tanne), le cèdre (Ceder).

Anm. 1) Weiblich: la bise (scharfer Nordost), la brise (leichter Küstenwind), la mousson, les moussons (Passatwind), la tramontane (Nordwind am Mittelmeer).
2) Monatsnamen mit vortretendem mi- (aus medius) werden weiblich und erhalten den Artikel: la mi-juin. — Ebenso le carême, aber la mi-carême (Mittfasten).
3) Männlich sind daher les Apennins, les Balkans.
4) Bemerke la fonte (Gußeisen), la tôle (Eisenblech).
5) Ausgenommen sind z. B. une aubépine (Weißdorn), la vigne.

§ 107 ([121]). Weiblich sind der Bedeutung nach
1) Die Ländernamen: la France, la Russie.
2) Die Städtenamen: Rome, Athènes.
3) Die Namen der Wissenschaften: la philosophie, la géographie. Ebenso meist die Bezeichnungen moralischer Eigenschaften: la sagesse, la gaieté, la douceur.
4) Die meisten Namen von Edelsteinen: une agate (Achat), une améthyste, une émeraude (Smaragd), une hyacinthe (la jacinthe die Blume), une opale, une topaze, une turquoise.

Anm. 1) Männlich sind Ländernamen auf Konsonant oder lauten Vokal: le Danemark, le Japon, le Dauphiné, le Chili, daher le Languedoc trotz der Zusammensetzung. Außerdem le Bengale (en = in), le Hanovre, le Mexique, le Péloponn(n)èse (aber la Chersonèse, ch = k), le Maine, le Perche.
2) Die auf -e, -es auslautenden Städtenamen sind in der Regel weiblich; ebenso die antiken (auch die auf -um auslautenden: l'ancienne Patavium), daher sind Jérusalem, Ilion, Tyr u. a. stets Feminine. Die konsonantisch auslautenden Städtenamen können weiblich gebraucht werden, außer einigen größeren Städten Frankreichs (besonders Paris, Lyon). — Nur männlich sind le Caire, le Havre, le Locle u. a. (§ 261).

In poetischer Sprache sind Städtenamen immer weiblich, daher kann das Adjektiv als schmückendes Beiwort nur weibliche Form haben: la savante Montpellier. Sobald aber das Adjektiv gleichnamige Städte oder einen Stadtteil von dem anderen unterscheidet, tritt männliche Form ein: le Petit-Bâle, le Grand-Bâle, Marseille-le-Petit. Daher Vieux-Brisach, Neuf-Brisach (Neubrisach), doch la Nouvelle-Orléans.

Tout vor Städtenamen hat immer männliche Form, vgl. § 344, Anm. 2.

§ 108 (¹²²). Die Flufsnamen sind der Mehrzahl nach männlich, auch wenn sie auf -e auslauten (doch von den französischen Flüssen nur le Rhône).

Anm. Besonders zu merken als männlich: l'Adige (Etsch), l'Aller, le Danube, l'Elbe, l'Elster Blanc und l'E. Noir, l'Escaut (Schelde), le Havel, le Nogat, le Raab, le Tibre, le Vahal (Wahal Waal), le Volga, le Weser (aber alt la Visurge). Bei kleineren nicht französischen Flüssen ist der Gebrauch schwankend.

§ 109 (¹²³). An der Endung sind als männlich erkennbar:

1) Die Wörter auf lauten Vokal:
  le choléra, un opéra, le dahlia, le victoria régia und so alle Pflanzennamen auf -a;
  le dé, le thé, le côté, l'été, le fossé;

  le chapeau, le château;
  le cheveu, le neveu;
  le parti, le souci;
  le domino, le zéro;
  un emploi, le roi;
  le caillou, le bambou;
  le cru, le tissu.

2) Die Wörter auf -age, -ège:
  un apanage, le bagage, le bandage, un équipage, un ermitage, un étage, le passage, le potage;
  le cortège, le manège, le siège.

Doch sind weiblich:
  la guérilla, la gutta-percha (ch = k), la polka, la razzia, la victoria (als Wagen);
  Die Abstrakten auf -té, -tié (la santé, la pitié), ferner la Franche-Comté, la vicomté, la cité;
  une eau, la peau;

  la fourmi, la merci;

  la foi, la loi, la paroi;

  la bru, la glu, la tribu, la vertu.

  la cage Käfig, la rage Wut
  la page Seite, une image Bild,
  la plage Strand, à la nage [schwimmend;
  la Norvège (Norwège).

§ 110 (¹²⁴). An der Endung sind als weiblich erkennbar
1) Die Abstrakten auf -eur: la faveur, la peur.
2) Die Abstrakten auf -son und -ion: la trahison, une occasion.

Anm. 1) Männlich sind dagegen le bonheur, le malheur und ihr Stammwort heur (lat. augurium): Il n'y a qu'heur et malheur. Vgl. § 112, 2.

2) Als männlich sind zu merken: le blason (Wappenkunde), le million, le septentrion, la loi du talion (Vergeltungsrecht).

§ 111 (¹²⁵). An dem Ursprung sind als männlich erkennbar
1) Die substantivisch gebrauchten Wörter[1] und Verbindungen: un cinq, le vert, un mais, le dire (Aussage), un a, le c, le couleur de feu u. a.

---

[1] Ausgenommen Fälle, in welchen ein weibliches Substantiv zu ergänzen ist: la circulaire (c.-à-d. lettre).

§ 112. Geschlecht nach der Etymologie.

2) Alle mit Verben gebildeten Zusammensetzungen: le cure-dent (Zahnstocher), le porte-voix (Sprachrohr); daher alle mit para (pare à (schütze vor, schützt vor): le parachute (Fallschirm), le parapluie, le parasol[1], le paratonnerre (Blitzableiter).

Anm. 1) Unter den Buchstabennamen werden 7 (f, h, l, m, n, r, s meist weiblich gebraucht, weil sie nach der (außer beim Leseunterricht) üblichen Benennung ein stummes e[2] am Schlusse haben (une effe, une ache u. s. w.).
2) Weiblich sind u. a. la garde-robe, la perce-neige (Schneeglöckchen). — Auch einzelne nicht mit Verben zusammengesetzte Substantive ändern das Geschlecht: le malaise (Übelkeit, von aise f.), le chèvrefeuille (Geisblatt), minuit m. (von la nuit); dagegen jetzt besser un (als une) après-midi. Un hémisphère, le planisphère, le monosyllabe u. a. sind nur scheinbar mit la sphère, la syllabe zusammengesetzt.

§ 112 (¹²⁶). **Bestimmung des Geschlechts nach der Etymologie.** Dieselbe besitzt geringe Zuverlässigkeit. Man merke:
1) Die lateinischen Neutra sind meist zum männlichen Geschlecht übergetreten: le château (castellum), le cœur (cor), un écu (scutum).
2) Die lateinischen Abstrakten auf -or sind weiblich geworden: une erreur (error, -óris), une odeur (odor, -óris).

Anm. 1) Eine Anzahl von Neutren ist zum Femininum übergegangen, z. B. la corne, la dépouille, la feuille, une huile, la joie, la lèvre, la muraille (von cornu, spolium, folium, oleum, gaudium, labrum, muralia). Den Anstoß gaben pluralische Neutra, die im gall. Latein singularische Feminina geworden waren (arma, ae f. statt arma, orum n.).
Die früher erwähnten Masculina auf -age kommen gleichfalls von Neutren (voyage von viaticum); die Ausnahmen (außer nage) sind von lateinischen Femininen abgeleitet.
2) Auszunehmen sind un honneur und un déshonneur, ferner le labeur (mühsame Arbeit) und le labour (Ackerarbeit) sowie un amour. Letzteres gilt jedoch im Plural für voranstehende[3] Adjektive (les folles amours) als weiblich; selten auch für nachstehendes. Nur in der Poesie kann amour im Singular weiblich gebraucht werden.
Bemerke la bravoure als einziges Wort auf -oure (vom italienisch-span. bravura).
3) Bekanntere Wörter, deren Geschlecht sich von dem des lateinischen Stammwortes unterscheidet:

---

[1] Une ombrelle kleiner Sonnenschirm, le parasol großer S. (daher meist für Herren).
[2] Daher schreibt Littré für z: un zéd' (Akad. zède). Die Ausnahme rührt von dem sprichwörtlichen Ausdruck her fait comme un Z. Gegensatz droit comme un I.
[3] Doch nur tous les amours. D. h. für amours gilt dieselbe Regel wie für gens, welcher früher auch automne und ordre folgten.

un arbre (arbor f.)   les annales f. (annales m.)
un art (ars f.)   la cendre (cinis m.)
le dialecte (dialectus f.)   la comète (cometes m.)
le dimanche (dies dominica)   la dent (dens m.)
un épi (spica f.)   une écorce (cortex m.)
un ongle (ungula f.)   une épigramme (epigramma n.)
un orchestre (ch = k; orchestra f.)   la fin (finis m.)
le paragraphe (paragraphus f.)   la fleur (flos m.)
le phare (pharus f.)   la mer (mare n.)
le porche }   les mœurs (mores m.) vgl. § 112, 2.
le portique } (porticus f.)   une obole (obolus m.)
le salut (salus f.)   la paroi (paries m.)
le sort (sors f.)   la planète (planeta, ober -es m.)
le sphinx (sphinx f.)   la poudre (pulvis m.) und
le synode (synodus f.)   die Flußnamen la Loire (Liger m.)
les thermes m. (thermae f.)   la Marne (Matrona m.)

Außerdem sind **personne** und **chose** männlich in den Verbindungen ne ... personne, quelque chose. Letzteres ist eher ein Neutrum.

Zusatz. Bei 3 Substantiven, die von lateinischen Neutren kommen ist zweierlei Geschlecht eingetreten:

Orgue (Orgel, von organum) ist im Sing. männlich, im Plural weiblich: un bon orgue, de bonnes orgues.

Orge (Gerste, von hordeum) ist weiblich; doch männlich in den Verbindungen orge mondé, orge perlé (ersteres: größere, letzteres: kleinere Gerstengraupen).

Œuvre (Werk, von dem Plural opera) ist weiblich; doch männlich
  a) le gros œuvre (Rohbau)
  b) le grand œuvre (Stein der Weisen, la pierre philosophale)
  c) als Kollektiv: l'œuvre (Gesamtwerke) d'un compositeur, d'un peintre, l'œuvre (Gesamtlitteratur) d'une nation.

§ 113 ([127]). Scheideformen. Häufig wird zu einem weiblichen Substantiv eine Scheideform mit veränderter Bedeutung und männlichem Geschlecht geschaffen; selten umgekehrt. So werden gegenübergestellt:

1) Das Land oder der Ort und ihr Produkt: la Champagne: le champagne, la Bourgogne: le bourgogne[2], Beaune: le beaune (in diesen 3 Fällen das männliche Geschlecht für den Wein), la Havane: le havane (Cigarre), la Brie: le brie (Käse), la Chine: le Chine, la Saxe: le Saxe, Sèvres: le Sèvres (in diesen 3 Fällen das männliche Geschlecht für das Porzellan).

2) Der Bestandteil und das Ganze: le pendule[2] (Pendel): la pendule (meist: Stutzuhr).

[1] Doch ist zu bemerken, daß viele dafür nur le vin de Champagne, le vin de Bourgogne dulden wollen.

[2] Nur in der Physik üblich; der Perpendikel heißt le balancier.

§ 113. Scheideformen.

3) Die Sache und die Person, welche dieselbe benutzt: la trompette (Trompete): le trompette[1] (Trompeter). — Meist gilt der Name des Musikinstruments mit gleichem Geschlecht auch für den Musiker, so la clarinette, le clairon (Signalhorn), la flûte (Flöte), la harpe (Harfe), le tambour (Trommel), le violon[2] (Geige). Vgl. § 117 Anm. 3.

4) Die Thätigkeit oder Eigenschaft und die Person, welcher sie beigelegt wird: une aide (Hülfe): un aide (Gehülfe), la garde (Wache, Garde): le garde (Aufseher, Gardist), la manœuvre (Manöver, Handhabung): le manœuvre (auch manouvrier, Handlanger, Tagelöhner).

Anm. Neben une enseigne (Firmenschild, Fahne) stand früher un enseigne[3] (Fähnrich).

Außerdem sind als einzeln stehende Scheideformen zu bemerken:

un aigle Adler (Tier; Ordenszeichen)	une aigle (Wappentier; Heereszeichen)
le couple Paar[4] (z. B. un couple d'amis, un couple de pigeons)	une couple ein paar (d. h. zwei oder einige): une couple d'années
le foudre[5] Blitzstrahl (in bildlicher Darstellung)	la foudre Blitz
le guide Führer	les guides f. Zügel
le manche Stiel	la manche Ärmel, la Manche der Kanal
le masque Maske, Larve	la masque Heuchlerin (nicht veraltet)
le mémoire Rechnung, Denkschrift, les mémoires m. Denkwürdigkeiten	la mémoire Gedächtnis
(le) merci Dank	la merci Gnade
le paillasse Hanswurst[6]	la paillasse Strohsack
Pâques m. (u. Sing.) Ostern als Zeitbestimmung	Pâques Ostern im kirchlichen Gebrauch; la Pâque (pâque) Passah
le parallèle vergleichende Gegenüberstellung; Parallelkreis (geogr.)	la parallèle Parallellinie, Parallele (bei Belagerungen)
le période Gipfelpunkt	la période Periode
le pourpre Purpurfarbe; Friesel. (In poet. Sprache auch la p. Purpurfarbe)	la pourpre antike Purpurfarbe; souveräne oder Kardinalswürde

---

[1] Der Hornist oder Signalbläser heißt le clairon.
[2] Le violoniste (Violinist) nur für hervorragende Virtuosen.
[3] Nur noch in der Marine, obwohl auch da durch lieutenant de frégate ersetzt. Der Fahnenträger: le porte-drapeau (Infanterie), le porte-étendard (Reiterei und Artillerie).
[4] Bei Sachen la paire: une paire de bottes. Auch von Tieren wie le couple.
[5] Alt (oder vielmehr altfränkisch) un foudre de guerre, d'éloquence Kriegsheld, großer Redner. — Homonym le foudre (Fuderfaß).
[6] Weil seine Tracht aus Barchent bestand. Nur noch im Cirkus.

le solde Saldo, Ausverkauf[1] la solde Sold
le vapeur Dampfer la vapeur Dampf
le voile Schleier la voile Segel

Hymne wird am besten nur als Mask. gebraucht, kann aber in der Bed. Kirchenhymne fem. sein.

§ 114 (¹²⁸). Homonymen. Nachstehende Wörter haben gleiche Form, aber verschiedenes Geschlecht und, weil sie verschiedener Herkunft sind, auch verschiedene Bedeutung:

un aune[2] (lat. alnus) Erle une aune (lat. ulna) Elle
le livre (lat. liber) Buch la livre (lat. libra) Pfund, Frank
le mousse (span.) Schiffsjunge la mousse (deutsch) Moos
le page (griech. paidion) Edelknabe la page (lat. pagina) Seite
le poêle Ofen; Bahrtuch la poêle (lat. patella) Pfanne
le poste (lat. positum) Posten la poste (lat. posita) Post
le somme (lat. somnus) Schlummer la somme (lat. summa) Summe
le tour Umkreis, Gang la tour (lat. turris) Turm
le vase (lat. vas) Gefäß, Vase la vase (deutsch) Schlamm

§ 115 (¹²⁹). Les gens. Les gens (Leute) ist männlichen Geschlechts; jedoch

1) weiblich für alle vorausgehenden attributiven Adjektive: les bonnes gens (dagegen les gens heureux);

2) weiblich für **tout** nur, wenn dieses direkt vor gens oder durch ein Adjektiv mit weiblicher Form von ihm getrennt steht: toutes gens, toutes les vieilles gens (dagegen tous les braves gens).

Gens de bien, gens de lettres u. a. Zusammensetzungen sind nur männlich.

Anm. Gens (von lat. gens) war. weiblich. Der Singular (la gent moutonnière u. a. in der Fabel, la gent lettrée u. a. allgemein üblich) ist es geblieben; der Plural bedeutet les hommes und wurde männlich, aber nur für Adjektive, welche nicht in enger Verbindung mit dem Substantiv stehen (voranstehendes Adjektiv bildet mit dem Substantiv fast eine Zusammensetzung). Daher

1) immer männlich im prädikativen Gebrauch, sogar heureux les vieilles gens qui ont conservé l'usage de toutes leurs facultés;[3]

2) ebenso für prädikatives **tous**: Les plus grands seigneurs recevaient Duclos, Grimm, Crébillon, tous gens qui étaient sans conséquence.

Gens de bien ist der Plural zu homme de bien und kann aus diesem Grund nur männlich gebraucht werden.

---

[1] Üblicher la liquidation.
[2] Manchmal noch aulne (l stumm). Le roi des Aulnes der Erlkönig.
[3] Nur diese Form ist richtig; richtiger ist es, solche Satzkünsteleien zu meiden.

§ 116 (¹³⁰). Wörter, deren Geschlecht leicht verfehlt wird:

un acte eine Akte
un air eine Arie
un amphibie eine Amphibie
un ananas eine Ananas
un assignat eine Assignate
un axe eine Achse (am Wagen un essieu)
le bastion die Bastei
le beurre die Butter
le bilan die Bilanz
le bill die Bill
le billion[1] die Billion
le blasphème die Lästerung
le blocus (s laut) die Blokade
le bol die Bole
le bouillon[2] die Bouillon
le brick die Brigg
le bronze die Bronze
le buste die Büste
le camée die Kamee
le camellia die Kamelie
le caprice die Laune
le carrosse die Karosse
le Charybde (ch = k) die Charybbis[3]
le chiffre die Chiffre, Ziffer
le chocolat die Schokolade
le choix die Wahl
le choléra (ch = k) die Cholera
le cierge die Kerze
le cigare die Cigarre
le citron die Citrone
le contrôle die Kontrolle
le crabe die Krabbe

une alarme } ein Alarm
une alerte
une ancre ein Anker
une apostrophe ein Apostroph
les archives f. das Archiv
l'argile f. der Thon
une aumône ein Almosen
une aventure ein Abenteuer
Babel f.
la baïonnette (jetzt le sabre-baïonnette)
la banqueroute der Bankerott
la basalte der Basalt
la basse der Baß
la batiste der Batist
la benzine das Benzin[4] (en = in)
la carabine[5] der Karabiner
la cataracte der Katarakt; der graue Staar
la chaux der Kalk
la circulaire das Cirkular
la citation das Citat
la comète der Komet
la compote das Kompott
la consonne der Konsonant (weil la lettre)
la Convention der Konvent
la cour der Hof
la cuirasse der Küraß
la date das Datum
la dictée das Diktat
la diphtongue (nicht th) der Diphthong

---

[1] Billion französisch = 1000 Millionen (le milliard). Männlich auch le million u. a.

[2] Meist le consommé genannt.

[3] Bemerke die Stellung tomber de Charybde en Scylla. Auch in anderen Fällen entspricht die französ. Stellung nicht der deutschen: le flux et le reflux (beide x stumm, Ebbe und Flut), aide et conseil (Rat und That), au pain et à l'eau (bei Wasser und Brod), le boire et le manger (Essen und Trinken), le tien et le mien (das Mein und Dein). Neben nuit et jour, soir et matin u. a. ist auch die uns geläufige Stellung üblich.

[4] Ebenso die ähnlichen, z. B. la caféine, la fuchsine, la quinine (Chinin).

[5] Eigentlich: Büchse. Die Reiterwaffe heißt le mousqueton.

le diagnostic[1] die Diagnose (g-n)
le dividende die Dividende
le divorce die Ehescheidung
le dogue die Dogge
le domaine die Domäne
l'épiderme m. die Epidermis
un épisode[2] eine Episode
un escadron eine Schwadron
le étendard eine Standarte
le foie die Leber
le front die Front, die Stirn
le gala die Gala
le geste[3] die Geste
le gilet die Weste
le groupe die Gruppe
le harpon die Harpune
un hiéroglyphe eine Hieroglyphe
un hyménée (poet.) eine Ehe
un incendie eine Feuersbrunst
le jury die Jury
le lis (s laut) die Lilie
le macaron die Makrone
le marc (c stumm) die Mark (Gewicht, Geld[4]), aber la marche (Grenz-)Mark
le marron die Marone
le masque die Maske, die Larve
le matelas die Matratze
le mille die Meile
le mot (d'ordre) die Parole
le mousquet die Muskete
le muscle die Muskel
le myrte die Myrthe; aber la couronne d'orangers
le mythe die Mythe
le naphte die Naphta
le narcisse die Narcisse
le numéro die Nummer
un ordre eine Order

la dispute der Disput
la dynamite der Dynamit
une enclume ein Amboß
une énigme ein Rätsel
une épigraphe ein Motto
une épithète ein Epithet
une escadre ein Geschwader
une escarmouche ein Scharmützel
une étable ein Stall
une expérience ein Experiment
l'exportation f. der Export
la flanelle der Flanell
la fosse das Grab, die Grube
la gare der Bahnhof
la glu der Vogelleim
la gomme das Gummi
la grosse das Gros (12 Dutzend)
la halte der Halt
une idole ein Götzenbild
une idylle ein(e) Idyll(e)
une insulte ein Insult
la liqueur der Liqueur
la locomobile das Lokomobil
la malvoisie[5] der Malvasier
la martre der Marder
la maxime der Grundsatz
la mesure das Metrum
la molécule das Molekül
la mousseline der Musselin
la nasale der Nasal (weil la lettre)
une offre ein Anerbieten
la grande Ourse der große Bär
une outre ein Schlauch
la pantoufle der Pantoffel
la panthère der Panther
la part der Teil, Anteil
la passe der (Eng.-)Paß
la pédale das Pedal
la peluche der Plüsch

---

[1] Nur dieses ist das übliche Wort.
[2] Längst nicht mehr weiblich.
[3] Aber la geste = chanson de geste altes Ritterepos.
[4] Le marc für die Reichsmünze hat meist lautes c.
[5] Seltener männlich.

§ 116. Geschlecht einzelner Wörter.

le pantalon die Hose
le parti die Partei[1], (Heirats=)Partie
le pâté die Pastete
le pétard die Petarde
le pistolet die Pistole (Waffe[2])
le porc die Porc
le quadrille die Quadrille (qu = k)
le réséda die Reseda
le restaurant die Speisewirtschaft
le réveil die Reveille
le rideau die Gardine
le rôle die Rolle
le sacre die Krönung
le Sahara die Sahara
le sequin die Zechine
le sphinx die Sphinx
le steppe[3] die Steppe
le trophée die Trophäe
le type die Type
un uniforme eine Uniform
le vestiaire die Garderobe (in öffent=
  lichen Anstalten)
le vestige die Spur
le violon die Violine
le vocable die Vokabel
le yacht (spr. jak) die Jacht
le zéro die Null

la pénombre das Halbdunkel
la piastre der Piaster
la planète der Planet
la podagre das Podagra
la porcelaine das Porzellan
la poudre der Puder, das Pulver
la poutre der Balken
la préparation das Präparat
la prison das Gefängnis
la quantité das Quantum
la régale das Regal(e), Hoheitsrecht
la rencontre das Zusammentreffen
la rosse, la rossinante[4] der Klepper
la ruine das Verderben
la salamandre der Salamander
la stalactite der Tropfstein
la torpille der Torpedo
la tourbe der Torf
la tribu der (Volks=)Stamm
la trombe der Wolkenbruch
la troupe der Trupp
la valse der Walzer
la victime das Opfer
la voyelle der Vokal
la zibeline der Zobel.

Vorstehende Liste ist zum raschen Nachschlagen bestimmt. Kleinere Gruppen nach verschiedenen Gesichtspunkten kann der Schüler selbst aussondern

§ 117 ([131]). **Natürliches und grammatisches Geschlecht.** Aus dem natürlichen Geschlecht ist das grammatische Geschlecht bei vielen Bezeichnungen für Personen und einigen Tiernamen zu erkennen. So werden unterschieden:

1) Bezeichnungen für Personen im allgemeinen: un homme: la femme, le garçon: la fille.[5]

---

[1] Partei vor Gericht la partie.
[2] Das Geldstück la pistole.
[3] Früher (manchmal noch) weiblich.
[4] Doch Rossinante m. als Pferd Don Quixote's.
[5] Da la fille noch mehrere andere Bedeutungen (z. B. Dienstmagd) hat, ist es üblich la jeune fille zu sagen. Ebenso un jeune garçon (Knabe), le jeune prince (Prinz).

2) Bezeichnungen für verwandtschaftliche Beziehung: le père: la mère, le beau-père (Stief=, Schwiegervater): la belle-mère (Stief=[1], Schwiegermutter), le gendre (Schwiegersohn): la bru[2] (Schwiegertochter).

3) Namen für Stand und Beruf: le comte, la comtesse[3], le baron: la baronne, le marchand: la marchande, le tailleur (Schneider, alt couturier): la couturière (Kleidernäherin), le chemisier (Wäschefabrikant): la lingère (Weißzeugnäherin). — Seltner für Titel[4]: le maréchal: la maréchale (Gemahlin eines Marschalls).

4) Taufnamen: Adrien: Adrienne, Joseph: Joséphine.

5) Tiernamen: le lion: la lionne, un étalon (Hengst): la jument (Stute), le lièvre (Hase): la hase (Häsin), le coq: la poule.

Anm. 1) **Enfant** im Sing. ist nur weiblich, wenn ausdrücklich ein kleines Mädchen bezeichnet werden soll. Auch les enfants kann männlich gebraucht werden, wenn ausschließlich von Mädchen die Rede ist. Ähnlich **vieillard**: Cet asile est exclusivement réservé aux vieillards du sexe féminin.

2) Das in solchen Namen zugefügte **beau** hatte früher den Sinn von **cher** (alt mon beau fils mein lieber Sohn).

3) Nur männlich, wenn auch auf Frauen angewandt, sind le peintre (Maler, Malerin), le compositeur (Komponist, Komponistin), un auteur, un écrivain (Schriftsteller, Schriftstellerin); ebenso le poète, le professeur (z. B. de piano), le romancier, le juge, le témoin, un assassin u. a. Selten sagt man une femme poète, une femme auteur.[5]

[1] Das alte la marâtre hat nur noch die Bed. böse Stiefmutter, pflichtvergessene Mutter.
[2] Dafür verlangen viele la belle-fille (zugleich: Stieftochter). In der Litteratur ist la bru weitaus häufiger, im gewöhnlichen Leben aber meidet man (thörichter Weise) das Wort.
[3] Französisch nicht etwa auch auf Töchter auszudehnen.
[4] Es ist nicht französischer Brauch, Frauen den Titel ihres Mannes zu geben. Nur scherzhaft la générale, la préfète u. a.
[5] Motionsfähige und =unfähige Substantive können verbunden werden: L'illustre Mme Deshoulières, le poète des moutons et l'ennemie de Racine. Persönliche Fürwörter vor motionsunfähigem Substantiv folgen dem natürlichen Geschlecht: On *la* croyait un émissaire des Français en Allemagne. Nach demselben können sie auch dem grammatischen Geschlechte folgen: Les passants s'emparèrent de l'auteur du meurtre et *la* remirent à des gardiens de la paix. — Mirabeau veut se jeter sur l'assassin et *le* tuer. In beiden Fällen ist von einer Mörderin die Rede. L'auteur (Mlle de Scudery) ne faisait que se répéter, mais surtout *il* répétait la belle scène de Polyeucte . . .

Nur weiblich, wenn auch auf Männer angewandt, sind la connaissance (Bekannte), la pratique¹ (Kunde), la caution (Bürge), la dupe (Betrogene, Gimpel), la victime (Opfer), la visite (Besucher). Ebenso, obwohl nur von Männern gesagt: une estafette (Stafette), la sentinelle (Schildwache), la vedette (Reiterschildwache), la vigie (Auslugeposten, bes. auf Schiffen), la ronde (Rundeoffizier), la recrue² (Rekrut) und einzelne Bezeichnungen für Musiker oder Singstimmen: la harpe (Harfenspieler im Orchester), la flûte, la clarinette, la basse (Bassist, Baßgeige).

4) Mit gleicher Form z. B. Camille (Kamillus, Kamilla).

5) Meist haben die Tiernamen nur eine Form: le lynx, la girafe. Um das Geschlecht zu bezeichnen, sagt man le mâle de l'antilope, la femelle³ de l'éléphant oder une antilope mâle, un éléphant femelle.

IV. Das Adjektiv (*l'adjectif*⁴).

Die Motion des Adjektivs und des Substantivs.

§ 118 (¹³²). **Die Motion.** Unter Motion versteht man die Bildung der weiblichen Form des Adjektivs. Auch eine große Zahl von Substantiven hat eine Motion.

Letztere wird hierher gezogen, weil Adjektiv und Substantiv ihre weibliche Form im ganzen nach gemeinsamen Regeln bilden und weil das motionsfähige Substantiv vielfach in adjektivischer Verwendung vorkommt.

§ 119 (¹³³). **Motionsunfähige Adjektive und Substantive.**

Facile, difficile, politique, ovale (oval)

Le und *la concierge* (Pförtner, -in), *le* und *la signataire* (Unterzeichner, -in), *le* und *la camarade*.

Hauptregel: Die weibliche Form wird durch Anfügung eines stummen e an die männliche gebildet.

Adjektive und Substantive, welche auf stummes e auslauten, bilden daher keine besondere weibliche Form (sind einer Endung).

---

¹ Nur noch bei sehr untergeordneten Geschäften üblich. Sonst gebraucht man nur client, cliente trotz dem Einspruche von Akad. und Littré.
² (Gewöhnlich jetzt: jemand, der einer Partei u. dgl. neu beigetreten ist.
³ Das erste e ist nicht etwa wie in femme zu sprechen.
⁴ Diese Bezeichnung wird auch von anderen attributiven Bestimmungen gebraucht; die franz. Grammatik spricht von adjectifs possessifs, démonstratifs, indéfinis, numéraux und faßt dieselben als adjectifs déterminatifs (im Gegensatze zu den adjectifs qualificatifs) zusammen.

Anm. 1) Einzelne Substantive auf -e haben -esse für das Fem., z. B. le maître, le prêtre, le prince, le tigre: la maitresse, la prêtresse, la princesse, la tigresse.

2) Einzelne Adjektive (z. B. -instantané, ée augenblicklich, plötzlich eintretend, momentané, ée augenblicklich, einen Augenblick dauernd) hatten früher immer stummes e. Bemerke compacte neben exact, -e (§ 31).

3) Konsonantisch auslautende Adjektive einer Endung giebt es (außer leur, plusieurs) nicht mehr. Früher fanden sich solche (von lateinischen Adjektiven einer oder zweier Endungen stammend). Reste davon sind erhalten in la grand'mère, grand'chose (viel), welche daher keinen Apostroph haben dürften. In anderen Verbindungen kann auch grande gebraucht werden: la grand'messe (Hochamt), la grand'route (Chaussee[1], Landstraße), en grand'hâte (eiligst) u. s. w.

Aus dem gleichen Grunde wird se faire fort de faire qc (sich anheischig machen) meist im Fem. nicht verändert.[2]

Merci ist in der Bed. **Dank Mask.** geworden, weil man grand merci unrichtig als männlich ansah.

§ 120 ([134]). Motion der Adjektive und Substantive auf lauten Vokal und Nasalvokal.

1) *Rusé, rusée; joli, jolie;   Un ami, une amie
nu, nue*

Die weibliche Form wird nach der Hauptregel gebildet.

Wenn in diesem Falle vor u ein g steht, so erhält e das Trema: aigu, aiguë (§ 9). — Zu un abbé gehört das Fem. une abbesse.

2) *Fin, fine   Le voisin, la voisine
européen, européenne;   le citoyen, la citoyenne;
bon, bonne   le baron, la baronne.*

Ebenso Adjektive und Substantive auf Nasalvokal, welcher nach LR 2 wieder rein wird.

Dabei wird n verdoppelt bei den Wörtern auf en; der Nasalvokal ist aus offenem e entstanden, welches wieder hervortritt und nach § 121, 4 durch Doppelkonsonant angedeutet wird. — Unnötig war die Verdoppelung bei denen auf -on, denn in bonne ist das o nicht kürzer als in Vérone u. a. Früher waren bourguignon, bourguignone, wallon, wallone übliche Schreibarten.

§ 121 ([135]). Motion bei konsonantischem Auslaut.

1) *Lent, lente; ras (glatt), rase   Le mendiant, la mendiante*

Die weibliche Form wird nach der Hauptregel gebildet.

---

[1] La chaussée: Damm, Dammweg; mittlerer (Fahr-)Weg auf Landstraßen, Straßen, Brücken.

[2] Dagegen ist prendre à garant (deutscher Herkunft: zum Bürgen anrufen) wie prendre à témoin (als Zeugen anrufen) durchaus unveränderlich auch im Plural. Vgl. § 355 Anm. 3.

§ 121. Motion bei konsonant. Auslaut. 113

2) *Long, longue; public, publique*

Adjektive auf g und c werden nach SR 2 behandelt.

Grec (griechisch) hat grecque (statt grèque, LR 3 b. vgl. la Mecque).

Blanc, franc (frei), sec (trocken) haben blanche, franche, sèche.

Franc (fränkisch) hat franque, doch schreibt man jetzt vielfach frank, franke.[1] — Le duc hat als Fem. la duchesse.

3) *Neuf, neuve; heureux, heu-   Le veuf, la veuve; un reuse   époux, une épouse*[2]

Auslautendes f tritt wieder in v zurück (vgl. neuf, le neuvième, LR 1), auslautendes x wird wieder zu s (lat. -osus, SR 6).

Doux bildet douce; faux, roux (rot, bes. von der Behaarung) haben fausse, rousse.

Préfix (voraus festgesetzt) hat préfixe.

4) *Léger, légère; étranger,   Le meunier, la meunière étrangère*

muet, muette; mortel,   le sujet, la sujette; Gabriel. mortelle   Gabrielle

Das e der Tonsilbe wird dabei zu offenem e, welches vor r durch den Gravis, vor anderen Konsonanten durch Verdoppelung des Konsonanten angedeutet wird.

Das vorausgehende e kann geschlossen gewesen sein: léger, légère (vgl. espérer, j'espère), oder offen: mortel, mortelle (vgl. un appel, j'appelle). Über nasales e f. § 120, 2. Die Adjektive auf -er mit stets offenem e sind § 22 aufgezählt.

Vor t tritt è statt der Konsonantenverdoppelung ein (vgl. j'achète neben je jette) bei 8 Adjektiven[3]

complet, complète vollständig   inquiet, inquiète unruhig
concret, concrète konkret   replet, replète stark beleibt

---

[1] Nur auf die Verhältnisse vor Teilung des Frankenreiches anwendbar. Die fränkischen Kaiser les empereurs franconiens (la maison de Franconie).

[2] Époux, épouse gehören nicht mehr der gewöhnlichen Sprache an. Man gebraucht immer le mari, la femme. Der Fürst und seine Gemahlin le prince und la princesse; der Präsident und seine Gemahlin M. le Président de la République et Mme Grévy. Le prince Arthur d'Angleterre et la princesse sa femme.

[3] Sie gehören kaum der Sprache des Volkes an und schließen sich daher enge an die lat. Grundform (-etus).

discret, discrète verschwiegen secret, secrète geheim
nebst incomplet unvollständig, indiscret schwatzhaft.

5) *Pareil, pareille; vieillot* (ält= *Le sot, la sotte*
sich, altmodisch), *vieillotte*

Konsonantenverdoppelung tritt ein bei den Wörtern auf -eil (wegen des geschliffenen l) und auf -ot.¹

Außerdem wird der Konsonant verdoppelt (s aus etymologischen Gründen, l in gentil wegen des geschliffenen Lautes, die übrigen grundlos) in

bas, basse niedrig	exprès, expresse ausdrücklich
las, lasse müde	gentil, gentille niedlich
gras, grasse fett	nul, nulle² fein, nichtig
gros, grosse dick	le chat, la chatte Katze [Bäuerin
épais, épaisse dicht	le paysan, la paysanne Bauer,

Einzelne auf -ot verdoppeln nicht: dévot, dévote (fromm).

6a) *Meilleur, meilleure*; su- *Le prieur, la prieure* (Prior,
  périeur, supérieure   Priorin)
 b) *Flatteur, flatteuse*   *Le danseur, la danseuse*
 c) *Créateur, créatrice*   *Un acteur, une actrice; le*
   (schöpferisch)   *spectateur, la spectatrice*

a) Die (von lateinischen Komparativen kommenden) Wörter auf -eur nehmen im Fem. e ohne weitere Veränderung.

b) Die wirklich französischen Substantive auf -eur³, welche auch adjektivisch gebraucht werden können, haben im Fem. -euse. Meist existiert zu ihnen ein Verb nach der I. Konjugation (flatter, danser).

c) Die (aus dem Lateinischen kommenden) Substantive auf -teur, welche auch adjektivisch gebraucht werden, bilden ihr Fem. auf -trice.

Anm. Einige Substantive haben ein altes Fem. auf -eresse: l'enchanteur (Zauberer), le pécheur (Sünder), le vengeur (Rächer): une enchanteresse, la pécheresse, la vengeresse. Fast nur adjektivischer Gebrauch. Aus fremden Sprachen entnommen sind die weibl. Formen zu un ambassadeur,

---

¹ Bei letzteren ebenso unnötigerweise wie bei denen auf -on, § 120, 2.
² Auch dieses ll ist Anlehnung an die lat. Form (nullus), aber für den Laut überflüssig, wie sich aus annuler (annullieren) ergiebt.
³ Alt und mundartlich noch -eux: le faucheux für le faucheur. Vgl. Lefaucheux als Name.

§ 122. Abweichende Motionsform.

un empereur, le chanteur; une ambassadrice, une impératrice, la cantatrice neben la chanteuse[1].

Einzelne der unter c) genannten Substantive können nicht als Adjektive gebraucht werden: inventeur, inventrice, aber esprit inventif, imagination inventive. Destructeur hat überhaupt kein Fem., daher une doctrine destructive.

§ 122 ([136]). Abweichende Motionsformen.

1) Ein ausgefallener Konsonant tritt öfter im Fem. wieder hervor (für gn s. LR 2):

bénin, bénigne (gütig, *benignus*)   frais, fraîche (frisch, a. d. Deutschen)

malin, maligne (bösartig, *malignus*)

favori, favorite (Lieblings=)   coi, coite (ruhig, *quietus*).

Zwei Participien nehmen im Fem. te statt des im Mask. stehenden s:

absous, absoute (losge=sprochen)   dissous, dissoute (aufgelöst).

2) Bei folgenden Adjektiven ist neben der Form mit vokalisiertem l (LR 6) eine andere männliche Form auf l üblich, welche vor vokalischem Anlaut steht und (nach der angeführten LR) nur im Singular vorkommen kann. In der weiblichen Form blieb (Vokal folgt!) l erhalten:

beau: bel, belle schön
nouveau: nouvel, nouvelle neu
jumeau: — jumelle Zwillings=
fou: fol, folle thöricht
mou: mol, molle weich

Dazu: vieux: vieil, vieille (alt) und einzelne Substantive, z. B. le Tourangeau: la Tourangelle Bewohner(in) der Touraine.

Die Nebenform des Mask. auf l steht nur[2] vor Substantiven (sie fehlt

---

[1] Chanteuse ist a) eine beliebige Dame, welche singt; b) Bühnen=sängerin untergeordneter Art (une chanteuse d'opéra-comique, de café-concert); c) die Theatersängerin, soweit die technische Seite in Frage kommt (elle a beaucoup gagné comme chanteuse, mais son jeu laisse encore à désirer).
Cantatrice (ital.) ist ursprünglich Sängerin der Italienischen Oper in Paris, dann Opernsängerin überhaupt; jetzt auch manchmal für jede Dame, deren Talent künstlerisch ausgebildet ist.

[2] Ausgenommen das adjektivische bel et bon und die adverbialen bel et beau, bel et bien.

daher für jumeau, welches nie vor Substantiv steht): un bel arbre, un fol orgueil.

Vieux findet sich auch vor Vokalen[1]: un vieux ami, besser un vieil ami. Ein altes **bel** ist erhalten in den Namen der französischen Könige Charles le Bel, Philippe le Bel (dagegen Philippe le Beau Vater Karls V.). Ähnlich Charles Martel und se mettre martel en tête (sich Grillen machen).

Die Nebenform darf nie substantivisch gebraucht werden, daher le beau antique (antike Auffassung des Schönen), un fou orgueilleux.

3) Folgende Substantive stehen einzeln: le pair: la pairesse, le dieu: la déesse, le doge: la dogaresse, le héros: une héroïne, le czar: la czarine, le compagnon: la compagne, le gouverneur: la gouvernante, le serviteur, la servante, le loup: la louve, le mulet: la mule.

§ 123 ([137]). Einzelne Verwendungsarten der substantivischen Motionsformen.

1) Dieselben treten attributiv vor oder hinter ein Substantiv und bilden so Zusammensetzungen: une maitresse cheminée (Hauptkamin), des idiomes frères oder des langues sœurs (Schwestersprachen), la valeur marchande (Verkaufswert). — Manchmal unterbleibt die Motion: la race nègre (für négresse) oder sie stimmt nicht mit dem Geschlecht des Hauptsubstantivs: un pied mère (Mutterstamm, Gegensatz: Pfropfreis).

Auch im appositiven und prädikativen Gebrauch sind die Motionsformen zu verwenden: La vanité, sœur de l'incapacité. La poésie et la peinture sont sœurs.

2) Substantive, welche nicht attributiv gebräuchlich sind, treten (besonders im Affekt) mit eingeschobenem **de** vor ein Substantiv: un chien de village (elendes Dorf), une chienne de carrossée (Wagen voll abscheulicher Insassen). Manchmal unterbleibt die Motion, aber attributive Bestimmungen werden verändert: ce bête de glacier, une bête d'idée; cette diable d'affaire-là. Letzteres findet auch bei (substantivierten) Adjektiven statt: une imbécile de créature, cette damnée de musique.

§ 124 ([138]). Einzelne Bemerkungen zum Adjektiv.

1) In adjektivischer (eigentlich appositiver) Weise können die Namen von Himmelsgegenden zu einem Substantiv treten: le côté nord, le versant sud d'une montagne. Ebenso une ville frontière, la désinence plurielle (Pluralendung) u. a. Zur Angabe der Farbe: des gants paille, des gants perle u. a. (couleur de kann dabei eingeschoben werden).

2) Einzelne Adjektive finden sich nur in einem oder dem anderen Geschlecht.

---

[1] Weil die Doppelform nicht auf lautlichen Gründen beruht, sondern von verschiedenen Kasusformen herrührt.

Hébreu z. B. ist nur Mask. und bei weiblichen Substantiven ist hébraïque zu wählen.

3) **Mal** war früher Adjektiv und ist es noch in Bon an mal an (ein Jahr in das andere gerechnet), male peste! (alle Wetter!) und vielen Ortsnamen.

4) Einzelne Namen werden wie Adjektive behandelt: la colonne Trajane, la porte Dauphine, la bibliothèque Mazarine. Alt la dîme saladine (Saladinszehnt).

Die Pluralbildung des Adjektivs.

§ 125 ([189]). Plural der einfachen Adjektive. Für die Pluralbildung der Adjektive gelten dieselben Regeln wie für die der Substantive. Doch ist zu bemerken:

1) Bleu (blau) und feu (verstorben) bilden den Plural durch Anhängen von s (statt x): bleus, feus.

2) Der Plural auf -aux von einzelnen Adjektiven auf -al wird vermieden. So besonders von fatal (verhängnisvoll[1]), final (End-), frugal (einfach, mäßig), glacial (eisig), initial (Anfangs-), matinal (frühzeitig am Tage), natal (Geburts-), naval (See-), théâtral (Theater-).

Diese Adjektive haben demnach keinerlei Plural der männlichen Form; Aushülfe muß in anderen Wörtern gesucht werden (z. B. funestes für fatals, simples für frugals, batailles navales für combats navals) oder in Umschreibungen (des gens qui se lèvent de bonne heure für gens matinals[2]; des combats de mer).

Ein Plural fatals ist zugestanden, wird aber besser vermieden.

3) Von beau, bel u. s. w. kann eine Nebenform für den Plural nicht existieren; un bel esprit (Schöngeist), des beaux esprits.

4) Von grand'mère und ähnlichen lautet der Plural grand'-mères.

Anm. Divers (verschieden) wird mit Unrecht von einzelnen auf den Gebrauch im Plural beschränkt. — Bemerke, daß **aise** (froh) und **quitte** (ledig, quitt) Adjektive und demnach veränderlich sind: nous sommes aises, quittes; ebenso à deux heures **précises** präcis um 2 Uhr.

---

[1] Nicht etwa auch = unangenehm, verdrießlich.
[2] Der von der Synonymik gemachte Unterschied (matinal wer einmal, matineux wer regelmäßig früh aufsteht) bleibt meist unbeachtet.

§ 126 (¹⁴⁰). **Motion und Plural der zusammengesetzten Adjektive.** Die Motion und Pluralbildung der zusammengesetzten Adjektive folgt gemeinsamen Regeln (mit Ausnahme von tout-puissant, über welches (§ 344, 1).

1. Beide Bestandteile sind veränderlich, wenn nicht der eine dem andern untergeordnet ist: des sourds-muets, des sourdes-muettes (Taubstumme), des paroles aigres-douces.

   Oft wird (besonders bei Adjektiven von Völkernamen) dem ersten Bestandteil die unveränderliche Form auf -o gegeben: la monarchie hispano-autrichienne, les lettres gréco-romaines.

2. Wenn ein Bestandteil dem anderen untergeordnet ist, finden sich vielfache Widersprüche.

   a) Zusammengesetzte Farbenadjektive bleiben unverändert (und erhalten nicht den Bindestrich, § 33, 4): Des cheveux blond ardent. Das erste Adjektiv wird hier zum Substantiv (wie in des gants paille § 124,1), das zweite giebt die Abstufung der Farbe.

   b) Das Adjektiv eines zusammengesetzten Völkernamens wird in seinen beiden Bestandteilen verändert: les populations basses-bretonnes. Dagegen les villes franc-comtoises (franc-comtois durch rückwärtige Motion aus la Franche-Comté). Bemerke des mots grecs-moderne (neugriechische Wörter).

   c) Wenn vor einem Particip ein Adjektiv in adverbialer Geltung steht, so bleibt dieses Adjektiv unverändert, so in clairsemé, court vêtu, haut placé. Frais bildet eine Ausnahme: des fleurs fraîches cueillies.¹

   Wenn dagegen (nach lateinischem Brauch) statt eines Adverbs ein wirkliches Adjektiv anzunehmen ist, so muß es veränderlich sein, also: le premier-né (der als Erster Geborne), les premiers-nés, ebenso les derniers venus, les nouveaux venus, les nouvelles converties. Gegen diese Regel bleibt aber in les mort-nés (als Tote Geborene) und les nouveau-nés der erste Bestandteil unverändert.

Die Komparation des Adjektivs

(les degrés de signification).

§ 127 (¹⁴¹). **Regelmäßige Komparation.** In regelmäßiger Weise wird der Komparativ eines französischen Adjektivs gebildet, indem plus vor den Positiv gesetzt wird: fort, forte, plus fort, plus forte.

---

[1] Daneben auch fraîchement cueilli, ebenso nouvellement arrivé u. a.

§ 127. Regelmäßige Komparation.

Aus dem Komparativ wird der Superlativ durch Voranstellung des bestimmten Artikels gebildet: le plus fort, la plus forte.

Statt des Artikels kann vor dem Superlativ das adjektivische Possessivpronomen stehen: son plus grand désir (sein größter Wunsch).

Wenn der Superlativ dem Substantiv nachgestellt wird, darf der Artikel vor ihm nicht wegfallen: l'événement le plus déplorable (das beklagenswerteste Ereignis), son désir le plus intime (sein innigster Wunsch).

Von zwei verbundenen Adjektiven kann bei dem ersten die Steigerung unterbleiben. Ist aber dieses gesteigert, so muß das folgende es auch sein[1]: Un événement inattendu et plus douloureux que tout le reste, aber un événement plus douloureux et plus inattendu vint nous frapper.

Von mehreren verbundenen Superlativen muß ein jeder den Artikel vor sich haben: L'événement le plus douloureux et le plus inattendu.

Anm. 1) Einen eigentlichen Superlativ besitzt demnach das Französische nicht; ein von dem bestimmten Artikel begleiteter Komparativ ist von dem Superlativ nicht zu unterscheiden (und demselben gleichwertig): la loi du plus fort (das Gesetz des Stärkeren).

2) Auch Substantive werden gesteigert: La postérité est le plus tribunal de tous les tribunaux. La rose-thé est la moins rose de toutes les roses.

3) Participien werden häufig mit mieux gesteigert: Cette cavalerie était la plus belle et la mieux disciplinée de l'Europe; l'artillerie, la plus puissante et la mieux dirigée qu'on eût encore vue. Les admirations contemporaines les plus unanimes et les mieux méritées ne peuvent rien contre l'oubli. Voltaire était le mieux muni et le mieux préparé des hommes pour mettre à profit les loisirs de la retraite. Der Grund ist, daß Participien in adjektivischer Geltung meist ein bien (mal, peu oder andere Adv.) vor sich verlangen.

4) Nach rien kann das Steigerungsadverb fehlen: Rien n'était amusant à voir comme sa stupéfaction. Wir ergänzen plus, der Franzose eher aussi. Wegen des folgenden comme vgl. § 359, b, Anm. 2.

---

[1] Dieselbe Regel gilt für die Komparation des Adverbs und für sämtliche Intensivadverbien (zu welchen plus gehört), also für **moins, si, tant, très** u. a.

§ 128 (¹⁴²). **Organische Komparation.** Unregelmäßige (organische) Steigerung findet bei drei Adjektiven statt:

bon gut	*meilleur* besser	*le meilleur* der beste
mauvais schlecht	*pire* schlimmer, ärger plus mauvais schlechter	*le pire* der schlimmste, ärgste le plus mauvais der schlechteste
petit klein, gering	*moindre* geringer plus petit kleiner	*le moindre* der geringste le plus petit der kleinste

Anm. 1) Außerdem sind folgende Komparativformen aus dem Lateinischen in das Französische übergegangen: **antérieur, postérieur, inférieur, supérieur** (vgl. § 129 Anm.), **citérieur, ultérieur, intérieur, extérieur, plusieurs, majeur, mineur** (l'Asie Mineure Kleinasien). Auch le maire (von lat. majór), le seigneur (von lat. seniórem¹) gehören hierher.

2) **Bon** läßt in keinem Falle regelmäßige (unorganische) Steigerung zu², daher auch de bonne heure (frühe), de meilleure heure (früher); à bon marché (billig), à meilleur marché (billiger); sentir bon (gut riechen), sentir meilleur (besser riechen); il fait bon ici (hier ist eine angenehme Temperatur), il fait meilleur ici que dehors.

3) Für den Unterschied von pire und plus mauvais läßt sich nur sagen, daß ersteres viel stärker ist und daher auch als Komparativ für méchant dienen kann: Avec le bâton (durch Anwendung des Stockes), le bon devient méchant, et le méchant, pire. Für den Positiv mauvais, welcher in einer stehenden Redeweise sich findet, darf nie pire³ eintreten: Sa santé est mauvaise (er ist kränklich), sa santé est encore plus mauvaise. Je lui en sais mauvais gré (das danke ich ihm nicht), je lui en sais plus mauvais gré. Cette drogue sent mauvais, plus mauvais.

4) **Moindre** ist eigentlich: geringer an Wert, an Bedeutung; les plus petits détails (die kleinsten, d. h. aufs genaueste verzeichneten Einzelheiten), les moindres détails (die geringfügigsten Einzelheiten). Le plus petit être (das winzigste lebende Wesen), la moindre créature (das unbedeutendste Geschöpf), par cela seul qu'ils existent, excitent la curiosité du poète.

§ 129 (¹⁴³). **Einzelne Bemerkungen.** Das deutsche als nach einem Komparativ ist durch que zu übersetzen: Le soleil est plus grand que la terre.

---

¹ Von dem Nom. sénior kommt le sire, von dem Acc. majórem kommt das franz. majeur.

² Plus kann nur als Zeitadverb vor bon treten: Ce vin n'est plus bon, il tourne au vinaigre.

³ Weil dieses der Komparativ zu dem alten, als Adjektiv aufgegebenen mal ist.

§ 129. Einzelnes zur Komparation.

Die Präpositionen von, in, unter, auf bei einem Superlativ sind mit de oder (d')entre wiederzugeben: Le Volga, qui a 3500 kilomètres, est le plus long fleuve de l'Europe. Achille tua un grand nombre de Troyens et sourtout Hector, le plus brave d'entre eux. Les Huns étaient le plus redoutable entre tous les peuples barbares.

Komparativ und Superlativ können durch Adverbien verstärkt werden. Bei der Verstärkung durch beaucoup kann dieses Adverb mit oder ohne de vor den Komparativ treten, bei dem Superlativ und nach dem Komparativ dagegen kann nur de beaucoup stehen: Son frère est (de) beaucoup plus instruit que lui. Son frère est plus instruit de beaucoup. Il est de beaucoup le plus instruit de toute sa famille.

Anm. Eine scheinbare, nur durch die deutsche Übersetzung hervorgerufene Ausnahme bilden **antérieur, postérieur, inférieur, supérieur** (früher, später, tiefer, höher als), nach welchen nicht que, sondern die Dativpräposition à steht: Un monument antérieur au XVe siècle ein Denkmal, welches früher (älter) ist als das 15. Jh. (eigentlich ein dem 15. Jh. vorangehendes Denkmal).

Das deutsche immer beim Komparativ wird durch de plus en plus ausgedrückt: Il se rendait de plus en plus insupportable. Il devenait de moins en moins propre à l'emploi auquel on le destinait. Organische Komparative werden wiederholt: Sa maison devenait de meilleure en meilleure. (A. Houssaye.) Ebenso de mieux en mieux, de pis en pis (doch auch de bien en mieux, de mal en pis). Bei dem Verb sind folgende Ausdrucksweisen üblich: Sa vue diminue de plus en plus. Sa vue diminue de jour en jour (davantage). Sa vue va (en) diminuant. Sa vue ne fait que diminuer. Sa vue diminue toujours oder chaque jour.

§ 130 (^{144}). **Steigerungsunfähige Adjektive.** Der Bedeutung nach erlauben keine Steigerung: premier, dernier, aîné (älteste), cadet (zweitälteste, jüngere)[1], extrême, suprême, unique, immortel, éternel, immense, principal (hauptsächlichste) u. a.

Anm. Trotzdem finden sich einzelne dieser Adjektive (besonders extrême) gesteigert. Auch central: Le point le plus central d'un pays. Ebenso Farbenadjektive: Il est plus blanc que neige.

---

[1] Manchmal auch = le plus jeune. — Kabettenanstalt ist une école militaire, da aber Frankreich früher eine école des cadets besaß, so kann diese Bezeichnung von nichtfranzösischen Anstalten noch gebraucht werden.

Die organischen Komparative **inférieur, extérieur** u. a. können gesteigert werden: inférieur (untere), plus inférieur, le plus inférieur (weiter, am meisten nach unten liegend).

Prochain bedeutet nächstfolgend von der Reihenfolge und der Zeit (la prochaine maison, l'année prochaine), wogegen **le plus prochain** die geringste Entfernung ausdrückt: Il sortit de la ville par la porte la plus prochaine.¹ — Prochain (nicht auch) le plus prochain) rechnet immer von dem Zeitpunkt aus, in welchem der Sprechende sich befindet: l'année prochaine das nächste Jahr vom heutigen Tage gerechnet; in der Erzählung heißt daher im nächsten Jahre l'année suivante, l'année d'après. Ebenso: Cette affaire sera jugée dans la prochaine session (in der nächsten, d. h. demnächst abzuhaltenden); aber Ces sortes d'affaires-là doivent être jugées dans la plus prochaine session (in derjenigen, welche unmittelbar auf das Geschehene folgt).²

§ 131 (¹⁴⁵). Absoluter Superlativ. Der absolute Superlativ drückt aus, daß eine Eigenschaft in sehr hohem oder dem höchsten Grade vorhanden ist, ohne daß ein Vergleich stattfände. So ist le Très-Haut (der Allerhöchste, Gott) absoluter Superlativ, dagegen Chez les Mérovingiens le maire du palais était le plus haut dignitaire de la cour relativer Superlativ.

Anm. Der absolute Superlativ wird ausgedrückt:
1) Durch die Adverbien **bien, fort, extrêmement, infiniment** und besonders durch **très**: le roi Très Chrétien (Titel der französischen Könige).
2) Durch das adverbiale **tout**: Ils sont arrivés les tout premiers.
3) Durch Voransetzung von **tout ce qu'il y a de** vor den Positiv oder gewöhnlichen Superlativ ohne Artikel: Il est d'une famille tout ce qu'il y a de plus honnête et de plus estimable. Ce salon est tout ce qu'on peut imaginer de riche et de magnifique.
4) Durch Zusatz von **entre tous** (toutes): Un métier dur et ingrat entre tous.
5) Durch Zusatz desselben Adjektivs im (partitiven) Genitiv: le Saint des Saints (das Allerheiligste im biblischen Tempel), le brave des braves.
6) Der Superlativ tritt in den (partitiven) Genitiv: Une réclamation qui me paraît des plus justes.
7) Zusatz von **on ne peut plus, on ne saurait plus**: Un homme on ne peut plus aimable.³ Des détails on ne saurait plus amusants.

---
¹ Also prochain = englisch next, le plus prochain = nearest.
² Wenn jemand einer Zeitung eine Berichtigung zuschickt, so schreibt er: Veuillez insérer cette lettre dans votre plus prochain numéro d. h. in die nach Empfang des Briefes nächste Nummer. Le prochain numéro wäre die nächste Nummer vom Zeitpunkte der Abfassung des Briefes, welche schon gleichzeitig mit diesem zur Ausgabe gelangt.
³ Die Ausdehnung dieses ungemein häufigen Gebrauchs auf Sachen wird verworfen.

8) **Zusatz von au possible**: Une tribu belliqueuse au possible.
9) **Wiederholung des Adjektivs**[1]: Le tableau ne contenait que deux figures, ni trop antiques, ni trop modernes, et humaines, humaines, humaines!
10) Durch die dem Lateinischen nachgebildeten scherzhaften Superlative rarissime, richissime (steinreich) u. a. Ähnlich archiprêt (völlig bereit).

Zusatz. Als absoluten Superlativ bezeichnet man oft auch den adverbialen Superlativ, welcher durch Voransetzung des unveränderlichen le plus gebildet wird. Er tritt ein, wenn eine Eigenschaft nicht an verschiedenen Gegenständen verglichen wird, sondern wenn ausgedrückt werden soll, daß die Eigenschaft an einer bestimmten Stelle, zu einer bestimmten Zeit oder in bestimmter Beziehung sich an einem und demselben Gegenstande im höchsten Grade zeigt: C'est dans les Landes que la population est le plus clairsemée. C'est en fer que l'Allemagne est le plus riche. Le dix-septième siècle est l'époque où la littérature française a été le plus brillante.

§ 132 ([146]). Vertauschung der Komparationsgrade, d. h. vom deutschen Gebrauch verschiedene Verwendung der Steigerungsformen des Adjektivs und Adverbs.

1) Der Positiv steht für unseren Komparativ in souvent (öfters), tôt ou tard[2] (früher oder später), les hautes classes de la société (höheren Klassen). Ebenso wird der Ältere, der Jüngere bei historischen Personennamen durch den Positiv wiedergegeben: Tarquin l'Ancien, le jeune Cyrus, Henri le Jeune[3].
2) Der Positiv steht für unsern Superlativ: Rira bien (am besten) qui rira le dernier. Vouloir le bien de qn (jemandes Beste im Auge haben). Faire (tout) son possible pour qc (sein möglichstes thun). Dans toute l'acception du mot, dans toute la force du terme (in des Wortes vollster Bedeutung). Le petit nombre, le grand nombre (die wenigsten, die meisten). Besonders findet sich dies bei **beau, bon, grand**[4]: En bonne forme (in bester Form), de la belle manière (nach schönster Art). Le premier mouvement (Eingebung) n'est pas toujours le bon. Condé était un des grands hommes de guerre qui eussent jamais paru.
3) Der Komparativ steht für unseren Superlativ: La profession d'homme de lettres est de toutes les professions la plus difficile, parce que c'est celle qui soutient moins (am wenigsten) l'homme. Diese noch immer sehr übliche Ausdrucksweise trat früher besonders in den Fällen ein, wo jetzt der adverbiale Superlativ zu stehen pflegt: Ce fut là que la défense fut plus opiniâtre, wofür jetzt le (nicht la) plus opiniâtre. Ebenso tritt **davantage** für le plus ein, während die Grammatiker es auf die Be-

---
[1] Hauptsächlich der Sprache der Kinder und Ungebildeten angehörig.
[2] Plus tôt que plus tard je eher um so besser.
[3] Aber saint Jacques le Majeur, le Mineur.
[4] Diese Adjektive haben dann eine emphatische Bedeutung, welche unseren Superlativ ersetzt.

deutung von plus beschränken wollen: Ceux qui parlent moins bien sont ceux qui parlent davantage.

4) Der Komparativ steht für unseren Positiv in cité plus haut (oben erwähnt).

5) Der Superlativ vertritt anscheinend unseren Komparativ überall da, wo der französische Komparativ mit dem Artikel auftritt: Le droit du plus fort. Pour la meilleure intelligence de ce qui va suivre, il faut se rappeler les faits antérieurs. Qui peut le plus, peut le moins. C'est à moi de donner le mot d'ordre, car je suis le plus vieux soldat (älter im Dienst; ergänze de nous deux).

V. Das Adverb (l'adverbe).

Die Bildung der Adverbien.

§ 133 ([147]). Aus dem Lateinischen stammende und zusammengesetzte Adverbien. Nur wenige französische Adverbien stammen von lateinischen Wortformen: assez (ad satis), bien (bene), certes (certe), hier (heri), loin (longe), mal (male), où (ubi), peu (paucum), souvent (subinde), tôt (tot cito), très (trans), volontiers[1] (voluntarie), y (ibi), u. a. Geradezu entlehnt sind gratis (s laut) und quasi[2].

Außerdem werden Adverbien gebildet durch Zusammensetzung oder mit Hülfe von Präpositionen: beaucoup[3], aujourd'hui, avant-hier, après-demain, sur-le-champ, tout à l'heure, tout de suite[4], tout à coup (plötzlich, d. h. in einem Augenblick), tout d'un coup[5] (auf einmal, d. h. ohne Wiederholung der Handlung), d'abord, d'avance, davantage, quelquefois, toujours, plutôt (kein s in diesen drei), bientôt[3], alors, maintenant[6], dorénavant (§ 35).

---

[1] Volontiers gern, volontairement freiwillig. Volontiers hat familiär die Bedeutung meist, häufig: On croit volontiers que l'Académie a été instituée pour les écrivains seuls.

[2] Familiär auch quasiment.

[3] Vor beaucoup und bientôt darf man nicht très, si oder andere Intensivadverbien setzen; die richtigen Ausdrücke sind bien (sehr viel), tant (so viel), très tôt, si tôt (auch sitôt geschrieben).

[4] Tout de suite (unverzüglich), tout à l'heure (gleich, vorhin). De suite (nach einander, in ununterbrochener Folge) wird familiär für tout de suite gebraucht, was nicht nachzuahmen ist.

[5] Tout d'un coup kann für tout à coup stehen, aber nicht umgekehrt.

[6] Maintenant, à présent (lat. nunc) bedeuten den gegenwärtigen Augenblick; in der Erzählung also besser alors (lat. tum, tunc, iam), doch nur bei voller Gleichzeitigkeit, sonst muß puis, ensuite (lat. postea) stehen.

§ 134 (¹⁴⁸). Adverbien gewöhnlicher Bildung. Das Adverb der Art und Weise wird gebildet durch Anhängen von -ment¹ an die weibliche Form des Adjektivs. So

1) Bei den Adjektiven einer Endung: brave (tapfer), bravement; grave (schwer, ernst), gravement².
2) Bei den auf Konsonant auslautenden: franc (freimütig), franchement; complet (vollständig), complètement; lent (langsam), lentement³.

§ 135 (¹⁴⁹). Von der gewöhnlichen Bildung abweichende Adverbien. Anscheinend vom Mask. werden die Adverbien gebildet:

1) Von Adjektiven mit lautem Endvokal: joli (hübsch), joliment; hardi (kühn), hardiment. So besonders von Part. Prät. assurément (sicherlich), décidément (entschieden), forcément (notwendiger Weise).
2) Von den Adjektiven auf -ent, -ant, bei welchen t ausfällt und n dem m assimiliert wird: insolent (unverschämt), insolemment; savant (gelehrt), savamment.

Anm. 1) Das e der weiblichen Form ist ausgefallen⁴ und nicht durch den sonst üblichen Cirkumflex (il mûrira, le dévoûment) ersetzt worden. — Der Cirkumflex steht jedoch in

assidûment beharrlich   dûment gehörig
continûment anhaltend   indûment ungehörig
crûment rund heraus   gaîment (und gaiement) munter⁵

Von nouveau, fou, mou werden die Adverbien regelmäßig gebildet: nouvellement, follement, mollement. Das Adverb zu beau ist bien oder Umschreibung: d'une belle façon.

2) Die Adjektive auf -ent, -ant waren früher einer Endung, ihr Adverb ist also regelmäßig gebildet. Von dem neuen Femininum kommen **présentement** (gegenwärtig), **véhémentement** (nur in véhémentement soupçonné dringend verdächtig); ähnlich grandement (für altes grammont): il est grandement temps (hohe Zeit).

¹ Aus lat. mens f. (Abl. mente) in der späteren Bedeutung Art, Weise.
² Daneben grièvement (von einer Nebenform) in grièvement blessé, atteint, brûlé, offensé u. a.
³ So von bon auch bonnement (meist tout bonnement ganz einfach, wofür gewöhnlich bien steht; als Ausruf auch bon!
⁴ Besonders wegen der vielen Adjektive auf -é, bei welchen -ément nicht möglich war (wie es il créra von créer nicht wäre).
⁵ Außerdem in einigen wenig üblichen; nicht mehr in résolument.

Aus demselben Grund (mit Ausfall des l) ist gentiment das Adverb zu gentil.

3) Folgende 20 Adverbien haben é vor der Endung:

aveuglément blindlings, ohne Besinnen
commodément bequem
incommodément unbequem
communément gemeinhin
conformément gemäß
confusément verworren, undeutlich
diffusément weitläufig
énormément ungeheuer
expressément ausdrücklich
immensément unermeßlich
importunément in lästiger Weise
impunément ungestraft[1]
obscurément dunkel
opiniâtrément hartnäckig
opportunément zeitgemäß
inopportunément unzeitgemäß
précisément genau, gerade[2]
profondément tief
profusément übermäßig
uniformément gleichförmig

Die Komparation des Adverbs.

§ 136 (¹⁵⁰). **Regelmäfsige und organische Komparation.** Wie das Adjektiv wird auch das Adverb durch plus, le plus gesteigert: souvent, plus souvent, le plus souvent.

Eine organische Steigerung findet sich bei

bien gut	mieux	le mieux
mal schlimm	pis	le pis
peu wenig	moins	le moins
beaucoup viel	plus	le plus.

Anm. **Mal** (schlecht) bildet plus mal, le plus mal. Für den Unterschied von **pis** und **plus mal** gilt dasselbe wie für pire und plus mauvais.

Plus und **moins** als Quantitätsadverbien haben de (nicht que) nach sich: Plus de trois milles personnes assistaient à cette représentation. Tout ce changement s'était produit en moins d'une année. Doch sagt man plus qu'à moitié neben plus d'à moitié: Le tonneau est plus d'à moitié (plus qu'à moitié) vide. In einem unvollständigen Vergleichungssatz kann dagegen nur **que** gebraucht werden: Un éléphant mange plus que six chevaux (ergänze ne mangent).

Moins heißt zu wenig in Sätzen wie: Ce rouleau devait être de 50 écus, mais il y en avait un de moins. Ebenso de trop (zu viel).

---

[1] Impunément ist das Adv. zu (nicht von) impuni. Für die Bildung der übrigen vgl. Ortsnamen wie Verneville und Vernéville (Dorf bei Metz), Lunéville aus Luneville, Mirécourt neben Mirecourt, wie man meist noch sagt.

[2] Bedeutet die Identität: C'est précisément ce que je lui ai dit (eben, just das habe ich ihm gesagt). Nicht für bestimmt, scharf, gründlich zu verwenden.

Verwendung der Adverbien.

§ 137 ([151]**). Bemerkungen zu einzelnen Adverbien.**

Bald darauf peu après; **bald nach** seinem Tode peu après sa mort.
   Bien bezeichnet den **Grad, beaucoup** die **Quantität,** daher ist ersteres meist geeigneter vor **davantage, plus, moins** und **plutôt.**
   Bekanntlich: on sait que; comme on sait; personne n'ignore que; il est de fait que; nous ne l'apprendrons à personne.
   Gestern, morgen im Sinne von **Vergangenheit, Zukunft** werden besser durch **la veille, le lendemain** übersetzt: Souvent les martyrs de la veille deviennent les oppresseurs du lendemain.
   Gut bei connaître ist meist durch **beaucoup** zu geben: Je le connaissais beaucoup.
   Immer noch ist **encore** oder (öfter) **toujours,** nie beides zusammen: Vous allez toujours en Angleterre? haben Sie immer noch vor..? — Ebenso **auch noch encore** oder **aussi,** nicht beides vereinigt.
   Lange ist nicht durch **longtemps** zu übersetzen bei **durer** (von Dauer sein): Le moindre rocher dure **plus** que le plus magnifique des monuments. Ebenso durer **moins**; ähnlich rester tard (lange da bleiben), se prolonger tard und oft sans plus attendre, attendre plus tard. — In **longtemps** ist die Zusammensetzung (un long temps) noch fühlbar und daher **pendant, depuis** oft unentbehrlich: Le chameau peut se passer d'eau pendant longtemps. Il à quitté la ville depuis longtemps (schon lange).
   Nämlich, à savoir meist bei Aufzählungen: Les temps simples sont au nombre de 11, à savoir 4 pour l'indicatif, 2 pour le subjonctif, le reste pour le conditionnel, l'impératif, l'infinitif et le participe. — **Soit** bei Zahlenangaben: Le montant de l'abonnement, soit: un an 48 fr., six mois 24 fr., etc. — Sonst bedient man sich der Ausdrücke **je parle de; je veux dire; j'entends:** Henri II voulut avoir dans sa main la tête de l'Église anglicane: je veux dire l'archevêché de Canterbury.
   Sehr bei Adjektiven und Adverbien **très, fort;** bei Verben **beaucoup, bien.** Vor Particip Prät., wenn dasselbe adjektivisch gebraucht ist, steht **très:** L'affaire est très avancée. Vor Substantiven meist **bien:** Il a bien raison, oft auch **grand:** avoir grand'faim.
   Nicht sehr übersetzt man durch die vorausgehenden mit Negation oder durch **peu** bei Adjektiven, durch **ne ... guère** bei Verben: Une affaire peu sérieuse. On ne l'estime guère. L'affaire est peu (n'est guère) avancée.
   Vollständig complètement, entièrement, absolument, tout à fait u. a. **Parfaitement** hat nur guten Sinn, außer im Scherze (un homme parfaitement inutile).
   Übrigens du reste, au reste und
   Wenigstens du moins, mindestens au moins sollen nach manchen unterschieden werden. Die voranstehenden Formen (du r., du m.) sind die üblicheren. Dasselbe gilt für **de nouveau** und **à nouveau** (von neuem).

Von Substantiven sind gebildet **bêtement, diablement; traitreusement** gehört zu traître. — Zu dem Abjektiv neutre (neutral) gehört das Adverb **neutralement**.

§ 138 (¹⁵²). Die Adverbien en und y scheinbar pleonastisch.

1) **En** steht bei einer Reihe von Reflexiven: s'en aller[1], s'en venir[2], s'en revenir, s'en retourner, il s'en faut, il s'ensuit, s'en remettre à son étoile (sich verlassen auf), s'en rapporter à und s'en référer à (gleiche Beb.), il fallait s'en tenir à cette proposition (sich genügen lassen), je m'en prendrai à vous (ich werde mich an Sie halten)[3].

Bei Verben der Bewegung: en venir là (so weit kommen, getrieben werden), en venir aux coups, aux mains (zu Thätlichkeiten übergehen), il n'en revenait pas (war stumm vor Staunen), il faudra en arriver au procès (es wird zum Prozeß kommen müssen).

Il en est pour ses frais (er hat sich die Kosten umsonst gemacht), j'en suis pour ce que j'ai dit (bleibe bei dem, was ich gesagt habe); il en est (öfter il en est réduit) à regretter son opiniâtreté (er hat jetzt zu bereuen); il en a pour six mois (das macht ihm zu schaffen), il n'en a plus que pour six mois (es kann mit ihm nicht länger dauern als); à qui en a-t-il? (auf wen hat er es abgesehen?); en vouloir à qn (auf jemand böse sein).

En conter oder en faire accroire à qn (weismachen, betrügen); en croire qn (glauben), à en croire les apparences (dem Anschein nach zu urteilen); en user oder en agir[4] (sich benehmen, handeln); en revendre oder en remontrer à qn (aufzuraten, Nüsse zu knacken geben); le cœur m'en dit (ich habe Lust); en finir ein (Ende machen), des mots qui n'en finissent pas (ellenlange Wörter); en coûter[5] (kosten, Mühe machen); malgré qu'il en ait oder quoi qu'il en ait (so ungern er es auch thut); en être quitte pour la peur (mit dem Schrecken davon kommen); il faut en rester là (damit genug); où en êtes-vous? (wie weit sind Sie?), où en êtes-vous resté? (wo sind Sie stehen geblieben?). En appeler à qn[6] (appellieren an); je n'en peux plus (das ertrage ich nicht länger); en imposer à qn[7] (täuschen).

In c'en est fait de nous (es ist um uns geschehen) wollen einzelne en

---

[1] Familiär ganz wie aller: Je m'en vais à Lyon. Je m'en vais le lui dire. Le bruit s'en alla mourant.

[2] Va-t'en gehe fort, viens-t'en komme mit.

[3] Se prendre à qn jemand angreifen.

[4] En agir für agir wird von vielen Grammatikern ohne Grund verworfen. Es findet sich bei den besten Schriftstellern; daß agir nicht mit de verbunden wird, ist kein triftiger Grund.

[5] Bei il en coûte (unpersönlich) darf en nie fehlen, in der persönlichen Konstruktion darf es nie stehen.

[6] Im juristischen Gebrauch ohne en.

[7] Dagegen imposer à qn (imponieren), obwohl auch dieses sich oft mit en findet.

verbannen; in il en est des hommes comme des feuilles (die Menschen sind
den Blättern vergleichbar) ist dagegen en jetzt unbestritten.

2) **Y** steht hauptsächlich in il y a (es giebt), il y va de ma vie (es handelt
sich um), tout y passe (daraufgehen), il y paraît (man merkt es wohl), rien
n'y fait (nichts fruchtet), le compte y est (die Rechnung stimmt), le vers n'y
est pas (der Vers ist unrichtig, d. h. zu lang oder zu kurz), ça y est (so!
d. h. das wäre gelungen), on y va (ich komme schon), je n'y suis pour personne (niemand wird vorgelassen), j'y suis (ich hab's, jetzt geht mir ein Licht
auf), y regarder à deux fois (sich besinnen etwas zu thun, d. h. unterlassen,
on n'y voit plus (man sieht nichts mehr).

Vertauschung von Adjektiv und Adverb.

§ 139 ([153]). **Adverb für Adjektiv.** Das Adverb vertritt ein
attributives Adjektiv in le temps jadis (scherzhaft: die alte Zeit), un souper
debout (wo jeder sich am Buffet selbst bedient), le plan ci-contre (gegenüber-
stehender Plan) u. a. Besonders steht so presque: la presque-totalité (nahezu
die Gesamtheit), à la presque unanimité (fast mit Stimmeneinheit). La
presqu'île[1] ist volle Zusammensetzung.

Prädikativ kann z. B. loin statt eines Adjektivs stehen: La langue de
Joinville n'est pas aussi loin de la nôtre qu'on le pense. Aber nicht etwa
auch en vain: alle seine Anstrengungen waren umsonst tous ses efforts furent
inutiles (vains).

Bien steht prädikativ statt eines Adjektivs in être bien (hübsch, wohl
auf sein), **mal** in être mal (häßlich, bedenklich krank sein). Ebenso auch mieux[2].

Zusatz. Adverbien der Zeit mit de dienen als Ersatz eines fehlenden
Adjektivs: Les Grecs d'aujourd'hui die heutigen Griechen, notre promenade
d'hier unser gestriger Spaziergang, l'année d'après im folgenden Jahr.

§ 140 ([154]). **Adjektiv für Adverb.** Nach lateinischem
Muster steht ein prädikatives Adjektiv für ein deutsches Adverb
in vivre oder dormir tranquille; arriver le premier, le dernier.
Attributiv: en pleine rue (mitten auf der Straße); en plein
dix-neuvième siècle.

Das Adjektiv vertritt die Rolle eines Adverbs vor einem Adjektiv,
welches mit dem folgenden Substantiv einen Gesamtbegriff bildet: un parfait
honnête homme (durchaus ehrenwerter Mann), un véritable grand homme,
une grossière mauvaise foi (eine schmähliche Unredlichkeit), un excessif bon
marché (ausnehmend billig) u. a.

---

[1] La presqu'île und la péninsule bedeuten ohne merklichen Unterschied
die Halbinsel, aber nur ersteres kann auch von kleinen halbinselförmigen
Landvorsprüngen in Flüssen oder Landseen gesagt werden.

[2] Nicht auch pis. Man findet être pis und être plus mal (noch kränker
sein), am besten meidet man beides.

Folgende Adverbien haben die Form des Adjektivs beibehalten: bon (gut! als Ausruf), bel et bien (durchaus), tout beau und tout doux (gemach), bref (kurzum), exprès (eigens, absichtlich), juste (gerade), soudain (plötzlich), vite.[1] Incontinent (unverzüglich) ist nicht das Adverb des gleichlautenden Adjektivs.

§ 141 (¹⁵⁵). Neutrales Adjektiv bei Verben. In einer Anzahl von Adjektiven in Verbindung mit Verben erblickt man jetzt ein Adverb, während ein wirkliches (neutrales) Adjektiv vorliegt, welches einen adverbialen Accusativ darstellt. Wie man sagt ce parfum sent le réséda (riecht nach Reseda) und cette fleur ne sent rien (riecht nicht d. h. eigentlich: nach nichts), so sagt man cette fleur sent bon (riecht gut d. h. nach etwas Gutem). Die üblichsten dieser Verbindungen sind:

Bas: parler bas leise sprechen.
Bon: tenir bon standhalten, coûter bon viel kosten, il fait bon es ist angenehm, rätlich, sentir bon gut riechen.
Cher: acheter, vendre cher teuer kaufen, verkaufen, coûter, valoir cher teuer sein, faire payer cher schwer büßen lassen.
Clair: on n'y voit plus clair man sieht nicht mehr genug, voir clair dans qc deutlichen Einblick haben in etwas, prouver clair comme le jour sonnenklar beweisen.
Court: arrêter court plötzlich aufhalten, s'arrêter, rester, demeurer court plötzlich einhalten, stecken bleiben, tourner court eine plötzliche Wendung machen, couper court à qc abschneiden, vorbeugen.
Creux: sonner creux hohl klingen, rêver creux wachend träumen.
Double: peser, payer, compter, voir double doppelt wiegen, bezahlen, zählen, sehen.
Doux: filer doux gelinde Saiten aufziehen.
Droit: aller, marcher, viser, tirer droit gerade nach einem Punkte gehen, zielen, schießen.
Dru: tomber dru dicht, in Strömen fallen, pousser dru dicht wachsen.
Dur: entendre dur schwerhörig sein, travailler dur hart arbeiten.
Faux: chanter, jouer faux falsch singen, spielen (nur von Musikinstrumenten), voir faux unrichtige Ansichten von etwas haben.[2]
Ferme: parler ferme mit Festigkeit sprechen, frapper ferme tüchtig zuschlagen, acheter, vendre ferme fest kaufen, verkaufen.
Franc: parler franc offen reden.
Grand: faire grand die Ausgaben nicht scheuen.
Gros: coûter, rapporter gros viel kosten, eintragen.

---

[1] Vite darf nicht mehr als Adjektiv gebraucht werden (dafür prompt, rapide).
[2] Jurer faux darf (obwohl noch von der Akad. gegeben) nicht gebraucht werden; falsch schwören heißt se parjurer, prêter un faux serment.

Haut: parler haut laut sprechen, viser haut hoch hinaus wollen.
Juste: chanter, deviner, parler juste richtig singen, raten, sprechen, rencontrer, toucher, voir juste das Richtige treffen, sehen. Frapper juste den richtigen Fleck treffen, meist mit frapper fort (tüchtig zuschlagen) zusammen= oder diesem gegenübergestellt.
Lourd: peser lourd schwer wiegen.
Mauvais: sentir mauvais übel riechen.
Menu: hacher menu klein hacken.
Net: parler net deutlich sprechen, s'arrêter net = s'arrêter court, refuser net rundweg abschlagen.
Raide: tuer raide auf dem Flecke töten.
Rude: travailler rude = travailler dur.
Sec: boire sec tüchtig zechen (eigentl. den Wein unvermischt trinken).
Serré: écrire serré eng (klein) schreiben, jouer serré alle Minen springen lassen, raisonner serré streng logisch denken.
Vrai: à vrai dire, à dire vrai die Wahrheit zu sagen.

Ähnlich stehen die Adjektive der Völkernamen nach parler[1]: parler anglais, parler français, parler berrichon (Dialekt von le Berry) und so auch parler chrétien (so daß ein Christen= mensch es versteht), parler Vaugelas (genau nach der Grammatik) u. a. Dagegen tritt in nachdrucksvoller Sprechweise das sub= stantivierte Adjektiv (mit Artikel) ein: Charlemagne parlait le latin aussi facilement que l'allemand.

Alle vorstehend aufgeführten Verbindungen haben eine scharf ausgeprägte Bedeutung, und eine Übertragung derselben auf die bildliche Ausdrucksweise kann nicht stattfinden. Daher il le dit hautement (das erklärt er ohne Rücksicht, unumwunden), voir clairement (deutlich einsehen); und so wird man auch sagen vendre chèrement sa vie, une victoire chèrement achetée.

Deutsche Adverbien durch verbale Ausdrücke umschrieben.

§ 142 (¹³⁶). I. Temporale Verhältnisse.

Zu= kunft
{ *Il va revenir* er wird (sogleich) zurückkommen
Il ne tardera pas à rentrer er wird sogleich nach Hause kommen
Il vient vous remercier er kommt um Ihnen zu danken[2]

---

[1] Parler ist intransitiv und nimmt nur Objekte wie die folgenden oder ähnliche zu sich (§ 211 A. 2).
[2] Der umschriebene Zeitbegriff (jetzt eben) tritt im Deutschen hinter dem Ausdruck der Absicht zurück.

|Vergangenheit| *S'il venait à mourir* wenn er etwa sterben sollte; *lorsqu'il vint à mourir* als er schließlich starb
On en vint à lui disputer son nom schließlich machte man ihm sogar seinen Namen streitig
Le soleil vient de disparaître die Sonne ist gerade untergegangen
Le jour ne faisait que de naître die Sonne war gerade aufgegangen
Il ne fait qu'entrer et sortir er macht nur Thüre auf und Thüre zu
Il faut commencer par arrêter un plan zuerst muß man einen Plan machen
La raison finit toujours par avoir raison die Vernunft bekommt zuletzt immer recht.

Eine unmittelbar bevorstehende Zukunft wird durch aller (oder ne pas tarder à) faire qc ausgedrückt.

Eine Absicht bezeichnet venir faire qc (pour fehlt nach Verben der Bewegung (vgl. § 245, 2).

Venir à faire qc heißt: zufällig oder schließlich etwas thun (oft aber ist venir à pleonastisch). En venir à faire qc bedeutet: sich hinreißen lassen etwas zu thun.

Venir de faire qc (oder ne faire que de faire qc) bedeuten eine unmittelbar vergangene Zeit. Venir wie faire können nur im Präsens oder Impf. stehen. Venir de faire qc eigentlich: herkommen von einer Handlung (auch) revenir de faire qc).

Ne faire que faire qc heißt unaufhörlich etwas thun.

Commencer, finir **par** faire qc: anfangs, zuletzt etwas thun.

Anm. Fortwährend, weiter, unaufhörlich, auch: Dans une bonne pièce l'intérêt **ne cesse** de croître. Übertragen mit dem Nebenbegriff der vergeblichen Anstrengung: Je me tuais de lui répéter qu'il se trompait: rien n'y faisait. (Se tuer à faire qc sich zu Tode abmühen.) — Il **continue à (de)** se bien porter.

Nicht mehr: Les marches de l'escalier **cessaient** d'être en pierre à partir du premier étage.

Rasch: Les secours **s'empressèrent** (se hâtèrent, se dépêchèrent) d'accourir.

Zu früh: On **s'était trop pressé** d'applaudir.

§ 143 (¹⁵⁷). II. Modale Verhältnisse.

S'accorder à (pour) faire qe u. a. **Gemeinsam, einstimmig:** Tous ses amis s'accordent (sont unanimes) à blâmer sa conduite. Tous ses amis sont d'accord pour le blâmer. Tous les chefs des croisés se réunirent pour donner la royauté à Godefroi. Tous se joindront à moi pour nier le fait.

Achever de faire qe. Vollends: L'expulsion des juifs avait affaibli l'industrie en Espagne, l'expulsion des Maures acheva de l'y ruiner.

Aimer à faire qe. Gern: Il aime à jouer des tours aux autres. Ebenso se plaire à faire qe. — **J'aime à croire. Hoffentlich:** J'aime à croire que les suites fâcheuses de son imprudence l'auront (l'ont) rendu sage. (Nicht espérer, auf welches nie Präteritum, selten Präsens folgt.)

Aimer mieux faire qe. Lieber: Le temps n'est pas sûr; j'aime mieux rester chez moi.

Aller jusqu'à faire. Sogar: Il est allé (il s'est avancé) jusqu'à prétendre que malgré tout il arriverait à ses fins. Auch en venir, en arriver à faire qe.

Aller zur Verstärkung des negativen Imperativs. **Ja nicht:** N'allez pas (qu'on n'aille pas) croire que l'affaire en soit restée là.

Avoir beau faire qe. Vergebens: Vous aurez beau dire, il n'en fera qu'à sa tête. — Avoir beau eigentlich: leichtes Spiel haben (wofür jetzt avoir beau jeu à faire qe) kommt nur in obiger (ironisch zu verstehenden) Bedeutung vor; den ursprünglichen Sinn hat es noch im Sprüchwort (à beau mentir qui vient de loin).

Avoir (de la) peine à faire qe. Kaum, schwer: Ce sont des choses qu'on a (de la) peine à comprendre. — Regiert: leicht, unbedenklich: Je n'aurai pas de peine à consentir (à vous le prouver).

Il s'en faut que ... **Bei weitem nicht:** Il s'en faut que, dans les nobles spéculations de Montesquieu, tout soit vérité. Il s'en faut (de) beaucoup (il s'en faut bien) que tout y soit vérité. Tant s'en faut que tout y soit vérité. Tout n'y est pas vérité, tant s'en faut (il s'en faut, il s'en faut bien, bien s'en faut).¹

Beinahe, fast wird durch denselben Ausdruck mit der Negation übersetzt: il ne s'en faut pas (de) beaucoup, il ne s'en faut (de) rien, il ne s'en faut guère oder durch il s'en faut (de) peu, peu s'en faut. Vgl. über diese und das folgende ne § 365, III, 2. — Beinahe durch **faillir, penser, manquer** § 97 Anm.

Ne pas hésiter à faire qe. Unbedenklich: Je n'hésite pas à reconnaître mes torts.

---

¹ Die nachgestellten Formen können bei längeren Satzgefügen auch eingeschoben werden. — De wird ohne Unterschied gesetzt oder weggelassen; doch kommt es im ersteren Falle mehr auf die Quantität, im letzteren mehr auf den Grad an, daher steht vor bien und guère niemals de.

Ne pas laisser de faire qe. Doch: L'entreprise n'est pas aussi lucrative qu'il a pu l'espérer, mais il ne laisse pas (que) d'y gagner beaucoup. Die Einschiebung von que sehen viele für unrichtig an.

Ne pas manquer de faire qe. Sicher, natürlich: Il ne manquera pas de vous raconter la chose. L'assemblée ne manqua pas de rejeter cette proposition. — Auch: Vous **n'êtes pas sans** en avoir entendu parler.[1] Vous avez **dû** en entendre parler.

Pouvoir faire qe. Vielleicht, etwa: L'empereur Alexis exigea des croisés la promesse qu'ils lui rendraient hommage pour toutes les conquêtes qu'ils pourraient faire.

Suffire de faire qe. Genug: Il ne suffit pas (ce n'est pas assez, ce n'est pas tout oder le tout) de connaître le bien, il faut le pratiquer.

Venir à faire qe. Zufällig: Si leur cavalier vient à tomber, les juments arabes s'arrêtent tout court. Ebenso: Il appela un gardien de la paix qui **se trouvait** à passer. Si la chaîne **arrivait** à se rompre, le navire serait perdu.

VI. Die Zahlwörter *(les adjectifs numéraux, les noms de nombre).*

§ 144 (¹⁵⁶). Einteilung derselben.

Man unterscheidet die Zahlwörter in
1. rein adjektivische: Kardinal= oder Grundzahlen,
2. adjektivisch und substantivisch gebrauchte und zwar
   a) Ordinal= oder Ordnungszahlen,
   b) Multiplikativzahlen,
3. rein substantivische: Zahlsubstantive oder -kollektive.

Die Kardinalzahl giebt an, wie oft die Einheit vorhanden ist, die Ordinalzahl dagegen, die wievielste Einheit gemeint ist. Die Ordinalzahlen dienen auch als Bruchzahlen und zur Bildung der Zahladverbien. Die Multiplikativzahlen geben das Vielfache einer Einheit an.

§ 145 (¹⁵⁹). Kardinalzahlen *(nombres cardinaux)* — Ordinalzahlen *(nombres ordinaux)*

Kardinalzahlen	Ordinalzahlen
1 un, une	le premier, la première
2 deux (SR 5)	le second, la seconde oder le (la) [deuxième
3 trois	le troisième
4 quatre	le quatrième
5 cinq (§ 15)	le cinquième
6 six	le sixième

---

[1] Doppelte Negation ist verstärkte Affirmation. Selten unpersönlich in heutiger Sprache: Il n'est pas que vous n'en ayez entendu parler.

§ 145. Kardinal- und Ordinalzahlen.

7	sept	le septième
8	huit	le huitième
9	neuf	le neuvième (A 1)
10	dix	le dixième
11	onze	le onzième
12	douze	le douzième
13	treize	le treizième
14	quatorze	le quatorzième
15	quinze	le quinzième
16	seize	le seizième
17	dix-sept	le dix-septième
18	dix-huit	le dix-huitième
19	dix-neuf	le dix-neuvième
20	vingt	le vingtième
21	vingt et un(e)[1]	le vingt et unième
22	vingt-deux	le vingt-deuxième
29	vingt-neuf	le vingt-neuvième
30	trente	le trentième
40	quarante	le quarantième
50	cinquante	le cinquantième
60	soixante	le soixantième
70	soixante-dix	le soixante-dixième
71	soixante et onze	le soixante et onzième
75	soixante-quinze	le soixante-quinzième
79	soixante-dix-neuf	le soixante-dix-neuvième
80	quatre-vingt(s)	le quatre-vingtième
81	quatre-vingt-un(e)	le quatre-vingt-unième
90	quatre-vingt-dix	le quatre-vingt-dixième
91	quatre-vingt-onze	le quatre-vingt-onzième
95	quatre-vingt-quinze	le quatre-vingt-quinzième
99	quatre-vingt-dix-neuf	le quatre-vingt-dix-neuvième
100	cent	le centième
101	cent un(e)	le cent unième
105	cent cinq	le cent cinquième
200	deux cent(s)	le deux-centième
500	cinq cent(s)	le cinq-centième
1000	mille	le millième
1001	mille un	le mille unième
1100	onze cent(s), mille cent	le onze-centième, le mille centième
1500	mille cinq cent(s), quinze [cent(s)]	le mille cinq-centième
2000	deux mille	le deux-millième
10000	dix mille	le dix-millième
100000	cent mille	le cent-millième

[1] Nachfolgendes Substantiv steht im Plural: vingt et un chevaux, cinquante et une maisons.

§ 146 (¹⁶⁰). **Aussprache der Zahlwörter.** Deux und trois haben stummen Endkonsonant, welcher aber gebunden wird. — In quatre verstummt vor Konsonanten¹ das r vielfach in der Umgangssprache, regelmäßig in quatre cent, quatre mille und ähnlichen (nicht in quatre-vingt). — In cinq, six, sept, huit, neuf (f bindet als v), dix ist der Endkonsonant laut, er verstummt aber vor einem konsonantisch anlautenden Worte, welches durch diese Zahlwörter multipliciert wird.² — Huit hat aspiriertes h. Vor onze muß gleichfalls Elision und Bindung unterbleiben, gewöhnlich auch vor un (§ 27), in keinem Falle darf in quatre-vingt-un und cent un eine Bindung stattfinden. — In sämtlichen Zahlen von 21 bis 29 hat vingt ein deutlich hörbares t, dagegen ist t von vingt stumm in der Reihe 80 bis 99.

Im Auslaut hat x den scharfen s-Laut (six, dix), im Inlaut hat es den weichen Laut (deuxième, sixième, dixième), außer soixante (x = ss). In der Bindung hat es gleichfalls den weichen Laut, ebenso in dix-sept, dix-huit, dix-neuf (vgl. § 17).

In second lautet c wie g. — In der Endung -ieme ist iè einsilbig (diphthongisch) als ziemlich kurzes offenes è mit rasch vorgeschlagenem i zu sprechen.³ Ausgenommen ist le quatrième, in welchem iè zweisilbig ist; nach allgemeinem Sprachgesetz verschmilzt i niemals mit dem folgenden Vokal, wenn ihm zwei Konsonanten vorangehen, deren letzter l oder r ist (muta cum liquida).

§ 147 (¹⁶¹). **Bildung der Zahlwörter.** Die Einschiebung der Konjunktion et hat statt in vingt et un, trente et un u. s. w. (doch nie in quatre-vingt-un, cent un,⁴ mille un); daneben findet sich seltner vingt-un u. s. w. Erlaubt ist die Einschiebung von et in der Zahlenreihe 70 bis 79, nötig in soixante et onze⁵ (aber quatre-vingt-onze).

---

¹ Auch in entre quatre yeux, in welchem außerdem die Einschiebung eines z üblich ist ist: entre quat'-z-yeux.

² Das letztere ist nicht der Fall bei Datumangaben, daher ist in le cinq mai das q laut. Ähnlich ist zu erklären, daß q gehört werden muß in cinq pour cent.

³ Also le troisième zu sprechen le *troiz'èmm'*. Die Aussprache i-ähm enthält zwei Fehler.

⁴ Doch nach älterem Brauch le Livre des Cent-et-un, les Mille et une nuits (beides sind Büchertitel). Hier ist auch Bindestrich gleichzeitig mit et möglich.

⁵ In nachdrücklicher Rede wird die Form mit eingeschobenem et gern gewählt. Selten ist sie, wenn eine größere Zahl vorausgeht und kommt in Jahrzahlen so gut wie nie vor (ausgenommen natürlich mil huit cent soixante et onze). Die Einschiebung war in älterer Zeit viel üblicher.

§ 147. Bildung der Zahlwörter.

Quatre-vingt(s) und **deux** (trois u. s. w.) **cent(s)** erhalten ein s nur, wenn unmittelbar auf diese Zahlen das Wort folgt, zu welchem sie attributiv stehen, oder wenn dieses Wort zu ergänzen ist: Quatre-vingts francs, six cents hommes (aber quatre-vingt-dix francs, six cent cinquante hommes); les trois cents (ergänze Spartiates), cinq cents pour cent (500 Prozent, ergänze francs). Bemerke deux cent mille (Zahladjektiv folgt), aber deux cents milliers, deux cent millions (Zahlsubstantive folgen).

Mille kann nur in der Bedeutung Meile ein Plural-s annehmen. In Jahrzahlen zwischen 1000 und 1999 schreibt man **mil**: mil huit cent quatre-vingt-deux. Doch l'an mille neben l'an mil.

Anm. Französisch mil ist lateinisch mille, französisch mille dagegen lateinisch milia; daraus erklärt sich, daß mil nur in der Einzahl stehen kann. — In der Reihe von 11 bis 16 ist in dem Auslaut ze das lateinische decem erhalten: onze aus undecim u. s. w. — Die Bildungen nach dem 20er-System (quatre-vingt) fanden sich früher (dialektisch noch) auch bei anderen geraden Vielfachen von 10; hierüber und über septante, octante, nonante im Übungsbuch (Système de numération, S. 55). — Der Ausfall des s von quatre-vingts und deux cents in einzelnen Fällen ist eine unerklärbare Ausnahme.

Wie in anderen Sprachen werden in den Zahlen 1100 und darüber Tausende und Hunderte oft zusammengefaßt: quinze cent(s) u. s. w. Onze cent(s) ist so gut wie ausschließlich üblich. — Gleichfalls dem Gebrauch anderer Sprachen gemäß werden in Jahreszahlen oft Tausender und Hunderter weggelassen, besonders bei historisch wichtigen Jahren: en 89 (für 1789). Doch geschieht dies nicht leicht, wenn die zweite Zahlengruppe nicht wenigstens 20 erreicht, daher en 1812. — Ähnlich wird der Bequemlichkeit wegen bei zwei nicht zu weit auseinander liegenden Zahlen die Anfangsgruppe bei der zweiten oder die Schlußgruppe bei der ersten weggelassen: en 1516 ou 17; les pertes sont évaluées à 6 — 800 000 francs (sprich six à huit cent mille francs).

§ 148 ([162]). **Bildung der Ordinalzahlen insbesondere.** Ganz nach dem Lateinischen sind **premier** und **second** gebildet. Neben letzterem steht **deuxième**[1], welches, wie alle folgenden, aus der Grundzahl gebildet ist. Stummes e vor -ième fällt aus. Bei den zusammengesetzten Ordinalzahlen erhält nur der letzte

---

[1] Welches nach der gewöhnlichen Regel gebraucht werden soll, wenn die Zählung weiter geht.

Bestandteil die Endung -ième: le vingt et unième, le quatre-vingt-dix-neuvième.

In der Orthographie unterscheiden sich le cinquième und le neuvième, in der Aussprache le sixième und le dixième von den zugehörigen Kardinalzahlen.

Anm. Aus dem Lateinischen haben sich einzelne Ordinalzahlen in beschränkter Verwendung erhalten: le tiers, la tierce (Drittel), un quart (Viertel); le tiers état (oft Tiers État der dritte Stand, Bürgerstand), Charles-Quint (Kaiser Karl V.) und Sixte-Quint (Papst Sixtus V.), la dîme (der Zehnt).

Außerdem de prime abord (beim ersten Blick, sofort), il doit au tiers et au quart (er hat eine Menge Schulden) und in wissenschaftlichen Bezeichnungen: in der Arithmetik a prime (a_1), in der Medizin la fièvre quarte (Quartanfieber), in der Musik la tierce majeure, mineure, la quarte u. s. w.

§ 149 ([103]). **Bruchzahlen** *(fractions, nombres fractionnaires).* Zur Bildung der Bruchzahlen wird im **Zähler** *(le numérateur)* die Kardinalzahl, im **Nenner** *(le dénominateur)* die Ordinalzahl gewählt (im Plural, sobald der Zähler mehr als 1 beträgt): deux tiers ($^2/_3$), un quart ($^1/_4$), trois quarts ($^3/_4$), neuf dixièmes ($^9/_{10}$) u. s. w. Bemerke un demi, une demie ($^1/_2$).

Anm. 1) Vor den Bruchzahlen muß der bestimmte Artikel stehen, sobald derselbe (oder eines seiner Äquivalente: Possessiv, Demonstrativ) vor dem mit **de** angeknüpften Substantiv steht: trois quarts de livre ($^3/_4$ Pfund), aber les trois quarts de la population; les cinq sixièmes de son revenu; les deux tiers de ce livre. Ebenso wenn das zu ergänzende Substantiv nur mit dem Artikel stehen könnte: j'en supprime les trois quarts.

2) Gemischte Brüche werden nicht nach unserer Art ungetrennt vor das Benennungswort gestellt: anderthalb Pfund une livre et demie, $3^3/_4$ Stunden trois heures et trois quarts. Ähnlich: ein bis zwei Jahre: un an ou deux.

3) Bei Stundenangaben ist nicht trois quarts zu gebrauchen, außer wenn es zu einer vollen Stunde addiert wird: à deux heures (et) un quart (um $^1/_4$ nach 2 Uhr, um $^1/_4$ auf 3 Uhr), à trois heures moins un quart oder à deux heures (et) trois quarts (um $^1/_4$ vor 3 Uhr, um $^3/_4$ auf 3 Uhr).[1]

Bemerke: um 12 Uhr à midi, à minuit; präcis um $2^1/_2$ Uhr à deux heures et demie précises. À midi (et) quinze; à une heure moins vingt. À six heures du matin (du soir), à deux heures de l'après-midi (oder à 2 heures après midi).

---

[1] Die üblichsten Ausdrücke (deux heures et quart, trois heures moins quart, beide nach Analogie von deux heures et demi gebildet), werden von den französischen Grammatikern ausnahmslos verworfen.

§ 150. Zahladverbien und Multiplikativzahlen.

§ 150 (¹⁶⁴). **Zahladverbien** (*adverbes de nombre*) und **Multiplikativzahlen** (*nombres proportionnels*).

Die Zahladverbien werden von den Ordinalzahlen in der gewöhnlichen Art durch Anfügung von -ment gebildet: premièrement, deuxièmement (secondement), troisièmement u. s. w. Da diese jedoch schleppend sind, verwendet man mehr d'abord, puis, ensuite oder en premier lieu, en second lieu u. s. w. Auch lateinische Formen sind üblich: primo, secundo (spr. *segondo*), tercio (spr. *tèrcio*), quarto (spr. *kouarto*), quinto (spr. *ku-into*) u. s. w.¹ Die Abkürzungen s. § 37.

Die **Multiplikativzahlen** sind: simple (einfach), double (doppelt), triple (3fach), quadruple (spr. *kouadrupl'*, 4fach), quintuple (spr. *ku-intupl'*, 5fach), sextuple (6fach), décuple (10fach), centuple (100fach). Dazu multiple (vielfach); die übrigen sind ungebräuchlich und werden (was öfter auch bei den angeführten geschieht), durch sept fois autant, huit fois autant u. s. w. ersetzt. Une fois autant und deux fois autant bedeuten genau dasselbe.

§ 151 (¹⁶⁵). **Die Zahlsubstantive** (*nombres collectifs*). Un cent, un millier (in diesem und den folgenden Wörtern ll nicht geschliffen), un million, un milliard (1000 Millionen) oder seltener un billion², un trillion (Billion) u. s. w. Ein Paar une paire, un couple; ein paar une couple (§ 113 Anm.).

Die Zahlsubstantive auf -aine bedeuten manchmal eine bestimmte Zahl: une douzaine³ (Dutzend), meist aber eine nur annähernd genaue Zahl: une huitaine, une dizaine, une quinzaine, une vingtaine, une trentaine, une quarantaine, une cinquantaine, une soixantaine, une centaine (ungefähr 8, 10 u. s. w.).

Un cent de fagots (Reisigbündel), un milliard de francs. Kein de nach mille!⁴

Anm. Außerdem la huitaine (meist juristisch) 8 Tage, la quinzaine 14 Tage, ½ Monat (la première, la deuxième quinzaine du mois), la cinquantaine (oder les noces d'or) goldene Hochzeit. Wie un cent auch un demi-cent.

---

¹ Eine Grenze, bis zu welcher diese Formen üblich sind, giebt es nicht. Naturgemäß finden sich kaum mehr als die angeführten Formen. — Scherzhaft auch deuxio, troisio.
² Deutsche und Engländer teilen von 6 zu 6, Franzosen von 3 zu 3 Stellen ab. Oktillion ist für uns 1 mit 48 Nullen, für die Franzosen un octillion nur 1 mit 27 Nullen.
In der Volkssprache ist auch douzaine nicht immer = 12 Stück. La quarantaine sanitätspolizeiliche Überwachung von ursprünglich 40 (jetzt auch von 3—4) Tagen.
⁴ In der Volkssprache un mille de houille (1000 Pfund Steinkohlen).

Centaine und millier stehen, wenn statt einer Zahl ein unbestimmtes Pronomen vorhergeht: quelques centaines de pas, plusieurs milliers de prisonniers. Doch auch quelques cents pas (ganz unrichtig quelques cent pas). Vgl. quelque cent pas etwa 100 Schritte.

§ 152 ([106]). **Die Kardinalzahl statt der Ordinalzahl wird wie im Deutschen bei Jahrzahlen gebraucht:** en 1648. Außerdem abweichend vom Deutschen:

1) Bei dem Monatsdatum: le 18 octobre 1813. Ausgenommen le premier: le 1er mars 1815.
2) Nach Regentennamen: le roi Henri IV, l'empereur Charles VI. Auch hier ist le premier ausgenommen: l'empereur Napoléon Ier.

Anm. 1) Früher stand de zwischen Zahl und Monatsnamen. Man sagt auch le 25 de ce mois, du mois prochain u. a. — Meist datiert man: Paris, 20 mars 1857, seltener Paris, le 20 mars 1857, und familiär Paris, ce 20 mars 1857. Bei vorausgehendem Monatsdatum steht nicht en vor der Jahrzahl, de l'année kann eingeschoben werden und in der republikanischen Zeitrechnung muß an eingeschoben werden: le 27 brumaire an III. — Statt des Accusativs steht öfter die Präposition à vor dem Monatsdatum, besonders zur Bezeichnung des Datums, an welchem etwas spätestens eingetreten sein muß: Le recensement des chevaux commencera le 16 décembre et devra être terminé au 31 du même mois.

2) Man braucht nicht mehr second nach Regentennamen. Nie war es nach Frauennamen üblich: Catherine II (lies deux).

3) Wie im Deutschen kann die Kardinalzahl beim Citieren gebraucht werden: livre trois (neben troisième livre und livre troisième). Auch hier muß premier ausgenommen werden: scène première. Bei größeren Zahlen nimmt man regelmäßig die Kardinalzahl: article soixante et onze, page quatre-vingt, page deux cent (kein s!).
Dieser Gebrauch geht weiter als im Deutschen: le kilomètre 51 (der 51. Kilometerstein); la loge 24 (Loge No. 24); cette île est située par 37 degrés de latitude australe; les États-Unis sont compris entre 25⁰ et 49⁰ de latitude N.

4) Früher stand die Kardinalzahl zur Angabe des Prozentsatzes in au denier vingt (zum 20. Pfennig d. h. 5%) u. a.

5) Von zwei durch et, ou verbundenen Ordinalzahlen kann der bequemeren Aussprache wegen die erste in die Kardinalzahl verwandelt werden: la quatre ou cinquième page; la langue des douze et treizième siècles (Littré); le huit ou neuvième du chiffre total.

Zusatz. Jahrzahlen stehen (außer bei vorausgehendem Datum) nicht ohne en, welches sogar in der Klammer oft beigefügt wird. Seltener dans l'année. L'an ist dem Aktenstil angehörig, wird aber meist bei Zahlen

§ 153. Zur Orthographie der Zahlwörter.

unter 100 gebraucht; es muß stehen, wenn die Ära angegeben wird: l'an 1500 de la Création, l'an de Rome 680, l'an de grâce 1880, ebenso in der republikanischen Zeitrechnung: l'an 1 (un) de la République, l'an VII.

§ 153 ([167]). Zur Orthographie der Zahlwörter.

1) **Bindestrich** steht zwischen Zehnern und Einern (welche in den Bildungen nach dem 20er-System bis 19 reichen): dix-huit, vingt-deux, soixante-dix-neuf. Der Bindestrich steht in quatre-vingt(s), quatre-vingt-un[1], muß aber fehlen in cent un und bei der Einschiebung von et: vingt et un (neben vingt-un). — Un trois-centième ($^1/_{300}$), aber trois centièmes ($^3/_{100}$).

2) **Abteilung** findet bei größeren Zahlen durch kleine Abstände von 3 zu 3 Stellen statt: 40 000. Bei 4stelligen Zahlen steht öfter Komma: 1,500. Durch Komma werden auch die Decimalstellen abgetrennt: 2,5, aber nicht bei benannten Brüchen: 030^m oder 0^m 30^{cm} (30 centimètres), 9^m 315 $^{mil.}$ (9 mètres 315 millimètres).

3) **Abkürzung** muß eintreten nach Regentennamen: Napoléon Ier. Frédéric II.[2] Jahre der republikanischen Zeitrechnung werden nur mit römischer Ziffer bezeichnet: l'an III. Auch bei dem Datum muß die Ziffer eintreten: le 1er mars. Die Abkürzung der Ordinalzahlen ist I^e (1er), IIe (2e), IIIe (3e) u. s. w.

Stundenangaben werden gekürzt in folgender Weise: 3^{h}45; ebenso l'express de 12^{h}5 (de midi cinq).

4) Die Namen der Monate (ebenso der Wochentage) haben kleinen Anfangsbuchstaben. — Man schreibt la guerre de Cent ans (Krieg mit den Engländern 1336—1452), de Trente ans, de Sept ans, weniger gut de Cent Ans u. s. w.

§ 154 ([168]). Die Stellung der Zahlwörter. Sowohl Kardinal- wie Ordinalzahlen stehen (außer den § 152 erwähnten Fällen) vor dem Substantiv.

Wenn **premier, dernier** mit einer Kardinalzahl zusammentreffen, müssen sie derselben **nachfolgen**: les trois premières pages, les deux derniers siècles[3]. Ebenso **autre**: les trois autres divisions.

Von Zeitangaben (deutsch oft ein zusammengesetztes Adjektiv) kann ein (partitiver) Genitiv abhängig gemacht werden: ein Feldzug von 14 Tagen, ein 14 tägiger Feldzug quinze jours de campagne (neben une campagne de quinze jours). So en deux jours de marche, après vingt ans de règne, trente heures de pillage, six mois de vivres, en cinq jours de temps u. a. Auch nach unbestimmter Angabe: après quelques jours de marche.

---

[1] Er sollte hier vor un nicht stehen, weil auch keine Bindung erlaubt ist.
[2] Ohne Punkte. Ausgeschrieben müßten sie (dem englischen Gebrauch entgegen) kleine Anfangsbuchstaben haben. I (un) für Ier (premier) zu schreiben, ist ein grammatischer, nicht ein orthographischer Fehler.
[3] Englisch (meist auch deutsch) umgekehrt: the first three pages, the last two centuries.

VII. Das Pronomen *(le pronom)*.

§ 155 (¹⁶⁹). **Einteilung.** Man unterscheidet 1) persönliches Pronomen (mit Einschluß des Reflexivs), 2) possessives Pronomen, 3) demonstratives Pronomen (mit Einschluß des Determinativs), 4) relatives Pronomen, 5) interrogatives Pronomen und 6) indefinites Pronomen.

Persönliches Pronomen *(le pronom personnel)*.

§ 156 (¹⁷⁰). **Formen desselben.** Das französische hat ein verbundenes oder tonloses Personalpronomen *(pronom personnel conjoint)* und ein unverbundenes oder betontes Personalpronomen *(pronom personnel disjoint,* auch *absolu* genannt).

	a) Verbundenes Personalpronomen					b) Unverbundenes Personalpronomen			
	1. Pers.	2. Pers.	3. Pers.			1. Pers.	2. Pers.	3. Pers.	
			Mask.	Fem.	Neutr.			Mask.	Fem.
				Singular.					
Nom.	je ich	tu du	il er	elle sie	(il) es	moi ich	toi du	lui er	elle sie
Gen.	—	—	—	—	(en)	de moi	de toi	de lui	d'elle
Dat.	me	te	lui	lui	(y)	à moi	à toi	à lui	à elle
Acc.	me	te	le	la	le	moi	toi	lui	elle
				Plural.					
Nom.	nous	vous	ils	elles	—	nous	vous	eux	elles
Gen.	—	—	—	—	—	de nous	de vous	d'eux	d'elles
Dat.	nous	vous	leur	leur	—	à nous	à vous	à eux	à elles
Acc.	nous	vous	les	les	—	nous	vous	eux	elles

Dieselben Formen dienen als **reflexives Pronomen**. Doch lautet dasselbe für die 3. Person in der verbundenen Form **se** für Accusativ und Dativ (il se flatte d'un vain espoir; il se donne bien de la peine); in der unverbundenen Form steht **soi** (§ 292), neben lui, elle.

Das Personalpronomen **leur** (ihnen) kann nie **s** annehmen.

a) Verbundenes Personalpronomen.

§ 157 (¹⁷¹). **Verwendung.** Die Subjektsformen (Nominativ) stehen an der dem Subjekt zukommenden Stelle vor

§ 157. Verwendung des verbundenen Personalpronomens.

dem Verb, in der Frage nach demselben (mit Bindestrich): Nous avons. Avons-nous? Über die Einschiebung von t vgl. S. 44, N. 4.

Die Objektsformen (Dativ, Accusativ) stehen vor dem Verb, aber nach dem affirmativen Imperativ: tu le rends; rends-le.

Nach dem Imperativ werden die tonlosen Formen me, te (außer vor en) in die volleren moi, toi verwandelt: donne-moi, promène-toi (aber donne-m'en, va-t'en).

Ebenso erhalten die vor dem Verb tonlosen Formen le la nach dem Imperativ eine Betonung und verlieren dann (außer vor en, y) nicht ihren Vokal: promets-le à ton frère, ramène-la au logis (aber faites-l'en repentir).

Anm. Moi und toi müßten (wie vor en) auch vor y tonlose Form behalten, also mène-m'y, sie-t'y. Dafür soll aus Wohllautsrücksichten eine Umstellung eintreten: mènes-y-moi, sies-y-toi. Am besten umgeht man beides durch eine andere Ausdrucksweise, z. B. mène-moi là, tu peux t'y lier, veuillez m'y conduire u. a.

Der neutrale Nominativ il steht nur bei unpersönlichen Verben: il pleut. Der Genitiv en und der Dativ y sind Adverbien und treten zur Aushülfe (statt de le, à le) ein; sie finden auf Sachen Anwendung: J'en suis convaincu. J'y renonce. Seltener auf Personen, vgl. § 286.

§ 158 (¹⁷²). Kombination und Stellung der Objektsformen.

1) Die Objektsformen (Dativ und Accusativ) des verbundenen Personalpronomens (einschließlich der Pronominaladverbien en, y) stehen unmittelbar vor der Personalform des Verbs.

Sie stehen dagegen unmittelbar nach dem affirmativen Imperativ und werden mit demselben sowie unter einander durch Bindestriche verbunden.

2) Der Accusativ steht dem Verb näher als der Dativ, d. h. vor dem Verb geht der Dativ dem Accusativ, nach dem Imperativ dagegen der Accusativ dem Dativ voran: Tu me le rendras. Rends-le-moi. Jedoch stehen vor dem Verb die Dative lui und leur nach dem Accusativ: On me l'a donné. On le leur a promis.

En und y stehen den übrigen Objektsformen nach, y seinerseits steht vor en: Il m'en a parlé. Ces preuves suffiront, il est inutile d'y en ajouter d'autres.

3) Von Kombinationen der Objektsformen sind nur diejenigen zulässig, welche aus einem beliebigen Dativ und einem der Accusative le, la, les bestehen. Bei einem anderen Accusativ muß der Dativ der unverbundenen Form eintreten: Je vous le présenterai, aber je vous présenterai à lui.

En und y sind in Bezug auf ihre Kombinationsfähigkeit nur den Beschränkungen unterworfen, welche durch den Wohllaut[1] geboten sind.

Anm. 1) Von mehreren (durch et, ou, mais) verbundenen Imperativen konnte der letzte früher auch in der affirmativen Form das Objektspronomen vor sich haben: Ne me trompez pas et vous montrez digne de ma confiance.

2) In familiärer Sprache stehen nach dem Imperativ die Dative **nous, vous** vor dem Accusativ: Livrez-nous-les! (Ruf bei der Erstürmung der Bastille.) Besonders bei Reflexiven: Si vous tenez tant à cette amitié, conservez-vous-la. Immer tenez-vous-le pour dit (lassen Sie sich das gesagt sein), vermieden durch tenez-vous pour averti.

3) Diese Beschränkung der Kombinationsfähigkeit gilt für die Stellung vor wie nach dem Verb. Daher
Cette condition est injuste, ne vous y soumettez pas, aber
Cet homme vous tyrannise, ne vous soumettez pas à lui.
Ces gens méconnaissent votre autorité, soumettez-les-vous, aber
Votre père est votre meilleur ami, soumettez-vous à lui.

§ 159 ([173]). **Stellung der zum Infinitiv gehörigen Objektsformen.**

1) Die von einem Infinitiv abhängigen Objektsformen stehen vor demselben: J'irai vous voir. Il a voulu s'excuser.

2) Wenn dagegen vor dem Infinitiv eines der Verben **faire, laisser, entendre, voir** (écouter, regarder), **sentir** steht, so müssen sämtliche Objektsformen vor dieses Verb treten: on le lui a fait dire; on vous l'a laissé ignorer; il se le voit refuser.

3) Bei dem verneinten Infinitiv können die Objektsformen zwischen **ne ... pas** oder nach der vollen Negation stehen: On s'étonnait de ne le point voir. C'est à ne pas y croire.

Anm. 1) Früher traten die Objektsformen auch vor ein modales Hülfsverb (vouloir, devoir, pouvoir u. a.), sowie vor ein zur Umschreibung dienendes Verb (aller, venir, envoyer u. a.). Vor dem letzteren ist die alte Stellung

---

[1] Hiatus und Häufung sind möglichst zu meiden.

noch erlaubt: je l'irai voir; on le vint avertir; il vous enverra chercher; je l'irai dire à Rome (dann will ich's loben). Vor modalen Hülfsverben können en und y noch recht wohl stehen: Les résultats qu'on en pouvait attendre. Les puissances y doivent intervenir.

2) Die sonst unüblichen Kombinationen müssen auch hier vermieden werden: Son amitié lui fit me pardonner mes caprices. Bei dem affirmativen Imperativ treten die Objektsformen zwischen Imperativ und Infinitiv: Si vous ne savez pas cette histoire, faites-vous-la conter.

3) Die durch Umschreibung gebildeten Infinitive verteilen in der Regel die Negation vor und nach dem Hülfsverb, welches alsdann die Fürwörter vor sich nimmt: Il est furieux de ne vous avoir pas rencontré (neben de ne pas vous avoir rencontré).

b) Unverbundenes Personalpronomen.

Vgl. Syntax § 290 ff.

Possessivpronomen.

§ 160 (¹⁷⁴). **Einteilung.** Man unterscheidet ein **adjektivisches** (oder tonloses) Possessiv (*adjectif possessif*) und ein **substantivisches** (oder betontes) Possessiv (*pronom possessif*).

a) Adjektivisches Possessivpronomen.

§ 161 (¹⁷⁵). **Formen desselben.**

		mein	dein	sein, ihr	unser	euer, Ihr	ihr
Sing.	Mask.	mon	ton	son	notre	votre	leur
	Fem.	ma	ta	sa			
Plur.	Mask. Fem.	mes	tes	ses	nos	vos	leurs

Ihr (von einer Besitzerin) heißt son, sa, ses: son frère, sa sœur, ses parents.

Ihr (von mehreren Besitzern oder Besitzerinnen) heißt leur, leurs: leur frère, leur sœur, leurs parents. Das Possessiv leur hat eine Pluralform, aber kein besonderes Feminin.

Die adjektivischen Possessive notre, votre schließen sich eng an das folgende Substantiv, werden mit kurzem (offenen) o gesprochen und haben keinen Cirkumflex.

Statt der weiblichen Formen ma, ta, sa werden die männlichen mon, ton, son gebraucht vor Wörtern, welche vokalisch anlauten: mon épée, ton hésitation, son aveugle colère.

Anm. In älterer Zeit wurden ma, ta, sa apostrophiert, was sich für die beiden ersten ziemlich lange erhielt. Reste sind noch vorhanden in m'amie (meine Liebe), meist falsch ma mie geschrieben, und des m'amours (Süßlichkeiten): Alors on m'a prié avec toute sorte de m'amours de m'en tenir aux simples questions de pédagogie (A. Daudet; er schreibt mamours ohne Apostroph). — Mon u. s. w. trat vor vokalisch anlautenden Femininen nicht des Wohllautes wegen ein, sondern damit dem Possessiv wie dem Substantiv seine volle Selbständigkeit erhalten blieb.

§ 162 ([176]). **Das adjektivische Possessiv in Zusammensetzungen.** Die Wörter monsieur, madame, mademoiselle, monseigneur bilden den Plural messieurs, mesdames (aber meist messieurs et dames![1] in der Anrede), mesdemoiselles; über den Plural von monseigneur vgl. § 98 Anm. 1.

Das Possessiv ist in diesen Wörtern trennbar, außer in monsieur. Demnach mon cher monsieur, aber (ma) chère dame. Derartige Verbindungen werden jedoch besser gemieden.

Anm. Für die vom deutschen Brauch vielfach abweichende Verwendung dieser Wörter sei noch bemerkt:

In der Anrede gebraucht man **monsieur, madame** u. s. w. ohne Familiennamen (bei größerer Vertraulichkeit mit dem Vornamen). Spricht man dagegen von jemand zu seinen Angehörigen, so wird der Familienname beigefügt: Comment va monsieur Durand? Madame Durand[2] va bien? Bei **madame** halten es viele für höflicher, den Namen wegzulassen. — Auch Ehegatten, wenn sie von einander zu Fremden sprechen, bezeichnen sich meist mit dem Familiennamen und vorangesetztem monsieur, madame.

Monsieur (abgekürzt) tritt vor den Namen (auch beim Citieren), so oft man von Lebenden spricht. Bei einer Reihe von Namen wird nur vor die der noch lebenden Personen M. gesetzt.

Auf Büchertiteln stand früher M. vor dem Namen des Verfassers; jetzt nur noch in Buchhändleranzeigen.

Auch vor seinem eigenen Namen gebraucht der Franzose stets **monsieur**, wenn er einem Bedienten seinen Namen nennt. Auf Visitenkarten stehen nur Mme, Mlle vor dem Namen, nicht auch M. (doch M. et Mme).

---

[1] Das Possessiv fehlt bei dem zweiten Substantiv, weil Zusammenfassung eintritt. Es fehlt daher nicht in Messieurs, mesdames! weil et fehlt, ebenso wenig in (dem nach englischem Brauch einbringenden) Mesdames et messieurs! weil bei monsieur das Possessiv untrennbar ist.

[2] In Frankreich äußerst häufiger Name.

§ 162. Adjektivisches Possessiv in Zusammensetzungen.

Ehemals setzte man nach einer Briefüberschrift (**Monsieur**) in zweiter Zeile nochmals **Monsieur**. Auf Briefadressen setzt man einfaches **Monsieur** u. s. w. vor den Namen (kein à). Nach älterem Brauch stellt man noch manchmal **A Monsieur** u. s. w. in einer Zeile für sich dieser Aufschrift voran. Diese Förmlichkeit ist nicht zur Nachahmung zu empfehlen, wird aber von manchen verteidigt.

Madame wird auch von unverheirateten Damen gesagt, wenn dieselben Glieder einer Fürstenfamilie oder Klosterfrauen sind.

Umgekehrt erhielten in älterer Zeit Bürgerfrauen die Bezeichnung **mademoiselle** (vor dem Namen ihres Mannes): mademoiselle Molière.

Monseigneur wird jetzt in der Anrede an fremde Prinzen noch gebraucht; in der Anrede und als Titel erhalten es Bischöfe.

Unter den Bourbonen hieß der Bruder des Königs **Monsieur**, seine Gemahlin **Madame**, seine Tochter **Mademoiselle** (ohne weitere Zusätze).

Mons (s laut) ist eine Abkürzung aus **monsieur**, die nur scherzhaft (oder im verächtlichen Sinn) gebraucht wird, etwa unserm Meister X. entsprechend. Mons Louvois öfter bei Voltaire.

Wenn auf eines der obigen Wörter ein Titel folgt, so wird die Einschiebung des Artikels nötig (vgl. § 265, 1). Nicht aber vor anderen Bezeichnungen, daher cher monsieur et collègue (confrère, lieber Herr Kollege). Über den militärischen Gebrauch vgl. § 300, 2.

Monsieur, Madame u. s. w. stehen häufig für vous besonders in der Frage und in Ausdrücken mit fragendem Sinn: Monsieur ne se rappelle pas cela? — Für die 3. Person, wenn man von jemand in seinem Beisein spricht: Vous ne connaissez pas monsieur? Vgl. hierzu § 304 A. 2 b.

b) Substantivisches Possessivpronomen.

§ 163 (177). Formen desselben.

	Singular		Plural	
	Mask.	Fem.	Mask.	Fem.
Der, die meinige	le mien	la mienne	les miens	les miennes
Der, die deinige	le tien	la tienne	les tiens	les tiennes
Der, die seinige (ihrige)	le sien	la sienne	les siens	les siennes
Der, die unsrige	le nôtre	la nôtre	les nôtres	
Der, die eurige (Ihrige)	le vôtre	la vôtre	les vôtres	
Der, die ihrige	le leur	la leur	les leurs	

Le nôtre, le vôtre haben langes (geschlossenes) o mit dem Cirkumflex. Der Plural wird im Unterschied zu den adjektivischen Formen durch Anfügung von s gebildet.

Anm. Le mien kommt vom lat. meum, aber le tien, le sien sind nach le mien gebildet, kommen also nicht von dem lat. tuum, suum. Aus letzteren Formen haben sich ton, son entwickelt und ihnen wurde mon nachgebildet.

Demonstrativpronomen.

§ 164 ([178]). Einteilung. Das Demonstrativpronomen zerfällt in ein **adjektivisches** oder tonloses (*adjectif démonstratif*) und ein **substantivisches** oder betontes (*pronom démonstratif*).

§ 165 ([179]). Formen desselben. Das adjektivische Fürwort ist **ce** (**cet** vor vokalischem Anlaut), weibliche Form **cette**. Plural beider **ces**; deutsch: dieser, diese. Ce jardin, cet arbre, cette maison; ces jardins, ces arbres, ces maisons.

Das substantivische Fürwort ist **celui**, **celle** (derjenige, diejenige), Plural **ceux** (AR 6), **celles** (diejenigen). Celui qui, celle qui u. s. w. Für das substantivische Fürwort giebt es ein Neutrum **ce** (dieses, das; dasjenige): Ce sont nos amis; ce qui est utile.

Anm. Das Mask. des adjektivischen Fürworts hieß ursprünglich auch vor Konsonanten **cet**. In der Aussprache lautet cet wie cette, doch hat es etwas kürzeren Vokal: cet arbre spr. *sè-tarbre*[1].

Das adjektivische Mask. ce und das substantivische Neutrum ce sind auch ihrer Herkunft nach getrennte Wörter.[2]

§ 166 ([180]). Zusatz von ci, là. Das adjektivische ce (cet), cette bedeutet sowohl **dieser** als **jener**. Wenn ein Unterschied gemacht werden soll, so treten die Adverbien **ci, là** an die Substantive, vor welchen ce steht: ce jardin-ci (dieser Garten), cette maison-là (jenes Haus).

Aus dem gleichen Grunde treten sie an das neutrale ce: ceci (dieses), cela (jenes).

Die substantivischen Fürwörter celui, celle müssen, wenn sie als eigentliche Demonstrative gebraucht werden sollen, diese Adverbien nach sich haben: celui-ci (dieser), celui-là (jener). Vgl. § 167.

---

[1] Einzelne sprechen dumpfes e (wie in ce), um den Unterschied zwischen Mask. und Fem. deutlich hervortreten zu lassen.

[2] Ce (cet) von lat. ecce-istum, neutrales ce von ecce-hoc.

Anm. Ci ist allerdings aus ici entstanden, doch darf nicht etwa auch ici bei Demonstrativen gebraucht werden. — Für cela giebt es eine verkürzte (familiäre) Form ça (wie cela ohne Accent).[1]

§ 167 ([181]). Demonstrativ und Determinativ.

Für den Gebrauch sehr wichtig ist die Scheidung der demonstrativen Fürwörter in eigentliche Demonstrative und Determinative, d. h. in wirklich hindeutende Fürwörter und solche, welche nur das Antecedens (Beziehungswort) zu einem folgenden Korrelat (Relativ, partitiver Genitiv, Infinitiv mit de u. a.) bilden können. Die Verteilung ist folgende:

	Demonstratives Pronomen.		Determinatives Pronomen.	
	Mask. u. Fem.	Neutr.	Mask. u. Fem.	Neutr.
Adj. Pron.	ce (cet), cette dieser, diese ce...-ci (-là) cette...-ci(-là) dieser, jener		ce (cet), cette der, die	
Subst. Pron.	celui-ci (-là) dieser, jener	ce das ceci, cela dieses, jenes	celui, celle derjenige, diejenige	ce dasjenige

Hieraus ergiebt sich hauptsächlich,
1) daß celui nur vor qui oder de stehen kann, also niemals dieser bedeutet;
2) daß nach celui-ci, celui-là, ceci, cela kein Relativ und kein de (im oben angegebenen Sinn) folgen darf.

168 ([182]). Sonstige Demonstrative.

Zu dem Demonstrativ gehören einzelne Gebrauchsweisen von le même (derselbe) und tel, telle (solcher, solche). Ferner die demonstrativen Adverbien ici (hier) und là (da, dort); endlich voici (hier) und voilà[2] (da, dort). Vgl. hierüber die Syntax.

---

[1] Nicht zu verwechseln mit dem Adverb çà (çà et là hie und da) und mit der Interjektion çà.

[2] Entstanden aus dem Imp. von voir (voi für vois) und ici, là. Früher war die Zusammensetzung nicht so innig und man brauchte auch den Plural des Imp. von voir.

Relativpronomen *(le pronom relatif)* und Interrogativpronomen *(le pronom* bezw. *l'adjectif interrogatif).*

§ 169 (¹⁸⁸). **Formen derselben.** Das Relativpronomen hat nur substantivische Formen, das Interrogativpronomen dagegen hat auch eine adjektivische Form.

A. Relativpronomen.   B. Interrogativpronomen.

a) Adjektivisches.

Ein adjektisches Relativ existiert nicht.	quel, quelle welcher? welche?
	de quel, de quelle oder:
	à quel, à quelle welcherlei?
	quel, quelle
	quels, quelles
	de quels, de quelles
	à quels, à quelles
	quels, quelles

b) Substantivisches.

1. Zweigeschlechtiges mit für Relativ und Interrogativ gleicher Form.

Als Relativ: Als Interrogativ:

welcher, welche lequel	laquelle welcher, welche (von diesen)?
duquel	de laquelle
auquel	à laquelle
lequel	laquelle
lesquels	lesquelles
desquels	desquelles
auxquels	auxquelles
lesquels	lesquelles

Wie bei dem Artikel tritt Verschmelzung mit den Präpositionen de und à, nicht aber mit anderen Präpositionen ein.

2. Mit gemeinsamer Form für Mask. und Fem.

Mask. u. Fem.	Neutr.	Mask. u. Fem.	Neutr.
qui (que) welcher	qui (que) was	qui wer?	que (quoi) was?
de qui, dont	de quoi, dont	de qui	de quoi
à qui	à quoi	à qui	à quoi

§ 169. Relativ= und Interrogativpronomen.

Mask. u. Fem.	Neutr.	Mask. u. Fem.	Neutr.
que; qui[1]	que; quoi[1]	qui	que; quoi[1]
Plural ebenso.	Ohne Plural.	Plur. zu meiden[2].	Ohne Plural.

Bemerkung: Über die Verwendung der in Klammern stehenden Formen giebt die Syntax Auskunft (§ 320, 329).

Ebenso über den Unterschied der Relative qui und lequel (§ 316 f.). Für den Unterschied der Interrogative ist zu merken: qui wer? und que (quoi) was? fragen allgemein nach einer Person oder einem Gegenstand: Qui avez-vous vu? Wen haben Sie gesehen? Qu'y a-t-il pour votre service? Was steht Ihnen zu Diensten? — Lequel fragt in bestimmter Weise nach einer Person oder Sache aus einer begrenzten Anzahl: Lequel de mes deux frères avez-vous vu? Welchen von meinen beiden Brüdern haben Sie gesehen? De ces dix tableaux lequel vous plaît le mieux? Welches von diesen zehn Gemälden gefällt Ihnen am besten? In Verbindung mit einem Substantiv kann natürlich nur quel stehen: Quel homme est-ce là? Was ist das für ein Mann? Quel est cet homme? Was ist das für ein Mann? Wer ist dieser Mann?

Quel wird auch im Ausruf gebraucht: Quel homme! Was für ein (bewundernswerter, oder auch: seltsamer) Mann.[3]

Die fragenden Fürwörter sind dieselben für die direkte wie für die indirekte Frage. Das neutrale Interrogativ jedoch darf nur in der direkten Frage stehen, im indirekten Fragesatz tritt dafür das neutrale Relativ ein (ce qui).

Indefinites Pronomen (*le pronom* bezw. *l'adjectif indéfini*).

§ 170 (¹⁵⁴). **Einteilung.** Die unbestimmten Fürwörter werden teilweise nur substantivisch, teilweise nur adjektivisch gebraucht; die meisten finden sowohl als Adjektive wie als Substantive Verwendung.

---

[1] Diese Formen qui, quoi sind die schwereren, betonten Formen. In ihrer Verwendung zeigen sie viele Ähnlichkeit mit den unverbundenen Formen des Personalpronomens; nur sie dürfen nach Präpositionen stehen. Qui ist alter Objektskasus (cui), nicht Nominativ.

[2] Vgl. Syntax § 327 A. 1. Das fragende qui ist eigentlich nur Mask. und Sing. (Littré).

[3] Quoi? = englisch who? Lequel = which? Quel = what?

§ 171 ([185]). **Substantivische Fürwörter.** Nur substantivisch werden gebraucht: on (man), personne[1] (jemand), rien[1] (etwas).

Anm. Für on (aus latein. homo) tritt öfter[2] l'on ein (gewöhnlich zur Vermeidung des Hiatus)
1) nach et, ou, où, qui, quoi (nebst pourquoi), si (nebst aussi, ainsi), que als Relativ und Konjunktion (nebst lorsque, puisque u. a.),
2) manchmal nach déjà, aujourd'hui, ici, comme und sogar nach Konsonanten[3], z. B. nach donc, dont, car, mais, plus, cependant u. a.,
3) sehr selten zu Anfang des Satzganzen oder des Nachsatzes.

Statt qu'on tritt fast regelmäßig que l'on ein, wenn eines der nächsten Wörter mit hartem c (besonders con-) anlautet. — L'on wird nicht gesetzt, wenn eines der nächstfolgenden Wörter mit l anlautet. Niemals kann l'on nach dem Verb stehen.

§ 172 ([186]). **Adjektivische Fürwörter.** Nur adjektivisch werden gebraucht: certain, certaine (gewisser, gewisse), différents, différentes und divers, diverses (beide: verschiedene), maint, mainte (gar mancher, manche).

Anm. Différents und divers kommen als Adjektive im Singular und Plural, als Fürwörter nur im Plural vor. Maint gehört mehr der familiären Sprache an: mainte fois oder maintes fois (gar manches mal), en mainte et mainte occasion (bei gar manchem Anlasse). Certain kann den unbestimmten Artikel vor sich haben; im Plural kann es de vor sich haben oder nicht: Je connais certaines gens oder de certaines gens[4] Die übrigen dürfen kein de vor sich haben.

§ 173 ([187]). **Adjektivische und substantivische Fürwörter.**

1) Mit gleicher Form für beiderlei Gebrauch:

Un, une; l'un, l'une ein; der eine

Pas un, pas une ⎫
Aucun, aucune ⎬ kein; keiner
Nul, nulle ⎭

Tel, telle; un tel, une telle mancher; solcher
Un autre[5], une autre anderer; ein anderer
Le même, la même derselbe
Plusieurs mehrere, sehr viele[6]

---

[1] Ne ... personne (niemand), ne ... rien (nichts).
[2] L'on ist nicht etwa nötig.
[3] In diesem Falle wollte der Schriftsteller die Bindung dieses Konsonanten mit dem folgenden on vermeiden.
[4] Selten steht de vor certains als Subjekt.
[5] Über autrui vgl. Syntax (§ 335 A. 3).
[6] Plusieurs (ohne besondere weibliche Form) ist zugleich Komparativ und absoluter Superlativ. Die meisten la plupart.

§ 173. Adjektivische und substantivische Indefinite.

Tout im Sing. ohne Artikel: tout peuple, toute nation (jedes Volk)
Tout im Sing. mit Artikel: tout le[1] peuple, toute la nation (das ganze Volk)
Tout im Plur. mit Artikel: tous les peuples, toutes les nations (alle Völker)
Le tout (das Ganze); tous (sprich s scharf), toutes (alle).

2) Mit verschiedener Form für adjektivischen und substantivischen Gebrauch:

Adjektivisch.	Substantivisch.
Quelconque (welcherlei immer, jeder beliebige) Plur. quelconques.	Quiconque (wer immer; ein jeder, welcher) ohne Plural.
Chaque (jeder, jede) ohne Plural.	Chacun, chacune (ein jeder, eine jede) ohne Plural.
Quelque (einige) Plural quelques.	Quelqu'un, quelqu'une (irgend einer, eine) Plural quelques-uns, quelques-unes (einige). Neutrum quelque chose (etwas).

VIII. Die Präposition *(la préposition)*.

§ 174 (¹³⁸). Die eigentlichen Präpositionen, welche sämtlich mit dem Accusativ verbunden werden, sind folgende:

à zu, nach, in, an
après nach
attendu in Anbetracht
avant vor
avec mit
chez bei
concernant inbetreff
contre gegen
dans ⎫
en ⎬ in
de von, aus

depuis seit
derrière hinter
dès von...an, seit
devant vor
durant während
entre zwischen, unter
envers gegen
excepté ausgenommen
hors ⎫
hormis ⎬ außer
jusque bis

---

[1] Statt des bestimmten Artikels kann auch der unbestimmte, sowie adjektivisches Possessiv oder Demonstrativ eintreten.

malgré trotz	sans ohne
moyennant vermittelst, für	sauf unbeschadet, ohne, außer
nonobstant ungeachtet	selon ⎫
outre außer	suivant ⎭ zufolge, nach
par durch	sous unter
parmi unter	sur auf
passé nach	touchant inbetreff
pendant während	vers gegen
pour für	vu in Anbetracht

Anm. 1) Die Franzosen rechnen meist auch **voici, voilà** zu den Präpositionen. Deçà (diesseits) und delà (jenseits) sind fast veraltet, dafür en deçà de, au delà de, vgl. unten § 175.

2) **Avant** und **après** werden in Bezug auf Zeit und Reihenfolge, **devant** und **derrière** im räumlichen Sinne gebraucht. Doch kann auch après in Bezug auf räumliche Verhältnisse gebraucht werden.

3) **Contre** steht meist im feindlichen Sinne, **vers** in Bezug auf Raum und Zeit; **envers** steht für jederlei Beziehung auf ein Objekt, meist nach Adjektiven. Vgl. unten bei **gegen**.

4) **Dans** und **en** unterscheiden sich gewöhnlich nur der Form nach (vgl. jedoch unten bei **in**), indem **dans** vor dem bestimmten Artikel steht, während **en** denselben in der Regel nicht zuläßt. **En** tritt statt **dans** besonders ein vor dem Pronomen: en ce cas, en son dictionnaire (neben dans ce cas, dans son dictionnaire), sogar en tous les cas, en toutes les langues. **En** tritt manchmal vor den bestimmten Artikel; stehende Ausdrücke dieser Art sind: en l'honneur de (zu Ehren von), en l'absence de (in Abwesenheit von), en l'an, en l'étude de (auf der Amtsstube von) beide nur im Aktenstil, en l'air (in den Wind hinein, grundlos, unnütz, des mots en l'air), il y a péril en la demeure (es ist Gefahr im Verzuge).

En tritt außerdem öfter für **à** ein, wenn kein bestimmter Artikel folgt, besonders vor dem Pronomen[1]: au nom de mes amis, aber en mon nom; à la place de votre frère, aber en (neben à) ma place; tomber au pouvoir d'un ennemi, aber il tomba en leur pouvoir u. a. Daher auch au printemps, aber en été; croire aux dieux, aber croire en Dieu; au temps des croisades, aber en ce temps-là; vgl. en cas que neben au cas que (au cas où, dans le cas où nur mit Artikel wegen des folgenden Relativadverbs).

5) **De** steht bei den Wörtern **côté** und **part** auf die Frage woher? (de ce côté von dieser Seite, de part et d'autre von beiden Seiten), auf die Frage wo? (d'un côté auf der einen Seite, de toutes parts auf allen Seiten) und bei **côté** auch auf die Frage wohin? (s'en aller du côté de la ville nach der Stadt hin gehen).

---

[1] Wobei **lequel** und das substantivische Possessiv auszunehmen, weil beide den bestimmten Artikel aufweisen.

§ 175. **Präpositionale Redensarten**.

6) **Dès** erhält oft den Sinn unseres **schon**: Dès l'âge le plus tendre il montra de grandes disposition pour la musique. — Dès lors steht öfter im Sinne von **folglich**.

7) **Entre** (zwischen, unter) wird eigentlich nur von zweien, **parmi** (inmitten von, unter) von mehreren gesagt. Doch tritt auch entre im Sinne von parmi ein: Il fut trouvé entre[1] les morts (parmi les blessés).

8) **Jusque** (in der Poesie noch manchmal das alte jusques) für sich allein kommt nur in jusqu'où, jusqu'ici, jusque-là vor. Sonst findet es sich immer in Verbindung mit den Präpositionen à, en, dans, sur, vers u. a. — Dann steht es öfter im Sinne von **sogar**: On lirait avec étonnement ce récit jusque dans un roman de chevalerie.

9) **Durant** folgt häufig dem Substantiv nach, und da es Particip ist, muß diese Stellung als die ursprüngliche gelten. Es hat dann die Bedeutung des deutschen **lang** und steht wie dieses nach bestimmten Zeitangaben, daher six mois durant (neben durant six mois), aber nur durant cet intervalle, durant de longues heures.

§ 175 (169). **Präpositionale Redensarten.** Außerdem besitzt das Französische eine große Zahl präpositionaler Redensarten (teilweise nur vor dem Infinitiv üblich):

à l'aide de mit Hülfe von, durch
au bout de nach Verlauf von, nach
au } cas de im Falle von
en
à cause de wegen
à côté de neben
à } défaut de[2] in Ermangelung von
au
au delà de jenseits
au-dessous de unter, unterhalb
au-dessus de über, oberhalb
au-devant de entgegen
à l'égal de in gleichem Grade wie
à l'égard de }
à l'endroit de } in Bezug auf
à l'exclusion de mit Ausschluß von
à la faveur de unter dem Schutze von
en faveur de zugunsten

afin de um zu
à force de durch (vieles u. s. w.)
à l'intention de für
au lieu de anstatt
à même (de) unmittelbar aus, in
à mesure de }
à proportion de } im Verhältnis zu
au milieu de mitten in
à moins de ohne
au moyen de vermittelst
à partir de von . . . an, seit
à . . . près[3] abgesehen von
auprès de neben, im Vergleich mit
au prix de im Vergleich mit
à propos de bei Gelegenheit von
à raison de für (bei Preis)
aux termes de nach, laut
à titre de als

---

[1] Der öfter gemachte Unterschied entre les morts (selbst tot), aber parmi les morts (selbst noch lebend) ist gänzlich unbegründet.
[2] Der Zusatz des Artikels bedingt keinerlei Unterschied.
[3] A cela près davon abgesehen. A une dizaine de personnes près zehn Personen auf oder ab.

autour de	um
à travers } au travers de }	quer über, durch
contrairement à	im Unterschiede zu
d'après	nach (Muster)
d'avec	von (Unterscheidung)
(de) crainte de } de peur de }	damit nicht, um nicht
de façon à } de manière à }	derart daß, so daß
de par (aus part) de	von seiten, auf Befehl
de préférence à	eher, lieber als
en considération de	in Anbetracht von
en deçà de	diesseits
en dedans de	innerhalb
en dehors de	außerhalb
en dépit de	trotz
en face de } vis-à-vis de }	gegenüber
en fait de } en matière de }	in, was anbelangt
en vertu de	kraft
faute de	aus (beim) Mangel an
grâce à	dank, vermöge
hors de	außer
le long de	längs
loin de	weit entfernt
lors de	zur Zeit von
par-dessous	unter
par-dessus [1]	über
par devant	vor
par rapport à	rücksichtlich, gegenüber [2]
par suite de	infolge von
pour l'amour de	um . . . willen
pour ce qui est de } quant à }	hinsichtlich, was betrifft
près de, proche de	bei
sauf à	unbeschadet
sous peine de	bei Strafe von
sous prétexte de	unter dem Vorwande von

Anm. 1) Hierzu tritt eine große Anzahl von Verbindungen einzelner Präpositionen (vgl. z. B. für jusque oben § 174, Anm. 8). De chez (nicht de allein) muß stehen, wenn das Kommen aus der Wohnung jemandes bezeichnet werden soll, daher: je sors de chez vous gerade komme ich von Ihnen, aus Ihrem Hause. D'entre (gewöhnlich nicht einfaches de) steht vor dem Pronomen nach Indefiniten (plusieurs d'entre nous), absolut gebrauchten Quantitätsadverbien (peu d'entre les siens) und Zahlwörtern (une d'entre elles, quatre d'entre vous). Des Mißklangs wegen wäre einfaches de in deux d'entre eux, ceux d'entre eux unmöglich.

2) **Près de** und **auprès de** unterscheiden sich dadurch, daß auprès de von Personen gebraucht wird. Selten findet sich près de von Personen oder auprès de von Örtlichkeiten.

3) **Près** steht ohne de bei Angabe der Lage oder Wohnung (vgl. 5 e i 1); auch ambassadeur près le saint-siège u. a. **Vis-à-vis** kann ohne de gebraucht werden.

Zusatz. Eine Anzahl von Präpositionen wird adverbial gebraucht: voter pour (dafür stimmen), je ne dis rien contre (dagegen), passez devant

---

[1] Aber le pardessus (kein Bindestrich) der Überzieher, Paletot.
[2] **Par rapport à** ist das richtige Wort statt des oft falsch gebrauchten vis-à-vis de (gegenüber) in Bezug auf Personen: Ce serait une faiblesse par rapport aux autres et une faiblesse par rapport à vous-même.

(gehen Sie voraus), passer outre (sich um eine erhobene Einsprache nicht kümmern), c'est selon (je nachdem, das kommt darauf an). Ebenso avant, devant, après, depuis (später[1]), familiär auch avec[2], sans und parmi.

Umgekehrt können einzelne Adverbien wie Präpositionen gebraucht werden, so **comme** (an, in Bezug auf), **aussitôt** oder **sitôt** (sogleich nach): On fera une riche récolte comme quantité et qualité. Aussitôt la conclusion de la paix, l'armée fut remise sur le pied de paix.

Wiedergabe deutscher Präpositionen im Französischen.

§ 176 ([190]). An (meist à).

I. Auf die Frage wo?

1) Örtlich: am Flusse sur le bord du fleuve, an der Küste sur la côte, an dem Busen von Bengalen sur le golfe de Bengale (en = in), an der Grenze sur la frontière. Châlons - **sur** - Marne.[3] Cologne est située (assise) **sur** le Rhin (aber une ville située au confluent de deux fleuves, à l'embouchure d'un fleuve). Die Schlacht am Weißen Berg la bataille de la montagne Blanche.
An der Spitze en tête. — Professeur au Collège de France.

2) Statt in: am Leben en vie. Wenn ich an Ihrer Stelle wäre si j'étais à (en) votre place (si j'étais que de vous). An jemanden einen Helfer finden trouver un auxiliaire dans (en) qn. Das gefällt mir an ihm voilà ce qui me plaît de lui (en lui).

3) Zeitlich: meist mit dem Accusativ le matin, le soir, le jour (de jour), le lendemain. Doch: am bestimmten Tage au jour fixé, am Abend dans la soirée, am hellen Tage en plein jour, en plein midi, gestern (am) Abend hier (au) soir, gestern (am) Nachmittag hier **dans** l'après-midi.
Par une belle journée (un beau jour) d'hiver, par un dimanche d'été.

4) Mittel oder Grund: an der Hand führen mener qn **par** la main, an einen Nagel aufhängen suspendre qe par (à) un clou, an der Stimme erkennen reconnaître qn par la voix, am ganzen Leibe zittern trembler de tout son corps, de tous ses membres.
An einer Wunde sterben mourir d'une blessure, ebenso mourir de maladie (natürlichen Todes), mourir de la fièvre jaune (mourir empoisonné an Gift).

5) Statt in Bezug auf: Des nations diverses **de** mœurs. Un ouvrage irréprochable de style. Croître, décroître de diamètre. Ressembler

---

[1] Wie im Engl. since, im Mhd. sît.
[2] Avec ist häufig in der Litteratur (besonders bei A. de Musset).
[3] Die wichtigsten Fälle sind in diesem und den folgenden Paragraphen durch fetten Druck kenntlich gemacht.

à qn par qc. Économiser sur le combustible (an Brennmaterial). Le disputer à qn **pour** la puissance (de puissance), être supérieur à qn pour la taille. Il a beaucoup gagné **comme** esprit et comme manières. Leer an vide de, unschuldig an innocent **de**.

6) **Einzelnes**: zweifeln an douter de, glauben an croire à qn (à qc), croire **en** Dieu. Sich ein Beispiel nehmen an prendre exemple sur qn. Das liegt mir am Herzen cela me tient au cœur. Ich weiß woran ich bin je sais à quoi m'en tenir. Soviel an mir liegt autant qu'il est **en** moi. Es ist nichts Wahres daran il n'y a rien de vrai là dedans. Verräter am Vaterland traître à la patrie. Es ist an (auf) der Tagesordnung c'est à l'ordre du jour. Das ist am Platz cela est de saison, de mise (nicht am Platze déplacé). Die Reihe ist an mir c'est mon tour de faire qc (c'est à moi à ober de faire qc). Wir waren sechs an der Zahl nous étions au nombre de six (nous étions six).

II. Auf die Frage wohin?
1) **Örtlich**: ans Feuer stellen mettre qc au feu, sich an die Wand lehnen s'appuyer **contre** le mur, an der Zimmerdecke aufhängen suspendre au plafond (un portrait pendu contre la muraille), an die Schultafel schreiben écrire sur le tableau (noir). ans Herz drücken serrer qn **sur** le cœur.
2) **Für eine unbestimmte Zahl**: es fielen an die 3000 Mann dans cette bataille périrent **jusqu'à** 3000 hommes.
3) **Übertragen**: denken an jemanden penser à qn, sich wenden an jemanden s'adresser à qn.

III. **Adverbial**. Von... an dès ce moment, **à partir** de 1820. — An — vorbei (vorüber) passer sous les fenêtres de qn. Le passage de Mercure sur le Soleil. — An und für sich en soi (même), seltner en lui-même u. s. w.

§ 177 (¹⁰¹). Auf (meist sur).

1. Auf die Frage wo?
1) **Örtlich**: auf der Straße dans la rue, auf dem Platze sur (seltner dans) la place, auf dem Forum dans le Forum, auf dem Festland dans le continent, auf der Insel **dans** l'île, auf einer Halbinsel dans une péninsule, auf Cuba dans (oder à) Cuba, auf dem Mittelmeer dans (selten sur) la Méditerranée, auf der Treppe **dans** l'escalier, auf seinem Zimmer **dans** sa chambre. Auf dem Bahnhof à la gare, auf dem Feld **aux** champs (dans son champ), auf dem Ball au bal, auf der Jagd à la chasse, auf dem Lande à la campagne, auf 20 Meilen in der Runde à 20 lieues à la ronde¹, auf der Höhe von à la hauteur du cap Finisterre.

Auf Reisen en voyage, auf Besuch en visite, auf Urlaub en permission (en congé, wenn auf längere Zeit), auf dem Wege, unterwegs en chemin,

---

¹ So steht à bei der Angabe der Entfernung (deutsch keine Präposition): à 20 kilomètres de la frontière.

§ 177. Auf.

en route (chemin faisant). — **Auf einer Reise** dans un voyage, **auf einem Besuch** dans une visite, **auf einem Feldzuge** dans une campagne, dans une expédition. **Auf seinem Posten** à son poste, **auf der Wache sein** être de garde.

Auf der ganzen Erde par toute la terre; chercher qn par tout le champ de bataille. **Bemerke:** La chose la plus inutile du monde **auf der Welt**.

2) **Werkzeug oder Mittel: auf beiden Augen blind** aveugle des[1] deux yeux, **auf dem linken Auge blind** borgne de l'œil gauche, **sich auf Pistolen schlagen** se battre au pistolet, **auf dem Instanzenweg** par la voie hiérarchique, **auf trocknem (feuchtem) Weg** par voie sèche (humide). **Auf dem Klavier spielen** jouer **du** piano.

3) **Auf der Stelle sur-**le-champ, **auf der einen Seite** d'un côté vgl. § 174 Anm. 5, **schwarz auf weiß** avoir qe en blanc et en noir (auch) noir sur blanc), **4 Fuß Länge auf 2 Fuß Breite** 4 pieds de long **sur** 2 de large.

II. **Auf die Frage wohin?**

1) **Örtlich: auf die Erde fallen** tomber à terre (meist tomber par terre, wenn der Fall nicht aus der Höhe erfolgt), **auf die Bäume klettern** grimper aux (sur les) arbres, **auf jemand zukommen** venir à qn (feindlich sur qn).

2) **Zeitlich: auf lange Zeit** pour longtemps, **mieten auf das Jahr** louer une maison à l'année, une voiture au mois, **auf 8 Tage** pour huit jours, **von 1879 auf 1880** l'hiver de 1879 à 1880, **dreiviertel auf 10 Uhr** dix heures moins un quart, **ein Waffenstillstand auf 3 Jahre** une trêve de trois ans.

3) **Übertragen: antworten auf** répondre à qe. **warten auf** attendre qn, **gefaßt sein auf** s'attendre à qe, **böse sein auf** en vouloir à qn, **stolz sein auf** être fier de qe, **eifersüchtig auf** jaloux de, **neidisch auf** envieux de, **auf die Gesundheit** boire à la santé de qn, **einen Preis auf den Kopf setzen** mettre la tête de qn à prix, **geht das auf mich?** est-ce pour moi que vous parlez? **auf französisch en** français, **auf gut Glück** au hasard, **auf Wiedersehen** au revoir, **auf heute Abend** à ce soir, **auf die Uhr sehen** regarder sa montre, **Rechte, Ansprüche auf** avoir des droits sur qe (des titres, des prétentions à qe), **auf Ehre (und Gewissen)** en honneur (d'honneur), dans mon âme et conscience, sur ma conscience, sur mon honneur et ma conscience.

4) **Reihenfolge: folgen auf** succéder à qn, **Schlag auf Schlag** coup sur coup, **Tropfen auf Tropfen** goutte à goutte.

5) **Distributiv: auf den Kopf** par tête, **auf je 1000 Einwohner** une école par mille habitants; une vitesse de 65 kilomètres à l'heure, 30 hectolitres à l'hectare.

---

[1] Die Vorstellung ist: ne voyant pas...

6) **Gemäß, auf ... hin:** auf Befehl **par** ordre de qn, par les ordres de qn, auf den Rat par le(s) conseil(s) de qn, de l'avis de qn, auf die Drohung sur la menace, auf die Bitte à la prière, à la sollicitation, sur la demande de qn, auf die Nachricht à la nouvelle de qc, auf einen bloßen Verdacht hin sur un simple soupçon.

7) **Art und Weise:** auf meine Kosten à mes frais, auf meine Unkosten à mes dépens, auf Ihre Gefahr à vos risques et (*ris-ké*) périls, auf die Gefahr hin **au** risque de périr, auf einmal ils parlèrent tous à la fois (nicht mit Unterbrechung, faire qe en une seule fois).

§ 178 (¹⁹²).   Aus (meist de).

1) **Örtlich:** aus einem Hause treten sortir d'une maison, aus dem Ausland kommen venir de l'étranger, aus Südfrankreich sein être du Midi. Aus dem Fenster sehen (d. h. sich hinausbeugen) regarder **par** la fenêtre (sonst à la fenêtre).

Bei einer Reihe von Verben fragen wir: **woraus?** während im Französischen gefragt wird **wo?** Boire **dans** un verre, manger **dans** une assiette, fumer dans une pipe de bois, prendre une prise dans une tabatière, prendre qe **dans** une armoire (sur une table), des pigeons qui mangent dans la main, des morceaux choisis dans un ouvrage, copier qe **dans** un livre, enlever qn dans son lit, puiser à des sources différentes (bildlich, aber ebenso boire à une source), un fait (pris) entre mille (eine Thatsache aus einer großen Menge) u. a.

2) **Stoff:** eine goldne Kette une chaîne d'or, eine Kanone aus Geschützmetall un canon de bronze, eine goldne Tabaksdose une tabatière en or, eine hölzerne Brücke un pont **en** bois, eine Brücke aus Stein un pont construit en pierres, Maisbrod du pain fait avec de la farine de maïs, machen aus se faire un manteau avec une couverture. Faire de nécessité vertu aus der Not eine Tugend machen.

Bestehen aus être composé **de**, consister **en**.

3) **Beweggrund, Ursache:** aus Haß gegen **en** haine de, aus Stolz **par** orgueil, aus Gefälligkeit par amitié, par complaisance, aus Erfahrung **par** expérience, aus Verzweiflung il se tua de désespoir, aus Furcht **dans** (par) la crainte de, **de** peur de oder ohne Präposition: crainte de, aus Mangel an faute de und so besonders nach soit ... soit, moitié ... moitié: soit envie, soit crainte (sei es aus Neid oder aus Furcht), moitié distraction, moitié paresse (teils aus Zerstreutheit, teils aus Trägheit).

Aus diesem Grunde **pour** (seltner par) cette raison, aus mehreren Gründen pour plusieurs motifs.

§ 179 (¹⁹³).   Außer (meist hors).

1) **Örtlich:** außer dem Hause hors de la maison, außer Schußweite hors de la portée du canon.

2) **Übertragen**: außer Gefahr hors de danger, außer sich hors de soi(-même), außer sich vor Wut transporté de rage, vor Freude außer sich sein ne pas se sentir (se posséder) de joie, außer dem Gesetz (vogelfrei) hors la loi.

3) **Statt ausgenommen**: excepté, à l'exception de. Außer wenigen Ausnahmen sauf de rares exceptions, la règle est absolue, auch à quelques exceptions près. Il a toutes les vertus moins la patience. Les portes ne se ferment plus, si ce n'est en temps de guerre. Niemand außer mir personne autre que moi. Hors und besonders hormis, outre sind in diesem Sinne nicht rätlich.[1]

4) **Statt ungerechnet**: Le seul poète du grand siècle, avec la Fontaine (außer la F.), qui paraisse avoir eu quelque sentiment des mœurs champêtres, est Racan. La population est de trente mille habitants non-compris les indigènes (außer den Eingeborenen), dafür auch indépendamment de, seltener outre.

§ 180 (¹⁹⁴). Bei.

1) **Örtlich**: bei dem Dorfe près du village, ganz nahe bei der Thüre tout près (auprès) de la porte, tout contre la porte.

Nähere Bezeichnung der Lage: le château de Babelsberg près Potsdam; bei französ. Orten meist lès (eigentl. lez § 33, 3): Villeneuve-lès-Avignon, doch par auf Briefadressen, wenn der beigefügte Ort die Poststation ist. — Die Schlacht bei Waterloo la bataille de Waterloo, er fiel bei Wagram il fut tué à Wagram.

Bei den Germanen chez les anciens Germains, bei Montesquieu dans (chez) Montesquieu, bei Leuten Ihrer Ansicht chez (dans) les gens de votre opinion, bei den Säugetieren, den Vögeln chez (dans) les mammifères, les oiseaux. Bei Sachen nur dans: bei den Pflanzen dans les végétaux, bei den Verben dans les verbes.

Ich war bei ihm (in seiner Wohnung) j'ai été chez lui, ich war bei ihm (in seiner Gesellschaft) j'étais avec lui. Er ist bei seiner Familie il est (vit) dans sa famille. Er dient bei den Husaren il sert dans les hussards. — Gesandter bei einer Regierung ambassadeur près un gouvernement, dagegen ambassadeur de France auprès du roi d'Espagne.

Bei ihm ist nichts unmöglich avec lui rien n'est impossible. — Bei Tische à table (ebenso à table d'hôte). Gewehr bei Fuß l'arme au pied.

Etwas bei sich haben: avoir de l'argent sur soi. Man kann noch sagen j'avais un livre sur moi; aber bei Dingen, die man in der Hand trägt: il avait une canne oder il tenait à la main une canne.

2) **Zeitlich**: bei Tage de jour, le jour, dans la journée, pendant le jour, bei Nacht de nuit, bei einbrechender Nacht à la nuit, à la nuit tombante,

---

[1] Fors nur noch in dem bekannten aber unrichtigen: Madame, tout est perdu, fors l'honneur! Richtig: De toutes choses ne m'est demeuré que l'honneur et la vie qui est sauve.

§ 183 (¹⁹⁷). Durch (meist par).

1) Örtlich: er kam durch Lyon il passa par Lyon, durch die Thüre gehen passer par la porte, durch die Nase sprechen parler du nez.
À travers, aber au travers de.
Durch und durch de part en part, d'outre en outre, d'un bout à l'autre.

2) Zeitlich: acht Tage hindurch, acht Tage lang huit jours, pendant huit jours. Bemerke: ich habe die ganze Nacht hindurch nicht schlafen können je n'ai pas fermé l'œil de toute la nuit.

3) Mittel: durch einen Boten, durch einen Brief jem. etwas mitteilen apprendre qc à qn par un messager, par une lettre.
Mit dem Begriffe des Unablässigen à force de: durch unausgesetzte Bitten à force de prier, à force de sollicitations.

4) Veranlassung (= infolge von): par suite des pluies continuelles les chemins étaient devenus impraticables.

§ 184 (¹⁹⁸). Für (meist pour).

1) Preisangabe: ablassen für eine gewisse Summe donner (laisser) qc pour une certaine somme. Bei acheter, vendre u. a. meist Acculatio der Wertangabe (§ 283, 3). Verlangen für il demande 30 000 fr. de sa maison, bieten für on lui offrit 150 fr. de son tableau. Il s'engagea à raison de 30 sous par jour.

2) Distributiv: für den Tag il gagne 2 francs par jour.

3) Reihenfolge: Tag für Tag jour par jour, Jahr für Jahr année par année, Zug für Zug trait pour trait, Schritt für Schritt pas à pas, Zeile für Zeile ligne à ligne, Wort für Wort mot à (pour) mot, Stück für Stück pièce à pièce (d. h. stückweise, ein Stück nach dem andern, dagegen im distributiven Sinne la pièce oder au choix: tous ces objets se vendent 1 fr. au choix).

4) Einzeln: jem. danken für etwas remercier qn de qc, gestraft werden für etwas être puni de qc, sich entschädigen für etwas se dédommager de qc, empfänglich für sensible à, schädlich für nuisible à, gefährlich für dangereux à, nötig für nécessaire à, taub für sourd à; verantwortlich für responsable de, ein Mittel für eine Krankheit un remède contre (pour) une maladie, er ißt für vier il mange comme quatre, für immer pour toujours, pour (à) jamais, à tout jamais.

§ 185 (¹⁹⁹). Gegen.

1) Örtlich: gegen Süden vers le midi.

2) Zeitlich: gegen Mittag vers midi, gegen Abend vers (sur) le soir, gegen Ende vers (sur) la fin du XVIᵉ siècle; gegen 9 Uhr vers (les) neuf heures mit oder ohne Artikel, sur les neuf heures nur mit Artikel.

3) Zahlangaben: gegen 20 000 Bände cette bibliothèque compte environ 20 000 volumes. Auch près de (oder das Adverb à peu près).

4) **Richtung auf ein Objekt:** Stand halten gegen tenir contre une armée supérieure en nombre, gegen den Feind ziehen marcher à (contre) l'ennemi. Mann gegen Mann combattre homme à homme (corps à corps).

Nach Adjektiven ist **gegen** mit envers, à, pour, besonders aber mit avec zu übersetzen (wobei die freundliche oder feindliche Gesinnung durchaus unwesentlich ist): charitable **envers**, impitoyable envers; cruel à, hostile à, insensible à, rebelle à, sourd à; indulgent **pour**, sévère pour; brutal **avec**, généreux avec, ingrat avec, insolent avec, poli avec, sévère avec, sincère avec u. s. w.

5) **Abweichung von:** gegen die Ehre contre l'honneur, gegen seine Gewohnheit **contre** son habitude.

6) **Im Vergleich mit:** Qu'est-ce que la terre **auprès de** l'univers? L'or et l'argent ne sont rien au prix de la fidélité d'un ami.

Auch en comparaison de, à côté de.

7) **Tausch:** changer, échanger, troquer une chose **contre** une autre; gegen bares Geld contre espèces, gegen Vergütung contre compensation, gegen Bürgschaft **sous** caution.

§ 186 (²⁰⁰). Hinter (meist derrière).

Hinter dem Hause derrière la maison, hinter jemand hergehen marcher derrière (après) qn, suivre qn, die Thüre wurde hinter ihm geschlossen la porte se ferma derrière (après, sur) lui. Das erste Dorf, die erste Station hinter Nantes le premier village, la première station après Nantes, hinter Schloß und Riegel sous les verrous, sich hinter den Ohren kratzen se gratter l'oreille.

§ 187 (²⁰¹). In (meist dans, en).

1) **Örtlich:** Bei Ländernamen **en**: en Allemagne, doch au Japon, dans la Grande-Bretagne, dans l'Amérique centrale (en Asie Mineure vgl. § 263, 2), aux Pays-Bas.

Bei Städtenamen **à**: à Paris, doch auch dans Paris hauptsächlich im Gegensatze zur nächsten Umgebung.

Im Norden au nord, im Süden au midi, im ganzen Lande **par** tout le pays, in der Straße ... dans¹ la rue Saint-Honoré, in seiner Wohnung à son domicile, im Garten au jardin, in der Küche à la cuisine, im ersten Stock au premier (étage), doch bei näherer Bestimmung dans: **dans** notre jardin, dans cette cuisine u. s. w.

In der Stadt à la ville (d. h. nicht à la campagne, à la cour), **dans** la ville (d. h. nicht aux environs de la ville), **en** ville (d. h. nicht à la maison, au logis, chez soi): être en ville ausgegangen sein, dîner en ville zum Essen eingeladen sein, en ville hier (auf Stadtbriefen).

---

¹ Ohne Präposition bei Wohnungsabgabe: il demeurait alors rue d'Aboukir. Ebenso le passage cité page 72.

§ 187. In.

In der Sonne au soleil (und so à l'air, au vent), im Schatten à l'ombre (sous l'ombrage d'un arbre); dans l'ombre heißt im Dunkeln, im Verborgenen.

In guter Schule herangebildet formé à bonne école, ebenso apprendre l'art de la guerre à l'école de qn.

In diesem Tempus à ce temps (und so au présent, au subjonctif, à l'infinitif), im Plural au pluriel, in der 3. Person à la troisième personne.

Auf die Frage wohin: in das Meer (Wasser) fallen (werfen) tomber (jeter qn) à la mer, à l'eau.

2) Zeitlich: im Sommer en été u. f. w. (aber au printemps, vgl. § 269, 3), im Januar en janvier (aber au mois de janvier), im Jahre 1880 en 1880 (aber meist l'an 31 av. J.-C. und immer l'an VII de la République, vgl. § 152, Zuf.). Im 16. Jahrhundert au (dans le) XVIe siècle, im Alter von 30 Jahren à l'âge de trente ans.

In der Gegenwart actuellement, de nos jours, par le temps qui court; in der Vergangenheit par le passé, au temps de nos pères, dans un temps qui est loin derrière nous; in Zukunft à l'avenir, dans le temps à venir.

In (d. h. innerhalb, vor Ablauf von) 2 Tagen en deux jours tout fut terminé; in (d. h. nach Ablauf von) 2 Tagen je reviendrai dans deux jours.

Heute in 8 Tagen d'aujourd'hui en huit (jours), morgen in 3 Wochen de demain en trois semaines, in einigen Jahren d'ici (à) quelques années.

In unseren Tagen de nos jours; in meinem Leben (mit Negation) je ne le ferai plus de ma vie. Im voraus d'avance (zu meiden par avance und besonders à l'avance).

3) Adverbiale Verbindungen: im Schritt aller au pas (au trot im Trab, au galop im Galopp, au pas gymnastique (au pas de course) im Laufschritt u. a.), in einiger Entfernung à quelque distance, in dieser Beziehung à ce sujet, in dieser Hinsicht à ce point de vue (sous ce rapport), in geringerem Grade à un moindre degré, im Namen ... au nom de mes amis, in den Augen ... aux yeux de l'auteur, in meiner Abwesenheit en (pendant, nicht dans) mon absence, in Abwesenheit ... en l'absence de son patron, in großem Maßstabe dans une large mesure, sur une vaste échelle, en grand, im kleinen Maßstabe en petit, im Begriffe sein être sur le point de faire qe, im Augenblick d. h. in der jetzigen Zeit pour le moment (aber = sofort à l'instant), eins in das andere gerechnet l'un portant l'autre.

4) Einzeln: jemand in seine Dienste nehmen prendre qn à son service, in Vollzug setzen mettre qe à exécution, in Öl gemalt peint à l'huile, in die Lotterie setzen mettre à la loterie, in das Ohr flüstern dire (glisser, chuchoter) à l'oreille, in jemandes Hände fallen tomber au pouvoir de qn, entre les mains de qn (auch) aux mains de, dans les mains de, en

leurs mains), in der Schlacht bei Prag à la bataille de Prague, in der
Hand avoir une bougie à la main, im Mund avoir un cigare à la bouche
(auch avoir toujours qc à la bouche im Munde führen, stets von etwas
sprechen). In Thränen gebadet le visage baigné de larmes, in süßlichem
Tone dire qc d'un ton doucereux, mit dem Koran in der einen, dem
Schwert in der anderen Hand (tenant) le coran d'une main, l'épée de
l'autre, es ist im Interesse aller il est de l'intérêt de tous, sich in fremde
Angelegenheiten mischen se mêler des affaires des autres, in Lachen aus=
brechen partir d'un éclat de rire, in die Hände klatschen battre des mains,
der Unterricht im Französischen l'enseignement de la langue française, im
Kopfe rechnen calculer de tête. Öl in das Feuer gießen jeter de l'huile
sur le feu, in zwei Reihen stellen placer les soldats sur deux rangs, in
drei Angriffssäulen heranrücken s'avancer sur trois colonnes, jemand im
Wege (hinderlich) sein être sur le chemin de qn, jemand in einem Fache
examinieren interroger qn sur une matière. Arm in Arm bras dessus,
bras dessous, in See gehen prendre la mer, die Mündung der Dordogne
in die Garonne le confluent (nicht l'embouchure) de la Garonne et de
la Dordogne.

§ 188 (²⁰²). Mit (meist avec).

1) **Gemeinschaft**: mit 500 Mann avec cinq cents hommes. Oft suivi
(accompagné) de: Le roi partit pour la Terre sainte, suivi de presque
toute la noblesse du pays. Mit, samt seinen Großen le roi jura, lui
et ses grands, de ne jamais commettre d'hostilité contre l'empereur.
Um mit Boileau zu reden pour parler comme Boileau.

2) **Begleitender Umstand**: mit lauter, leiser Stimme à haute voix, à
voix basse (aber d'une voix tonnante, d'une voix irritée u. s. w.), mit
Einstimmigkeit à l'unanimité, d'une commune voix (vgl. s'accorder, § 143),
mit Absicht à dessein, mit Unrecht à tort, mit Recht avec raison (aber à
tort ou à raison), mit Lebensgefahr au péril de sa vie, mit langsamen
Schritten à pas lents (aber: festen Schrittes d'un pas assuré, ferme),
mit Verlust verkaufen vendre qc à perte, mit offenen Armen aufnehmen
recevoir qn à bras ouverts, mit vollen Händen geben donner à pleines
mains, mit großer Majorität angenommen, verworfen la loi fut adoptée
(repoussée) à une grande majorité, mit Ausschluß von à l'exclusion de,
mit Einwilligung, Zustimmung von du consentement, de l'aveu de qn,
mit gutem Appetit de bon (grand) appétit, mit Stillschweigen übergehen
passer qc sous silence.

Vielfach absolute Konstruktion: mit fliegenden Fahnen enseignes déployées, mit Thränen in den Augen les larmes aux yeux, mit der Feder
in der Hand lesen lire la plume à la main.

3) **Eigenschaft**: die Göttin mit den Rosenfingern la déesse aux doigts
de rose, der Mann mit dem leichten Herzen l'homme au cœur léger,
ein Krug mit Henkeln une cruche à anses und so zur Bezeichnung des

§ 189. Nach.

unterscheidenden Merkmals, auch wo deutsch keine Präposition üblich ist: le serpent **à** sonnettes (Klapperschlange), un moulin à eau, à vent, à vapeur (Wasser=, Wind=, Dampfmühle), une arme à feu (Feuerwaffe), un verre **à** vin (Weinglas; un verre de vin ein Glas Wein).

4) **Mittel, Werkzeug, Stoff:** mit bloßem Auge à l'œil nu, sich mit eignen Augen überzeugen s'assurer de ses propres yeux, mit einem Wort en un mot, mit anderen Worten en d'autres termes, mit Füßen treten fouler qc **aux** pieds, jemand mit Steinen werfen jeter des pierres à qn, mit einem Namen bezeichnen la planète désignée sous le nom de Jupiter, mit der Post, der Eisenbahn reisen aller (voyager) **en** diligence, en chemin de fer (aber arriver, partir **par** la diligence, par le chemin de fer, par **ober** sur un bateau à vapeur), mit dem Diamant gravieren graver au diamant, mit dem Finger zeigen montrer qc **du** doigt (montrer qn au doigt mit Fingern auf jemand deuten, zum Hohn), mit der Hand gezeichnet un dessin fait à la main, mit einem Mantel bedecken couvrir d'un manteau, mit einer Kugel (scharf) geladen chargé à balle (blind geladen chargé à poudre, à blanc), mit Fliesen gepflastert une cour pavée en dalles, mit Stroh gedeckt un toit couvert en chaume.

5) **Beziehung auf ein Objekt:** mit jemand sprechen parler à qn, sich beschäftigen mit etwas s'occuper **de (à)** qc, vergleichen mit comparer à, zu thun haben mit avoir affaire (nicht à faire) à qn, seine Zeit mit Plaudern verlieren perdre son temps à jaser, mit Undank belohnen payer qn d'ingratitude, multiplicieren mit multiplier par, sich entschuldigen mit etwas s'excuser sur qc (wegen etwas de qc). Zufrieden, unzufrieden mit content, mécontent **de**, parallel mit parallèle à, identisch mit identique à.

6) **Zeit:** mit der Zeit avec le temps, die Zahl wuchs mit jedem Tage le nombre croissait chaque jour, de jour **en** jour, er starb mit 30 Jahren il mourut **à** trente ans, à l'âge de trente ans.

§ 189 (²⁰⁸). **Nach.**

1) **Räumlich:** Bei Länder= und Städtenamen ist nach ebenso wie in zu übersetzen. Doch steht nach partir und ähnl. **pour:** partir pour la France, pour Paris. Nach marcher, se retirer, se diriger und ähnl. oft **sur.** Die Reise nach Frankreich, nach Paris le voyage de France, de Paris (dagegen un voyage en France,¹ à Paris), der Weg nach Paris, die Post nach Rennes, die Eisenbahn nach Lyon le chemin de Paris, la diligence de Rennes, le chemin de fer de Lyon, der Zug nach Bordeaux le train de Bordeaux (aber le chemin de Paris à Versailles u. s. w.).

Nach Hause gehen aller chez soi, rentrer. Ein Zimmer nach der Straße une chambre sur la rue.

---

¹ Ebenso l'expédition d'Égypte, aber une expédition en Égypte, contre l'Égypte; la bataille de Pavie, aber la bataille fut livrée à Pavie, près de Pavie.

2) **Zeitlich**: nach Christi Geburt **après** Jésus-Christ. Außer après: **au bout de** trois jours; à cinquante ans de distance; passé minuit, passé ces huit jours. Am Tage nach seiner Ankunft le lendemain de son arrivée. 6 Stunden nacheinander pendant six heures de suite, pendant six heures consécutives. Einer nach dem anderen un à un.

3) **Beziehung auf ein Objekt**: nach jemand fragen demander **qn**, er fragte mich nach meinem Alter il me demanda mon âge, nach (um) Rache schreien crier vengeance. Begierig nach désireux de.

4) **Gemäßheit**: nach Herodot **selon (suivant)** Hérodote, à en croire Hérodote, au dire d'Hérodote, nach Plutarchs Bericht, Zeugnis au rapport, au témoignage de Plutarque, nach dem Ausdruck Voltaires suivant l'expression de Voltaire, nach meiner Ansicht d'après mon opinion, à mon sens, à mon sentiment, à mon avis, selon moi, nach Ansicht des Verfassers dans la pensée de l'auteur, nach seinem System dans son système, dans sa théorie, nach diesem Vertrag **aux termes de** cette convention, nach dem Beispiel von à l'exemple, à l'imitation de, nach Art von à la façon, à la manière de, allem Anschein nach suivant, selon toute apparence, nach Hörensagen sur ouï-dire, nach Diktat schreiben écrire sous la dictée, nach der Natur zeichnen dessiner **d'après** nature, nach einer Melodie singen chanter qc **sur** un air, nach Maß sur mesure, konjugieren nach retenir se conjugue comme (sur) tenir, den Baum nach der Frucht beurteilen on juge l'arbre par (sur) ses fruits, nach Belieben au choix (d. h. man wählt, was man will), à discrétion (d. h. man giebt oder nimmt, soviel man will), der Reihe nach à tour de rôle, tour à tour, der letzte der Zeit nach le dernier en date, dem Alphabet, der Größe, der Zeit nach **par** ordre alphabétique, par ordre de grandeur, de temps, dem Namen nach kennen connaître qn **de** nom, nur dem Namen nach bestehen cela n'existe plus que de nom.

§ 190 (²⁰⁴). Über (meist sur).

1) **Örtlich**: Meist sur, au-dessus de. Zur Angabe einer Zwischenstation par: aller **par** Bellinzona à Milan, émigrer par Hambourg, oder par la voie de (via): par la voie du mont Cenis, aller de Southampton à Capetown (voie Madère). Ein Mann über Bord un homme à la mer! über Bord werfen (bildl. = verloren geben) jeter par-dessus bord.

2) **Zeitlich**: Meist pendant. Über dem Essen à dîner. Heute über 8 Tage vgl. in. Einen über den anderen Tag vgl. um. Über kurz oder lang tôt ou tard. Briefe über Briefe schreiben, Fehler über Fehler begehen écrire lettres sur lettres, commettre fautes sur fautes.

3) **Vorzug, Überlegenheit**: Die Pflicht über alles le devoir avant tout, den Sieg davon tragen über jemand remporter la victoire, l'emporter **sur** qn, triompher **de** qn.

4) **In Bezug auf**: ruhig sein über être tranquille sur qc, schreien über Undank crier à l'ingratitude, verfügen über disposer **de** qc, Recht,

Macht über Leben und Tod le droit, le pouvoir de vie et de mort, Erkundigungen einziehen über prendre des renseignements sur le compte de qn, nachdenken über réfléchir à (sur) qc, ein Urteil fällen über porter un jugement sur (de) qe. Nach Verben und Adjektiven des Affekts steht **de**: se réjouir de, s'affliger, s'attrister de, être exaspéré de, étonné de u. s. w.

§ 191 (²⁰⁵). Um.

1) **Örtlich**: Bei Bewegung um einen anderen Gegenstand **autour de**, bei Bewegung um die eigene Achse nur **sur**: la terre tourne autour du soleil, la terre tourne sur elle-même. Die Reise um die Erde le tour du monde. Um den Hals fallen se jeter au cou de qn.

2) **Zeitlich**: um 2 Uhr (genau) à deux heures, (= gegen) vers deux heures. Um 1830 vers 1830.

3) **Reihenfolge**: Tag um Tag jour **par** jour; einen Tag um den andern tous les deux jours, de deux jours en deux jours.

4) **Maß**: entfernt um 3 Meilen éloigné (distant) de trois lieues, um 2 Fuß zu klein trop petit de deux pieds, um die Hälfte länger plus long de moitié (aber moitié moindre, moitié moins). Ebenso bezeichnet de das Maß (deutsch keine Präposition) nach den Adjektiven, welche eine Dimension bezeichnen: une planche longue de trois mètres, une rue large de quinze pas, une tour haute de trois cents pieds, un mur épais d'un mètre et demi. Diese Adjektive stehen auch substantivisch oder werden durch Substantive ersetzt: une chambre qui a cinq mètres de long (de longueur) sur (**auf**) quatre de large (de largeur).

Ferner steht **de** nach âgé, fort, riche: un enfant âgé de cinq ans, une armée forte de trente mille hommes, un homme riche de trois cent mille francs (doch auch riche à cinq mille livres de rente und immer riche à millions).

5) **Bedingung, Preis**: Meist Accusativ des Wertes. Um jeden Preis à tout prix, um keinen Preis à aucun prix. Auge um Auge, Zahn um Zahn œil pour œil, dent pour dent.

6) **Beziehung auf ein Objekt**: viel Lärm um nichts beaucoup de bruit pour rien, sich um des Kaisers Bart streiten se battre de la chape à l'évêque, sich um etwas reißen s'arracher qe.

§ 192 (²⁰⁶). Unter (meist sous).

1) **Örtlich**: unter einem Baume **sous** un arbre (aber enfouir qe au pied d'un arbre), unter freiem Himmel en plein air, à ciel ouvert, unter freiem Himmel schlafen coucher à la belle étoile.

2) **Zeitlich**: unter Ludwig XIII. **sous** (sous le règne de) Louis XIII. unter dem 14. Oktober à la date, en date (nicht sous la date) du 14 octobre.

3) **Abhängigkeit**: unter jemand stehen être sous les ordres de qn (aber une escadre aux ordres de).

4) **Art und Weise**: unter dem Vorwand **sous** prétexte de (que), unter keinem Vorwand sous aucun prétexte, unter einer Bedingung à une (seule) condition, unter dieser Bedingung à cette condition, wenn de oder que folgt sous la condition und à la condition (à condition vor que oder de mit Infinitiv), unter diesen Umständen **dans** ces circonstances (conditions), unter dem Schutze der Nacht à la faveur de la nuit, unter den größten Anstrengungen au prix des plus grands efforts, unter Kanonendonner **au** bruit du canon, unter Trompetenschall verkünden publier **à** son de trompe, unter Jubelrufen aux acclamations, au milieu des acclamations de la foule.

5) **Statt zwischen**: unter uns (gesagt) **entre** nous, de vous à moi, unter vier Augen entre quatre yeux, unter anderem entre autres, einer unter ihnen l'un d' (meist d'entre) eux, mehrere, ein einziger unter uns plusieurs, un seul d'entre nous. Unter (von) 20 000 Einwohnern sur 20 000 habitants plus de 5000 périrent.

Unter, nach einem **Superlativ** de (auch entre) vgl. § 129. — **Bemerke**: unter Instinkt versteht man par instinct on comprend (entend)...

§ 193 (^{207}) Von (meist de).

1) **Örtlich**: von den Pyrenäen bis zur Loire **depuis** les Pyrénées jusqu'à la Loire, **des** Pyrénées à la Loire, vom ersten Stock an à partir du premier étage, von jemand kommen (d. h. aus seinem Hause) venir **de** chez qn, von vorn angreifen attaquer qn de face, de front, etwas vom Tisch wegnehmen prendre qe **sur** la table, vom Blatt spielen jouer à cahier ouvert, jouer à vue (traduire à livre ouvert aus dem Stegreif übersetzen).

2) **Zeitlich**: von 10 bis 12 Uhr **depuis** dix heures jusqu'à midi, **de** dix heures à midi, durch Beschluß vom 4. Juni par arrêté du 4 juin, von jeher, von Alters her de tout temps, de toute antiquité, von ... an à partir de Corneille, dès cette époque, à dater (à compter) de ce jour.

3) **Bewirkende Ursache**: Beim **Passiv** meist **par**, mit geringerem Nachdruck **de** (le contrat fut signé par oder de tous les assistants). Gewöhnlich **de** bei Verben der geistigen Thätigkeit (aimé, estimé, respecté, haï, maudit, imité, connu^1 de qn) sowie bei être précédé de qn, être accompagné de qn, être suivi de qn, être entouré de (jemand vor, bei, hinter, um sich haben).

Ein Gedicht von ihm des vers qu'il a composés, des vers de sa composition. Vor dem Namen des Verfassers **par** (Dictionnaire de la langue française, par É. Littré), doch nur **de** bei sehr bekannten Litteraturwerken (l'Iphigénie de Racine).

Grüßen Sie ihn von mir saluez-le de ma part, das ist sehr liebenswürdig von Ihnen c'est bien aimable **de** votre part oder **à** vous.

---

^{1} Daher le monde connu des anciens (weniger gut aux anciens), ebenso oft de statt à nach inconnu.

4) **Beziehung auf ein Objekt:** eine Ausnahme von der Regel une exception à la règle, von seiner Arbeit leben vivre sur (de) son travail[1], etwas von seinen Ersparnissen kaufen acheter qc sur ses économies, von einer Summe zurückbehalten retenir 5 fr. sur une somme.

§ 194 (208). Vor.

1) **Örtlich:** vor der Stadt devant la ville (les meilleures troupes de Charles le Téméraire périrent devant oder sous Neuss), jemand vor die Thüre jagen mettre qn à la porte, das Schiff liegt vor Anker le navire est à l'ancre; im grammatischen Sinne avant (seltner devant): plusieurs adjectifs se placent aussi bien avant qu'après le substantif.

2) **Zeitlich:** vor Christi Geburt avant Jésus-Christ, am Tage vor seiner Abreise la veille de son départ (à la veille de la guerre kurz vor dem Krieg); vor 3 Jahren (d. h. es sind drei Jahre verflossen) il est parti, il y a trois ans (auch) voici, voilà trois ans), aber il partit avant midi, il partira avant la fin du mois.

3) **Ursache:** zittern vor Furcht trembler de peur, ebenso mourir de frayeur, tomber de sommeil, mugir de douleur, vor Lachen kamen ihm Thränen in die Augen à force de rire, les larmes lui vinrent aux yeux.

4) **Vergleich:** vor allem (surtout et) avant tout, vor allem die Gesundheit il faut mettre la santé devant toutes choses, den Vorzug geben vor donner à qn la préférence sur tout autre, man hat ihn vor allen anderen gewählt on l'a choisi de préférence à tout autre.

5) **Beziehung auf ein Objekt:** gesichert sein vor être garanti de qc, sich schützen vor se défendre de qc (se défendre contre qn sich vertheidigen gegen), den Hut abziehen vor jemand tirer, ôter son chapeau à qn, vor dem Feinde fallen être tué à l'ennemi.

§ 195 (209). Zu.

1) **Örtlich:** zu Berlin à Berlin, kommen Sie zu mir (in das Haus) venez chez moi (aber Mahomet commandait à la montagne de venir à lui), zu Wagen en voiture (en calèche u. s. w.), zu Schiff en bateau (d. h. in dem Wagen, dem Schiff), zu Pferde, zu Fuß (d. h. auf dem Pferde, auf den Füßen) à cheval, à pied (10,000 Mann zu Fuß 10 000 hommes de pied), zur Rechten à (notre) droite, eine Insel links liegen lassen laisser une île à gauche, sur la (sa) gauche.

2) **Zeitlich:** Vor temps mit dem bestimmten Artikel steht à (selten de), in anderen Fällen (besonders vor Pronomen) dans oder en: au temps des troubadours, au temps où, aber dans (seltener de) mon temps, dans ce temps, en même temps, en tout temps, dans tous les temps, dans (en) un temps où, zu rechter Zeit en temps utile (à temps), zu rechter Zeit und am rechten Ort en temps et lieu.

---

[1] Aber vivre de chasse, de pêche, du produit des terres.

3) **Art und Weise:** zum Glück **par** bonheur und so par malheur, par plaisanterie, par exemple u. f. w. Zu zweien, dreien à deux, à trois, zu je zweien, je dreien deux **par** deux, trois par trois, zu Hunderten, Tausenden par centaines, par milliers, zum erstenmal **pour** la première fois und so pour la deuxième (troisième) fois, wofür auch une deuxième (troisième) fois.

Assiéger (investir) une ville **par** terre et par mer (eau), amener des secours par terre et par mer, des moyens de transport par terre et par eau, weil **par** das Mittel bezeichnet; aber commander, combattre, être redoutable **sur** terre et sur mer, weil **sur** den Ort bezeichnet.

4) **Ziel, Zweck:** zu diesem Zweck à cet effet, **dans**[1] ce but (t laut), zu welchem Ende? à quelle fin? wozu soll das dienen? à quoi bon? zu Ehren von en l'honneur de, zum Tode, zu 5 Jahren Gefängnis verurteilen condamner à mort, à[2] cinq ans de prison, zur Disposition stellen (einen Beamten) mettre en disponibilité (c'est à votre disposition steht Ihnen zur Verfügung), zum Verbrechen anrechnen imputer qc à crime.

5) **Bemerke:** Au Lion d'or, aber hôtel **du** Lion d'or (beides: Gasthaus zum goldenen Löwen).

Von Thür zu Thür, von Haus zu Haus de porte **en** porte, de maison en maison; aber de... à nach Ausdrücken der Verschiedenheit: Chez les anciens les mœurs variaient de nation à nation (von Volk zu Volk, von einem Volk zum andern, bei den einzelnen Völkern verschieden).

IX. Die Konjunktion *(la conjonction)*.

§ 196 ([210]). **I. Koordinierende Konjunktionen** *(conjonctions copulatives*[3]*)*:

1) Kopulative: et und

    et . . . et sowohl . . . als auch
    encore auch, auch noch
    aussi auch, daher auch
    non plus auch nicht
    ni noch auch
    ni . . . ni weder . . . noch
    non seulement . . . mais encore nicht nur . . . sondern auch
    tant . . . que sowohl . . . als auch
    ainsi que ebenso wie, sowie

---

[1] Einzig üblich, obwohl manche à verlangen.
[2] In der Gerichtssprache en.
[3] Gewöhnlicher durch Umschreibung: 1. Conjonctions servant à lier de simples mots et des propositions coordonnées. 2. Conjonctions servant à lier des propositions subordonnées.

2) **Disjunktive:** ou oder
   ou ... ou entweder ... oder
   soit ... soit (soit ... ou) sei es ... sei es (oder)

3) **Adversative:** mais aber, sondern
   toutefois jedoch
   cependant indessen
   pourtant dennoch
   néanmoins nichtsdestoweniger
   toujours immerhin

4) **Kausale:** car denn
   donc also, denn, folglich
   ainsi also, demnach
   partant folglich

§ 197 (²¹¹). II. Subordinierende Konjunktionen (*conjonctions subordonnantes*):

a) **Mit dem Indikativ.**   b) **Mit dem Konjunktiv.**

1) Temporale:

quand als, wann, wenn   avant que ehe, bevor
lorsque als   en attendant que bis
sitôt que ⎫
aussitôt que ⎬ sobald als
dès que ⎭
une fois que sobald einmal
pendant que ⎫
tandis que ⎬ während
tant que so lange als
depuis que seitdem
après que nachdem
jusqu'à ce que bis   jusqu'à ce que (bei finalem Sinn)

2) Kausale:

parce que weil
puisque da ja, da einmal
comme da

3) Modale:

ainsi que ⎫   non que ⎫
de même que ⎬ ebenso, wie, sowie   ce n'est pas que ⎬ nicht als ob
comme wie   loin que weit entfernt, daß
à mesure que ⎫   sans que ohne daß
à proportion que ⎬ in dem Maße wie (der Konj. steht wegen der in diesen
selon que ⎫   Wörtern liegenden Negation.)
suivant que ⎬ je nachdem

4) **Konditionale:**

en cas que } falls
(au¹ cas que)

à moins que … ne wenn nicht
pourvu que wenn nur
supposé que } vorausgesetzt,
en supposant que } daß

si wenn
au cas où } falls
(dans¹ le cas où)

} Diese 3 auch fakultativ mit dem Konj. Plusquamperf.

à condition que unter der Bedingung, daß (mit den Futuren)

à condition que steht auch mit dem Konj.

5. **Konsekutive:**

si … que so sehr, daß
tellement que derart, daß

} beide mit dem Konjunktiv, wenn der erste Bestandteil mit der Negation verbunden ist.

si bien que
de sorte que
(en sorte que)
(de telle sorte que)
de façon que
de manière que

} so sehr, daß; derart, daß

} Alle auch mit dem Konjunktiv bei finalem Sinn.

6. **Konzessive:**

quoique
bien que } obgleich, obwohl
(encore que)

nonobstant que ungeachtet, daß
soit que … soit que } sei es, daß
soit que … ou que } … oder daß
pour peu que wenn irgend
über quel que u. s. w. § 348 f.

quand } wenn auch
quand même

} Beide auch fakultativ mit dem Konj. Plusquamperf.

7. **Finale:**

afin que } daß, damit
pour que

de peur que } damit nicht
de crainte que

---

¹ Weniger üblich als die voranstehende Form.

X. Die Interjektion (*l'interjection*).

§ 198 (²¹²). **Eigentliche Interjektionen** sind Wörter, welche nicht einen Begriff darstellen, sondern einer Empfindung zum Ausdruck dienen. Aus diesem Grunde sind sie öfter vieldeutig. **Uneigentliche Interjektionen** sind Wörter, mit welchen sonst ein bestimmter Begriff verbunden wird, welche aber gleichzeitig als Ausdruck einer Empfindung üblich geworden sind.

Die Interjektion ist ein nachdrücklich und meist im Affekt hervorgestoßenes Wort; daher hauptsächlich kommt es, daß die sonst stummen Endkonsonanten oft laut werden.

Nach den Affekten kann man die Interjektionen einteilen in Ausdrücke
1) der Freude: ah! (auch für Schmerz, Verwunderung, Ungedulb). Lachen: ha, ha! hi, hi!
2) des Schmerzes und der Trauer: aïe! (au), oh! (ô douleur!), las! hélas! (s in beiden laut), ouf! (Ruf des Erstickenden, Ausdruck der Erleichterung nach dem Gefühl des Erstickens), hi, hi! (Weinen).
3) Ekel: fi! fi donc! foin! (fi de, foin de pfui über; faire fi de qc gering schätzen), pouah!
4) Schauder: brrr!
5) Verwunderung: oh! eh! eh quoi! euh! comment! ciel! juste ciel! bonté du ciel! bonté divine! grand Dieu! tudieu! (aus vertu-Dieu), miséricorde! ouais! (sprich einsilbig *ouè*; kaum noch üblich). Verwundernde Frage: hein?
6) Spott: oh! zest! (st laut; nichts da), populär bisquez! (ähtsch).
7) Geringschätzung: peuh! bast! (baste!).
8) Gleichgültigkeit: la la! (so, so), bah! (ah! bah!).
9) Bitte: de grâce!
10) Ermunterung: çà! or çà! sus! (s stumm), va! allons! courage! voyons! en avant! ferme! preste! Hetzen eines Hundes: kiss, kiss! kss kss! pille! (faß).
11) Beschwichtigung: chut! (t laut), st! silence! motus! (s gesprochen; still), paix! patience! tout doux! tout beau! (sachte, gemach), halte-là! voyons! la la!
12) Warnung: gare! (Imper. von se garer, vgl. § 67, 8).
13) Ruf: hé! ohé! holà! çà! dis donc! (höre doch), hem! (spr. *èm*', Räuspern um Aufmerksamkeit zu erregen), psit psit! ps ps! p'st p'st! 'st 'st! (alle 6 st). Beifall: bravo! bis! (s laut; da capo).
14) Einwilligung: tope! c'est ça!
15) Billigung: bon! à la bonne heure! à merveille! soit! (t laut). Mißbilligung: bah! baste! par exemple! (warum nicht gar). Für beides suffit.

16) **Versicherung**: ma foi! parbleu! (bleu in diesem und ähnlichen aus Dieu). **Beteuerung**: mon Dieu! vrai Dieu! juste Dieu! Seigneur Dieu! Dieu me pardonne! **Verwünschung**[1]: morbleu! dame! (öfter unrichtig dam! aus dominus = Gott), peste! diantre! damnation! (m stumm), populär mâtin! — Aus vulgären Ausdrücken dieser Art werden scherzhafte gebildet z. B. sabre de bois! sac à papier! nom d'un petit bonhomme!

§ 199 (²¹⁸). **Schallwörter**. Einem Schalle oder einer Tierstimme nachgebildet sind: cric crac! (Zerbrechen), flic flac! (Klatschen), drelin, drelin! drelin, din din! (Läuten), pan pan! (Klopfen), pouf! patatras! (Fallen), pif paf! (Flintenschuß), boum! (Kanonenschuß), rataplan! ran plan plan! (Trommel), dare dare! (rasches Fahren, Reiten), vlan! vli vlan! (rasches Thun), cahin-caha (langsame schleppende Bewegung), clopin-clopant (hinkende Bewegung), patati, patata! tarare! (wischiwaschi), tic tac (Uhr, Mühle), miaou (Katze), coquerico (Hahn), hi-han (Esel) u. a.

---

[1] **Historische Ausdrücke**: Ventre-saint-Gris! (Heinrich IV).
Quand la *Pâque-Dieu* décéda (Ludwig XI).
Par-le-jour-Dieu lui succéda: (Karl VIII).
Le-diable-m'emporte s'en tint près; (Ludwig XII).
Foi-de-gentilhomme vint après. (Franz I.)

Dritter Teil.

Syntax.

§ 200 (²¹¹). Einteilung. Die Syntax oder Satzlehre betrachtet die Wörter mit Rücksicht auf die Rolle, welche dieselben verbunden mit anderen, nicht der gleichen Wortart angehörigen Wörtern im Satze spielen.

Die Interjektion bietet zu weiteren Bemerkungen keinen Anlaß; für das Zahlwort und die Konjunktion, soweit letztere nicht bei der Tempus- und Moduslehre zu berücksichtigen ist, genügt das in der Formenlehre Gesagte und das Substantiv (Kasuslehre) läßt sich mit dem Artikel gemeinschaftlich behandeln. Dagegen muß die Stellung der Wörter und Satzteile unter einander besonders besprochen werden.

Demnach ergeben sich folgende Abschnitte: 1) Die (gerade) Wortfolge oder die Wortstellung des Aussagesatzes. 2) Die Fragestellung oder Inversion im engeren Sinne. 3) Das Verb. 4) Der Artikel und das Substantiv. 5) Das Pronomen. 6) Das Adjektiv. 7) Das Adverb. 8) Die Präposition.

I. Die Wortstellung des Aussagesatzes
(la construction¹).

§ 201 (²¹⁵). Bedeutung derselben. Da im Französischen die Kasus nicht durch Endungen kenntlich gemacht werden können, so muß eine streng geregelte Wortstellung als Ersatz eintreten, hauptsächlich um das Subjekt und das Objekt des Satzes deutlich hervortreten zu lassen. Dabei wird im allgemeinen ein Unterschied der Stellung im Haupt- oder Nebensatz, Vorder- oder Nachsatz nicht gemacht.

---

¹ Wortstellung kann auch durch *l'ordre des mots*, *l'arrangement des mots* (*ranger les mots*) übersetzt werden.

§ 202 (²¹⁶). **Regelmäfsige Wortstellung.**

Masinissa¹, roi de Numidie, avait rendu² de grands services³ aux Romains⁴ dans la deuxième guerre punique⁵.

Die regelmäßige Wortstellung in dem Satze (*la proposition*¹) ist 1. Subjekt (*le sujet*), 2. Verb, 3. Accusativobjekt (*le complément direct, le régime direct*), 4. präpositionales Objekt, d. h. Dativ oder Genitiv (*le complément indirect, le régime indirect*), 5. adverbiale Bestimmungen der Zeit, des Ortes, der Art und Weise (*le circonstanciel*).

§ 203 (²¹⁷). **Das Accusativobjekt vor dem Verb.**

1 a) *L'avantage qu'il tirera de cette affaire ne sera pas grand.*
   b) *Si l'avantage n'est pas immédiat, il saura l'attendre.*
   c) *Quel avantage espérez-vous tirer de cette affaire?*
2 a) *La vie religieuse que l'empereur avait menée sur le trône, il la continua dans le monastère.*
   b) *C'est le repos du cloître et non la vie monacale que Charles-Quint désirait trouver dans sa retraite.*

1) Das Accusativobjekt steht regelmäßig vor dem Verb
   a) wenn es ein Relativpronomen ist,
   b) wenn es ein verbundenes Personalpronomen ist,
   c) wenn es ein Interrogativpronomen oder ein mit einem Fragewort (Pronomen oder Adverb) verbundenes Nomen ist. Vgl. § 207, III und § 258, 2.
2) Des Nachdrucks wegen kann das Accusativobjekt vor das Verb treten,
   a) indem es absolut vorangestellt und bei dem Verb durch ein Personalpronomen wieder aufgenommen wird,
   b) in der Umschreibung mit *c'est … que*.

Die letztere Form pflegt nur bei einer Gegenüberstellung einzutreten.

---

¹ Jeder Satz, welcher ein Verb in Personalform enthält, heißt *proposition*; *la phrase* ist im grammatischen Sinn nur die Bezeichnung für eine Verbindung mehrerer *propositions*.

§ 204. **Präpositionales Objekt vorangestellt.**

Anm. In Redensarten hat sich vereinzelt die Voranstellung des Accusativobjekts erhalten: Il gèle à pierre fendre (es friert Stein und Bein, sans mot dire (ohne ein Wort zu sagen), sans bourse délier (ohne einen Pfennig auszugeben). Früher auch il ne sait pas l'eau troubler (jetzt troubler l'eau) u. a.
Die dem Französischen eigene Wortfolge tritt nicht ein in j'ai une lettre à écrire, j'ai une course à faire (einen Gang zu thun), il me reste un mot à dire, il y a une différence à mettre entre . . ., il lui demanda de l'argent à emprunter und ähnlichen. Außer in sehr üblichen Verbindungen der familiären Redeweise wie die obigen kann indessen das Objekt auch nach dem Infinitiv stehen: j'ai à faire une tournée de recouvrements (eine Reise, um Ausstände einzukassiren). Man meidet die Aufeinanderfolge eines zweimaligen à, daher j'ai à écrire une lettre à mon frère; doch: Il n'arrivait que trop souvent qu'elles donnaient la brebis à garder au loup.

§ 204 (²¹⁸). **Präpositionales Objekt vor dem Accusativobjekt.**

1) *Les Carthaginois furent forcés de céder aux Romains toutes les conquêtes qu'ils avaient faites en Sicile.*
2) *Quelquefois on perd tout le fruit de la victoire en voulant imposer aux vaincus des conditions trop dures.*

Das präpositionale Objekt (hauptsächlich der Dativ) steht vor dem Accusativobjekt,

1) Wenn der Accusativ einen Zusatz hat, besonders wenn er Beziehungswort eines Relativs ist.
2) Wenn der Schein entstehen könnte, als sei das präpositionale Objekt nicht von dem Verb, sondern von dem Accusativ abhängig.

Anm. Der Accusativ steht gleichfalls nach, wenn das Nachfolgende in direktem Zusammenhang mit demselben steht: Il pria l'huissier de remettre au président ce billet: Le docteur X. demande à être entendu comme témoin.
Bei den Verben répondre, correspondre, joindre, succéder, appartenir, opposer und ähnlichen findet sich öfter das Dativobjekt an den Anfang des Satzes gestellt: A ce nouveau pouvoir correspondent des responsabilités nouvelles. A cet avis ils souscrivirent d'une commune voix.

§ 205 (²¹⁹). **Stellung der Adverbien und adverbialen Bestimmungen.**

I. Vor dem Infinitiv (und vor dem zugehörigen Personalpronomen) stehen

1) Die Adverbien der Quantität, sowie die neutralen Accusative tout, rien: Il ne peut rien se permettre sans qu'on y trouve à dire. Faut-il tout vous dire? On se trouvait honteux de tant s'amuser à des bagatelles. Se trop critiquer touche à s'estimer trop.

Tout und rien trennen sogar faire von dem folgenden Infinitiv: Il se fait tout pardonner. Steht faire gleichfalls im Infinitiv, so können jene Wörter vor und nach ihm stehen: La poésie ne consiste pas à tout dire, mais à tout faire rêver. Ils avaient en main le pouvoir de faire ce qu'ils voulaient, mais non pas de me faire rien faire contre mon devoir.

Dagegen darf tout nicht von einem folgenden ce qui getrennt werden. Vgl. § 315, A. 2.

Man vermeidet besser, obwohl Beispiele sich finden, beaucoup, peu, assez vor den Infinitiv zu setzen. — Keine Klasse von Adverbien kann hier im Grunde ganz ausgeschlossen werden, doch ist es nur für ein geübtes Ohr ratsam, über obige Regeln hinauszugehen.

2) Das Modaladverb bien: Il n'aura qu'à bien se tenir (er wird das nicht leicht bewältigen, er soll sich hüten). Il importe de se bien rendre compte des difficultés.

3) Gewöhnlich die Adverbien der Negation: Vous ferez bien de ne pas vous fier à sa promesse. Vgl. § 364.

II. Zwischen dem Hülfsverb und Particip stehen

1) Alle Adverbien oder Accusative, welche auch vor dem Infinitiv stehen können, und zwar die Quantitätsadverbien ohne Einschränkung: Il a assez vécu pour le savoir.

2) Die meisten Modaladverbien: J'aurais mieux aimé partir le lendemain. Il était profondément touché. Les ruminants sont ainsi appelés parce qu'ils mâchent plusieurs fois leur nourriture.

Die Adverbien auf -ment stehen vielfach nach dem Particip; eine bestimmte Regel giebt es nicht.

3) Das unbestimmte Ortsadverbium partout und die unbestimmten Zeitadverbien bientôt, plus tôt, auparavant, souvent, rarement, toujours[1] u. a. Il s'est partout

---
[1] Toujours steht oft vor dem Infinitiv: Il n'est pas loisible à un homme de cœur de toujours garder la paix. Es kann sogar zwischen Subjekt und Verb treten: L'instruction d'un père ne profite souvent qu'à lui seul; celle d'une mère toujours se retrouve dans la personne de ses enfants.

introduit avec assez de facilité. Une question qu'on a souvent agitée. Elle avait toujours respecté son oncle comme un père.

Auch adverbiale Bestimmungen, oft von beträchtlicher Länge, werden zwischen Hülfsverb und Particip eingeschoben: Cette faute n'a point sans doute échappé à sa sagacité. A peine avons-nous dans cette expédition perdu quelques soldats. Ce danger qu'on a tant de fois, mais jusqu'à présent inutilement, signalé à l'attention publique.

III. Nach dem Verb stehen
1) Die Ortsadverbien: Puisque vous n'avez pas trouvé ici ce qui vous convient, cherchez ailleurs.
2) Die bestimmten Zeitadverbien: Il est parti hier.

Mit größerem Nachdruck treten Orts- und Zeitadverbien vor das Subject: Là un paysage magnifique se déroulait sous nos yeux. C'est pour apprendre comment aujourd'hui l'on parle et l'on écrit, qu'un dictionnaire est consulté par chacun.

Zusatz. Unter den adverbialen Bestimmungen, deren Häufung man am besten vermeidet, stehen die der Zeit den übrigen, die des Orts den modalen voran: La guerre éclata, quelques mois après, en Bretagne avec une fureur toute nouvelle.

Zeitbestimmungen, welche einzeln stehen oder von Ortsbestimmungen getrennt werden sollen, stehen meist zu Anfang oder am Ende des Satzes: En 1519, François Ier brigua l'empire d'Allemagne. En 261, le consul Duilius vainquit, près de Myles en Sicile, la flotte carthaginoise. En 1476, les Suisses défirent à Granson et à Morat (Murten) l'armée de Charles le Téméraire, et le tuèrent lui-même à Nancy, en 1477.

Daten stehen gewöhnlich nach Ortsbestimmungen: Jean Rotrou naquit à Dreux, le 19 août 1609, d'une ancienne et honorable famille. Sobald aber beide Bestimmungen in einem eingeschobenen Satzteil vereinigt werden, tritt meist wieder die gewöhnliche Stellung ein: Pierre Corneille, né le 16 juin 1606 à Rouen, était destiné au barreau. — Über die Art zu datieren vgl. § 152.

Von zwei Zeitbestimmungen steht die genauere nach der unbestimmteren: Sous l'empereur Justinien, en 555, deux moines apportèrent de l'Inde en Grèce les premiers vers à soie qu'on ait vus en Europe. Les Français exaspérèrent les Siciliens par leur orgueil et leur licence, et furent tous massacrés, dans un soulèvement général, le lundi de Pâques, à l'heure de vêpres (1282).

Vgl. L'habitude, puissance tyrannique, qui souvent parle plus haut que l'intérêt. Hierin stimmt es mit dem englischen Gebrauch überein; auch die Unterscheidung unbestimmter und bestimmter Zeitadverbien, wo es sich um die Stellung handelt, findet sich im Englischen wieder.

II. Die Fragestellung des Subjekts
(l'inversion proprement dite).

§ 206 (²²⁰). **Der Fragesatz.**
1) *Votre frère va donc partir?*
2) *Quand partira votre frère?*
3) *Quand votre frère partira-t-il?*

Der Fragesatz weist im Französischen eine dreifache Stellung der Satzglieder auf:

1) Die Frage wird nur durch den Ton ausgedrückt, während die Stellung dieselbe ist wie im Aussagesatz (gerade Wortfolge).
2) Die Frage wird ausgedrückt, indem das Subjekt dem Verb nachgestellt wird (einfache Inversion).
3) Oder das Subjekt behält seine Stelle vor dem Verb, wird aber nach demselben durch ein entsprechendes Personalpronomen wieder aufgenommen (Inversion mit doppeltem Subjekt, kürzer: pronominale Inversion).

Anm. Außer dem angegebenen Falle findet die gerade Wortfolge im Fragesatz noch statt:
a) Wenn **est-ce que**[1] zur Fragebildung verwandt wird: Est-ce que vous partirez? Est-ce que votre frère partira? Quand est-ce que votre frère partira?
b) Im indirekten Fragesatz, welcher der Wortfolge des Relativsatzes folgt und die Inversion nur in denselben Fällen wie dieser annimmt. Vgl. § 209.
c) Wenn ein Interrogativpronomen (außer que, vgl. § 328, Anm. 1) Subjekt ist: Qui détruisit Numance? So auch bei dem prädikativen Nominativ **quel**: Quelles sont les règles pour la formation du féminin dans les adjectifs?

---

[1] Est-ce que ist eine Frageformel, welche bereits die volle Frage enthält und an welche jeder Zusatz in gerader Wortfolge angeknüpft werden kann. Formeln wie est-ce que, qu'est-ce qui und sogar où est-ce que oder où que sind daher beim Volk sehr beliebt, müssen aber in guter Sprache, auch soweit sie nicht geradezu falsch sind, möglichst gemieden werden. — Unvermeidlich ist est-ce que, wenn in der Fragestellung eine Härte entstände: Est-ce que je ne le vaux pas? (für ne le vaux-je pas?). Es kann auch benützt werden, um Formen wie donné-je auszuweichen, die nicht sehr beliebt sind.

§ 207 (²²¹). Die einfache und die pronominale Inversion im direkten Fragesatz.

I. Frage ohne interrogatives Pronomen oder Adverb.
1) *Savons-nous la distance qu'il y a de la terre au soleil?*
2) *L'époque d'Auguste a-t-elle produit des poètes tragiques?*

1) Die einfache Inversion findet statt, wenn das Subjekt ein persönliches Pronomen (oder das neutrale ce oder das unbestimmte on) ist.
2) Die pronominale Inversion findet statt, wenn das Subjekt ein Substantiv ist. Dem Substantiv gleich zu achten sind die Fürwörter (außer den unter 1 genannten und den Interrogativen).

II. Die Frage wird durch ein interrogatives Adverb (où, d'où, quand, comment) eingeleitet.
1) *Où devons-nous étudier le secret de l'arrangement des mots?*
Comment appelle-t-on les mots qui servent à exprimer des idées abstraites?
2) *Où les Espagnols maintinrent-ils leur indépendance après l'invasion des Maures?*
Quand le pronom le *est-il invariable?*

1) Dieselbe Regel wie unter I, 1 muß angewandt werden.
2) Dieselbe Regel wie unter I, 2 kann angewandt werden.

Anm. Gewöhnlich ist auch im zweiten Fall (das Subjekt ist ein Substantiv) die einfache Inversion zulässig: Où se réfugièrent les Bretons lorsque les Saxons s'emparèrent de l'Angleterre? Comment et quand périt Charles XII, roi de Suède? Das Verb ist in diesem Falle gewöhnlich intransitiv oder reflexiv. Unerlaubt ist die einfache Inversion.

a) Wenn das Verb ein Objekt (außer dem reflexiven Pronomen) oder eine präpositionale Ergänzung bei sich hat: Comment Richelieu commença-t-il sa fortune? Quand les Arabes s'établirent-ils en Espagne? Ebenso Comment Philippe V devint-il roi d'Espagne? Aber: Où se maintinrent les Espagnols ...?

b) Gewöhnlich auch, wenn pourquoi das Frageadverb ist: Pourquoi les croisades ne réussirent-elles pas?

c) Man pflegt die einfache Inversion zu vermeiden, wenn das Verb in einer umschreibenden Zeit steht, daher: Quand Charles Ier fut-il décapité?

Verwendbar wird sie, wenn das Subjekt attributiv bestimmt ist, besonders durch einen Genitiv: D'où sont tirés les noms des départements? Über d'où vient? vgl. § 90 Anm. 5a.

III. **Die Frage wird durch ein interrogatives Pronomen (Objektsform) eingeleitet.**

1) *Qui appelons-nous usurpateur?*
Quelle règle suivrez-vous pour former le pluriel des noms composés?
2) *Qui les Romains chargèrent-ils d'expulser les Carthaginois de l'Espagne?*
Quels revers les Romains éprouvèrent-ils dans la deuxième guerre punique?

1) Dieselbe Regel wie unter I, 1 muß angewandt werden.
2) Dieselbe Regel wie unter I, 2 kann angewandt werden.

Anm. Auch im zweiten Fall ist die einfache Inversion zulässig, wenn das Interrogativ mit einer Präposition verbunden ist: Contre qui fut dirigée la ligue du bien public? Jedoch darf (wie bei II, 2, Anm. a) das Verb nicht von einem Objekt begleitet sein: A qui Charles-Quint fit-il la guerre pendant la plus grande partie de son règne?

Wenn das Interrogativ im Accusativ steht, ist die einfache Inversion nur zulässig, wo keine Zweideutigkeit entstehen kann: Quelles conquêtes firent les enfants de Clovis?

Nach dem Accusativ **que** darf nur einfache Inversion stehen: Qu'entend-on par le mot sujet? Que fit l'armée de la quatrième croisade au lieu d'aller dans la Terre sainte? Que fournit à l'homme l'ordre des ruminants? Que t'a dit cet animal qui t'a parlé si longtemps à l'oreille?

§ 208 (²²²). **Inversion eines beliebigen Subjekts außer der Frage.** Die Inversion des Subjekts, mag dasselbe aus einem Substantiv oder einem Personalpronomen bestehen, findet in der Regel statt: a) Mit einfacher Inversion bei jedem Subjekt:

1) Im Wunschsatze: Vive le roi! Puissiez-vous réussir!
2) In kleinen Sätzen, welche ein Verb der Aussage enthalten und einer direkt angeführten Rede ein- oder angefügt sind: Faites comme vous voudrez, repartit-il, je m'en lave les mains. Si vous m'en croyez, répondit mon interlocuteur, vous renoncerez à votre projet.¹

---

¹ Wie im Lateinischen kann dabei ein Verb des Sagens in die Rede eingeschoben werden, während es im Deutschen zu dem vorangehenden Satz

b) Mit einfacher oder pronominaler Inversion wie beim Fragesatz:

1) In Konditional= und Konzessivsätzen, wenn si und quand (même) fehlen: Plusieurs tyrans aspiraient-ils à l'empire, les prétoriens vendaient leurs secours au plus offrant. Dussé-je y périr. L'eût-il voulu, il en eût été incapable.

2) Nach den Adverbien

à peine kaum	tout au plus höchstens	
aussi daher auch¹	à plus forte raison	um so mehr
aussi bien ohnehin	d'autant plus	
au moins mindestens	toutefois gleichwohl, dennoch	
du moins wenigstens	en vain	
peut-être vielleicht	vainement	vergebens
encore außerdem, trotzdem	inutilement	
toujours immerhin (nie ohne Inversion)	rarement selten	
	probablement wahrscheinlich u. a.	

Alexandre ne cédait jamais à la force; aussi son père employait-il à son égard la persuasion plutôt que la contrainte.

Anm. a 1) Häufig auch im Ausrufesatz: Avons-nous crié: Vive la joie! Est-il drôle!

a 2) Unmöglich ist die Inversion, wenn le hinzutritt (vgl. § 211 Anm. 4). Ebenso fehlt die Inversion in je crois, je pense (über den Grund vgl. § 319 M).

b 1) Manchmal steht die Inversion, auch wenn der Nachsatz mit que eingeleitet ist: Quoi! vous n'allez pas entendre cette admirable plaidoirie? mais le tribunal est à votre porte. — Serait-il chez moi que je n'y assisterais pas davantage⁴(meist il serait chez moi que . . .).

b 2) **A peine** und **peut-être** erlauben die Inversion auch in Nebensätzen: Bientôt l'obscurité devint telle qu'à peine pouvait-on se voir.

§ 209 (²²⁹). **Inversion des substantivischen Subjekts aufser der Frage.** Erlaubt ist die Inversion des Subjekts, jedoch nur² wenn dasselbe ein Substantiv ist, in folgenden Fällen:

---

gezogen wird: Dans ses moments d'ennui, Louis XIII choisissait celui pour lequel il avait le plus de sympathie, et, le prenant par le bras: Mettons-nous à cette fenêtre, monsieur, disait-il, et ennuyons-nous. Manchmal fehlt das Verb des Sagens ganz.

¹ D. h. **aussi** kann nur mit der Inversion gebraucht werden, wenn es die aus dem Vorhergehenden logisch sich ergebende Folgerung einleitet.

² In einzelnen Fällen (besonders nach **ainsi**) auch wenn das Subjekt ein Personalpronomen ist.

1) Im Relativsatz und im indirekten Fragesatz. Besonders, wenn das Verb an das Ende des Satzes zu stehen käme: Il est peu de difficultés que n'éclaircisse la connaissance de l'histoire particulière du sujet. Savez-vous ce qu'a fait votre ami?
Nötig ist die Inversion hauptsächlich,
   a. wenn être an das Satzende zu stehen käme: Il serait difficile de savoir de quel côté était le bon droit;
   b. wenn das Subjekt des Relativsatzes das Beziehungswort eines zweiten Relativsatzes ist: Il a fait tout ce que peut faire en pareil cas un homme qui se respecte. Vgl. § 204, 1.

2) Nach der Umschreibung mit c'est . . . que: C'est aux cœurs hardis que sourit la fortune.
Ebenso steht die Inversion nach einer Objekts-, Zeit- oder Ortsbestimmung, die ohne Zuhülfenahme der Umschreibungsformel nachdrucksvoll vorangestellt ist: Sur lui retombe toute la responsabilité. A cette époque fut créée la célèbre école de Salerne. A la tête de l'escadre marchait le vaisseau amiral.

3) Nach den Konjunktionen **quand** und **lorsque**: Quand viendra le printemps, les arbres se couvriront de fleurs. Lorsque parle une telle bouche, nous n'avons qu'à nous taire.

4) Nach den Adverbien **ainsi, ici, là, de là, là-dessus, déjà, aussitôt, bientôt** u. a. Ainsi va le monde. De là découlent tous nos désastres. Bientôt se présenta un nouveau compétiteur.

5) Im zweiten Glied des Vergleichungssatzes: Pour juger l'œuvre, il faut plus de goût que n'en a cet homme. Mme de Sévigné écrit comme parle une personne du grand monde et de beaucoup d'esprit. Sa sœur lui venait en aide autant que lui permettait l'exiguïté de ses ressources. Über **plus . . . plus** vgl. § 361 Anm. 3.

In den Fällen 2 bis 5 wird die Inversion unmöglich, wenn das Verb von irgend welchem Objekt (außer etwa verbundenem Personalpronomen) begleitet ist; daher: C'est aux cœurs hardis que la fortune donne ses faveurs. Ce sont les cœurs hardis que la fortune gratifie de ses faveurs.

Anm. Meist sind bei der fakultativen Inversion stilistische Erwägungen ausschlaggebend. Besonders häufig ist der Chiasmus (Kreuzstellung, Verschränkung) bemerkbar: Ce fut un sujet tout trouvé de conversation et de commentaires pour les commères qui bavardent tant que le jour dure et tant que dure la lampe du soir.

§ 210 ([224]). Obligatorischer Gebrauch derselben.

Notwendig ist die Inversion des substantivischen Subjekts:

1) Bei der Voranstellung eines prädikativen Adjektivs: Telle fut la fin de tant d'espérances. Immense fut sa joie. Daher auch in den Konzessivsätzen mit **quelque . . . que** (vgl. § 349).

2) Bei der Voranstellung des Verbs (besonders üblich bei beschreibenden Aufzählungen und gesetzlichen Definitionen): Viennent ensuite les tableaux dramatiques tirés des quatre grands poètes. Sont écoles publiques celles qui relèvent exclusivement des communes, du département ou de l'État. Vgl. auch § 228 A. 2, b, c.

3) Bei der Voranstellung des Part. Präs. passiver Form. Vgl. § 217, A. 1 Zus.

4) Unter gewissen Bedingungen im Relativsatz. Vgl. § 209, 1.

III. Das Verb.

Transitive und intransitive Verben.

§ 211 ([225]). **Transitive.** Transitive Verben sind solche, welche einen Objektsaccusativ regieren können und welche daher die Umwandelung in die passive Konstruktion zulassen: Les assiégeants ont pris la ville. (La ville a été prise par les assiégeants.)

Anm. 1) **Avoir** ist das einzige transitive Verb, welches kein Passiv bildet. Auch die mit **faire** aus Intransitiven gebildeten Transitive haben kein Passiv: On l'a fait mourir (nicht il a été fait mourir).

2) **Expirer** darf nicht transitiv gebraucht werden.[1] Sein Leben aushauchen expirer (aber exhaler son âme, wofür besser rendre l'âme, rendre le dernier soupir). **Parler** kann nur **langue, langage** und ähnliche Wörter (§ 141) als Objekt haben: Parler le langage de la vérité. Doch parler affaires, parler musique u. s. w. (von Geschäftsangelegenheiten, von Musik sprechen) und so causer littérature u. s. w. Zur Vermeidung eines Doppelsinns, den die deutsche Sprache nicht fürchtet, darf **tout** vielfach nur im partitiven Sinne nach Verben gebraucht werden: Il y a peu d'animaux qui mangent de tout (keinerlei Nahrung verschmähen). Dans ce magasin on trouve de tout (in diesem Laden ist alles zu haben) Ce peintre fait de tout (d. h. er hat nicht ein bestimmtes Feld).

3) Öfter darf das deutsche es nicht übersetzt werden: Comment faire? Comment faites-vous? Faites comme moi. Il n'est pas difficile de faire mieux que lui.[2] Je ne sais pas. Si j'avais su! Oh! je ne dis pas. Je devine. Besonders nach Imperativen: Dites! Lisez! Racontez! Achevez! Continuez! Donnez! Prenez! Tenez! Gardez! Refusez! u. a. Ebenso natürlich beim Singular dieser Imperative. Sehr oft fehlt auch ein anderes

---

[1] Auch das englische to expire ist streng intransitiv (aber lat. expirare **animam**).

[2] Auch Faites! im Sinne unseres Bitte!, wenn man eine verlangte Erlaubnis giebt.

pronominales Objekt bei **interrompre**: C'est ce que je ne ferai jamais, interrompit-il (unterbrach er mich).

4) Während das Französische nicht durch le auf Nachfolgendes hinweist (§ 288), deutet es gern mit diesem Pronomen auf Vorausgehendes zurück, beides im Unterschiede zum deutschen Brauch. So tritt le im zweiten Glied des Komparativsatzes ein: Ces phénomènes sont plus compliqués qu'on ne le pensait. Ferner in eingeschobenen Sätzen mit **comme, ainsi, que** z. B. comme on le voit, comme on pourrait le croire, ainsi qu'on peut le constater, doch auch comme on voit u. s. w.[1]

In dem letzteren Falle wird le unentbehrlich, wenn comme, ainsi que fehlen: Le succès, on le voit, n'était rien moins qu'assuré. Es darf dagegen nicht eintreten bei der Inversion: L'affaire, pourrait-on croire, était en bon chemin.

§ 212 ([226]). **Intransitive.** Intransitiv sind Verben, von welchen ein Objekt überhaupt nicht oder nicht im Accusativ abhängig gemacht werden kann: Qui dort dîne. Les grands événements procèdent souvent de petites causes.

Anm. 1) Intransitive erhalten manchmal eine transitive Nebenbedeutung. Neben **monter** (hinaufsteigen), **descendre** (herabsteigen), **rentrer** (wieder eintreten), **sortir** (ausgehen), **retourner** (zurückkehren) stehen **monter** (hinauftragen, errichten), **descendre** (herunterbringen), **rentrer** (einbringen, z. B. rentrer du foin, du blé), **sortir** (herausziehen), **retourner** (zurückschicken). So auch **réussir qe** (etwas erfolgreich behandeln), welches aber (wie früher auch andere dieser Verben) auf Widerspruch stößt. — **Habiter** ist Intransitiv (wohnen) und Transitiv (bewohnen).

2) Andere Intransitive können im Passiv gebraucht werden[2]: être obéi (Gehorsam finden), être désobéi, être pardonné (Verzeihung finden, vgl. je serais impardonnable), des lettres répondues (beantwortete Briefe), des stipulations consenties (getroffene Abmachungen), un langage convenu (eine konventionelle Ausdrucksweise), c'est convenu (das ist abgemacht), être bien venu de qn (bei jem. freundliche Aufnahme finden). Être moqué kommt von einem alten Transitiv moquer, wofür jetzt nur se moquer. Manche dieser Verben finden sich im Aktiv als Transitive gebraucht, was (außer bei consentir) nicht nachzuahmen ist.

3) In einzelnen Verbindungen eines Intransitivs mit einem Accusativ ist kein transitiver Gebrauch zu erkennen, weil die Umwandelung in das Passiv unmöglich oder doch unüblich ist:

---

[1] Immer comme on dit (wie man zu sagen pflegt), dagegen comme on le dit (wie man behauptet).

[2] Im wissenschaftlichen Gebrauch auch la condition est satisfaite (der Bedingung ist genügt), obwohl nur satisfaire à une condition.

§ 212. Intransitive.

a) **Intransitive** nehmen einen Accusativ gleichen Stammes zu sich: jouer le jeu de qn (jem. wider Willen in die Hände arbeiten), combattre le bon combat. Doch nicht etwa combattre un combat.

b) Oder sie nehmen einen Accusativ von anderem Stamm: aller son chemin, crier vengeance. Besonders einen adverbialen Accusativ: courir deux heures, marcher dix lieues, vivre cent ans, peser quinze grammes, un vaisseau jaugeant 500 tonneaux[1] (ein Schiff von 500 Tonnen).

In monter un cheval (ein Pferd reiten), monter un navire (auf einem Schiffe fahren), monter un escalier, descendre un fleuve (einen Fluß herunter fahren), sauter une barrière (überspringen), courir le monde (in aller Herren Länder herumkommen), courir un pays (ein Land durchstreifen, um zu plündern) u. a. kann man wirkliche Transitive mit Objektsaccusativ erkennen; aber ein Passiv ist nicht gebräuchlich, außer bei monter, wo es „besteigen" heißen kann.

Paraître mit einem Accusativ ist sehr üblich, aber nicht allgemein[2] anerkannt: Il a soixante ans, mais il ne les paraît pas (man sieht sie ihm nicht an).

c) Der Grund einer Handlung wird manchmal gewissermaßen zum Objekt derselben: sentir le musc, hurler la faim, grelotter la fièvre u. a. Für unser Gefühl fehlt eine Präposition. Ebenso in répondre une lettre assez sèche[3] (mit einem ziemlich trocknen Briefe antworten).

4) Wie das neutrale le bei Transitiven, so tritt en bei Verben ein, welche nur ein Sachobjekt mit de bei sich haben können: Je réussirai, je m'en flatte, à vous faire obtenir satisfaction entière. Bei dem Komparativ vertritt en unser **darum, deshalb**: Quand même on vous donnerait gain de cause, vous n'en seriez pas plus avancé. Dafür auch vous ne seriez pas plus avancé pour cela.

Zusatz. Deutsche Intransitive oder absolut gebrauchte Transitive sind öfter nicht unmittelbar in das Französische zu übersetzen, auch wenn ein entsprechendes Verb existiert: betteln demander l'aumône, mendier son pain, dichten faire des vers, fechten faire des armes, kochen faire la cuisine, waschen faire la lessive, wachen faire le guet. Der deutsche Verbalbegriff wird französisch zum Substantiv und nimmt ein Verb (meist **faire**) zu sich. Vgl. auch S. 190 N. 4.

---

[1] In dieser Verwendung ist jauger (eichen) intransitiv. Tonneau ist das richtige Wort, nicht tonne (alter Sprachgebrauch), welches noch oft dafür gesetzt wird. Un tonneau = 10 quintaux métriques, un quintal métrique = 100 kilogrammes.

[2] Littré billigt es.

[3] Nicht zu verwechseln mit dem vorkommenden, aber unrichtigen répondre une lettre (einen Brief beantworten) für répondre à une lettre.

Rektion der Verben.

§ 213 (^{227}). Verben mit dem Accusativ. Den Accusativ regieren abweichend vom Deutschen

1) Folgende Verben der Bewegung, des Hinzielens:

aborder qn
accoster qn } an jem. herantreten (jem. anreden)
approcher qn bei jem. Zutritt haben
avoisiner qc anstoßen an etw.
balancer qe das Gleichgewicht halten
dépasser qn
devancer qn } jem. vorauseilen (jem. überholen)
distancer qn
déserter qe entweichen, desertieren von
égaler qn jem. gleichkommen
viser qn auf jem. zielen, viser qe auf etw. hinzielen.

envahir un pays in ein Land einfallen
fuir qn fliehen vor jem.
guetter qn auf jem. lauern
imiter qn jem. nachahmen.
joindre qn
rejoindre qn } zu jem. stoßen (jem. einholen)
précéder qn jem. vorausgehen
prévenir qn jem. zuvorkommen (benachrichtigen)
rencontrer qn jem. begegnen
résigner qe auf etw. verzichten
subir qe sich unterziehen
suivre qn jem. folgen

Ferner esquiver un coup, une question (ausweichen), cela me passe (das ist mir unverständlich).

2) Folgende Verben des Denkens und Sagens:

applaudir qn jem. Beifall zollen
bouder qn jem. schmollen (auch contre qn)
comploter qe
conspirer qe } sich verschwören zu etwas, sinnen auf etw.
contredire[2] qn jem. widersprechen
encenser qn jem. Weihrauch streuen
espérer qe hoffen auf

entretenir qn sprechen mit jem.
féliciter[3] qn jem. gratulieren
flatter qn jem. schmeicheln
jalouser qn eifersüchtig sein auf jem.
maudire qn jem. fluchen
méditer qe sinnen auf
menacer qn jem. drohen
prier qn[4] beten zu jem.
se rappeler qe sich erinnern an
remercier qn jem. danken

---

[1] Bei Verben mit mehrfacher Rektion ist der Unterschied oft schwer festzustellen. In der Lektüre werden sich immer Beispiele finden, welche sich der Regel nicht fügen. In den folgenden Angaben ist dieselbe immer so gefaßt, daß bei dem Übersetzen in das Französische unrichtige Anwendung möglichst ausgeschlossen ist.

[2] Contredire war früher intransitiv. Man sagt noch je n'y contredis pas (besser je ne dis pas le contraire).

[3] Nicht mehr das veraltete congratuler.

[4] **Prier** beten wird konstruiert wie in der Bedeutung bitten: prier un saint. Unser absolut gebrauchtes beten ist durch prier Dieu oder dire ses prières zu übersetzen, nur ausnahmsweise steht prier allein.

§ 213. Rektion der Verben.

Ferner prêcher qn (jem. predigen), sermonner qn (jem. eine Strafpredigt halten), plaisanter qn (über jem. spotten), chansonner qn (auf jem. Spottlieder machen), sonner qn (nach jem. klingeln), sonner la messe, le dîner (läuten zu etwas), siffler un chien (einem Hunde pfeifen), souffler qn (jem. vorsprechen, soufflieren).

3) **Folgende Verben des Nutzens und Schadens:**

affronter qn ⎫
braver qn   ⎬ jem. trotzen
défier qn   ⎭

aider qn   ⎫ jem. helfen
assister qn   ⎭

arranger qn (cela m'arrange ist mir gelegen)

contrarier qn   ⎫ jem. entgegen-
contrecarrer qn ⎭ handeln

dégoûter qn jem. Ekel machen
désobliger qn ⎫ jem. einen üblen Dienst
desservir qn ⎭ leisten, schaden
éclairer qn jem. leuchten
obliger qn jem. einen Dienst leisten
seconder qn ⎫ jem. helfen
secourir qn ⎭
servir qn jem. dienen
soulager qn jem. Linderung schaffen
veiller qn bei jem. wachen

Anm. Vom deutschen Gebrauch abweichend tritt der Accusativ nicht ein hauptsächlich nach

s'acquitter de qe etw. erfüllen
ajouter à qe etw. vergrößern
apprendre ⎫ qe à qn jem. etw.
enseigner ⎭ lehren
couper court à qe etw. abschneiden
demander qe à qn[1] jem. um etw. bitten, jem. nach etw. fragen
disconvenir de qe etw. leugnen
se douter de qe etw. ahnen
faire la guerre à qn[2] jem. bekriegen
fournir à qe ⎫ die Kosten für etw.
subvenir à qe ⎭ bestreiten
jouir de qe etw. genießen

justifier de qe etw. nachweisen
mentir à qn jem. belügen
parler à qn[3] jem. sprechen
se passer de qe etw. entbehren
profiter de qe etw. benützen
remédier à qe etw. abstellen
renchérir sur qn jem. überbieten
se repentir de qe etw. bereuen
revenir sur qe etw. umstoßen
se sentir de qe   ⎫ etw. spüren
se ressentir de qe ⎭
surseoir à qe etw. aufschieben
survivre à qn jem. überleben
vaquer à qe etw. besorgen

§ 214 (²²⁸). **Verben, welche mit der Rektion die Bedeutung wechseln:**

atteindre qn (qe) ⎫ erreichen
toucher qe   ⎭

concourir à qe beitragen zu
connaître qe kennen

atteindre à qn (à qe) ⎫ nicht völlig (oder
toucher à qe   ⎬ mit Anstrengung) erreichen

concourir pour qe sich bewerben um
connaître de qe die zuständige Behörde sein für

---

[1] Demander qn nach jem. fragen.
[2] Faire la guerre contre qn am Krieg gegen jem. teilnehmen.
[3] Das sehr seltne parler avec qn heißt: mit jem. im Gespräch sein.

convenir à qn (à qc) passen für

croire qn (qc) jem. glauben, etw. glauben¹

décider qn (qc) bestimmen, entscheiden

discourir sur qc sprechen über

essayer qc } versuchen
tenter qc

goûter qc Geschmack finden an; probieren

s'intéresser à qn (à qc) Anteil nehmen an

jouer qc spielen um (jouer qn betrügen³)

juger qn (qc) zu Gerichte sitzen, aburteilen über

manquer qn (qc) verfehlen

s'occuper de qc sich angelegen sein lassen

parer qc abwenden
participer à qc teilnehmen an
prendre qn packen
présider qc den Vorsitz führen bei

prétendre qc als Recht beanspruchen⁵

convenir de qc übereinkommen, eingestehen

croire à qn (à qc) zu jem. Vertrauen haben, an etw. glauben²

décider de qc entscheiden über, den Ausschlag geben

discourir de qc in gelehrter Weise sprechen über

essayer de qc } es versuchen mit
tenter de qc

goûter à qc (ver)kosten von, nippen an
goûter de qc kennen lernen

s'intéresser dans qc (être intéressé dans qc) sich mit Geldeinlage beteiligen an

jouer aux échecs u. s. w. Schach spielen (d. h. à bei Gesellschafts- und Hazardspiel)

jouer du piano u. s. w. Klavier spielen (d. h. de bei Musikinstrumenten)

juger de qn (de qc) sich eine Meinung bilden über

manquer de qc Mangel haben an
manquer à qn (à qc) sich verfehlen gegen

s'occuper à qc beschäftigt sein mit

parer à qc vorbeugen
participer de qc ähnlich, verwandt sein
prendre à qn befallen⁴
présider à qc bestimmenden Einfluß haben bei

prétendre à qc streben nach, Anspruch machen auf

---

¹ Nicht Personen- und Sachobjekt zu vereinigen; doch vous pouvez m'en croire.

² Für à tritt wie oft en ein, wenn nicht ein bestimmter Artikel folgt, daher je crois en lui, ebenso croire en Dieu, en Jésus-Christ, en une vie future u. s. w., aber croire aux dieux, au Dieu de clémence, au Christ.

³ Jouer un auteur das Stück eines Dichters zur Aufführung bringen, vgl. lire qn einen Brief von jem. lesen.

⁴ La toux, la fièvre, la peur, l'idée, la fantaisie lui a pris; aber la toux l'a encore pris vers midi.

⁵ Selten und nur in den Formeln que prétendez-vous? ne rien prétendre anzuraten; als Substantivobjekt nur le droit.

§ 214. Verben, welche die Bedeutung wechseln.

répondre qe etw. antworten	répondre à qn (à qc) jem. antworten; entsprechen
	répondre de qn (de qc) einstehen für
	répondre pour qn bürgen für
ressortir sur qc sich abheben von	ressortir[1] à qc unter einer Gerichtsbarkeit stehen, zu einem Amtssprengel gehören
ressortir de qe sich ergeben aus	
satisfaire qn (qc) befriedigen	satisfaire à qc (selten à qn) Genüge leisten
servir qn (qe) dienen, einen Dienst leisten	servir de qc dienen als, die Stelle vertreten
(se servir de qc sich einer Sache bedienen)	servir à qe brauchbar sein zu[2]
signer qe unterzeichnen	signer à qe (als Zeuge) mitunterzeichnen
souscrire qe unterschreiben[3]	souscrire à qe sich gefallen lassen, eingehen auf
	souscrire pour qe (selten à qe) subscribieren auf
succomber à qe sich (widerstandslos) überwältigen lassen von	succomber sous qe (auch à qe) erliegen, unterliegen
témoigner qe (auch de qe) bezeigen, an den Tag legen	témoigner de qe bezeugen
tenir pour qn auf jemandes Seite stehen	tenir à qe anhaften, festhalten an, herrühren von; Wert legen auf; ne pas (plus) tenir etw. nicht aushalten
	tenir de qe = participer de qe
user qe abnützen	user de qe gebrauchen
viser qn (qe) ⎱ zielen auf	viser à qe abzielen auf, streben nach
viser à qn (à qe) ⎰	

§ 215 ([229]). **Unterschied des persönlichen und des sächlichen Objekts.** Verschiedene Rektion, je nachdem die Thätigkeit sich auf eine Person[4] oder auf eine Sache bezieht, haben die Verben:

---

[1] Von dem gegenüberstehenden ressortir etymologisch verschieden.
[2] Doch kann auch in diesem Sinne de stehen vor quoi, rien, beaucoup u. a. Daher cela ne sert à rien (de rien), à quoi (de quoi und bloß que) sert-il? durchaus gleichbedeutend.
[3] Nur bei Aktenstücken oder Wechseln üblich.
[4] Oft auch personifizierte Sache, so besonders la mort bei arracher, échapper.

Person:	Sache:
abuser qn täuschen	abuser de qe mißbrauchen
aider qn (selten à qn) helfen	aider à qe (selten aider qe) unterstützen, helfen, beitragen zu
aider qn de qe jem. helfen mit etw.	
approcher qn bei jem. Zutritt haben[1]	approcher de qe fast erreichen
arracher qn (qe) à qn entreißen	arracher qn (qe) de qe wegreißen
assister qn helfen, beistehen	assister à qe beiwohnen
attenter sur qn einen Angriff auf jem. unternehmen	attenter à qe (selten sur qe) sich einen Angriff auf etw. gestatten
changer[2] qn wechseln	changer de qe wechseln, § 299,3
échapper à qn[3] entgehen	échapper de qe entgehen, entfliehen
emprunter qe à qn entleihen	emprunter qe de qe (selten à qe) entlehnen
insulter qn (selten à qn) beleidigen	insulter à qe Hohn sprechen
se jouer à qn unüberlegt angreifen (selten se jouer de qn mißachten)	se jouer de qe spielend bewältigen, gering achten
suppléer qn vertreten	suppléer à qe (auch qe) ersetzen, ergänzen
veiller sur qn wachen über	veiller à qe sorgen für, achthaben auf
veiller qn wachen bei	

§ 216 ([230]). Zusammentreffen des persönlichen und sächlichen Objekts. Verben mit gleicher Rektion für persönliches und sächliches Objekt, welche beim Zusammentreffen beider Objekte die Rektion ändern:

applaudir qn jem. Beifall zollen	applaudir qn de qe jem. zu etw. Glück wünschen
applaudir[4] qe einer Sache Beifall geben	
————	apprendre qe à qn jem. etw. lehren, mitteilen
apprendre qe etw. lernen, erfahren	

---

[1] S'approcher de qn (de qe) sich nähern, approcher de qn (de qe) näher kommen, vgl. § 76, 5.

[2] Changer vertauschen hat nur den Accusativ: changer qe pour (contre) qe; on m'a changé mon gendre mein Schwiegersohn ist mir vertauscht worden, d. h. ist nicht wiederzuerkennen. In der Beb. wechseln steht persönl. Objekt im Accusativ (je ne suis pas content de mon cordonnier, je le change, ich nehme einen andern), sächliches dagegen im Genitiv: Henri VIII changea de religion. In Henri VIII changea la religion de son pays heißt das Verb „ändern, vertauschen", daher auch das Sachobjekt im Accusativ.

[3] Oft auch échapper à qe; die Sache wird dann persönlich gedacht als der drohende Gegner: échapper au danger (selten le danger) der Gefahr ausweichen, échapper du danger sich aus der Gefahr retten.

[4] Applaudir auch mit à sowohl bei persönlichem, wie bei sächlichem Objekt.

enseigner qn jem. unterrichten	enseigner qc à qn jem. in etw. unterrichten
enseigner qc etw. unterrichten	
— — —	assurer qc à qn oder assurer qn de qc jem. einer Sache versichern[1]
assurer qc etw. versichern	
conseiller qn jem. beraten	conseiller qc à qn jem. etw. raten
conseiller qc etw. raten	
envier qn jem. beneiden	envier qc à qn jem. um etw. beneiden
envier qc auf etw. neidisch sein	
hériter de qn jem. beerben	hériter qc de qn etw. von jem. erben[2]
hériter de qc etw. erben	
imiter qn jem. nachahmen	imité de qn (nur pass.) jem. nachgeahmt
imiter qc etw. nachahmen	
persuader qn jem. überzeugen,	persuader qn de qc oder persuader qc à qn jem. von etw. überzeugen, jem. etw. einreden
— — — — überreden	
dissuader qn jem. abraten	dissuader qn de qc jem. von etw. abraten
— — — —	
prêcher qn jem. predigen	prêcher qc à qn jem. etw. predigen
prêcher qc etw. predigen	
refuser qn jem. abweisen	refuser qc à qn jem. etw. abschlagen
refuser qc etw. verweigern	
se venger de qn sich an jem. rächen	se venger sur qn de qc sich an jem. für etw. rächen.
se venger de qc sich für etw. rächen	

Die Übereinstimmung von Subjekt und Prädikat
(l'accord du verbe avec son sujet).

§ 217 ([231]). Ein einzelnes Subjekt.

1) *Tous les hommes aspirent au bonheur.*
2) *Tout le monde aspire au bonheur.*

1) Das Subjekt im Plural hat das Verb in gleicher Zahl im Gefolge.
2) Das Subjekt im Singular, auch wenn es ein Kollektiv ist, hat das Verb im Singular nach sich.

Anm. 1) Das singularische c'est steht vor pluralischem (logischem) Subjekt der 1. und 2. Person: c'est nous, c'est vous. Dagegen ce sont eux, ce sont nos semblables.

---

[1] Man soll nur sagen je vous l'assure (nicht je vous assure). Assurer à qn que... (der Objektssatz vertritt den Objektsaccusativ), doch auch assurer qn que...

[2] Natürlich kann man sagen Louis XVI a hérité des fautes comme du trône de ses devanciers (possess. Genitiv).

Jedoch findet sich c'est auch häufig vor einem Plural der 3. Person, besonders in der Volkssprache: C'est des bêtises. Regelmäßig steht der Singular

    a) **Zur Vermeidung von übelklingenden Formen (seront-ce, furent-ce, fussent-ce u. ä.):** Ne me faites pas trop attendre une lettre, ne fût-ce que quelques lignes.

    b) **In si ce n'est (ausgenommen etwa):** Aucun peuple de l'antiquité, si ce n'est les Phéniciens, ne connaissait la côte occidentale de l'Afrique.

    Zusatz. In der Formel étant donné (wenn man bedenkt, in Anschlag bringt) muß das Part. mit dem folgenden Subjekt übereinstimmen[1]: Étant données les mauvaises conditions de l'année, les récoltes sont bonnes.

    2) Kollektive, auf welche ein partitiver Plural folgt, haben das Verb im Singular nach sich, wenn der Kollektivbegriff betont wird; das Verb steht dagegen im Plural, wenn man in dem partitiven Genitiv das eigentliche Subjekt erblickt: Une partie des bourgeois courut aux armes; le reste se tenait à l'écart. Lorsque la flotte française fut attaquée à Aboukir, une partie des équipages (**Mannschaft**) étaient à terre.

    Solche Kollektive sind: **la foule, la multitude, la majorité, l'élite, la troupe, la nuée, la partie, la plus grande partie, un grand nombre, le plus grand nombre, un certain nombre, un (le) petit nombre,** Zahlsubstantive wie **une vingtaine, une centaine, la moitié, le quart,** ferner **(tout) ce qu'il y a de, le peu de** u. ähnl.

    Stehen diese Wörter ohne partitiven Genitiv, so haben sie das Verb im Singular[1]: A ce discours, le plus grand nombre pleurait. Dabei ist zu bemerken:

    a) Ohne Artikel gebraucht haben Kollektive stets den partitiven Genitiv und stets das Verb im Plural nach sich: Nombre (bon nombre) de personnes sont d'un avis contraire. So auch quantité de (über force vgl. § 277 Anm. 1) und die Quantitätsadverbien beaucoup de, peu de, plus de u. s. w.

    b) **La plupart** hat mit oder ohne partitiven Plural[2] das Verb im Plural nach sich: La plupart (la plupart des sénateurs) votèrent contre cette proposition. Auch beaucoup, peu, combien absolut gebraucht (vgl. § 277) haben den Plural.

    c) **Plus d'un** hat das Verb im Singular (außer wenn es wiederholt oder mit l'un l'autre verbunden ist): Plus d'un Crésus a terminé sa vie sur un grabat.

§ 218 (²³²). Mehrere verbundene Subjekte.

1) *La sagesse et la fermeté du jeune roi promettaient un règne heureux.*

---

[1] Eine allerdings oft vernachlässigte Regel.
[2] **La plupart** mit partitivem Singular (la plupart du peuple) hat das Verb im Singular, wird aber besser durch andere Ausdrücke ersetzt.

2) *Le plus bel air de musique ou le plus joli morceau d'éloquence manquent leur effet quand l'esprit est préoccupé.*

Ni l'expérience du général ni la discipline des soldats n'étaient assez solides pour répondre du succès d'une bataille.

3) *Henri III, comme ses frères François II et Charles IX, mourut sans laisser de postérité.*

1) Wenn mehrere Subjekte durch **et** verbunden (oder asyndetisch aneinander gereiht) sind, steht das Verb im Plural.

2) Auch nach Subjekten, welche durch **ou, ni ... ni** verbunden sind, steht das Verb in der Regel im Plural.

3) Dagegen bestimmt nur das erste Subjekt die Zahl, wenn die folgenden durch **avec** oder **comme, ainsi que, de même que, aussi bien que, autant que** angereiht sind.

Anm. 1) Auch bei der Verbindung der Subjekte durch **et** (oder asyndetischer Anreihung) muß das Verb im Singular stehen

a) Wenn beide Subjekte die gleiche Person oder Sache bezeichnen: La mère du roi de France et la tante du roi d'Espagne, Anne d'Autriche, mourut en 1666.

b) Wenn das zweite Subjekt erst nachträglich beigefügt wird: Le printemps est revenu et le soleil.

c) Wenn eine Zusammenfassung durch **tout, chacun, personne, aucun, nul, rien** stattfindet: Menaces, promesses, flatteries, tout fut mis en usage.

Das Verb kann im Singular stehen, wenn die Subjekte begriffsverwandt sind oder (was meist gleichzeitig der Fall ist) eine auf- oder absteigende Klimax bilden: L'accusé se défendit courageusement; la lucidité, la netteté, la précision de ses réponses lui gagna (gagnèrent) tous les cœurs. Am besten reiht man bei der Wahl des Singulars die Subjekte asyndetisch an.

2) Nach **ou, ni ... ni** findet sich auch der Singular, ohne daß eine bestimmte Regel sich aufstellen ließe.

Auch in **ni l'un ni l'autre** (wie in **l'un et l'autre**) ist der Gebrauch schwankend; am besten läßt man das Verb im Plural folgen, nach **l'un ou l'autre** dagegen im Singular.

3) Die oben angeführten Konjunktionen bewirken eine **gleichstellende** Vergleichung. Eine solche Gleichstellung findet nicht statt bei **moins que, plus que, plutôt que, non plus que, ne ... pas plus que**: über die Zahl des Verbs entscheidet hier dasjenige Subjekt, welches nachdrücklich betont ist: Sa mauvaise santé, pas plus que les nombreuses difficultés, ne l'empêcha de poursuivre son but.

Dasselbe ist nach **et non, et surtout** u. a. der Fall: L'âge et surtout l'influence de sa seconde femme, Mathilde, paraît avoir changé beaucoup les dispositions de Henri 1er l'Oiseleur.

§ 219 ([233]). **Subjekte verschiedener grammatischer Person.**

1) *Toi ou ton frère, vous devez vous rappeler cette circonstance.*
2) *Ce n'est pas mon frère, c'est moi qui ai été témoin de l'affaire.*

1) Wenn die Subjekte nicht derselben grammatischen Person angehören, steht das Verb im Plural der 1. Person oder, wenn diese unter den Subjekten nicht vertreten ist, der 2. Person. Über die Zusammenfassung vgl. § 294.
2) In dem Relativsatz entscheidet nicht das (für den Deutschen stets der 3. Person angehörige) Relativ, sondern das Beziehungswort desselben über die grammatische Person des Verbs.

Anm. Nach der Anrede steht das Verb des Relativsatzes in der 2. Person: Notre Père qui êtes dans les cieux (qui es aux cieux).

Wenn das Beziehungswort des Relativs ein prädikatives Substantiv oder Adjektiv (le premier, le seul u. a.) ist, so kann das Verb des Relativsatzes entweder in der 3. Person oder in der des vorausgehenden Subjekts stehen: Je suis un étranger qui vient (viens) vous demander l'hospitalité. Nach **celui** steht die 3. Person: Nous sommes ceux qui font le mal même en voulant le bien.

Der Gebrauch der Zeiten.

§ 220 ([284]). **Französische und deutsche Zeiten.** Die meisten Zeiten des Französischen stimmen, von nicht sehr wesentlichen Verschiedenheiten abgesehen, ihrer Bezeichnung wie ihrer Verwendung nach mit den entsprechenden Zeitformen des Deutschen überein.

Die Zeitform dagegen, welche man im Deutschen (und im Englischen) Imperfekt nennt und welche entsprechender Präteritum genannt würde, kann ihrer Verwendung nach ebensowenig mit dem Imperfekt des Französischen wie mit dem des Lateinischen und Griechischen durchaus übereinstimmen. Die Zeitverhältnisse, welche wir unterschiedslos mit dem Imperfekt bezeichnen, werden in den drei letztgenannten Sprachen je nach ihrer verschiedenen Natur durch zwei Zeitformen ausgedrückt; es steht also deutsches (und englisches) Imperfekt

§ 221. Dem Deutschen gleichartige Zeiten.

1) für lateinisches, griechisches und französisches Imperfekt,
2) für lateinisches historisches Perfekt, griechischen Aorist und französisches *parfait défini*.

Ein ähnlicher Unterschied ergiebt sich für unser Plusquamperfekt, welches gleichzeitig für das *plus-que-parfait* und für das *parfait antérieur* eintritt.

§ 221 ([852]). **Zeiten mit im ganzen gleicher Verwendung.** Mit der Verwendung der entsprechenden Zeiten im Deutschen stimmen im ganzen folgende französische Zeiten überein:

1. das Präsens (*le présent*)
2. das Perfekt (*le parfait indéfini*)
3. Das Futur (*le futur simple*)
4. das Perfekt des Futurs (*le futur antérieur*)
5. das Imperfekt des Futurs[1] (*le conditionnel simple*)
6. Das Plusquamperfekt des Futurs (*le conditionnel antérieur*).

Anm. Dazu ist im einzelnen zu bemerken:
1) Das Präsens steht öfter wie im Deutschen
   a) Statt des Futurs: Je pars dans trois jours. In gleicher Weise steht das Imperfekt, wenn der Sprechende sich (statt auf den gegenwärtigen) auf einen vergangenen Zeitpunkt stellt: Il allait quitter sa famille, et partait dans une heure par la diligence de Paris (sollte abreisen).
   b) Statt des historischen Perfekts (als historisches Präsens): Averti à temps par le pontife, Charles passe les Alpes, met en suite les Lombards, les bloque dans Vérone et dans Pavie, va confirmer au pape la donation faite par Pepin et obtenir de lui la dignité de patrice, puis il revient attaquer Pavie, où le roi Didier s'était enfermé. Dabei muß man sich jedoch vor Mischung der Zeiten hüten; mit dem hist. Präsens dürfen Imperfekt, Plusquamperfekt und Perfekt (nicht aber hist. Perfekt) wechseln.
   Oft steht j'oublie statt des Perfekts[2]: Voyons si je n'oublie rien. Auch: Un village dont le nom m'échappe (mir entfallen ist). Ebenso Imperfekt für Plusquamperfekt und Plusquamperfekt des Futurs: Ah! j'oubliais (das hatte ich vergessen; beinahe hätte ich das vergessen).
2) Das Perfekt (*parfait indéfini*) bezeichnet eine abgeschlossene Handlung, welche (hierdurch scheidet es sich vom hist. Perfekt) mit der Gegenwart in Zusammenhang steht: Mon frère est parti (abgereist und daher gegenwärtig nicht hier). Aus diesem Grunde steht das Perfekt (nie das hist.

---

[1] Auch im Verbot dieser Zeitform nach der Konjunktion wenn stimmt das Deutsche mit dem Französischen (und Englischen) überein.
[2] Wie im Englischen I forget.

Perf.), wenn eine abgeschlossene Handlung in einen Zeitpunkt verlegt wird, in dessen Grenzen auch noch der gegenwärtige Augenblick fällt, z. B. aujonrd'hui, cette semaine, cette année u. a.

Außerdem steht wie im Deutschen, aber noch häufiger als im Deutschen das Perfekt
- a) Bei lebhafter Erzählung: Je suis venu, j'ai vu, j'ai vaincu.
- b) Bei historischen Angaben, wenn dieselben nicht einer fortlaufenden Erzählung angehören: Les Huns ont produit en Europe, par leur laideur et leur férocité, une impression d'horreur qui s'est longtemps conservée dans le souvenir des peuples.

   Bemerke: Corneille wurde geboren... Corneille est né (oder naquit) à Rouen en 1606.

3) Das Futur steht wie im Deutschen oft für die Wahrscheinlichkeit: La nef (f laut; Schiff) de l'église appartient au XIIIe siècle, mais le chœur (ch = k) sera du XVe (wird wohl aus dem 15. stammen). Ebenso das Perfekt des Futurs: Si la phrase n'offre aucun sens, c'est que vous aurez mal traduit.

Abweichend vom Deutschen wird das Futur gebraucht
- a) Statt einer befehlenden Form: Tu ne tueras point (du sollst nicht töten). Vous direz à votre maître que je reviendrai demain (sagen Sie ...). So sehr oft vous saurez que[1] (Sie müssen wissen, d. h. ich teile Ihnen mit). Fragend auch in der 1. Person: Quel nom annoncerai-je? (soll ich anmelden). Vous offrirai-je une tasse de thé? (darf ich, kann ich anbieten).
- b) Genauer als das deutsche Präsens ist das französische Futur bei **vouloir, pouvoir** u. a. in Sätzen wie Vous ferez comme vous voudrez (comme vous l'entendrez, ce qu'il vous plaira). Une comédie de Shakespeare a pour titre: Comme vous voudrez (*As you like it*, Wie es euch gefällt). Il croira que c'est une vengeance. Il aura raison (dann hat er recht).

   Nach **espérer, compter, promettre** steht im Nebensatz das Futur (selten das deutsche und englische Präsens): J'espère qu'à mon retour je vous trouverai en meilleure santé.
- c) In der historischen Erzählung steht öfter (statt des deutschen Imperf. und des im Franz. möglichen hist. Perfekts) das Futur, wenn im voraus auf Ereignisse hingewiesen wird: A la mort de Théodose le Grand, l'empire romain formait les deux empires d'Orient et d'Occident, qui ne seront plus réunis.

4) Das Imperfekt (oder Plusquamperfekt) des Futurs (*conditionnel*) steht in eigentümlicher Weise
- a) Als Ausdruck der unsicheren oder bescheidenen Behauptung: La conversion de Clovis porta d'abord quelque atteinte à sa popularité, et

---

[1] Wofür früher meist sachez que ...

il paraîtrait que beaucoup de ses compagnons le quittèrent. On assure que les règles n'entravent que la médiocrité: je penserais plutôt le contraire.

b) **Für einen angenommenen Fall** (deutsch: etwa): On fermera tout établissement qui aurait été ouvert en contravention à la loi. Daher ist der Zusatz von **peut-être** meist unrichtig, weil überflüssig.

c) **Bei Angaben, für welche man keine Verantwortlichkeit übernehmen will:** D'après la légende, une druidesse aurait prédit sa fortune à Dioclétien.

Bemerke: Je ne saurais (ich kann nicht), on dirait (man meint, man sollte glauben; on eût dit man hätte glauben können), je voudrais (ich wünschte).

Die hervortretendsten Unterschiede vom deutschen Gebrauch ergeben sich bei dem Imperfekt (und Plusquamperfekt) einerseits und bei dem hist. Perfekt (und hist. Plusquamperfekt) anderseits, da die historischen Zeiten dem Deutschen fehlen. Dazu kommt noch, daß auch das Imperfekt (und Plusquamperfekt) auf einem großen Teil seines Verwendungsgebietes in beiden Sprachen nicht zusammenstimmt, da in der indirekten (abhängigen) Rede der Deutsche diese Zeit im Konjunktiv, der Franzose dagegen im Indikativ verwendet. Vgl. § 227.

§ 222 ([236]). **Das französische Imperfekt.** Das Imperfekt ist im Französischen die Zeitform der Beschreibung und der Schilderung; für die Erzählung ist es nur verwendbar, wenn dieselbe weniger Thatsachen berichtet als Zustände anschaulich macht.

Das Imperfekt ist daher die Zeit der Vergangenheit

1) **Für bleibende Zustände:** Les Phéniciens étaient le peuple le plus commerçant de l'antiquité. Das historische Perfekt würde eintreten können, wenn dieser Satz eine feststehende historische Thatsache berichten sollte.

Der Bedeutung nach kann nur das Imperfekt zulässig sein in Le dernier roi des Athéniens s'appelait (se nommait, avait nom) Codrus.

2) **Für häufig oder regelmäßig wiederholte Handlungen, welche fast zu einer bleibenden Gewohnheit werden:** Une chronique raconte que Charlemagne avait fait suspendre une cloche à la porte de son palais; que tous ceux qui voulaient former appel à sa justice sonnaient cette cloche, et que l'empereur, suffisamment averti, les recevait et leur donnait audience.

Daher (wie im Lateinischen) il disait er pflegte zu sagen u. a.

3) **Für eine Handlung von unbestimmter Dauer.** Diese Handlung wird

a. Entweder von einer anderen (im hist. Perf.) unterbrochen:
Alaric projetait la conquête de la Sicile et de
l'Afrique, lorsqu'il mourut à Cosenza.

Daher steht in der Erzählung das Imperfekt in der Einleitung, während
mit den berichteten Ereignissen auch das historische Perfekt beginnt.

b. Oder sie giebt die Veranlassung, den Grund der (im hist.
Perf. stehenden) Haupthandlung an, auch Nebenumstände,
welche diese letztere begleiten: Philippe le Bel résolut
d'abolir l'ordre des Templiers; on accusait ses
membres d'être hérétiques, on prétendait même
qu'ils adoraient des idoles.

Daher stehen die Verben des Denkens (croire, penser, espérer,
savoir u. a.) sowie die des Affekts craindre, redouter, s'éton-
ner u. a) häufiger im Imperfekt als im historischen Perfekt.

Anm. Mit dem letzteren Punkt steht in Zusammenhang, daß Verben
wie dire, raconter, répondre, écrire (brieflich melden), stipuler (fest=
setzen), porter (besagen d. h. des Inhalts sein) und ähnliche gewöhnlich im Im=
perfekt stehen: Un article de la Grande Charte portait que les juges seraient
des tournées régulières et annuelles; un autre article stipulait que les poids
et mesures seraient les mêmes par tout le royaume.

Zusatz. 1) Das Französische besitzt wie das Lateinische ein *imperfectum
conatus* oder Imperfekt der nur begonnenen Handlung, welche nicht zur
Vollendung kam: J'allais chez vous (ich war auf dem Wege zu Ihnen). Un
homme qui se noyait (dem Ertrinken nahe).

2) Wie im Lateinischen kann im Französischen bei falloir, devoir, pouvoir das Imperfekt statt des im Deutschen üblichen Plusquamperfekt Konj.
eintreten: Il fallait le dire (das hätten Sie sagen sollen). Vous ne deviez
pas vous en tenir là (damit hätten Sie sich nicht begnügen dürfen). Je pouvais le sauver (ich hätte ihn retten können).

Bei jedem Verb ist dieser Gebrauch möglich nach einem Bedingungs=
satze oder sans: S'il eût échoué dans son entreprise, il était perdu. Fairfax
se signala à la bataille de Naseby, mais sans Cromwell la victoire était
à Charles.

§ 223 (²³⁷). Das historische Perfekt (*parfait défini*)
bezeichnet eine einmalige vergangene Handlung, eine Thatsache.
Es tritt in der Erzählung ein, sobald die eigentliche Handlung
beginnt oder einen Schritt vorwärts macht.

Dagegen steht das Imperfekt in der Einleitung, bei der Angabe von
Nebenumständen oder bei einer Pause in der Erzählung, das Plusquamperfekt
bei der Angabe von Handlungen, welche nachträglich berichtet werden, welche
aber naturgemäß einer bereits erwähnten Handlung vorausgegangen sein

müſſen: Depuis longtemps les Siciliens **frémissaient** de désespoir sous le joug de fer que l'Angevin faisait peser sur eux; tout près à se jeter entre les bras du premier étranger qui viendrait à leur aide ils **tournaient** leurs regards vers le roi d'Aragon Pierre III, qui avait épousé la fille de Mainfroi, et dont la cour était le refuge de tous les proscrits siciliens. Parmi ces réfugiés se **trouvait** un médecin calabrais, Giovanni de Procida, qui avait été l'ami de Frédéric II. Doué d'une persévérance et d'une adresse égales à son audace, Procida **parcourut** sous un déguisement l'Italie, l'Espagne et la Grèce, afin de former une coalition de tous les ennemis de Charles d'Anjou. Il **réussit**: il **obtint** de l'argent de l'empereur grec et **détermina** le roi d'Aragon à se mettre à la tête d'une flotte sous le prétexte d'une croisade contre l'Afrique. Tout **était** ainsi préparé lorsque tout à coup, le 30 mars 1282, Palerme **retentit** du terrible tocsin des Vêpres siciliennes. Une insulte commise par un soldat français envers une femme en **avait donné** le signal, et aussitôt aux cris de: Mort aux Français! tous les étrangers **furent massacrés** à Palerme, puis à Messine, puis dans toutes les villes de la Sicile.

Das hiſtoriſche Perfekt ſtellt dar

1) Im Unterſchiede vom Imperfekt: eine erſt eintretende Handlung, welche raſch verläuft oder eine bekannte Dauer hat: Pendant près de trois siècles, le christianisme lutta avec le paganisme expirant.

2) Im Unterſchiede von Perfekt (*parfait indéfini*): eine in der Vergangenheit liegende Handlung, welche nicht in Beziehung zu dem gegenwärtigen Augenblick geſetzt wird: L'isthme de Suez, qui rattachait l'Afrique à l'ancien continent, fut percé en 1869. (Dagegen: L'isthme de Suez a été percé pour faciliter nos communications avec l'extrême Orient).

Anm. Bei einzelnen Verben bietet im Franz. das doppelte Präteritum die Möglichkeit, Begriffsunterſchiede zu machen, die wir nur vermittelſt anderer Ausdrücke wiedergeben können:

j'avais ich hatte	j'eus ich erhielt
je savais ich wußte	je sus ich erfuhr
je connaissais ich kannte	je connus ich lernte kennen
je pouvais ich konnte	je pus ich ſah mich imſtande
je devais ich ſollte, mußte	je dus ich ſah mich gezwungen
j'occupais ich hielt beſetzt	j'occupai ich beſetzte

Zu bemerken: Il montait un cheval assez vif er ſaß (ritt) auf einem etwas feurigen Pferd. Le navire s'engloutit avec tous ceux qui le montaient mit allen, die auf ihm fuhren (ſich befanden). Il montait la garde er ſtand auf Wache, il monta la garde er zog auf Wache.

§ 224 (²³⁵). **Das historische Plusquamperfekt** (*parfait antérieur*) steht hauptsächlich nach den Konjunktionen:

lorsque ⎫		après que nachdem	
quand ⎬ als		à peine … que ⎫	
dès que¹ ⎫		ne … pas sitôt … que ⎬	
sitôt que ⎬ sobald als		ne … pas aussitôt … que ⎬ kaum … als
aussitôt que ⎭		ne … pas plus tôt … que ⎭	

Anm. 1) Jedoch stehen nach den Konjunktionen der ersten Spalte auch Imperfekt, Plusquamperfekt und historisches Perfekt. Nach à peine … que ist das Plusquamperfekt häufig.

2) Sehr selten ist lorsque (statt que) nach à peine. Oft tritt auch sonst que (statt lorsque, quand) ein,

a) Wenn einer der beiden Satzteile die Negation enthält: Nous n'étions pas arrivés qu'on nous accabla de questions. Ses parents sont morts qu'il n'avait pas trois ans.

b) Wenn einer der Satzteile encore oder déjà enthält: La guerre était encore dans toute sa ferveur, que déjà le cri »la paix! la paix!« retentissait aux portes du Parlement. Arrivé tout à fait inattendu, Bonaparte était dans sa maison, qu'on ignorait encore son arrivée dans la capitale.

§ 225 (²³⁹). **Zeitformen des Bedingungssatzes.** In dem durch si eingeleiteten Bedingungssatze darf weder Futur noch Imperfekt des Futurs (*conditionnel*) stehen. Gewöhnlich steht im Bedingungssatze das Imperfekt oder Plusquamperfekt, im Hauptsatze steht eine Vergangenheitsform des Futurs (*conditionnel*): Si les croisades n'avaient pas forcé l'islamisme à se mettre sur la défensive, les Turcs auraient pris Constantinople déjà au commencement du XIIᵉ siècle.

Anm. 1) Das Futur ist nach dem konditionalen quand (wenn) wie nach dem temporalen (wann) üblich. Nach si kann nur in zwei Fällen eine Futurform stehen:

a) Wenn es die indirekte Frage einleitet (ob): Je ne sais si cette nouvelle lui fera grand plaisir.

b) Wenn es konzessiv steht (= während): Le fils est encore bien plus avare que son père; car si ce dernier rendrait des points² à Harpagon, l'autre ne rendrait rien du tout.

2) Im Bedingungssatze wie in dem zugehörigen Hauptsatz oder auch in beiden zugleich kann der Konjunktiv des Plusquamperfekts statt des Plus-

---

¹ Nicht aber nach depuis que seitdem.
² Rendre des points einem schlechteren Spieler (z. B. beim Billardspiel) vorgeben, daher „überlegen sein". Wortspiel mit rendre wieder herausgeben.

§ 226. Zeitformen des Konzessivsatzes.

quamperfekts bezw. des Plusquamperfekts des Futurs eintreten: En 407, une horde de barbares dévasta la Gaule; la ruine du pays eût été (aurait été) moins complète, si l'océan tout entier eût débordé (avait débordé) sur les champs gaulois.

3) Das Präsens kann natürlich im Bedingungssatze stehen, selten aber das hist. Perfekt außer in der Redensart s'il en fut (wenn es je einen gab): Jean sans Terre, mauvais frère s'il en fut, voulut profiter de l'absence de son frère pour s'emparer du pouvoir.

§ 226 (²⁴⁰). Zeitformen des Konzessivsatzes. Im Konzessivsatze steht quand, quand même (selbst wenn) mit einer Vergangenheit des Futurs (*conditionnel*): Quand (même) Annibal aurait vaincu à Zama, il n'aurait pas sauvé Carthage.

Anm. 1) Dagegen steht même quand, même si wenn kein konzessiver Sinn vorhanden ist: Ces remarques critiques n'impliquent, même si elles sont fondées, aucune contradiction avec les éloges donnés à l'ouvrage. — Si même kann zur Fortsetzung eines mit si begonnenen Bedingungssatzes dienen: S'il avait pris ma défense, si même il s'était contenté d'une marque de désapprobation, je ne lui en voudrais pas.

2) Auch im Konzessivsatze kann wie im Bedingungssatze der Konjunktiv des Plusquamperfekts statt des Plusquamperfekts Fut. eintreten: Il ne resta de ressource au parti de Jacques II que dans quelques conspirations contre la vie de Guillaume d'Orange; mais il est à croire que, quand même elles eussent réussi, le roi détrôné n'eût jamais recouvré son royaume.

Der Konjunktiv (*le subjonctif*).

§ 227 (²⁴¹). Indikativ, Konjunktiv und Imperativ. Die Verwendung des Indikativs im Französischen erfordert keine besonderen Regeln. Zu beachten ist, daß in der indirekten Frage und in der indirekten Rede überhaupt stets der Indikativ steht: On lui demanda qui il était (wer er wäre). On croyait que c'était un malfaiteur (daß es ein Übelthäter wäre).

Da auch der Imperativ zu besonderen Bemerkungen keinen Anlaß giebt, beschränkt sich die Moduslehre im Französischen auf die Regeln über die Verwendung des Konjunktivs.

Der Konjunktiv steht im Französischen
1) als Ausdruck des Gewollten im weitesten Sinne (Konjunktiv des Begehrens),

2) als Ausdruck des der Wirklichkeit nicht Entsprechenden, des lediglich Vorgestellten (Konjunktiv der Irrealität oder Unwirklichkeit).

Anm. Aus welchem Grunde der Konjunktiv eintritt, ist gewöhnlich leicht zu unterscheiden, wenn auch Begehren und Unwirklichkeit manche Übergänge zeigen.

Der Konjunktiv des Begehrens steht hauptsächlich im finalen und konzessiven Sinn (Absicht, Zugeständnis), nach Affektsäußerungen und daher auch nach Verben des Denkens und Sagens, wenn bei denselben ein Affekt sich einmischt. Er tritt nach dem Imperativ (Form des Begehrens) mancher Verben ein, die sonst nur mit dem Indikativ stehen.

Der Konjunktiv der Irrealität steht vorzugsweise nach Verben des Denkens und Sagens, wenn dieselben negativen Sinn haben. Ohne vorausgehende Negation steht er bei Ausdrücken, welche an sich eine Ungewißheit oder eine bloße Voraussetzung darstellen.

Der Konjunktiv im Hauptsatze.

§ 228 ([242]). **Verwendung desselben.** Der Konjunktiv des Begehrens steht in Wunschsätzen. Ohne **que**: Dieu soit loué! Plût à Dieu! A Dieu ne plaise! Dieu vous entende! (möge Ihr Wunsch in Erfüllung gehen). Vive le roi! Mit **que**: Que votre volonté soit faite! Qu'à cela ne tienne!

Anm. 1) Wunschsätze sind immer formelartig und haben meist nicht **que**. Weitere Beispiele: Soit! (es sei; meinetwegen). Soit dit entre nous; soit dit en passant. Soit dit sans vous offenser. Ne vous en déplaise! (mit Verlaub). Grand bien vous fasse! (wohl bekomm's). Dieu vous bénisse! (Gott helf'). Dieu vous assiste! (geht mit Gott).

Mit vorangestelltem **pouvoir**: Puissé-je vous être utile! Puissiez-vous confondre vos ennemis!

Auch vor beziehungslosem Relativ fehlt **que**: Comprenne qui pourra. Le croie qui voudra.

Vive ist Verbalform, daher im Plural Vivent les braves! Öfter bleibt es trotzdem wie eine Interjektion oder unpersönliches Verb unverändert: Vive les gens d'esprit![1]

2) Der Konjunktiv steht auch bei einer Forderung (Imperativ besonders der 3. Person): Sauve qui peut! Qui m'aime me suive! Qu'il s'en aille! Drohend: Que je vous entende! Que pareille chose arrive encore!

---

[1] Littré, esprit 15⁰.

Bei einer Voraussetzung, besonders in wissenschaftlicher Ausdrucksweise: Soient *v* la vitesse, *t* le temps, et *e* l'espace parcouru.

Sehr häufig konzessiv: Que ces faits soient vrais ou qu'ils ne le soient pas, c'est tout un. Il se dit votre ami, mais vienne le jour où il pourra se passer de vous, ce sera un indifférent, sinon un ennemi. Vous passez l'hiver dans la capitale; vienne le printemps, vous avez une terre en Bretagne.

3) Der Konjunktiv der Irrealität findet sich im Hauptsatze nur in der Formel **je ne sache pas (nous ne sachions pas)** für eine gemilderte Behauptung oder Ironie: Je ne sache pas que je sois jamais descendu jusqu'à lui faire cette proposition.

4) Fakultativ steht der Konjunktiv des Plusquamperfekts für das Plusquamperfekt des Futurs: Les médecins n'eussent (n'auraient) jamais imaginé ce remède-là. On eût dit que . . . (jetzt on aurait dit, man hätte meinen können).

Der Konjunktiv im Nebensatze.

§ 229 (²⁴³). **Verwendung desselben.** In Nebensätzen steht der Konjunktiv nach der Konjunktion **que** und einer Reihe von Konjunktionen, welche mit **que** zusammengesetzt sind. Außerdem findet er sich im Relativsatze. Nach dem konditionalen **si** und dem konzessiven **quand** (**même**) findet sich nur fakultativ der Konjunktiv des Plusquamperfekts (§ 225 Anm. 2, § 226 Anm. 2).

Der Konjunktiv nach anderen Konjunktionen als (einfaches) que.

§ 230 (²⁴⁴). **Temporale Konjunktionen** stehen mit dem Konjunktiv, wenn die Handlung nur in die Zukunft[1] fallen kann, also nach **avant que, en attendant que, jusqu'à ce que:** La bataille de Lutzen fut perdue avant que Pappenheim eût le temps d'accourir. Le cheval qui portait le roi fut tué; en attendant qu'on lui en amenât un autre, il combattit à pied. Il se défendit vaillamment jusqu'à ce qu'il fût dégagé par ses compagnons.

Anm. 1) Temporale Konjunktionen, bei welchen die Handlung in die Vergangenheit wie in die Zukunft fallen kann (z. B. aussitôt que, dès que) stehen mit dem Indikativ.

---

[1] Die Zukunft natürlich im Verhältnis zu der Zeit, in welche die Handlung des Hauptsatzes fällt.

2) **Jusqu'à ce que** wird von vielen stets mit dem Konjunktiv verbunden; unbedingt nötig ist dieser Modus nur bei finalem Sinn. — Attendre ist warten und erwarten, letzteres stets vor einem Objekt oder Objektsatz, daher **en attendant que** (in Erwartung, daß = bis) und ebenso bloßes **que** (statt jusqu'à ce que): On attendra que vous soyez de retour. (Vgl. attendre au lendemain, § 182, 2).

§ 231 (²⁴⁵). **Konditionale Konjunktionen.** Unter denselben stehen mit dem Konjunktiv: **en cas que (au cas que), à moins que ... ne, pourvu que, supposé que, en supposant que**: En cas que ma lettre vienne trop tard, tâchez autant que possible de sauvegarder mes intérêts. Il restait à peine 7 à 8000 hommes pour manœuvrer en rase campagne, en supposant qu'on réunît tout ce qui était disponible.

Anm. 1) Über **à condition que** vgl. § 237, 1 Anm. b. **Si** steht fakultativ mit dem Konjunktiv des Plusquamperfekts (§ 225, Anm. 2). Ebenso **dans le cas où, au cas où**: Dans le cas où le roi n'eût point consenti, les légats étaient chargés de mettre l'Angleterre en interdit.

2) Man setzt den Konjunktiv auch in der Regel nach **à supposer que** sowie nach dem Imperativ von supposer: Supposons que votre opinion soit fondée.¹

In gleicher Weise kann der Konjunktiv eintreten nach dem Imperativ von **mettre, prendre** (annehmen, den Fall setzen), **admettre** (zugeben), **imaginer** (sich vorstellen): Admettons qu'il l'ait dit. Imaginez que chacun de ces grains de sable soit une année. Aber auch Prenons (mettons) que je n'ai rien dit (sehen Sie das als nicht gesagt an). Der Modus ist in solchen Fällen geradezu beliebig.

§ 232 (²⁴⁶). Im konsekutiven Sinn steht nur der Indikativ. Sobald aber die Konjunktionen **de sorte que (en sorte que, de telle sorte que), de façon que, de manière que**² in finalem Sinne gebraucht sind, tritt der Konjunktiv ein: Il a rempli sa tâche de manière que tout le monde doit être content. Aber: Remplissez votre tâche de manière qu'on puisse être content de vous.

Bemerke: **Ainsi que** (koordinierende und subordinierende

---

¹ Außer in diesen Fällen steht nach **supposer** in der Regel der Indikativ. Der öfter gemachte Unterschied von supposer (annehmen, den Fall setzen) und supposer (vermuten) ist nicht vorhanden.

² Stets final sind **de manière à ce que, de façon à ce que**.

Konjunktion) heißt ebenso wie und hat weder konsekutiven noch finalen Sinn, bedeutet weder so daß noch derart daß.

Anm. Auch nach tel … que, tellement … que im finalen Sinn steht der Konjunktiv. Un dictionnaire doit disposer les significations diverses d'un même mot en une telle série que l'on comprenne comment l'esprit a passé de l'une à l'autre. Il disposa tellement les choses que la cavalerie légère prit les ennemis en flanc. Sonst haben **tellement … que, si … que** nur, wenn sie verneint sind, den Konjunktiv: Il n'a pas été si leste qu'il ne soit tombé.

§ 233 (²⁴⁷). **Konzessive Konjunktionen.** Nach **quoique, bien que, encore que, nonobstant que, soit que … soit que (… ou que), pour peu que** steht nur der Konjunktiv: Quoique, sous Louis XVI, la torture eût été abolie, on continua à l'appliquer aux condamnés pour leur arracher les noms de leurs complices.

Anm. 1) Über **quel que, quelque … que** vgl. § 348 f. Über den fakultativen Konjunktiv des Plusquamperfekts nach **quand (même)** vgl. § 226 Anm. 2.

2) Es ist wenig üblich, auf eine konzessive Konjunktion im Nachsatze **pourtant, cependant** u. a. folgen zu lassen; das deutsche doch bleibt also unübersetzt außer nach Konzessivsätzen, welche nicht die Form des Konzessivsatzes haben: Charles Iᵉʳ avait deux conseillers qui, dévoués à son pouvoir (für quoiqu'ils fussent dévoués …), voulaient cependant le servir autrement qu'il ne convenait aux prétentions des courtisans.

3) **Malgré que** duldet kein anderes Verb als **avoir** nach sich; malgré qu'il en ait (eût) = quelque mauvais¹ gré qu'il en ait (so wenig angenehm es ihm auch sein mag; wolle er oder nicht). Dafür manchmal **en dépit qu'il en ait, quoi qu'il en ait,** ersteres zu meiden.

§ 234 (²⁴⁸). **Finale Konjunktionen.** Dieselben haben stets den Konjunktiv nach sich, daher ist nach **afin que, pour que** (dazu: **de crainte que, de peur que** damit nicht) nur dieser Modus möglich: Dieu accorde quelquefois le sommeil aux méchants, afin que les bons soient tranquilles.

Anm. 1) Finalen Sinn hat auch **pour que** nach **trop,** obschon derselbe im Deutschen (zu sehr … als daß) nicht hervortritt: Le danger est trop grand, pour qu'on puisse le méconnaître (eigentlich: dafür, daß man sie übersehen kann). Ebenso nach **assez.**

---

¹ **Mal** war Adjektiv. Vgl. § 124, 3.

2) Bloßes que steht im finalen Sinn hauptsächlich nach dem Imperativ[1] der Verben, welche eine Bewegung ausdrücken: Venez, que je vous dise une nouvelle. Approchez, qu'on vous entende mieux. In familiärer Sprache besonders üblich. Dieses que (für pour que) erinnert an das nach Verben der Bewegung vor dem Infinitiv fehlende pour, vgl. § 245, 2.

§ 235 (249). Konjunktionen in Verbindung mit der Negation.

Wegen der in ihnen enthaltenen Negation haben den Konjunktiv: **non que, loin que, sans que**: Le sage vit tranquille dans son obscurité; non qu'il se soit retiré dans l'égoïsme comme la tortue dans sa cuirasse. Loin que Charles le Téméraire songeât à se borner, il nourrissait des projets toujours plus vastes. Un ennemi imprudent et fougueux se perdra, sans qu'on ait besoin de l'aider.

Anm. 1) Über den Wegfall des Negations-Füllworts bei non que vgl. § 367, 4. Neben non que auch **ce n'est pas que**: S'il a cédé, ce n'est pas qu'il soit incapable d'énergie et de vigueur.

2) Der Konjunktiv mit ne steht in Sätzen mit konsekutivem Sinn nach negativem Hauptsatz. An Stelle dieser Sätze könnten immer Sätze mit **avant que, sans que** (ohne ne) treten: Il m'a prié de ne plus revenir que l'affaire ne soit terminée. Il n'aura pas de cesse qu'il n'ait réussi. Vgl. § 367, Anm. 4.

§ 236 (250). Wiederholung der Konjunktionen.

Sollte eine mit que zusammengesetzte Konjunktion in einem Satzganzen mehrmals vorkommen, so wird sie nur in nachdrücklicher Rede wiederholt; gewöhnlich wird sie nur einmal gesetzt und durch bloßes que fortgeführt. Dieses que wird mit demselben Modus verbunden, wie die Konjunktion, welche es vertritt: Lorsque l'homme en vient à se rendre compte de lois de la nature (lors)qu'il s'explique les phénomènes principaux, (lors)que chaque difficulté lui donne l'espoir d'un nouveau triomphe, le sentiment de la poésie s'affaiblit.

Anm. Auch die Konjunktionen **comme, quand, si**[2], **comme si** obwohl nicht mit que zusammengesetzt, können durch dieses weitergeführt werden.

Que, welches statt eines **si** oder **comme si** eintritt, hat konzessiven Sinn und daher den Konjunktiv: Si la vérité ne peut être qu'une, et que les opinions soient opposées, il est bien évident que quelqu'un se trouve

---

[1] Nicht aber nach Imperativen überhaupt.
[2] Nämlich das konditionale, nicht aber si = ob.

en erreur. Jedoch muß si wiederholt werden, wenn die Anknüpfung durch et (ou) fehlt, oder wenn der Sinn das konzessive que nicht zuläßt: Si, vers le soir, les nuages deviennent plus nombreux, et surtout s'ils sont surmontés de petits amas de vapeurs, on doit s'attendre à de la pluie ou à des orages.

Der Konjunktiv nach que.

§ 237 (²⁵¹). Der Konjunktiv des Begehrens nach que. Der Konjunktiv des Begehrens steht unabhängig von Negation, Frage oder Bedingung
  1) nach Ausdrücken der Willensäußerung,
  2) nach Ausdrücken der Affekte.
1) *Les coalisés voulurent que Louis XIV chassât lui-même d'Espagne son petit-fils.*
  Le roi poussé à bout défendit qu'on lui reparlât de négociations.
  S'il faut que nous combattions, dit-il, combattons plutôt nos ennemis que nos enfants.

Die Ausdrücke der Willensäußerung bezeichnen:

a) **Wollen, Lusthaben, Vorziehen, Vermeiden, Verdienen:**

vouloir **wollen**	avoir hâte **kaum erwarten können**
souhaiter ⎱ **wünschen**	éviter **vermeiden**
désirer ⎰	prendre garde **sich hüten**
aimer **gern haben**	mériter **verdienen**
aimer mieux **lieber haben**	valoir ⎱ **wert sein**
préférer **vorziehen**	être digne ⎰
avoir envie **Lust haben**	être indigne **unwert sein**
il me tarde **ich sehne mich**	obtenir **erlangen**

b) **Bitten, Befehlen, Veranlassen, Zulassen, Verbieten, Übereinkommen:**

prier **bitten**	agréer **billigen**
supplier **inständig bitten**	permettre **erlauben**
conjurer **beschwören**	souffrir **dulden**
demander **bitten, verlangen**	laisser **zulassen**
exiger **fordern**	consentir (à ce) que **einwilligen**
commander ⎱ **befehlen**	défendre **verbieten**
ordonner ⎰	empêcher **verhindern**
avoir soin que ⎱ **dafür sorgen, daß**	s'opposer à ce que **sich widersetzen**
veiller à ce que ⎰	convenir **übereinkommen**

c) Urteil, ob etwas begehrenswert sein kann oder nicht:

approuver billigen	désapprouver mißbilligen
louer loben	blâmer tadeln
être d'avis der Meinung sein	avoir intérêt à ce que ein Interesse
tenir à ce que darauf halten	daran haben, daß

Daher gehören hierher:

trouver bon, trouver mauvais, trouver juste, trouver injuste, juger à propos (für passend halten) u. a.

Ferner eine große Zahl unpersönlicher Ausdrücke:

il est bon es ist gut	il faut man muß
il est juste es ist gerecht	il convient es schickt sich
il est convenable es ist passend	il importe es ist wichtig
il est indispensable es ist unvermeidlich	il vaut mieux es ist besser
	il me plaît es gefällt mir
il est nécessaire es ist nötig	il suffit ⎫
il est naturel ⎫ es ist	c'est assez ⎬ es genügt
il est (tout) simple ⎬ natürlich[1]	c'est beaucoup es will viel heißen
il est facile es ist leicht	c'est peu es reicht nicht hin u. a. sowie das Gegenteil dieser Ausdrücke.
il est temps es ist Zeit	

Anm. a) Nach éviter, empêcher und **prendre garde** steht im abhängigen Satze ne vgl. § 367, 2 u. 369, I, 1.

Auch in der Redensart **je veux bien** (ich gebe zu) und in der Bedeutung behaupten kann **vouloir** nur mit dem Konjunktiv konstruiert werden: Une tradition assez douteuse veut que Pepin le Bref ait abattu d'un seul coup la tête d'un lion ou, selon d'autres, d'un taureau.

b) Statt des Konjunktivs steht in einzelnen Fällen der Indikativ (doch nur Futur oder Impf. Fut. nach den Gesetzen der Zeitenfolge).

Der Indikativ tritt öfter ein nach **commander, ordonner, convenir, obtenir**: Pittacus ordonna qu'un homme qui commettrait une faute étant ivre, serait puni doublement.

Der Indikativ tritt meist ein nach **à (la) condition que**: Restez, mais à condition que vous me permettrez (permettiez) de travailler pendant que vous serez là.

Der Indikativ tritt immer ein nach Verben des Beschließens und Bestimmens (**résoudre, décider, arrêter, décréter, régler, stipuler** u. a.): La Convention décida que Louis XVI serait jugé par elle, contrairement à la constitution, qui stipulait que le roi serait inviolable.

2) *Pyrrhus s'étonnait que, malgré une tactique supérieure, il ne pût écraser les Romains.*

---

[1] **Simple** wird gebraucht, wo unser natürlich = selbstverständlich ist.

§ 237. Konjunktiv des Begehrens.

Il enrageait qu'un ennemi presque barbare lui opposât une résistance invincible.
A la fin, il fut très content que des troubles survenus en Grèce lui fournissent le prétexte de quitter l'Italie.

Die Ausdrücke der Affekte bezeichnen:

a) Freude:

se réjouir	sich freuen
être content	} froh sein
être bien aise	
être heureux	
être joyeux	

être charmé	} entzückt sein
être ravi	
être enchanté	
il est heureux	} es ist ein Glück
c'est un bonheur	

b) Schmerz, Scham u. dgl.:

se fâcher	ärgerlich sein
s'affliger	sich betrüben
s'indigner	sich entrüsten
gémir, soupirer	seufzen
enrager	wütend sein
se plaindre	sich beklagen
avoir honte	sich schämen
il est fâcheux	es ist ärgerlich

être fâché	ärgerlich
être affligé	betrübt
être indigné	entrüstet
être mécontent	mißvergnügt } sein
être mortifié	niedergeschlagen
être triste	traurig
être désolé	trostlos
il est (c'est) honteux	} es ist
c'est une honte	eine Schande

c) Erstaunen:

s'étonner	erstaunen
admirer	sich wundern
trouver étrange	auffallend } finden
trouver bizarre	seltsam

être étonné	erstaunt sein
être surpris	überrascht sein
il est curieux	es ist seltsam
il est étonnant	es ist erstaunlich

d) Bedauern:

regretter	
avoir regret	} bedauern
déplorer	beklagen

il est regrettable	es ist zu bedauern
c'est dommage	} es ist schade
c'est pitié	

e) Furcht:

craindre	
appréhender	} fürchten
redouter	
trembler	zittern

s'inquiéter	in Unruhe schweben
avoir peur	Furcht haben
(de) crainte que	} aus Furcht daß[1];
de peur que	damit nicht

---

[1] Wegen der Regel über das expletive *ne* ist diese Bedeutung der folgenden vorzuziehen.

Anm. 1) Wenn auf die Ausdrücke der Furcht im Deutschen ein negativer Nebensatz folgt, so steht französisch in diesem Nebensatze ne ... pas (point u. f. w.). Folgt dagegen im Deutschen ein affirmativer Nebensatz, so tritt französisch ein expletives ne ein, vorausgesetzt, daß der Ausdruck der Furcht weder verneint noch fragend noch bedingt gebraucht ist. Für das Nähere vgl. § 369, II.

2) Nach den Ausdrücken der Affekte (die der Furcht ausgenommen) kann statt que auch de ce que eintreten und dann muß der Indikativ stehen. De ce que darf aber nur bei Verben gebraucht werden, welche die Präposition de nach sich haben können; ausgeschlossen sind demnach

a) sämtliche unpersönlichen Ausdrücke,

b) alle transitiven Verben: regretter, déplorer, trouver, étrange, admirer.

C'est donc vous qui vous étonnez de ce que je suis encore en vie?

3) Wenn ein Ausdruck des Affekts mit ce qui u. a. vorangestellt ist, muß (wie gewöhnlich, vgl. § 310) c'est que folgen meist mit dem Konjunktiv: Ce qui m'a étonné, c'est que vous ayez (oder avez) répondu.

4) Das deutsche wenn nach den obigen Ausdrücken (hauptsächlich nach denjenigen des Erstaunens) wird in der Regel nicht durch si oder quand mit dem Indikativ, sondern durch que mit dem Konjunktiv wiedergegeben: Il serait pourtant curieux qu'il eût raison.

Damit ist nicht zu verwechseln si (ob) nach Verben des Denkens: Vous savez si cette imprudence m'a coûté cher.

§ 238 (²⁵²). Der Konjunktiv der Irrealität nach que.
Der Konjunktiv der Irrealität steht

1) nach den Ausdrücken des Denkens und Sagens, wenn dieselben verneint[1], fragend oder bedingt[2] gebraucht sind;

2) ohne diese Bedingung bei einzelnen Ausdrücken derselben Art, welche schon ihrem Begriffe nach verneint sind.

1) *Socrate prétendait que, dans les circonstances délicates, un génie l'avertissait de ce qu'il devait faire ou éviter; mais il n'a jamais prétendu que ce génie fût autre chose que l'inspiration de sa conscience ou de sa raison.*

---

[1] Einer Verneinung gleich zu achten sind Zusätze wie peu, à peine, à tort, il est difficile de u. a.

[2] Bei der Frage oder Bedingung ist indes zu beachten, ob negativer Sinn eintritt. Bei si ist dasselbe nicht der Fall besonders,

a) Wenn es kausal steht (= **puisque**): Si vous saviez d'avance que le succès était impossible, pourquoi vous êtes-vous engagé dans cette affaire?

b) Wenn es konzessiv steht (= **tandis que**): S'il savait que l'affaire tournait mal, il était loin de se douter qu'elle eût complètement échoué.

§ 238. Konjunktiv der Irrealität.

Die Ausdrücke des Denkens und Sagens bezeichnen:
a) Sinnliche und geistige Wahrnehmung, Wissen, Denken, Schließen:

voir sehen		se rappeler	} sich erinnern
sentir fühlen, merken		se souvenir	
connaître erkennen		croire glauben	
remarquer bemerken		penser denken	
deviner erraten		juger urteilen	
prévoir vorhersehen		espérer	} hoffen
s'attendre[1] gefaßt sein		se flatter	
apprendre	} hören,	s'imaginer sich einbilden	
entendre dire	erfahren	imaginer	} sich vorstellen, sich denken
pressentir	} ahnen	se figurer	
se douter		conclure schließen	
supposer vermuten, voraussetzen		il s'ensuit	} es folgt
trouver finden		il résulte	
savoir wissen		il est sûr	} es ist sicher
être sûr sicher sein		il est certain	
être persuadé, convaincu	} überzeugt sein	il est évident es ist augenscheinlich	
avoir la persuasion, la conviction		il est vraisemblable	} es ist wahrscheinlich
		il est probable	

Es scheint: il paraît, il semble, letzteres immer mit dem Konjunktiv, vgl. unten 2, Anm. a.

b) Mitteilung, Behauptung, Eingeständnis:

dire sagen		promettre versprechen	
répéter wiederholen		persuader überzeugen	
répondre antworten		prétendre	} behaupten
écrire schreiben		soutenir	
apprendre mitteilen		assurer versichern	
avertir	} benachrichtigen	jurer schwören	
prévenir		avouer eingestehen	
déclarer erklären		reconnaître anerkennen	

Anm. 1) Einzelne dieser Verben können auch ohne Negation den Konjunktiv (des Begehrens) nach sich haben:
  a) **dire, écrire, répondre, avertir** u. a., wenn sie eine Aufforderung enthalten: Vous direz à la princesse Marguerite qu'elle ait à quitter Madrid dès demain.
  b) **entendre** und **prétendre**, wenn sie wollen bedeuten: J'entends que les choses se fassent comme je vous le dis.

---

[1] S'attendre à ce que (gleiche Bed.) steht immer mit dem Konjunktiv.

c) **comprendre** und **concevoir**, wenn sie bedeuten leicht begreiflich finden (wie § 237 c): On comprend qu'une aussi triste nouvelle ait jeté l'émoi dans notre ville.

2) Wenn Ausdrücke des Denkens oder Sagens mit einem Ausdruck des Affekts verbunden sind, kann Indikativ oder Konjunktiv folgen, je nachdem man auf den einen oder den anderen dieser Ausdrücke den Nachdruck legt: Rien n'irrite plus les vainqueurs que de voir qu'un ennemi mort soit (peut être) encore un danger. In den meisten Fällen ist natürlich der Affekt betont.

3) Verneinung und Frage (Verneinung und Bedingung) heben sich auf[1] und der Indikativ tritt ein: Ne voyez-vous pas que l'égalité des fortunes est aussi impossible que celle des intelligences ou des forces physiques? Ebenso bei doppelter Negation: Il est impossible de ne pas être convaincu que cette égalité n'est qu'un rêve irréalisable.

Nach den fragend gebrauchten Verben des Denkens steht häufig der Indikativ, wenn eine Ungewißheit des Sprechenden über den Inhalt seiner Frage nicht vorhanden ist: Tu le dis mon ami. Est-ce que tu crois qu'il est mon ami? Sais-tu que j'ai à me plaindre de toi?

Zusatz. Wenn der abhängige Satz vorausgeht, steht in demselben stets der Konjunktiv: Que les désastres de la campagne aient redoublé l'animosité des partis, nous l'avons dit assez. Es soll für den Leser oder Hörer vorläufig unbestimmt bleiben, wie das Urteil über die gegebene Aussage lauten wird.

> 2) *Les anciens ignoraient qu'au delà des Colonnes d'Hercule il y eût un continent; il semble pourtant que par leur Atlantide fabuleuse ils aient désigné l'Amérique.*
>
> *On a nié que, dans les dernières années de sa vie Corneille fût tombé dans une misère profonde; il est douteux cependant que ces dénégations soient bien fondées.*

Ihrem Begriffe nach verneint sind die Ausdrücke des Leugnens und Zweifelns; diese haben demnach auch ohne Verneinung, Frage oder Bedingung den Konjunktiv:

---

[1] Für die französische Grammatik, besonders aber für die Moduslehre ist wohl zu beachten, daß Verneinung, Frage und Bedingung gleichwertige Faktoren sind. Einerseits heben sich dieselben daher gegenseitig auf (vgl. § 369, II, III A. 2, § 339 A. b, § 277 Zus. 3, sowie weiter unten in diesem Paragraph 2 A. a und S. 134 Note 1). Andrerseits können sie sich vertreten, wie z. B. in der Volkssprache die Frageform den ersten Teil der Negation überflüssig macht (vgl. § 363 A. 4).

a) Ignorer, il est faux (es ist unrichtig), il est rare (es ist selten), il semble¹ (es scheint).

b) Douter (zweifeln), il est douteux, nier (leugnen), disconvenir (in Abrede stellen), dissimuler (verheimlichen), se dissimuler (sich verheimlichen), désespérer (verzweifeln) und il s'en faut (es fehlt daran), welche sämtlich im abhängigen Satze expletives ne verlangen, wenn sie selbst verneint (fragend, bedingt) sind.

Anm. a) Verneintes ignorer hat die Bedeutung sehr wohl wissen und steht daher mit dem Indikativ.

Il semble drückt eine sehr geringe (gemilderte) Wahrscheinlichkeit aus und hat daher (im Gegensatze zu il paraît es liegt zu Tage) auch ohne Verneinung den Konjunktiv. Il me semble b. h. sembler mit Dativobjekt (mir scheint, mich will bedünken) drückt dagegen persönliche Gewißheit aus und steht oft ironisch bei voller Sicherheit; es hat daher den Indikativ im Gefolge. Verneint (il ne me semble pas) hat auch es den Konjunktiv, doppelt verneint (d. h. fragend verneint: ne vous semble-t-il pas) dagegen wieder den Indikativ nach der allgemeinen Regel.

b) Nur bei il s'en faut wird die Regel streng eingehalten. Nach den übrigen unter b) aufgezählten Verben fehlt öfter ne, wobei gewöhnlich (nach Analogie von ne pas ignorer) auch der Indikativ eintritt. Für das Nähere vgl. § 369, III.

§ 239 (²⁵³). Einzeln ist zu bemerken: Unter allen Umständen steht der Konjunktiv nach il est possible, il est impossible, il se peut, il ne se peut pas: Il se peut qu'il ait dit vrai.

Er steht dagegen nicht nach peut-être que (und so auch) nach sans doute que): Peut-être que ce souvenir vous est pénible.

Anm. 1) Nach de (à) quoi sert-il? und il ne sert de (à) rien steht der Konjunktiv, nach d'où vient dagegen meist der Indikativ: D'où vient que nous avons alternativement le jour et la nuit? (De là vient hat Ind. und Konj.)

2) Nach il arrive ist beiderlei Modus zulässig: Il arrive que ce qui échappe à l'un soit (est) aperçu de l'autre. Bei verneintem il arrive muß der Konjunktiv nach der allgemeinen Regel eintreten.

---

¹ Il semble findet sich nicht selten mit dem Indikativ, doch ist dies nicht nachzuahmen. Oublier (obschon = vergessen, nicht bedenken) steht mit dem Indikativ.

3) **Faire** (bewirken) steht mit dem Konjunktiv meist nur, wenn es verneint ist: Il y a un sentiment inné au cœur de l'homme, qui fait que nous souhaitons ce que nous n'avons pas. Nach dem Imperativ dagegen muß der Konjunktiv stehen: Faites que ce bruit finisse enfin.

Comment se fait-il (wie kommt es) mit Konjunktiv: Comment se fait-il que vous arriviez si tard?

4) Nur nach **il importe** kann der Konjunktiv im indirekten Fragesatze stehen: Pourvu que Ronsard pût opposer l'épaisseur du vocabulaire français à tous les autres vocabulaires, peu lui importait d'où vint cette richesse.

Der Konjunktiv im Relativsatze.

§ 240 (²⁵⁴). Verwendung desselben.

1) *Les châteaux du moyen âge possédaient, pour la plupart, une grosse tour, qui pût servir de dernière retraite aux assiégés.*
2) *Il n'y a pas un d'entre nous qui soit sans défaut.*
3) *Les hommes sont le premier livre que l'écrivain doive étudier.*

Der Konjunktiv steht im Relativsatze:
1) Wenn derselbe eine Absicht ausdrückt.
2) Wenn durch eine vorausgehende Negation erklärt wird, daß der durch den Relativsatz näher bestimmte Gegenstand nicht existiert.
3) Wenn der Relativsatz einen Superlativ näher bestimmt. Wie Superlative werden **le seul, l'unique, le premier, le dernier** behandelt.

Anm. 1) Ebenso wenn der Relativsatz die Eigenschaft ausdrückt, welche dem Beziehungswort beigelegt werden muß, damit das von ihm Ausgesagte Gültigkeit hat: Demandez quelle heure il est à un homme, qui vous réponde: Il est onze heures = et demie, vous en concluez à l'instant que vous avez affaire à un sot.

2) Auch hier stehen **si**, Frage u. dgl. der Negation gleich: S'il est un genre d'écrire où le travail et l'art puissent gâter la nature, c'est le genre épistolaire. Où trouve-t-on l'homme qui soit toujours tel qu'il doit être?

3) In dem 1. Falle ist der Konjunktiv der des Begehrens, im 2. Falle derjenige der Irrealität. Im 3. Falle (Konjunktiv nach einem Superlativ) sind beide Arten möglich. In dem angeführten Beispiel steht der Konjunktiv des Begehrens. Derselbe liegt auch vor, wenn ein Affekt sich einmischt:

§ 241. Zeitenfolge.

C'est l'homme le plus détestable que j'aie jamais vu. Dagegen liegt ein Konjunktiv der Irrealität vor, sobald eine unsichere oder bescheidene Behauptung ausgesprochen wird; der Superlativ ist dann meist von einer Einschränkung wie presque, peut-être, probablement u. a. begleitet: Clément Marot est probablement le premier qui ait fait des sonnets en langue française. Daraus folgt, daß der Indikativ am Platze ist, wenn die Aussage als Thatsache hingestellt wird. So besonders bei premier und dernier: Arles fut la première ville de France qui reçut la foi chrétienne. Da man meist eine Thatsache annehmen kann, ist der 3. Fall der unsicherste.

Manchmal steht hingegen der Konjunktiv, wo der Indikativ zu erwarten wäre: L'amphithéâtre d'Arles est le plus grand de ceux que l'on connaisse en France.

Zusatz. 1) Vereinzelt findet sich im Relativsatz der Konjunktiv, weil ihm ein anderer Konjunktiv vorausgeht: Je n'avais nulle idée que ce fût lui qui m'eût joué ce vilain tour.

2) Das parenthetische que je sache (que nous sachions) hat gleichfalls einen durch vorausgehende Negation bedingten Konjunktiv: Je n'ai jamais émis cette opinion, que je sache.

Die Zeitenfolge *(la correspondance des temps).*

§ 241 (²⁵⁵). Zeitenfolge für Indikativ und Konjunktiv.
Die Zeitenfolge ist im Französischen höchst einfach:
1) Auf Präsens (einschließlich des Imperativs) und Futur folgt
   a) für die dauernde Handlung: das Präsens,
   b) für die abgeschlossene Handlung: das Perfekt *(parf. indéfini),*
   c) für die zukünftige Handlung: das Futur.
2) Auf irgend welche Zeit der Vergangenheit (einschließlich der Vergangenheit des Futurs) folgt
   a) für die dauernde Handlung: das Imperfekt,
   b) für die abgeschlossene Handlung: das Plusquamperfekt,
   c) für die zukünftige Handlung: das Imperfekt des Futurs *(conditionnel).*

Dasselbe gilt, wenn im Nebensatz statt des Indikativs der Konjunktiv steht; da aber ein Konjunktiv des Futurs nicht existiert, tritt für c) dieselbe Form wie für a) ein:

1a) Präsens Konj.
  b) Perfekt Konj. *(parfait du subj.)*
  c) Präsens Konj.

2a) Imperfekt Konj.
  b) Plusquamperfekt Konj.
  c) Imperfekt Konj.

Beispiele:

1) On affirme (affirmera)	que la route est libre que la route a été libre que la route sera libre
On n'affirme pas (on n'affirmera pas)	que la route soit libre que la route ait été libre que la route soit libre
2) On affirmait (affirma, a affirmé, avait affirmé, eut affirmé, affirmerait, aurait affirmé)	que la route était libre que la route avait été libre que la route serait libre
On n'affirmait pas (on n'affirma pas u. f. w.)	que la route fût libre que la route eût été libre que la route fût libre

Anm. 1) Wenn eine Verwechselung möglich ist, tritt nicht der Konjunktiv des Präsens für das Futur ein; man umschreibt dann das letztere durch **devoir** oder **aller**: Il ne semble pas que telle doive être l'attitude de notre plénipotentiaire (que telle soit l'attitude könnte heißen: daß dies die Haltung ist, neben: daß dies die Haltung sein wird).

2) Nebensätze, welche eine allgemein und dauernd gültige Wahrheit enthalten, stehen im Präsens (statt Imperfekt): Il a conduit cette affaire comme s'il ne savait pas que deux et deux *font* quatre. Doch auch: Zadig était fermement persuadé que l'année *était* de 365 jours et un quart.

3) Nach Verben des Denkens und Sagens kann Imperfekt Konj. statt Perfekt Konj. stehen: Ce n'est pas à dire que cette transformation fût complète (für ait été c.).

4) Nach dem Imperfekt des Futurs, wenn es eine gemilderte Behauptung enthält, steht in der Regel das Präsens (zugleich manchmal Indikativ für Konjunktiv): Une nature perverse ne saurait imaginer qu'on puisse faire le bien pour l'amour du bien. Comment, monsieur Poirier, trouveriez-vous mauvais qu'on protège les arts? Il semblerait, à vous entendre, que je fais tout cela pour m'amuser. On dirait que dans cette église l'architecte a voulu épuiser toutes les formes possibles.[1]

5) Der Relativsatz ist den Gesetzen über die Zeitenfolge nicht streng unterworfen. Vielfach tritt mit dem Imperfekt oder hist. Perfekt verschiedener Sinn ein: François Ier fit venir d'Italie d'habiles artistes, qui excitèrent l'émulation des Français (nämlich in der Folgezeit; excitaient gäbe den Sinn: er ließ sie kommen, weil sie den Nacheiferungstrieb der F. erregten).

6) Die periphrastische Formel c'est... qui (que, où) behält entweder immer das Präsens oder stimmt in der Zeit genau zu der Zeit des Relativsatzes: C'était là que notre escadre avait mouillé en 1798; ce fut là

---

[1] Nach on dirait, on eût steht nur selten Konjunktiv. Die Einschiebung von de nach den gleichen Ausdrücken (on dirait d'un fou) ist nahezu veraltet.

qu'elle fut trouvée et détruite par Nelson; c'est là que l'escadre turque avait déposé les braves janissaires, jetés à la mer par le général Bonaparte, dans la glorieuse journée d'Aboukir. **Imperfekt und Plusquamperfekt** gelten hierbei als gleichartig.

In anderen formelartigen Sätzen dagegen (z. B. soit que, ce n'est pas que = non que) hat être seine verbale Kraft eingebüßt und übt auf die im abhängigen Satze folgende Zeit keinen Einfluß aus.

7) Ist ein abhängiger Satz zugleich mit einem Bedingungssatze verbunden, so ist letzterer für die Zeit entscheidend (und nicht das regierende Verb):

Je crois { qu'il le **fera** si on ne le lui **défend**.
qu'il le **ferait** si on ne le lui **défendait**.
qu'il l'**aurait fait** si on ne le lui **avait défendu**.

Je ne crois pas { qu'il le **fasse** si on ne le lui **défend**.
qu'il le **fît** si on ne le lui **défendait**.
qu'il l'**eût fait** si on ne le lui **avait défendu**.

Der Infinitiv *(l'infinitif)*.

Der reine Infinitiv.

§ 242 (²⁵⁶). **Als Subjekt.** Der reine Infinitiv (d. h. der Infinitiv ohne Präposition) steht als Subjekt: Prédire est impossible, car la prévision n'est qu'à Dieu; mais prévoir est possible, car la prévoyance est à l'homme.

Anm. Dagegen tritt de vor den Infinitiv, wenn derselbe durch Inversion zum logischen Subjekt wird: C'est donner que de faire un pareil marché (für Faire un pareil marché c'est donner). Vgl. § 310 Zus. und § 320 Zus.

§ 243 (²⁵⁷). **Als logisches Subjekt** steht der reine Infinitiv nach folgenden unpersönlichen Ausdrücken:

il faut es ist nötig
il me (te u. s. w.) semble es scheint mir
il vaut mieux es ist besser
il vaut autant es ist ebenso gut
(mieux vaut, autant vaut)

z. B. Il faut avoir patience. Il vaut mieux (mieux vaut) se taire.

Anm. Ebenso nach il fait bon[1] (es ist angenehm, behaglich), il fait beau (es ist etwas Schönes), il fait cher (es ist teuer): Qu'il fait bon avoir vingt ans! Il fait cher vivre à Nice. — Früher auch nach il plaît, was in der juristischen Sprache noch üblich ist; in der kaufmännischen Sprache

---

[1] Nach diesem öfter unrichtiges de bei dem Infinitiv.

früher Au 15 novembre prochain, il vous plaira payer (jetzt besser veuillez payer) contre ce présent mandat à mon ordre la somme de 260 fr.

§ 244 ([258]). **Als Prädikat** steht der reine Infinitiv nach:

sembler \} scheinen	c'est das ist, das heißt
paraître	se trouver sich finden, sich erweisen

z. B. Vivre c'est souffrir et espérer.

Anm. Bemerke c'est-à-dire (das heißt); ce n'est pas à dire, est-ce à dire, die beiden letzten mit dem Konjunktiv.

Der Infinitiv nach c'est vertritt oft unser Particip: C'était bien parler (das war gut gesprochen), c'est tout dire (damit ist alles gesagt) u. a.

§ 245 ([259]). **Als Objekt.** Der reine Infinitiv steht im Französischen als Objekt

1) Nach den modalen Hülfsverben:

pouvoir \} können	Dagegen steht de nach
savoir	
devoir sollen	devoir schuldig sein, verdanken
oser wagen[1]	
sowie nach	
faire veranlassen \} lassen	
laisser zulassen	

2) Nach den Verben der Bewegung (der Inf. bezeichnet das Objekt, auf welches die Bewegung sich richtet):

aller gehen (être vgl. § 72 A.)	Dagegen kann nach einzelnen dieser
venir kommen	Verben pour eintreten, wenn die
courir laufen \} eilen	Absicht stärker bezeichnet werden soll,
voler fliegen	oder eine längere Einschiebung das
rentrer (nach Hause) zurückkehren	Verb der Bewegung von dem
retourner zurückkehren	Infinitiv trennt.
monter hinaufsteigen	**Pour** steht nach aller und venir
descendre herabsteigen	wenn die beabsichtigte Handlung
mener führen	nicht zur Ausführung kommt: Il
envoyer schicken	va pour sortir, mais on lui barre
mettre setzen, stellen, bringen	le passage. Pendant mon absence
und deren Zusammensetzungen.	il est venu pour me voir.

3) Nach den Verben des Wünschens und Vorziehens:

daigner geruhen, wollen, die Güte haben	Dagegen steht de nach
vouloir \} wollen, wünschen	dédaigner verschmähen
désirer[2]	souhaiter[2] wünschen
entendre	

---

[1] Manchmal dürfen: si j'ose ainsi parler, si j'ose le dire wenn ich so sagen darf.

[2] Selten steht der Inf. mit de nach désirer; der reine Inf. nach souhaiter ist in der neueren Sprache häufig.

§ 245. Reiner Infinitiv als Objekt.

préférer vorziehen
aimer mieux lieber wollen
aimer autant ebenso gern wollen
   (ironisch oft = aimer mieux)

4) Nach den Verben der Sinnesempfindung und des Denkens

voir regarder	} sehen	Dagegen steht de nach
entendre écouter	} hören	se souvenir sich erinnern (während se rappeler meist reinen Inf. hat)

sentir fühlen
savoir wissen
croire glauben
juger urteilen, meinen
espérer hoffen[1]   désespérer verzweifeln (natürlich auch
compter darauf zählen   de nach espoir, espérance)
s'imaginer sich einbilden
se figurer sich vorstellen   imaginer sich vorstellen
supposer vermuten, voraussehen
être censé gelten
penser meinen[2]   Aber penser à faire qc daran denken
                                      etwas zu thun

5) Nach den Verben des Sagens, insbesondere nach

dire sagen jurer schwören	} daß etwas ist	Dagegen Dites-lui de se hâter (er solle sich beeilen), weil Aufforderung; il a juré de respecter nos droits (daß er achten wird), weil Versprechen.

avouer eingestehen
reconnaître anerkennen

affirmer assurer	} versichern
prétendre soutenir	} behaupten

Aber prétendre à faire qc Anspruch darauf erheben, etwas zu thun.

rapporter berichten
témoigner bezeugen
déposer vor Gericht aussagen
nier leugnen   Selten nier mit de[3]
justifier nachweisen

und so nach allen Verben des Sagens, mit Ausnahme der Verben des Benachrichtigens, Versprechens, Überzeugens, welche de ver=

---

[1] Selten mit de, welches von manchen verlangt wird, wenn espérer selbst im Inf. steht. Der Gebrauch erkennt diesen Zusatz nicht an.
[2] Dient (in dieser Bedeutung) auch zur Umschreibung für beinahe, vgl. § 79 A.
[3] Nach Littré nur de, was dem Gebrauch widerspricht und eine unnötige Ausnahme verursacht.

langen, und derjenigen des Antwortens, welche keinen Infinitiv nach sich haben.¹

Anm. 1) Zu wiederholen das § 142 f. über die verbale Umschreibung modaler und temporaler Adverbien Gesagte.

2) Über die engen Verbindungen von aller und envoyer mit gewissen Infinitiven vgl. § 72 und 74. — Scheinbar überflüssig steht im Französischen ein Verb der Bewegung: Il alla s'asseoir sur un banc près du feu. Charles-Quint vint mettre le siège devant Metz. Die Konjunktion und nach einem Verb der Bewegung darf nicht übersetzt werden, wenn das folgende Verb die Handlung bezeichnet, welche die Bewegung veranlaßt: Gehe und sieh, wo er nur bleibt va voir ce qu'il devient. — Ähnlich: Haben Sie die Güte und benachrichtigen Sie mich veuillez me prévenir.

3) Nach den Verben des Vorziehens (einschließlich il vaut mieux) wird ein nach que folgender zweiter Infinitiv gewöhnlich mit de verbunden: J'aime mieux vous attendre que de revenir ici. Doch auch reiner Infinitiv, besonders in sehr kurzen Sätzen: Mieux vaut savoir qu'avoir.

Nach plutôt erhält der zweite Infinitiv de: Plutôt mourir que de se couvrir de honte. Ohne Zusatz von plutôt ist que mit zweitem Infinitiv nach préférer unmöglich: Les vaincus préféraient mourir plutôt que de se laisser emmener en captivité.

Zusatz. 1) Der reine Infinitiv wird oft gebraucht

a) Statt einer Verbalform im direkten und indirekten Fragesatz: Où me cacher? Il ne savait à quel saint se vouer.

b) Ebenso im Ausrufesatz: Qui lui? faire la charité! (wie? er sollte Almosen geben!) — Zu bemerken dire que (penser que) wenn man bedenkt, daß ... Dire qu'il aurait eu tout cela s'il avait voulu!

c) Statt eines Imperativs: Ne pas confondre amener avec emmener. Voir (oder voyez) page 82. S'adresser au bureau de ce journal.

So auch zur Angabe eines Problems: Donner l'explication de ce phénomène (man gebe . . .).

2) Der substantivierte Infinitiv kann mit und ohne Präposition gebraucht werden: Le souvenir, le lever, le coucher, le boire et le manger, le rire, le mauvais vouloir; au sortir de la ville, au revoir. Ami au prêter, ennemi au rendre.

Der Infinitiv mit à.

§ 246 (²⁶⁰). **Nach Substantiven.** Nach Substantiven steht der Infinitiv mit à als Angabe der Bestimmung oder Brauchbarkeit: Une salle à manger, une chambre à coucher, de l'huile à brûler. Dabei liegt konsekutiver Sinn nahe: Des contes à dormir debout. Noch mehr finaler Sinn: C'est un conseil à suivre. Des vers à mettre en musique. Une occasion à ne pas perdre.

---

¹ Außer bei der Aufforderung: On lui répondit d'avoir patience (er möge sich gedulden).

§ 247. Infinitiv mit à adverbial.

§ 247 (²⁶¹). **Adverbial.** Im adverbialen Gebrauch kann der Infinitiv mit à statt eines Konsekutivsatzes stehen: Je sais, à n'en pouvoir douter, qu'il craint votre retour. Meist jedoch statt eines Konditionalsatzes: A vouloir trop prouver, on ne prouve rien. So à vrai dire, à parler sérieusement, à proprement parler, à en juger par … u. a.

§ 248 (²⁶²). **Nach Verben** steht die Präposition à vor dem Infinitiv

1) zur Bezeichnung des Objekts, an welchem die Thätigkeit vor sich geht (entsprechend der Präposition à vor Substantiven bei der Frage wo?);
2) zur Angabe des Zieles, auf welches die Thätigkeit sich richtet (entsprechend der Präposition à vor Substantiven bei der Frage wohin?).

1) Der Infinitiv mit à zur Bezeichnung des Objekts steht nach Verben

des Seins: *être* deux heures à faire qc (2 Stunden brauchen; auch *mettre* deux heures à faire qc); il *est* encore à revenir (er hat noch wiederzukommen, eigentlich: er ist noch bei dem Wiederkommen), consister (bestehen in),

des Verharrens: persister, s'obstiner, s'opiniâtrer u. a.

des Stehenbleibens: s'arrêter, se borner u. a.

des Zauderns: balancer, hésiter u. a.

des Gelingens: réussir, exceller u. a.

des Gefallens: aimer, se plaire, se complaire, s'amuser, tenir (Gewicht legen auf) u. a.

des Übereinstimmens: consentir, s'accorder, être d'accord (die beiden letzten auch *pour*) u. a.

2) Der Infinitiv mit à zur Angabe des Zieles steht nach Verben

des Strebens und Bemühens

aspirer streben
tendre hinneigen
chercher suchen
s'appliquer ⎫
s'attacher ⎬ sich bemühen
s'étudier   ⎪
travailler ⎭

Dagegen ist de zu setzen nach
s'efforcer ⎫
tâcher   ⎬ sich bemühen
essayer suchen, versuchen

s'évertuer [1] ⎫
se fatiguer ⎭ ſich abmühen

des Dienens und Helfens

servir dienen
aider helfen
concourir ⎫
contribuer ⎭ beitragen

des Beſtimmens und Gewöhnens

destiner beſtimmen
dévouer widmen
avoir haben (= müſſen)
exposer der Gefahr ausſetzen
condamner verurteilen
habituer ⎫
accoutumer ⎭ gewöhnen

des Beſchließens und Veranlaſſens

se décider ⎫ beſchließen, ſich ent=   Dagegen décider, résoudre (beſchlie=
se résoudre ⎭   ſchließen   ßen) mit de; être décidé, être ré-
décider ⎫   solu (entſchloſſen ſein) vorwiegend
déterminer ⎭ beſtimmen   mit à, doch auch mit de
exciter ⎫
exhorter ⎭ anreizen
provoquer aufreizen   presser drängen   ⎫ haben nur de
disposer geneigt machen   sommer auffordern ⎭
encourager ⎫
enhardir ⎭ ermutigen   Die Verben des Zwingens (außer
inviter ⎫   réduire), contraindre, forcer, obli-
engager ⎭ auffordern   ger, haben à und de, doch ſteht
s'engager ſich verpflichten   nach dem Part. Prät. meiſt de
amener ⎫   (nur de bei être tenu de faire qc
conduire ⎪   gehalten ſein etwas zu thun)
entraîner ⎬ dahin bringen
pousser ⎭
autoriser ermächtigen
réduire zwingen

des Verſtehens, Lernens, Lehrens und Übens

s'entendre ſich verſtehen
apprendre lernen, lehren
enseigner lehren
montrer zeigen, lehren

---

[1] Auch mit pour, wenn nicht die Thätigkeit als ſolche, ſondern das Ziel der Thätigkeit ins Auge gefaßt wird.

désapprendre verlernen
s'exercer ſich üben
se préparer ſich vorbereiten

§ 249 (²⁶³). **Nach Adjektiven.** Der Infinitiv mit à ſteht nach den Adjektiven le premier, le dernier, seul (le seul) gewöhnlich nur vor partitivem Genitiv): être le premier à faire qc (zuerſt etwas thun, eigentlich: der erſte ſein bei dem Thun). Les anciens n'ont pas été seuls à produire de belles choses.

Außerdem ſteht der Infinitiv mit à hauptſächlich nach den Adjektiven

bon	gut	disposé }	geneigt
mauvais	ſchlecht	enclin }	
aisé }	leicht	sujet	unterworfen, ausgeſetzt
facile }		attentif	aufmerkſam
difficile	ſchwer	ardent	eifrigſt bedacht
adroit }	geſchickt	exact	pünktlich
habile }		curieux	intereſſant
assidu	emſig, eifrig	dangereux	gefährlich
prompt	raſch	ingénieux	erfinderiſch u. a.
lent }	langſam	prêt	bereit (aber près de nahe bei)
long }			

Z. B. Un homme facile à tromper, un livre curieux à consulter. Être prêt à mourir (zum Tode bereit), aber être près de mourir (dem Tode nahe).

Ferner bei Subſtantiven in adjektiviſcher Geltung z. B. être homme (femme) à faire qc (§ 269, 4) être d'étoffe u. a. Ils subissent les tourmentes politiques sans les provoquer jamais et sans se croire d'étoffe non plus à les conjurer.

Anm. Einzelne dieſer Adjektive können auch in unperſönlicher Konſtruktion gebraucht werden und haben dann den Infinitiv mit de nach ſich: Il éprouva une émotion difficile à exprimer (ſchwierig beim Ausdrücken), aber une émotion qu'il serait difficile d'exprimer (deren Ausdruck ſchwierig iſt, d. h. der Infinitiv wird logiſches Subjekt).

Dasſelbe findet nach einzelnen Verben ſtatt:
Cela vous plaît à dire (das ſagen Sie im Scherz); il me plaît de le dire (es beliebt mir, das zu ſagen).
Cela importe à savoir; il importe de le savoir.
Cela me répugne à croire; il me répugne de le croire.
Cela me coûte à écrire; il m'en[1] coûte de l'écrire.

Mit geänderter Bedeutung: Il ne tardera guère à rentrer (er wird bald zurückkommen); il me tarde de vous revoir (ich ſehne mich, Sie wiederzuſehen).

---

[1] Über die Notwendigkeit dieſes en vgl. S. 128 N. 5.

Der Infinitiv mit anderen Präpositionen.

§ 250 ([264]). **Der Infinitiv mit de** steht hauptsächlich
1) Nach Substantiven als eine nähere Bestimmung im Genitiv: L'intention de partir; l'espoir de vaincre; la crainte d'arriver trop tard.
2) Als nachgestelltes Subjekt, vgl. § 320 Zus.
3) Nach den Verben der Affekte, des Bittens, Befehlens, Erlaubens, Billigens und Mißbilligens u. a. Je crains de vous déranger; je vous prie de m'avertir; je vous félicite d'avoir si bien réussi.
4) Als **historischer Infinitiv**[1]: Aussitôt mille voix de répéter: Chez le commissaire! chez le commissaire! Et de rire! Wurde da gelacht!

§ 251 ([265]). **Der Infinitiv mit de und à.**

1) Ohne Bedeutungsunterschied steht sowohl der Infinitiv mit de wie der mit à nach

    commencer anfangen (dagegen se mettre, se prendre à faire qc)

    continuer fortfahren

    avoir honte sich schämen

    c'est à qn à (de) faire qc es ist jemandes Sache etwas zu thun, es ist an jemand die Reihe etwas zu thun.

    Anm. Über die Verben des Beschließens und Zwingens vgl. § 248, 2. Nach manchen hat c'est à qn à faire qc die ausschließliche Bedeutung: es ist an jemand die Reihe etwas zu thun. — **Prendre garde** (achthaben daß etwas nicht geschieht; sich hüten) hat negativen Infinitiv mit à oder de, affirmativen nur mit **de**: Prenez garde de (à) ne pas vous tromper, prenez garde de vous tromper (alle = geben Sie acht, daß Sie sich nicht täuschen).

2) Ein Bedeutungsunterschied wird durch die verschiedene Prä= position bedingt in

    ne pas laisser de faire qc etwas doch thun (nicht unter= lassen etwas zu thun); laisser (à qn) à faire qc jemanden etwas zu thun überlassen, anheimstellen;

    se lasser à faire qc etwas bis zur Ermüdung thun; se lasser de faire qc müde, überdrüssig werden etwas zu thun;

    manquer de faire qc beinahe etwas thun; manquer à faire qc versäumen etwas zu thun (aber ne pas man= quer de faire qc nicht versäumen, d. h. jedenfalls etwas thun).

---

[1] Derselbe wird gewöhnlich durch eine Ellipse von commencer de, se hâter de erklärt.

§ 252. Andere eigentliche Präpositionen vor dem Infinitiv.

Anm. S'occuper de faire qe darauf bedacht sein etwas zu thun, s'occuper à faire qe damit beschäftigt sein etwas zu thun (gleicher Unterschied wie s'occuper de oder à que, § 214). Prier qn de faire qe jemand bitten etwas zu thun, aber prier mit à vor substantivierten Infinitiven, welche eine Mahlzeit bedeuten[1]: prier qn à dîner, à souper (zum Mittag-, Abendessen einladen). Demander à qn de faire qe jemanden bitten, daß er etwas thue, demander (à qn) à faire qe jemanden bitten, daß er erlaube etwas zu thun: Demandez-lui de parler en votre faveur. Ces messieurs demandent à vous parler[2].

§ 252 (²⁶⁶). **Andere eigentliche Präpositionen vor dem Infinitiv.** Außer nach à und de steht der Infinitiv nach den Präpositionen **entre, sans, après, pour** und **par** (commencer, finir par faire qe vgl. § 142): Il y a bien de la différence entre repousser une attaque derrière les murailles d'une ville et braver le feu en rase campagne. Der Infinitiv steht nicht nach **jusque**, aber nach **jusqu'à**. Les enfants de Louis le Débonnaire allèrent jusqu'à infliger à leur père la honte d'une dégradation solennelle. Für die Wiederholung der Präposition gilt die gewöhnliche Regel (§ 370), d. h. à und de sind vor jedem Infinitiv zu wiederholen.

Der Infinitiv statt eines Nebensatzes.

§ 253 (²⁶⁷). **Anwendung der Infinitivkonstruktion.**

1) Wenn ein durch **que** eingeleiteter Nebensatz ein Subjekt enthielte, welches in dem Hauptsatze schon als Nominativ, Dativ oder Accusativ vorkam, so tritt in der Regel der Infinitiv statt dieses Nebensatzes ein.

Ob reiner Infinitiv oder Infinitiv mit **de** steht, hängt von dem regierenden Verb ab: Il prétend vous avoir vu (für qu'il vous a vu). Il m'a promis de venir me voir (für qu'il viendrait me voir). Permettez-moi de vous faire une observation (für permettez[3] que je vous fasse une observation). Über das Verfahren bei il faut vgl. § 86, 2.

2) Ein Nebensatz, welcher mit einer anderen Konjunktion als einfachem **que** eingeleitet ist, kann nur dann durch die Infinitivkonstruktion ersetzt werden, wenn das Subjekt des

---

[1] Wobei der Artikel ausfällt wie auch im Englischen vor den Bezeichnungen von Mahlzeiten.
[2] Dieser Unterschied, obwohl nicht begründet, wird in der Mehrzahl der Fälle eingehalten.
[3] Vgl. § 288 Anm.

Haupt- und Nebensatzes das gleiche ist. Statt **sans que, après que, pour que** tritt der Infinitiv mit **sans, après, pour** ein: Il est parti sans avoir rien conclu (für sans qu'il eût rien conclu).

Statt **avant que, afin que, à moins que, loin que, à condition que** u. s. w. stehen vor dem Infinitiv **avant (que) de, afin de, à moins de, loin de, à condition de** u. s. w.; aus **de manière (à ce) que, de façon (à ce) que** wird **de manière à, de façon à**: Le Rhône se partage en deux branches avant de se jeter dans le golfe du Lion. Ce fleuve descend vers la Méditerranée avec une grande impétuosité de manière à devenir très dangereux à l'époque de la fonte des neiges.

Anm. Wie **pour que** mit dem Konjunktiv § 234, Anm. 1, steht auch **pour** mit dem Infinitiv nach **assez, trop**: La nouvelle était trop bonne pour être vraie. **Pour** steht auch konzessiv (Sinn von **quoique**): Pour être téméraire, ce projet n'en était pas moins coupable; ebenso kausal (Sinn von **parce que**[1] und wie **par** vor Substantiven): Je le sais pour l'avoir éprouvé (= je le sais par expérience).

Auch bei ungleichem Subjekte tritt öfter der Infinitiv ein, wenn keine Unklarheit zu befürchten ist: On poursuivit les ennemis; mais la nuit se passa sans pouvoir les atteindre. Ces dispositions sont trop favorables pour nous plaindre.

Das Particip (le participe).

Das Particip des Präsens.

§ 254 (²⁶ᵉ). **Das Particip des Präsens** kann sein

1) Verbaladjektiv (*l'adjectif verbal*).
2) Particip des Präsens im eigentlichen Sinne (*le participe présent*).
3) Gerundium (*le gérondif*).

Das Verbaladjektiv ist veränderlich und stimmt wie das Adjektiv mit seinem Substantiv in Geschlecht und Zahl überein. Das Particip des Präsens, welches in Verbindung mit der Präposition **en** Gerundium[2] genannt wird, ist in jedem Falle unveränderlich. **Ayant** und **étant** können nicht Verbal-

---

[1] Alt **pour ce que**.
[2] Nur die Form mit **en** wird von den Franzosen als Gerundium bezeichnet. Es ist das substantivierte Adjektiv des Verbs und vertritt das Verbalsubstantiv (Infinitiv), vgl. § 256, A. 2.

abjektive sein und sind daher unveränderlich, sie mögen selbständig oder zur Bildung der umschreibenden Participien gebraucht sein.

§ 255 (²⁶⁹). Verbaladjektiv und Particip des Präsens.

Les officiers turcs, avec leurs vêtements de couleurs tranchantes, leurs armes étincelantes, formaient pour nous une scène brillante et nouvelle.

Au fond, se détachant à l'horizon, on voyait les remparts de Candie, et de loin quelques dômes étincelant au soleil.

Wo es sich um einen Zustand handelt, ist das Verbaladjektiv am Platze; wo dagegen eine Thätigkeit bezeichnet werden soll, ist das Particip des Präsens anzuwenden.

Anm. 1) Man erkennt, daß kein Verbaladjektiv vorliegt:
a) **An der Funktion.** Das Adjektiv dient nicht zur Angabe des Grundes, daher: La maladie empirant, on fit venir le médecin. Es regiert keinen Objektsaccusativ, daher: Les troupes, redoublant le pas, arrivèrent bientôt à portée de fusil. Das Particip der Reflexive ist aus diesem Grunde unveränderlich: Les ennemis s'approchant menaçaient de tourner notre position.

Auch bei präpositionalem Objekt, bei Bestimmungen des Ortes, der Zeit, der Art und Weise ist in der Regel kein Verbaladjektiv vorhanden: Des gens mourant de faim; les généraux commandant en chef; des bannières flottant au vent (aber des bannières flottantes); les vagues mugissant autour des écueils; la guerre renaissant à l'improviste.

b) **An der Begleitung.** Das Adjektiv verträgt keine Negation (außer non), daher: Cette maladie terrible, ne pardonnant jamais. Ebensowenig nachgestelltes Adverb: Les gens pensant bien (aber¹ les gens bien pensants).

In Verbindung mit dem Hülfsverb steht nur das Verbaladjektiv: Nous étions errants dans les couloirs, en attendant que la scène s'ouvrit.

2) Neben einzelnen Participien des Präsens findet sich eine (dem Lateinischen entlehnte) Form auf -ent für das Verbaladjektiv

Verbaladjektiv	Particip
adhérent anhangend	adhérant
affluent zufließend	affluant
coïncident zusammentreffend	coïncidant
différent verschieden	différant sich unterscheidend, verschie-
équivalent gleichwertig	équivalant [bend
excellent vorzüglich	excellant sich auszeichnend
influent einflußreich	influant einwirkend
précédent vorhergehend	précédant

---
¹ Und nur diese Form ist wirklich üblich: Le feuilles bien pensantes die Zeitungen mit guter Tendenz.

Neben Participien, welche den orthographischen Vorschriften für das Verb folgen, stehen Verbaladjektive[1] auf -ant mit anderer Orthographie (teilweise aus dem Lateinischen entlehnt):

convaincant überzeugend	convainquant
extravagant toll, ungereimt	extravaguant im Fieber redend
fabricant fabrizierend	fabriquant
fatigant ermüdend	fatiguant
intrigant ränkesüchtig	intriguant Ränke schmiedend
négligent nachlässig	négligeant vernachlässigend
provocant verletzend	provoquant
suffocant erstickend	suffoquant
vacant freistehend, erledigt.	vaquant besorgend.

Bei diesen Verben ist die Participialform immer unveränderlich; das Verbaladjektiv kann selbstverständlich einen Objektsaccusativ nicht regieren, findet sich aber mit präpositionalem Objekt: Des objections équivalentes à un refus.

3) Als von der Schreibung unsrer entsprechenden Fremdwörter verschieden merke: le commettant (Kommittent), consistant (konsistent), le consommateur (Konsument), le contrevenant (Kontravenient), le correspondant (Korrespondent), le délinquant (Delinquent), le dénonciateur (Denunziant), le déposant (Deponent), un exposant (Exponent), les Indépendants (Indebenbenten), le Levant (Levante), un opposant (Opponent), le prétendant (Prätendent), le producteur (Produzent), le spéculateur (Spekulant), un évêque suffragant (Suffraganbischof). Nur in der Form des Part. Prät. sind zu gebrauchen: les émigrés (Emigranten), les insurgés (Insurgenten), les intéressés (Interessenten).

§ 256 ([270]). **Particip des Präsens und Gerundium.** Beide Formen werden gebraucht, um die Gleichzeitigkeit, die Art und Weise, den Grund, eine Bedingung oder Einräumung auszudrücken.

Nur das Particip ist verwendbar, wenn der Beweggrund (Motiv) der Handlung des Hauptsatzes angegeben werden soll: Voyant qu'aucun de mes conseils n'était suivi, je me retirai.

Nur das Gerundium steht bei der Angabe des Mittels: Plusieurs empereurs romains essayèrent de sauver Rome en abandonnant toutes les conquêtes lointaines.

Da das Gerundium in der Regel auf das Subjekt bezogen wird, kann nach transitiven Verben ein Unterschied der Bedeutung

---

[1] Auch arrogant (anmaßend) von der früheren Nebenform s'arroguer, jetzt nur s'arroger (sich anmaßen).

§ 256. Part. Präsens und Gerundium.

eintreten, je nachdem das Gerundium (auf das Subjekt bezogen), oder das Particip (auf das Objekt bezogen) eintritt.

Je l'ai rencontré en descendant l'escalier (als ich herabkam).
Je l'ai rencontré descendant l'escalier (während er herabkam).

Anm. 1) Wenn das Subjekt eines Participialsatzes ein Substantiv ist, so geht es demselben meist voraus, so daß der Participialsatz in den Hauptsatz eingeschoben steht: Boniface, ayant adressée à Grégoire plusieurs questions sur les règles de conduite qu'il devait observer à l'égard des Anglo-Saxons, reçut de lui des réponses remplies d'une sagesse bienveillante et ingénieuse. Früher trat in solchen Fällen oft vor das Hauptverb noch ein Personalpronomen (hier il reçut . . .), was jetzt nur äußerst selten vorkommt.

2) Nicht auf das Subjekt bezogen, steht das Gerundium als adverbiale Bestimmung statt des mit der Präposition en nicht üblichen substantivierten Infinitivs[1]: L'appétit vient en mangeant (während des Essens). La fortune lui est venue en dormant (beim Schlafen). On paie en servant (beim Servieren d. h. gleich nach Empfang). Si son astre, en naissant, ne l'a formé poète (Boileau).

3) Es ist nicht nötig, das Zusammentreffen des Pronominaladverbs en mit dem Gerundium zu meiden: Les barbares aspiraient à la civilisation, tout en en étant incapables (Guizot).

Ebensowenig das Zusammentreffen dieses en mit dem Particip: Saint Louis passa quatre années dans la Terre sainte, réparant les anciennes fortifications, en construisant de nouvelles, et rachetant des mains des infidèles plus de 10 000 chrétiens captifs.

Wenn mehrere Gerundien aneinandergereiht sind, kann en bei jedem wiederholt werden oder auch nur bei dem ersten stehen; die Auslassung von en findet gewöhnlich nur statt wenn die Gerundien durch et verbunden sind. Tout kann als Verstärkung vor das Gerundium treten: Partagez-vous le travail, et la besogne sera mieux faite, tout en l'étant plus vite. Am häufigsten ist dies bei konzessivem Sinne.

4) In stehenden Redensarten findet sich das Gerundium ohne en: Donnant, donnant (do ut des, eine Hand wäscht die andere), selten en donnant donnant. So immer littérairement parlant, moralement parlant u. s. w. (im litterarischen, moralischen Sinne). Mit oder ohne en steht das Gerundium nach aller (und den dafür eintretenden Formen von être, § 72, A.) für eine stetig fortschreitende Handlung: A partir de Louis le Débonnaire, le domaine royal alla (en) s'amoindrissant; à partir de l'an 1200, au contraire, il a toujours été (en) s'agrandissant.

---

[1] Manche sehen diesen Gebrauch als unkorrekt an; andere wieder erlauben jede Beziehungsweise des Gerundiums, sobald der Sinn klar hervortritt.

Das Particip des Präteritums.

§ 257 (²⁷¹). Das Particip ohne Hülfsverb.

L'amitié rompue ne se renoue point sans que le nœud paraisse.

Das ohne Hülfsverb gebrauchte Particip des Präteritums hat die Geltung eines Adjektivs und stimmt wie dieses in Geschlecht und Zahl mit dem zugehörigen Substantiv überein.[1]

Anm. 1) Ebenso das Particip, welches mit **avoir** prädikativ einem Substantiv beigefügt ist: Il nous parut avoir l'épaule démise. Dès que le roi eut les yeux fermés. Il eut la main forcée par les circonstances. Aussitôt que j'eus le dos tourné. (Vgl. il a les cheveux blonds, § 267, 1.) Man kann jedoch auch das Substantiv zum Objekt des mit **avoir** verbundenen Particips machen: Aussitôt que j'eus tourné le dos.

2) In der absoluten Participialkonstruktion ist das Part. Prät. immer veränderlich: La conquête de Chypre achevée, Richard Cœur-de-Lion rejoignit les Français sous les murs de Saint-Jean-d'Acre. Sehr übliche Formeln sind: Cela dit. Cela fait. Cela posé (nach dieser Annahme). Tout compté oder tout compte fait (alles in allem). Abstraction faite de. Toute réflexion faite. (Toute) proportion gardée (wenn der Vergleich statthaft ist). Pieds et poings liés. Tête baissée. Enseignes déployées.

Das Part. Präs. ist in ähnlicher Konstruktion in der Regel Verbaladjektiv, d. h. veränderlich, doch muß (nach den im § 255 gegebenen Regeln) auch manchmal das unveränderliche eigentliche Part. Präs. eintreten: Dieu aidant (mit Gottes Hülfe). Nous vivants (so lange[2] wir am Leben sind). Toute affaire cessante (mit Vernachlässigung alles anderen). Le cas échéant (vorkommenden Falles). Séance tenante (sofort). Aber selbstverständlich: L'occasion s'offrant (bei sich bietender Gelegenheit). Für soi-disant vgl. § 292, A. 2.

3) Einige Participien Prät. (**excepté, y compris, non compris, passé** im temporalen Sinne u. a.) können ihrem Substantiv nachstehen und bilden mit demselben eine absolute Participialkonstruktion: Onze heures du soir passées, personne ne doit plus veiller dans cette maison. Oder sie stehen dem Substantiv voran und bleiben dann (wie Präpositionen) unverändert: Personne ne doit veiller passé onze heures. — Andere (**attendu, vu, passé** in lokaler Bedeutung) stehen nur voran und sind immer unveränderlich: Passé Valence le peuple du Midi ne connaît guère que le patois provençal. **Compris** kann (ohne **y, non**) nur nachstehen.

---

[1] Nur das Part. passiver oder schon im Aktiv mit être konjugierter Verben ist so zu gebrauchen. Scheinbare Ausnahme ist paraître (un livre paru en 1850), weil in heutiger Sprache paraître nur noch mit avoir verbunden wird.

[2] De son vivant (zu seinen Lebzeiten, ebenso du vivant de . . .

4) Wie im Lateinischen findet sich ein Part. Prät. in prädikativer Weise dem Substantiv beigefügt, während deutsch ein entsprechendes Substantiv steht: Arras sauvé, les lignes forcées, l'ennemi vaincu, comblèrent Turenne de gloire (die Rettung von Arras u. s. w.). Sehr häufig tritt eine Präposition von temporaler Bedeutung) vor derartige Ausdrücke: Après la guerre de Provence terminée. Après l'arrêt prononcé. Avant le jour failli. A la nuit close. Au soleil levant. Deutsch: Nach Beendigung des Krieges in der Provence (eigentlich: nach dem Kriege, diesen Krieg als vollendet betrachtet).

§ 258 ([272]). Das Particip mit Hülfsverb.

1) *Jeanne Darc fut condamnée à périr sur le bûcher.*
2) *Jeanne Darc périt sur le bûcher, un jugement inique l'ayant condamnée.*

On brûla Jeanne Darc que ses ennemis avaient jugée et condamnée. Combien d'innocents a-t-on condamnés à une mort injuste!
(Combien a-t-on condamné d'innocents!)
On prétendit que Jeanne Darc s'était condamnée elle-même, en remettant des vêtements d'homme.

1) Das mit dem Hülfsverb être verbundene Particip des Präteritums stimmt mit dem Subjekt überein. Ausgenommen sind die Reflexive.

2) Das mit dem Hülfsverb avoir verbundene Particip des Präteritums stimmt mit dem vorausgehenden Accusativobjekt überein. Derselben Regel folgen die Reflexive.

Der Objektsaccusativ kann vorausgehen
 a) als verbundenes Personalpronomen,
 b) als Relativ,
 c) als Interrogativ (lequel, quel, que de, combien de).

Anm. 1) Das mit être verbundene Particip der Reflexive wird behandelt wie das mit avoir verbundene Particip der Transitive, weil beide Hülfsverben gleiche Funktion versehen (Ausdruck einer Thätigkeit). Dativobjekt ist das Reflexivpronomen z. B. in s'arroger, se plaire, se rire, se succeder, se parler: immer, wenn ein Accusativobjekt schon vorhanden ist, z. B. se donner la peine de faire qe. Also: Ces gens-là se sont arrogé bien des droits (aber: Les droits que ces gens-là se sont arrogés).

Reflexive, zu denen ein Transitiv mit doppelter Rektion existiert, können verschieden behandelt werden. Man sagt persuader qe à qn und persuader qn de qe daher auch Nos adversaires se sont persuadé (oder persuadés) que c'est nous qui avons tort.

Anm. 2) Die einzige Ausnahme zu obigen beiden Regeln bildet die Redensart il l'a échappé (manqué) belle (er kann von Glück sagen).

Zusatz. Um die richtige Anwendung der vorstehenden Regeln zu erleichtern, ist zuzufügen:
1) Ein Objektsaccusativ ist nicht vorhanden und das mit avoir verbundene Particip ist daher unveränderlich
   a) Nach dem partitiven en: Les Romains furent effrayés par les éléphants de Pyrrhus, parce qu'ils n'en avaient jamais vu auparavant.

   Auch wenn en ein Quantitätsadverb bei sich hat, läßt man am besten das Particip unverändert.[1]

   b) Die Participien der Verben marcher, courir, régner, vivre, dormir, valoir, estimer, coûter, acheter, peser und ähnlicher bleiben unverändert, weil ihnen ein adverbialer Accusativ (der Entfernung, der Zeit, des Wertes u. a.), aber nicht ein Objektsaccusativ vorausgehen kann: Les dix lieues que nous avons marché. Cette maison a coûté 50 000 francs, mais elle ne les a jamais valu.

   Sobald diese Verben mit veränderter Bedeutung wirklich transitiv werden, verändert man ihr Particip: Quels dangers n'a-t-il pas courus (bestanden). Les peines que ce travail lui a coûtées (verursacht). Les désagréments que cette imprudence vous a valus (eingetragen). Les alcools qu'on a pesés (gewogen, auf die Stärke geprüft). Les événements qu'on a vécus[2] (durchlebt).

   c) Bei unpersönlichen Verben ist vorausgehendes que Nominativ oder wird doch (bei avoir und faire) als solcher betrachtet: Les soins qu'il a fallu pour réussir. Les grands froids qu'il y a eu. La chaleur excessive qu'il a fait.

2) Wenn auf ein Particip ein (reiner oder präpositionaler) Infinitiv folgt, so ist zu beachten, ob das vorausgehende Accusativobjekt von dem Infinitiv oder von dem Particip abhängig ist; nur im letzteren Fall kann das Particip verändert werden.
   a) **Entendu, vu, laissé** gefolgt von einem Infinitiv werden verändert, wenn der Infinitiv aktiven Sinn hat, sie bleiben unverändert, wenn er passiven Sinn hat.[3] La cantatrice que j'ai entendue chanter. Aber: Les airs que j'ai entendu chanter. Es ist zu bemerken, daß naitre aktiven Sinn hat, daher: Les hommes célèbres que notre pays a vus naître.

---

[1] Viele wollen hier eine Veränderung eintreten lassen, aber die Angaben sind widersprechend und im Gebrauch nicht bestätigt. Mit Bestimmtheit läßt sich nur sagen, daß Dichter der Reinheit des Reimes wegen hier verändern: Combien en a-t-on vus Qui, du soir au matin, sont pauvres devenus!

[2] Dieser sehr übliche Gebrauch von vivre wird manchmal grundlos verworfen. — Erleben: vivre pour voir qc.

[3] D. h. der Accusativ hängt (vermittelst einer dem Deutschen gekünstelt erscheinenden Analysis) von dem Infinitiv ab.

b) **Fait** bildet mit nachfolgenden Infinitiven einen einzigen Verbalbegriff; der Accusativ ist von diesem Begriff, nicht von fait abhängig, daher keine Veränderung: Les abus qu'on a fait cesser. Les projets que le père avait conçus, le fils les a fait exécuter.

Für **faire** in Verbindung mit einem Infinitiv ist zu merken:
1) Das Particip **fait** ist stets unverändert.
2) Der reflexive Infinitiv verliert sein Pronomen (vgl. § 46, Anm. 2).
3) Das von dem Infinitiv abhängige pronominale Objekt tritt vor faire (vgl. § 173, 2); der substantivische Subjektsaccusativ tritt hinter den Infinitiv (vgl. § 280, 1).

Zwischen **faire** und den Infinitiv können nur treten
1) Adverbien (mit Einschluß des Negationsfüllworts): Jean sans Peur fit traîtreusement assassiner le duc d'Orléans. Vgl. § 205, I.
2) Pronominales Subjekt in der Inversion: Pourquoi ne le faites-vous venir?
3) Pronominales Objekt bei affirmativem Imperativ: Faites-le venir.

c) Das Particip der Verben des Denkens und Sagens ist unveränderlich vor einem Infinitiv, von welchem das Objekt abhängt: Les précautions qu'il a oublié de prendre. Les fortes couleurs qu'il a cru devoir employer. Les crimes qu'il a nié avoir commis. La voie qu'il s'est proposé de suivre.

d) Ebenso das Particip der modalen Hülfsverben (**devoir, pouvoir, vouloir,** sowie **oser**), mag ein Infinitiv folgen oder zu ergänzen sein: On lui pardonne toutes les folies qu'il a pu se permettre. On vous a arraché tous les engagements qu'on a voulu.

e) Wie bei avoir à faire doppelte Stellung des Objektsaccusativs möglich ist (vgl. § 203 Anm.), kann auch das Particip verschieden behandelt werden: Les guerres que ce roi a eu (oder seltener eues) à soutenir.

IV. Der Artikel und das Substantiv.

§ 259 (²⁷³). Verwendung der Artikel. Der bestimmte Artikel ist aus dem Demonstrativ, der unbestimmte Artikel aus dem Zahlwort entstanden.

Beide begleiten das Substantiv oder andere Redeteile, wenn dieselben wie Substantive gebraucht werden.

Während das Substantiv den Artbegriff im allgemeinen darstellt, sondert das von dem Artikel begleitete Substantiv ein oder mehrere Einzelwesen oder Einzeldinge aus diesem Begriffe aus.

In ihrem Gebrauche fallen der bestimmte und mehr noch der unbestimmte

Artikel mit der im Deutschen üblichen Verwendung dieses Redeteils zusammen. Die Ausnahmefälle werden im folgenden angegeben.

§ 260 (^{274}). Der Artikel bei Personennamen.

César vainquit les fils de Pompée (des Pompejus) *dans les plaines de Munda.* Wie im Deutschen stehen Personennamen ohne Artikel. Die Kasuspräpositionen und die Regeln der Wortstellung erlauben im Französischen die Weglassung des Artikels auch da, wo die mangelnde Flexionsform uns zwingt, denselben zu gebrauchen.

Anm. 1) Viele französische Familiennamen sind mit dem Artikel zusammengesetzt: Lesage, Lesueur, Lemaire, Lebœuf, Lecoq (männlicher Artikel jetzt mit dem Substantiv vereinigt), la Fontaine, la Rochefoucauld, la Bruyère (weiblicher Artikel vom Substantiv getrennt). Jedenfalls darf der männliche Artikel nicht mit der Kasuspräposition verschmelzen: Les romans de Lesage (de Le Sage nach alter Orthographie).

2) Eine Anzahl (besonders italienischer) Dichter- und Künstlernamen erhalten (nach italienischem Muster) den bestimmten Artikel: l'Albane, l'Arioste, le Camoëns, le Corrège, le Tasse u. a. Dieselben finden sich jedoch auch ohne diesen Artikel und Formen wie Ariosto, Torquato Tasso dürfen denselben nicht annehmen. Nur mißbräuchlich werden oft auch noch Dante, Guide (Guido Reni), Giotto, Titien mit Artikel gebraucht.[1] Auch bei dem Namen eines französischen Malers steht öfter der Artikel: le Poussin (neben Poussin oder Nicolas Poussin). Hier findet Verschmelzung statt: La Jérusalem délivrée du Tasse.

3) Durchaus veraltet ist es, vor die Namen von Künstlerinnen la zu setzen: la Champmeslé (s stumm), la Malibran, la Grisi.

4) Jésus-Christ, dagegen le Christ (selten ohne Artikel). Man sagt nur la Madeleine (biblische Magdalena) und la Pythie (Appellativ, vgl. le Pharaon). — Dieu erhält keinen Artikel[2]; derselbe fehlt auch, vom deutschen Gebrauch abweichend, bei Satan. Ähnlich Scylla, Charybde.

5) Personennamen mit unterscheidendem Zusatz erhalten den Artikel: le Jupiter' des anciens, le Satan de Milton, la Béatrix (spr. -iss') de Dante, le Napoléon de 1804. Nachgestelltes Adjektiv bedingt nicht den Artikel: Dieu tout-puissant[3], Jupiter Olympien, Frédéric le Grand. Turenne osa résister à Louvois tout-puissant. Dagegen verlangt denselben ein voranstehendes Adjektiv: le grand Frédéric, le pieux Fénelon; der Artikel steht indessen nicht vor saint (saint[4] Louis, aber la Saint-Louis Ludwigstag) und

---

[1] Es sind Vornamen und der Artikel vor ihnen ist so wenig gerechtfertigt wie er es in le Raphaël (le Sanzio dagegen ist richtig) sein müßte.

[2] In der Verbindung mit Dieu fällt der Artikel auch bei diable weg; devoir à Dieu et à diable (überall Schulden haben).

[3] Aber par le Dieu tout-puissant.

[4] Über die Orthographie vgl. § 32, 8.

feu; er fehlt auch vor Adjektiven, welche nur schmückende Beiwörter sind: Nous accourûmes tous; petit Paul¹ était mort, une balle lui avait troué la poitrine.

6) Personennamen stehen mit dem Artikel, wenn sie auf Berge oder Flüsse übertragen werden: le Saint-Gothard, le Saint-Laurent. Bildwerke, welche nach dem Dargestellten genannt sind, haben gleichfalls Artikel: le Saint-Pierre, le groupe du Laocoon, la Vénus de Médicis (beide Schluß-s laut).

Nie steht der Artikel bei der Übertragung von Personennamen auf Städte oder Gestirne: Saint-Denis. Mercure, Vénus, la Terre, Mars, sont les planètes les plus rapprochées du soleil.

Einem Schriftwerk beigelegte Personennamen haben den Artikel meist nur bei unterscheidendem Zusatz: Phèdre, aber la Phèdre de Racine. Stets: le Télémaque.

Als Schiffsnamen gebraucht erhalten Personennamen den Artikel: le Nelson, la Jeannette, le La Galissonnière; bei vorantretendem Appellativ kann derselbe fehlen: le cuirassé (le) Nelson.²

Andere Fälle vgl. bei § 102. Der Artikel kann auch im partitiven Sinne stehen: C'est du Thiers, avec ses qualités et ses défauts (der Stil von Thiers, in der Art von Thiers).

§ 261 (²⁷⁵). Der Artikel bei Städtenamen.

La Mecque est la ville sainte du mahométisme.

Eine Anzahl von Städtenamen haben den Artikel, meist weil sie ursprünglich Appellative³ sind: le Caire (Kairo), la Chaux-de-Fonds, la Corogne (Coruña), le Creusot (oder -zot), le Ferrol, la Ferté, la Havane, le Havre, la Haye (der Haag), le Locle, le Mans, la Mecque, le Puy, la Rochelle, la Spezzia (italienischer Kriegshafen). Vera-Cruz steht jetzt meist ohne den Artikel (la).

Anm. 1) In Lille (aus l'île) und Lorient (aus l'Orient) ist der Artikel mit dem Worte verschmolzen.⁴

2) Ein unterscheidender Zusatz bedingt den Artikel: la Nouvelle-Orléans; la Tyr d'aujourd'hui; la Rome de l'Orient.

---

¹ Ebenso englisch Blind Harry u. a.
² In diesem Falle können auch Ländernamen ohne Artikel stehen: le paquebot (la) Bretagne.
³ So heißen viele Orte la Ferté mit einem unterscheidenden Zusatz (d. h. die Festung) und la Haye (der Hag, der Busch); le Puy (der Berg) ist ein Name, den noch mehrere hohe Berggipfel führen, la Rochelle heißt der Fels (Diminutiv). Über le Havre s. § 19.
⁴ Ebenso in einzelnen Appellativen: le lierre (aus l'ierre Epheu, lat. hedera), le lendemain (l'en-demain) u. a. So unser Lafette (aus l'affût). In la Pouille (Apulien) hat umgekehrt der Artikel den Vokal des folgenden Wortes an sich gezogen.

Nachgestelltes Adjektiv kann auch ohne Artikel stehen (la Rome moderne oder Rome moderne), voranstehendes ist dagegen stets vom Artikel begleitet, auch als schmückendes Beiwort: l'ancienne Rome, la fière Venise.

§ 262 (²⁷⁶). Der Artikel bei Ländernamen.

L'Allemagne est une vaste contrée qui s'étend dans le milieu de l'Europe.

Vom deutschen Gebrauche abweichend haben die Namen von Erdteilen, Ländern, Provinzen und großen Inseln den bestimmten Artikel.

Anm. 1) Keinen Artikel dulden Galles (Wales, daher fast stets le pays de Galles), Terre-Neuve (Neufundland) und die poetischen Namen Érin, Albion (doch la verte Érin, la perfide Albion). — Ebenso die nach einer gleichnamigen Stadt benannten Länder: Bade, ehemals Naples, Parme, Modène; daher meist le grand-duché de Bade¹ u. s. w. Mit Artikel stehen trotzdem: le Brandebourg, le Brunswick, le Hanovre, le Lauenbourg, le Luxembourg, le Maroc, le Mexique (die Stadt heißt Mexico), l'Oldenbourg². Beifügung der Hauptstadt als unterscheidender Zusatz (§ 261 A. 2) kann den Artikel nicht hindern: la Hesse-Darmstadt, le Mecklembourg-Schwérin; man setzt denselben indessen nicht bei Saxe-Weimar-Eisenach und ähnlichen.

2) Die größeren Inseln haben den Artikel (werden wie Länder behandelt): la Sicile, la Corse, l'Irlande; die kleineren stehen ohne denselben (werden wie Städte behandelt): Malte, Corfou, Chypre: meist wird l'île de vorangesetzt; l'île d'Elbe, l'île de Candie, les îles Lofoden, les îles Lipari ou d'Éole.

§ 263 (²⁷⁷). Ländernamen ohne Artikel.

1) *Le roi de Prusse; l'ambassadeur de Russie; la couronne d'Espagne.*
2) *Résider en France; aller en Angleterre* (à Londres) aber partir pour l'Angleterre (pour Londres).
3) *Revenir d'Italie; être banni de France.*
4) *Les laines d'Espagne.*
5) *Les ports d'Allemagne* oder *de l'Allemagne.*

In einzelnen Fällen steht der Ländername ohne Artikel. Dazu ist aber Bedingung, daß er nicht im Plural steht, keine attributive Bestimmung bei sich hat, meist auch daß er nicht die

---

¹ Ebenso aber auch bei kleinen Staaten, die nicht eine gleichnamige Stadt enthalten: le duché d'Anhalt, la principauté de Waldeck u. a.

² **Bemerke** Alger, Tunis, Tripoli, Venise als Städte, l'Algérie, la Tunisie, la Tripolitaine, la Vénétie als Länder.

§ 263. Ländernamen ohne Artikel.

männliche Bezeichnung eines entlegenen Landes ist.¹ Der Artikel fehlt:
1) Nach allen Bezeichnungen eines Landes als eines politischen Staatsganzen, seiner Beherrscher, Vertreter oder Vertretungen, z. B. empire, royaume, duché, principauté, empereur, roi, vice-roi, régent², duc, prince, ambassadeur, ministre, consul, ambassade, légation, sowie trône, couronne u. a.³

Dagegen le roi des Pays-Bas, l'impératice des Indes. Männliche Wörter sind nur ausgenommen, wenn es Namen entlegener Länder sind: le consul du Pérou, la légation du Chili, l'empereur du Brésil (du Japon), Maximilien du Mexique, le sultan du (de) Maroc, le roi du (oder de) Pont (Pontus). Titel früherer Zeit ist le duc du Maine. Manchmal noch l'empereur, l'ambassadeur de la Chine.⁴ — Le Royaume-Uni de Grande-Bretagne et d'Irlande trotz attributiver Bestimmung.

2) Auf die Frage wo? steht bei Ländernamen en ohne Artikel, ebenso auf die Frage wohin? Doch tritt in dem letzteren Falle pour mit dem Artikel ein nach partir, s'embarquer, faire voile (absegeln), faire route (fahren), se mettre en route (en chemin).

Dagegen statt en: aux États-Unis, aux Indes. Maskuline sind auch hier nur ausgenommen, wenn sie entlegene Länder bezeichnen: au Canada, au Bengale, au Japon. Ausnahmsweise auch au Maine, au Perche. Früher auch à la Chine. Wenn der Ländername ein Adjektiv bei sich hat, steht dans mit dem Artikel: dans la France méridionale, dans l'Amérique centrale und oft dans les Pays-Bas; doch kann auch in diesem Fall bei singularischen Namen der Artikel fehlen, wenn das Adjektiv mit dem Namen verschmolzen ist: en Asie Mineure, en Franche-Comté, en Nouvelle-Calédonie, en basse Bretagne und so auch en Terre sainte.

---

¹ Weil in diesem Falle der Ländername weniger ein politisches Staatsganze als einen ziemlich unbestimmten geographischen Begriff bezeichnet. Solche Namen nähern sich dem substantivischen Adjektiv, z. B. le Milanais und ähnlich deutsch: das Mailändische, im Preußischen, aus dem Russischen.
² Vormundschaftlicher Reichsverweser, nicht Regent (dieses ist le souverain).
³ Auch Robert de Normandie. In allen diesen Fällen ist der Ländername appositiver oder unterscheidender Zusatz statt des nicht oder weniger üblichen Adjektivs (§ 351 A. 1 b). Während man aber la couronne de France sagt, kann man nur le drapeau de la France sagen (possess. Gen.). Vgl. auch bei 5.
⁴ Früher le roi de la Grèce. Jetzt ausschließlich le roi de Grèce, le roi des Hellènes.

Bei Inseln: à Ceylon, à (oder en) Chypre, à l'Ile de France (aber dans l'Ile de France, wenn die **Provinz** bezeichnet werden soll).

Ohne ersichtlichen Grund steht öfter **dans** mit dem Artikel (statt en ohne denselben) bei Ländernamen, gerade wie vor Städtenamen dans neben à vorkommt.

3) Auf die Frage woher? steht **de** gewöhnlich ohne Artikel. So nach partir, venir, revenir, bannir, meist auch nach chasser, expulser, être originaire. Ähnlich hors de France. Männliche Namen sind hier ausgenommen.

Dagegen: venir des Indes (oder de l'Inde[1]), de l'Amérique du Nord, du Portugal (selten **de**), du Brésil.

4) Um den Ursprung eines Gegenstandes anzuzeigen, wird statt eines Adjektivs der Name des Landes mit bloßem **de** beigefügt.

Dagegen: un cachemire des Indes und de la mousseline de l'Inde, des fourrures de l'Amérique septentrionale, la topaze du Brésil, la porcelaine du Japon, aber les vins de Portugal (**kein entlegenes Land**).

5) Ähnlich tritt in vielen Fällen der Name des Landes mit bloßem **de** ein, wo nur eine geographische Bestimmung gegeben werden soll, während **de** mit dem Artikel einen possessiven Genitiv darstellt: l'armée d'Angleterre (nach England bestimmte Invasionsarmee), l'armée de l'Angleterre (das englische Heer).

Der Unterschied ist nicht immer scharf. Man sagt la guerre de Crimée, d'Italie, l'expédition d'Égypte, **aber** la guerre du Mexique, de la Vendée. L'histoire de France, de Prusse, **aber** l'histoire du Languedoc, du Brandebourg, auch l'histoire de l'Allemagne, de l'Angleterre; la géographie de (la) France. Les frontières de la France **die Landesgrenzen Frankreichs**, la frontière de France **meist die Grenze eines anderen Landes nach Frankreich hin.** La question d'Orient (**orient. Frage**), la question de Grèce; **aber** la question du Maroc, de l'Afghanistan (**männl. Name meist mit Artikel**).

Beliebig la noblesse d'Allemagne und de l'Allemagne, les villes d'Amérique und de l'Amérique, les peuples d'Europe und de l'Europe[2], les côtes de Provence und de la Provence; **ebenso nach dem Superlativ:** la plus belle ville (une des plus belles villes) d'Italie und de l'Italie. Das Schwanken entspricht hier unsrer Freiheit zu sagen: **die deutschen Küsten oder die Küsten Deutschlands.**

[1] L'Inde nur äußerst selten ohne Artikel.
[2] Dagegen soll nur les nations de l'Europe gesagt werden.

Zusatz. Wie Appellative können auch die Ländernamen ohne Artikel stehen als Prädikat: La Gaule est devenue France. Bei Aufzählungen: Espagne, Italie, Pologne, Belgique, tout eût pri- feu. Als Titel oder Überschrift: Espagne. Description physique de la péninsule Hispanique. In Parenthese: Les défilés les plus célèbres sont les Thermopyles (Grèce) et les Fourches Caudines (États romains).

§ 264 (²⁷⁸). Der Artikel bei Flufsnamen.

Coblentz est une ville très forte, au confluent de la Moselle et du Rhin.

Die Flußnamen können in der Regel nicht ohne den bestimmten Artikel gebraucht werden.

Anm. 1) Ohne Artikel stehen Flußnamen, wenn sie mit sur als stehender Zusatz zu einem Städtenamen treten: Châlons-sur-Marne und ebenso Boulogne-sur-Mer. Dagegen bleibt der Artikel in Francfort-sur-le-Main (e in Francfort laut), Francfort-sur-l'Oder. Auch in französischen Namen bleibt vielfach der Artikel, wenn der Flußname vokalisch anlautet.

2) Auf die Frage wo? steht oft en ohne Artikel: Un abordage (Zusammenstoß) a eu lieu en Seine. Ebenso en Manche (im Kanal), en mer.

3) Man sagt le vin du Rhin, de la Moselle, les crus de la Gironde, ebenso du vin de la Moselle (auch de Moselle). Soll die bloße Herkunft bezeichnet werden, so kann bei weiblichen Namen der Artikel fehlen: l'eau de Seine, l'eau de Marne, des galets (Kiesel) de Durance.

§ 265 (²⁷⁹). Gattungs- und Artbegriff in attributivem Verhältnis.

1) Nach Titeln stehen Personennamen ohne Artikel, dagegen steht vom deutschen Gebrauch abweichend der Artikel vor dem Titel: l'empereur Frédéric II, le roi Henri IV, le pape Léon X, le baron Haussmann u. s. w. Ländernamen stehen ohne, seltener mit Artikel: le roi de Danemark, l'empereur du Brésil, vgl. § 263, 1.

Die Höflichkeitstitel monsieur, madame, mademoiselle, monseigneur haben dagegen keinen Artikel vor sich: Monsieur Durand (doch le sieur Durand), ebenso messieurs de l'Académie. Folgt auf diese Wörter eine weitere Standesangabe, so tritt Artikel oder Possessiv in die Mitte: madame la comtesse de Vernon, monsieur le président Hénault, mademoiselle votre cousine. Aber madame veuve Durand. Vgl. § 162 A.

Nur mit dem Artikel stehen le docteur, le père (abgekürzt P. = Pater): le docteur Livingstone, le P. Lecointe. Nur ohne Artikel maître (abgek. M^e, Titel für Advokaten und Notare). don, lord, lady[1]: maître Clément, lord Wellington, lady Evendale. Bald mit bald ohne Artikel frère und sœur (Klosterbruder, Ordensschwester).

2) Bezeichnungen politischer Art haben einen Ländernamen ohne, seltener mit Artikel nach sich: le royaume de Danemark, l'empire du Brésil, vgl. § 263, 1.

Man sagt la province de Normandie, de Touraine, aber la province du Perche, du Languedoc; le canton de Neuchâtel, de Soleure (Solothurn), aber le canton du Vallais (ältere Form Valais). Le département de la Manche, du Nord, de l'Yonne, du Lot, aber le département d'Eure-et-Loir, de Tarn-et-Garonne, de Seine-et-Oise, d. h. der Artikel fehlt bei der Verbindung zweier Flußnamen.[2] Daher dans le Nord, aber en (dans) Seine-et-Oise.

3) Bezeichnungen geographischer Art haben Ländernamen ohne Artikel nach sich: le pays de France.[3] Ebenso Städtenamen: la ville de Paris, de Saint-Denis, aber le port du Havre, la ville du Caire.

In gleicher Weise l'île d'Elbe, de Malte, aber l'île Sainte-Marguerite, l'île Melville (§ 266, 1). Einzelne Inselnamen behalten (wie einzelne Städtenamen) immer den Artikel: la Martinique, la Désirade, la Barbade, la Trinité, la Jamaïque u. a.; die Bezeichnung l'île wird vor diesen selten gebraucht: l'île de la Martinique.

Nach le mont stehen Bergnamen ohne Artikel: le Vésuve, aber le mont Vésuve, le mont Saint-Jean (Waterloo), le monastère du Mont-Cassin. Nach la montagne schwankt der Gebrauch, doch wird der Name nie unmittelbar angefügt: la montagne d'Athos, la montagne du Chimboraço, la montagne le Chimboraço. Nach fleuve und rivière sollen männliche Flußnamen mit, weibliche ohne Artikel stehen: le beau fleuve du Danube, la rivière de Marne. Doch sind Abweichungen nicht selten und am besten sagt man le Danube, la Marne. Antike und fremde Flußnamen haben nach fleuve weder de noch Artikel: le fleuve Indus, Hudson, Zambèze.

Zusatz. Wie Namen werden auch gewöhnliche Wörter und Ausdrücke behandelt nach le mot, le cri, le nombre u a. Le mot hat nie den Artikel

---

[1] Die beiden letzteren manchmal noch mit Artikel: l'escadre du lord Saint-Vincent.
[2] Gegen diese Regel wird auch von Franzosen vielfach verstoßen. Ebenso l'armée du Rhin, de la Loire, aber l'armée de Sambre-et-Meuse; le canal du Loing, de la Somme, aber le canal d'Ille-et-Rance.
[3] Und so le pays d'Empire das Reichsland.

§ 266. Artikel bei determinativen Zusätzen.

und selten de nach sich[1]: le mot (de) civilisation. — **Le cri hat immer, le nombre nie de nach sich**: le cri de Vive le roi! le nombre sept.

Bezeichnungen einer Litteraturgattung haben de nach sich, mit oder ohne Artikel, je nach der Art des folgenden Wortes: la pièce de Roméo et Juliette, le roman du Chevalier au li(on), le poème du Purgatoire; selten werden zwei durch et verknüpfte Substantive beide mit de verbunden: la fable du Vieillard et de ses enfants. Auch la fable le Torrent et la rivière.

Nach **le journal** immer Artikel, nie de: le journal le Soleil, la France, le Voltaire.

§ 266 ([230]). **Namen in determinativer Weise dem Substantiv beigefügt.**

1) Wenn einem Gattungsnamen ein Personenname zur näheren Bestimmung beigegeben wird, so werden beide Wörter, unmittelbar verbunden.[2] Die zu bestimmenden Gattungsnamen sind:

a) Örtliche oder geographische: la place-Saint-Marc (c laut), la rue Mirabeau, l'église Saint-Pierre, le collège Charlemagne, l'hôpital Laribroisière, la caserne Sévigné, la salle Sainte-Cécile, la villa Amélie, la terre François-Joseph, le cap Charles, le canal Saint-George.[3]

b) Bezeichnungen militärischer Verbände, welche in Frankreich nach dem Kommandierenden benannt werden: la division Desaix, la brigade Margueritte.

c) Erzeugnisse der Kunst und der Gewerbe, welchen der Name des Künstlers, Erfinders oder Herstellers beigegeben wird[4]; gleiche Gegenstände, denen ein Personenname zur Bezeichnung des Stils oder der Form beigelegt wird; endlich Gesetze, Aktenstücke u. dgl., welche nach ihrem Urheber benannt werden: la carabine Minié, l'extrait

---

[1] Dieses de steht meist, doch nicht ausschließlich vor Substantiven. Wie ist das Beispiel in § 224, A. 2b aufzufassen?

[2] Der Name steht für die heutige Sprache im Nominativ, ursprünglich aber ist er unbezeichneter Genitiv wie Dieu in hôtel-Dieu, fête-Dieu.

[3] Hier selten Georges, weil die englische Form des Namens beibehalten wird (§ 31).

[4] Auch degré gehört hierher: daher 8 degrés Réaumur, l'échelle Réaumur (Skala). Grad Celsius heißt degré centigrade. 1 degré Fahrenheit vaut $5/9$ de degré centigrade. Früher degré de Réaumur.

de viande Liebig, des meubles Louis XV, un fauteuil Voltaire, le code Napoléon, la note Gortschakoff, la proposition Albert Grévy u. a.

Auch in l'église Notre-Dame, le château Saint-Ange (Engelsburg) wird selten de eingefügt, weil der Zusatz fast Eigenname geworden ist. Doch rue de Buffon u. a. (de hier die zum Namen gehörige Adelspartikel).

2) Besteht der Zusatz aus einem Länder- oder Flußnamen, so wird de ohne Artikel eingeschoben, wenn er weiblich, de mit Artikel, wenn er männlich ist: rue d'Allemagne, rue de Seine, aber rue du Poitou, du Rhône.

3) Städtenamen werden mit bloßem de angefügt: rue de Francfort. Doch rue du Caire u. a.

4) Gewöhnliche Appellative haben de mit Artikel: rue de la Paix, place de la Concorde. Doch le cap de Bonne-Espérance.

Anm. Während bei den im § 265 aufgezählten Verbindungen das nach de stehende Substantiv den Gattungs- oder Hauptbegriff enthielt, zu dem das vorhergehende Substantiv den Artbegriff gab, liegt in den oben aufgezählten Verbindungen der Hauptbegriff in dem ersten Substantiv, welches durch das folgende näher bestimmt wird.

Dasselbe ist der Fall in le titre de roi, le surnom d'Africain, l'épithète de Désiré, la réputation d'homme supérieur, l'uniforme de colonel, le costume de capitaine des gardes, le rang d'amiral, la qualité de député, les fonctions de président, Ausdrücke, welche eine unechte Zusammensetzung (Juxtaposition) bilden. Deutsch: der Königstitel, der Titel eines Königs, der Beiname des Afrikaners. Im Französischen darf der unbestimmte Artikel nie eingeschoben werden; der bestimmte Artikel findet sich nur nach nom: Louis de Bourbon, connu depuis sous le nom du grand Condé (Voltaire). Un traité célèbre sous le nom de la Sainte-Alliance (E. de Bonnechose).

§ 267 ([281]). **Bestimmter Artikel abweichend vom Deutschen.** Der bestimmte Artikel steht in folgenden Fällen, in welchen deutsch der unbestimmte oder kein Artikel üblich ist:

1) Bei Stoffnamen: Le platine, l'or, le plomb et l'argent sont les métaux les plus pesants.

2) Bei Abstrakten und in Sätzen allgemeinen Inhalts: L'envie et l'avarice ne meurent jamais. In sprichwörtlichen Redensarten fehlt jedoch vielfach der Artikel: Expérience passe science. A quelque chose malheur est bon.

§ 267. Best. Artikel abweichend vom Deutschen. 247

3) Wenn körperliche oder geistige Eigenschaften mit avoir angegeben werden (doch kann auch unbestimmter Artikel stehen): Il a les cheveux blonds. Calvin avait le front haut, l'œil étincelant, l'âme forte, l'esprit vif, peu inventif, mais très vigoureux, une mémoire prodigieuse.

Ähnlich avoir la tête dure (schwer von Begriff), avoir le cœur oppressé, avoir la main heureuse, avoir le plaisir triste (beim Vergnügen schwermütig sein) u. a.

Und so bei der Angabe eines körperlichen Leidens vermittelst avoir: avoir mal à la tête, mal à la gorge u. s. w.

Dagegen le mal (des maux) de tête, des rages de dents (schreckliches Zahnweh) u. a.

4) Die Namen der Himmelsgegenden haben den Artikel: le nord, le sud, l'est, l'ouest, ebenso le midi (Süden¹). Die Winde werden bezeichnet: le vent du nord, du sud, le vent du nord-ouest, du sud-est.² Ausgenommen le vent d'est, le vent d'ouest, d. h. Artikel fehlt vor Vokal.

5) Die Feste stehen mit dem Artikel (außer Pâques, Noël): la Pentecôte, l'Ascension, l'Assomption (p laut), la Saint-Jean u. a.

6) Elliptisch: être habillé à la turque (türkisch gekleidet), s'en aller à l'anglaise (ohne Abschied weggehen). — Distributiv: une étoffe qui coûte 3 francs le mètre; les deux kilog. de pain sont vendus à raison de 90 centimes. — Über les deux tiers vgl. § 149. — Le ministre de la justice, de la guerre, des finances u. s. w.

§ 268 (²⁸²). Bestimmter Artikel in Redensarten:

Aimer le vin gerne Wein trinken.
Avoir le temps Zeit haben. Il n'a pas le sou (pas un sou vaillant keinen roten Heller).
Bâtir sur le sable auf Sand bauen.
Se casser le bras einen Arm brechen. Se démettre l'épaule sich eine Schulter ausrenken.
Commander le respect Achtung gebieten.
Comprendre (entendre, savoir) le français Französisch verstehen. Ap-

---

¹ Midi (der Mittag) ohne Artikel.
² Erlaubt, aber kaum gebräuchlich ist le vent de nord-ouest u. s. w. Dagegen un vent de nord-ouest vgl. § 275. Vielfach le nord-ouest u. s. w. Über die Bindung s. § 26.

prendre l'anglais **Englisch lernen**. Aber parler français, parler argot (**Gaunersprache**).
Cracher le sang **Blut speien**.
Le feu s'est déclaré **Feuer ist ausgebrochen**.
Donner le change **betrügen**, prendre le change **sich betrügen lassen**; donner l'alarme **warnen**, prendre l'alarme **besorgt werden**, donner la chasse à qn **nachsetzen, verfolgen**.
Être le bienvenu **willkommen sein**.
Faire la guerre à qn **bekriegen**, faire la paix **Frieden schließen**, demander la paix **um Frieden bitten**, faire l'aumône **ein Almosen geben**, demander l'aumône **um ein Almosen bitten**; faire le commerce **Handel treiben**; faire la grimace **das Gesicht verzerren, ein langes Gesicht machen**; faire la haie **Spalier bilden**.
Fermer l'œil sur qc **ein Auge zudrücken**.
Jeter la pierre à qn **über jem. aburteilen**; jeter l'ancre **Anker werfen**, lever l'ancre **Anker lichten**.
Garder le silence **Schweigen beobachten** (faire silence **schweigen**, faire le silence **Ruhe herstellen**, imposer silence **Ruhe gebieten**, passer sous silence **mit Stillschweigen übergehen**).
Mettre le feu à qc **in Brand stecken**; mettre le siège devant une ville **belagern**.
Prendre l'air (le frais) **frische Luft schöpfen**, prendre les eaux **Brunnenkur gebrauchen**, prendre le deuil **Trauer anlegen**.
Pousser les hauts cris **jämmerlich schreien**.
Sentir le roussi, le cuir de Russie **brandig riechen, nach Juchtenleder riechen u. a.**
Souhaiter le bonjour, le bonsoir, la bonne année, aber souhaiter une bonne nuit (**selten la**), un bon voyage.
Tirer au jugé **nach Abschätzung (ohne das Ziel zu sehen) schießen**.
Tomber dans l'oubli **in Vergessenheit geraten**.
Tranchons (disons) le mot **frei herausgesagt**.
Sur les neuf heures **gegen 9 Uhr**; dagegen vers (les) neuf heures. Dans les 24 heures, dans les six mois **binnen 24 Stunden, vor Ablauf eines halben Jahres**.
Dans l'occasion **bei Gelegenheit**, à l'occasion de **gelegentlich von**, à la première occasion **bei erster Gelegenheit**.
Au revoir **auf Wiedersehen** (sehr oft unrichtig à revoir).
L'année dernière **voriges Jahr**, la semaine passée **vergangene Woche**, l'année prochaine **nächstes Jahr**.[1]
Les mots suivants **folgende Worte**; le présent ouvrage **vorliegendes Werk**.

---

[1] Immer vom gegenwärtigen Zeitpunkt aus gerechnet. Das folgende Jahr l'année suivante; das vorhergehende Jahr l'année précédente; ein Jahr später une année après, l'année d'après.

§ 269. Fehlen des Artikels.

Il est plus grand que vous de la tête um einen Kopf größer; dépasser qn de la tête.
La belle question! was für eine Frage! le beau mérite! dabei ist kein Verdienst! la belle avance! nun sind wir so weit wie zuvor! le grand mal! das Unglück ist nicht so groß! Seltener fehlt der Artikel. — Le moyen de wie ist es möglich . . .
Un poète du premier rang, un écrivain du premier ordre, un peintre du second plan, ersten, zweiten Ranges. Der Artikel fehlt auch öfter.
Numéro ist voranstehend nicht wie deutsch **Nummer** ohne Artikel zu brauchen: demeurer avenue des Gobelins, 37 (oder numéro 37); dagegen un restaurant situé au no 258 du boulevard Voltaire.

§ 269 (²³³). Der Artikel fehlt abweichend vom deutschen Gebrauch.

1) Bei den Monatsnamen: Avril a été très froid cette année. En janvier suivant. Meist le mois de février u. s. w. Doch steht der Artikel bei der Angabe des Datums: le 1er mars, le 20 mai, le dernier juillet. Hin und wieder mit attributivem Adjektiv: le triste décembre. In Verbindung mit mi: la mi-juin.
2) Bei den Wochentagen: Je reviendrai dimanche. Il partira mercredi. Ebenso lundi dernier, jeudi prochain. La journée de vendredi.
Dagegen steht der Artikel in le vendredi-saint (Karfreitag) u. a. On était au samedi (es war Sonnabend). Wenn das Datum folgt: le mardi, 16 août. Bei regelmäßiger Wiederholung: Quand elle allait le dimanche à l'église. Ce cours aura lieu le lundi et le jeudi de chaque semaine (auch les lundi et jeudi, aber nicht les lundis et jeudis).
3) Bei den Jahreszeiten steht statt **dans** mit dem Artikel, **en** ohne denselben: en été, en automne, en hiver, ausgenommen au printemps[1]. Aber dans l'été de 1860. Vgl. § 187, 2.
Dasselbe findet bei der Namen der Wissenschaften und Künste statt: Être fort en histoire. En architecture. En art tout le monde a raison.
Ferner bei den Wörtern **mer, rivière, gare, rade** (Reede): en mer (auf der See), en rivière (auf dem Fluß); le train entrait en gare de Lyon; en rade de Brest.
4) Einzeln: Le comité de salut public, le comité de sûreté générale. L'unité d'intérêt, de temps, de lieu. Le vœu de pauvreté. Le professeur d'histoire, de langue et de littérature grecques, de droit romain u. s. w. Il est question de (die Rede von); c'est une question de temps (Frage der Zeit); être d'avis (der Meinung sein); être homme (femme) à faire qc (der Mann, die Frau danach); il n'y a pas moyen de faire qc (das Mittel fehlt, d. h. es ist nicht möglich).

---
[1] Weil mit Adjektiv (*primum tempus*) zusammengesetzt. — Bei été und hiver (aber nur bei diesen) auch Accusativ der Zeitangabe: l'été, l'hiver (im Sommer, im Winter). Stets: Hiver comme été.

5) Der unbestimmte Artikel fehlt meist nach **jamais**: Jamais homme ne reçut plus d'hommages et n'en fut moins troublé que Fontenelle. Oft auch nach (il y a (il est): Il y a temps pour tout.

§ 270 (²⁶⁴). Präpositionale Ausdrücke ohne Artikel.

Der Artikel fehlt in zahlreichen Verbindungen von Präpositionen mit Substantiven, jedoch dürfen letztere nicht attributiv bestimmt sein.¹

A dîner bei Tische, à table d'hôte, à genoux, à bord de (an Bord von). Après déjeuner, après dîner, après souper, d'après nature.

Avec soin, avec prudence.

Descendre (tomber, être renversé) de cheval, descendre de chameau (de voiture, de wagon). Une caverne creusée de main d'homme (par la main des hommes). Sortir de table (von Tische aufstehen).

Devant témoins.

Monter en voiture², aller (être, envoyer) en prison, être en fuite (auf der Flucht), monter en chaire (den Lehrstuhl, die Kanzel besteigen), aller (mourir, envoyer) en exil.

Assiéger une ville par terre et par mer. Savoir par expérience. Par sauts et par bonds (sprungweise).

Sans raison. Öfter auch vor attributivem Adjektiv: non sans justes motifs. Doch: La guerre continua pendant quatre ans, sans de grands événements.

Sous escorte, sous bonne escorte; sous condition. Sous prétexte (unter dem Vorwand) mit folgendem **de** oder **que**, doch auch seltner sous le prétexte. Sous presse (unter der Presse), sous main (heimlich).

Sur papier, sur papier timbré (auf Stempelbogen, Gegensatz sur papier libre); sur terre; tomber sur place; un cheval haut sur jambes; bâtir sur pilotis (auf einem Pfahlrost).

A travers champs (querfeldein) u. s. w.

Nach Verben: accuser qn de faiblesse, taxer qn de mensonge, imputer qc à crime (als Verbrechen anrechnen), condamner qn à mort, prendre qc à tâche (sich etwas zur Aufgabe machen), mettre qc en œuvre (ins Werk setzen), mettre qc à exécution (in Vollzug setzen), perdre qn de vue, tenir qc à honneur, tomber à genoux, vivre de chasse u. a.

§ 271 (²⁸⁵). Der Artikel fehlend in verbalen Ausdrücken.

Der Artikel fehlt in einer großen Zahl von Ausdrücken,

---

¹ Ausnahmen hiervon sind gestattet, sobald das Substantiv mit seiner attributiven Bestimmung zu einem Gesamtbegriff verschmilzt, daher sur papier timbré u. a. Ebendeshalb prêter serment de fidélité u. a.

² Um zu fahren. Dagegen monter dans la voiture, etwa um etwas zu suchen (Littré). Dergleichen Unterschiede finden sich auch bei anderen dieser Ausdrücke, welche mit den englischen *to go to school, to church, to sit at table, to lie in bed* u. s. w. große Ähnlichkeit haben.

§ 271. Verbale Ausdrücke ohne Artikel. 251

die aus einem Verb und einem Substantiv als Objekt bestehen. Auch hier darf das Substantiv nicht attributiv bestimmt sein.

Avoir besoin de qc, avoir chaud, avoir conscience de qc (sich bewußt sein), avoir dessein, avoir droit à qc, avoir envie, avoir faim, avoir froid, avoir honte (sich schämen), avoir intérêt à qc, avoir lieu, avoir bonne mine, mauvaise mine (gut, übel aussehen), avoir nom (heißen), avoir occasion (Gelegenheit, Veranlassung haben), avoir part, avoir patience, avoir de l. peine à faire qc, avoir peur, avoir pitié, avoir raison, avoir recours à qc (seine Zuflucht nehmen), avoir soif, avoir soin, avoir sommeil, avoir tort, avoir vent de qc (Wind bekommen von), avoir vue sur (Aussicht bieten auf).

Chercher querelle (noise) à qn (Zank suchen), chercher fortune.

Demander compte, demander conseil, demander grâce, demander justice, demander pardon.

Donner avis (Nachricht geben), donner carrière (freien Lauf lassen), donner cours (hervorrufen), donner envie (Lust machen), donner lieu, matière (Anlaß geben), donner naissance (hervorrufen), donner occasion (Gelegenheit geben), donner ordre, donner prise (sich bloßstellen), donner quittance, donner tort, donner signe de vie.

Entendre raillerie (Scherz verstehen; entendre la raillerie zu spotten verstehen), entendre raison (Vernunft annehmen), ne pas entendre malice à qc (es nicht übel meinen).

Faire bon accueil (gut aufnehmen), faire angle, angle droit avec qc (einen Winkel, rechten Winkel bilden mit), faire attention, faire brèche, faire cadeau, faire cas de qc (Gewicht legen auf), faire bonne chère, faire choix, faire crédit, faire don, faire droit à (willfahren), faire eau (leck sein; aber faire de l'eau das Trinkwasser an Bord erneuern), faire effort, faire envie, faire face (seltner front à qn Front machen gegen), faire faillite, ne pas se faire faute de qc (sich nicht entgehen lassen), se faire fête de qc (sich freuen auf), faire feu (Feuer geben), faire fonctions de qn (die Stelle jemandes vertreten), se faire gloire de qc (sich rühmen), faire grâce (begnadigen), faire halte, faire honneur, faire loi (gelten), faire mention, faire métier de qc (gewerbmäßig betreiben), faire métier et marchandise de qc (feil bieten), faire naufrage, faire obstacle, faire pièce à qn (einen Streich spielen), faire place, faire plaisir, faire présent, faire preuve de qc (beweisen, an den Tag legen), faire profession (beteuern), faire provision (Vorrat sammeln), faire fausse route (irre gehen), se faire scrupule de qc (sich ein Gewissen machen aus), faire semblant (sich stellen als ob), faire signe (ein Zeichen geben), faire usage.

Porter conseil (la nuit porte conseil), porter plainte (Klage einreichen), porter perruque, porter secours.

Prendre congé, prendre exemple sur qn, prendre fait et cause pour qn (jemandes Partei ergreifen), prendre feu, prendre fin, prendre garde, prendre goût, prende jour (Termin bestimmen), prendre médecine (Arznei einnehmen), prendre parti (Partei ergreifen), prendre patience (sich gedulden).

prendre peur, prendre pied, prendre possession, prendre racine, prendre (du) service (Dienfte nehmen).

Rendre compte, rendre grâce (banken), rendre justice à qn (Gerechtig=
keit widerfahren laſſen, rendre la justice die Rechtspflege üben), rendre raison (Genugthuung geben), rendre service, rendre visite (faire une visite).

Einzelne: ajouter foi (Glauben beimeſſen), battre monnaie (frapper de la monnaie), courir risque, sans mot dire, lâcher prise (loslaſſen), lier conversation (ein Geſpräch anknüpfen), livrer bataille, mettre fin à qc, passer condamnation (ſein Unrecht eingeſtehen), perdre connaissance (das Bewußtſein verlieren), perdre contenance (aus der Faſſung geraten), perdre courage, perdre patience, plier bagage (ſein Bündel ſchnüren), prêter serment (einen Eid leiſten), tenir parole (auch sa parole, ſein Wort halten), tenir tête à qn (die Spitze bieten), trouver moyen (ſehr oft auch le moyen) de faire qc (ein Mittel finden).

§ 272 (²⁸⁰). **Wie im Deutschen fehlt der Artikel:**

1) Bei Titeln und Überſchriften: Histoire universelle. Portrait de Charlemagne. Causes de la perte de Rome, doch: Des Causes intimes de la décadence des États. La gloire et la réputation (Abſtrakte).

2) Bei Aufzählungen: François Ier appela d'Italie des artistes: architectes, peintres, sculpteurs, ciseleurs répondirent à son appel.

3) In Verbindung mit **ni — ni, soit — soit, tant — que** (ſowohl — als auch): Un homme qui n'a ni foi ni loi. Soit peur, soit prudence, il évita le combat.

4) Sehr häufig nach **entre**: Les pays compris entre Rhin et Meuse.

§ 273 (²⁸⁷). **Der Artikel bei der Apposition.**

1) *Les Romains, nation belliqueuse, firent la conquête du monde.*

2) a) *Le Volga, le plus long fleuve de l'Europe, a 3500 kilomètres de cours.*
   Le cap des Aiguilles, (la) pointe la plus méridionale de l'Afrique, est entouré de récifs.

   b) *Jacques II, détrôné par son gendre, se réfugia auprès de son allié, le roi Louis XIV.*

   c) *Racine le fils serait oublié sans racine le père.*

1) Die Appoſition ſteht in der Regel ohne Artikel.

2) Derselbe tritt jedoch ein:
- a) Immer, wenn ein Superlativ in der Apposition seinem Substantiv voransteht; oft, wenn er demselben folgt.
- b) Immer, wenn ein Titel in der Apposition vor einem Eigennamen steht.
- c) Meist, wenn die Apposition einen unterscheidenden Zusatz enthält.

Anm. 1) Die Apposition steht naturgemäß meist nach dem Worte, auf welches sie sich bezieht. Sie kann demselben aber auch vorangehen: Hommes, nous aimons à immortaliser les délégués les plus éclatants de l'humanité.

Anm. 2) Wie bei dem Superlativ kann auch bei **premier, second, dernier, seul, unique** der Artikel eintreten, kann aber ebenso gut fehlen. Er muß fehlen in stehenden Verbindungen: Wolsey, premier ministre de Henri VIII. Ebenso nach Regentennamen: Frédéric Ier.

Anm. 3) Im gewöhnlichen Leben werden unterscheidende Zusätze nie mit Artikel verbunden: M. Durand père (fils). Ebenso nur Alexandre Dumas père (fils).

Der Artikel muß stehen, wenn der Zusatz einen stehenden Beinamen enthält: Boniface, l'apôtre de l'Allemagne. Louis XII, le père du peuple. Daher auch Pierre le Grand, Charles le Téméraire u. a. (Doch Paul Diacre, Philippe-Auguste u. a.)

Auch bei einer Hinweisung auf Bekanntes pflegt der Artikel zu stehen: James Cook, le célèbre navigateur anglais. Le cap de Saïde, l'antique Sidon (doch auch le cap San Angelo, ancien cap Malia).

Zusatz. 1) Hin und wieder findet sich der unbestimmte Artikel in der Apposition: Le système astronomique d'Eudoxe, un contemporain d'Aristote et de Platon.

2) Wenn das Beziehungswort mit einer Präposition verbunden ist, darf dieselbe in der Apposition nicht wiederholt werden. Nicht selten geschieht dies aber in emphatischer Weise. So z. B. wenn eine Einschiebung vorausgeht: Richelieu légua la continuation de son œuvre à son successeur, qu'il avait désigné lui-même, au cardinal Mazarin. Sehr häufig wird die Präposition wiederholt, wenn die Apposition ein Demonstrativ enthält: Les monuments tristes et sévères des Égyptiens, de ce peuple chez lequel les statues ressemblent plus aux momies qu'aux hommes.

§ 274 (²⁶⁹). Wiederholung des Artikels:

1) Bei mehreren durch et verbundenen Substantiven muß der Artikel wiederholt werden, selbst in stehenden Verbindungen: Le flux et le reflux Ebbe und Flut. — Der Artikel kann nicht wiederholt werden, wenn ein voranstehendes Adjektiv

zu den sämtlichen Substantiven gehört: Les principaux seigneurs et évêques de France (dagegen les seigneurs et **les** évêques français).

Die Wiederholung findet statt, auch wenn beide Substantive denselben Gegenstand oder dieselbe Person bezeichnen: La mère du roi de France et la tante du roi d'Espagne, Anne d'Autriche, mourut en 1666.

In zusammenfassenden Verbindungen fehlt jedoch der Artikel vor dem zweiten Substantiv: les père et mère (Eltern), les frère(s) et sœur(s) (Geschwister), les poids et mesures, les arts et métiers, les ponts et chaussées, les allées et venues (vgl. § 287 A.). Über les lundi et jeudi vgl. § 269, 2.

2) Wenn mehrere Adjektive vor einem Substantiv durch et verbunden sind, so wird der Artikel nur wiederholt, wenn die Adjektive nicht demselben Gegenstande gleichzeitig zukommen: Nous avons examiné le bon et le mauvais côté de l'affaire. Aber Tout le monde admire les belles et vastes forêts de notre pays.

Entweder le rusé et cauteleux Mazarin oder le rusé, le cauteleux Mazarin.

Statt le 3 et le 4 avril zusammenfassend auch les 3 et 4 avril. Über andere Fälle vgl. § 357.

3) Bei dem eigentlich disjunktiven ou kann der Artikel nicht wegfallen. Wenn aber das nach ou folgende Substantiv nur das erstere erklärt oder einen anderen Namen für dieselbe Sache giebt, so fehlt der Artikel: le Delta ou basse Égypte; la Bavière rhénane ou Palatinat.

§ 275 (289). Korresponsion der Artikel.

1) Wenn zwei Substantive, die beide Abstrakte sind, durch de verbunden werden, so fehlt bei dem zweiten der bestimmte Artikel nur, wenn er auch bei dem ersten fehlt:

Tromper sous (une) apparence d'amitié.
Tout offrait une image de deuil. Dagegen:
Tromper sous l'apparence de l'amitié.
Tout offrait l'image du deuil.

Umgekehrt darf bei dem ersten Substantiv der bestimmte Artikel nicht fehlen, wenn das zweite ein Possessiv (dem bestimmten Artikel gleichwertig) hat:

Être à bout de forces, de ressources, aber
Être au bout de ses forces, de ses ressources.

Über die ähnliche Erscheinung bei den Bruchzahlen vgl. § 149 A. 1.

2) Wenn beide Substantive Konkrete sind, so kann bestimmter Artikel auch nach unbestimmtem eintreten: un palais du roi.

§ 276. Teilungsartikel. 255

Die Artikel müssen auch korrespondieren, wenn der erste bei der Apposition ausgefallen ist, daher

Londres, [la] capitale de l'Angleterre (nicht d'A.).
Douvres, [un] port important d'Angleterre (selten de l'A.).

3) Zwei durch de verbundene Substantive haben nicht beide den unbestimmten Artikel.¹ Daher nicht un crime d'un fou, sondern le crime d'un fou oder un crime de fou.

Anm. Der vorstehenden Regel entziehen sich alle stehenden Verbindungen (unechte Zusammensetzungen), z. B. le traité de paix. Über le titre de roi u. a. § 266 Anm. Oft ist beiderlei Gebrauch zulässig: les préliminaires de la paix oder de paix, la liberté de l'enseignement oder d'enseignement, l'ordre (l'état) des choses oder de choses (letzteres häufiger).

Der Artikel im partitiven Sinn.

§ 276 (²⁹⁰). In Verbindung mit einem Adjektiv.

De grands arbres
Des arbres touffus } *ombrageaient la maison.*

Wenn das im partitiven Sinne genommene Substantiv ein Adjektiv vor sich hat, so geht ihm de ohne Artikel voraus; dagegen behält das Substantiv de mit dem Artikel vor sich, wenn das Adjektiv nachsteht.

Anm. 1) Ebenso tritt im partitiven Sinn bloßes de vor ein Adjektiv, nach welchem ein Substantiv zu ergänzen ist: Il ne faut pas mépriser les petites choses, si l'on veut arriver à de grandes. Daher auch nach en: Il a beaucoup d'amis et il en a de (nicht des) puissants.

2) Für Substantive, welche mit dem voranstehenden Adjektiv ein zusammengesetztes Substantiv bilden, gilt die obige Regel nicht; daher des grands-pères, des grand'mères, des petits-fils, du petit-lait (Molken), des grands-ducs u. s. w. Auch wo die Zusammensetzung nicht durch den Bindestrich kenntlich gemacht ist: de la bonne foi (Redlichkeit), de la mauvaise foi, du bon sens, de la bonne volonté, de la mauvaise volonté, des fausses manches (Tintenärmel), des grands hommes, des grands maîtres (Großmeister), des grands prêtres, des grands seigneurs, du gros canon (grobes Geschütz), des jeunes filles oder des jeunes personnes, des jeunes gens², des mauvais traitements (Mißhandlung), des petites gens (Leute geringen Standes), des petits pois (grüne Erbsen), des petits rôles (Nebenrollen) u. a. Manchmal kann man beliebig solche Zusammenstellungen als Zusammensetzungen auffassen oder nicht, z. B. d'honnêtes gens und seltner des h. g..

---

¹ Außer etwa beim Qualitätsgenitiv: un homme d'un grand sens.
² Aber de tout jeunes gens; sobald das Adjektiv ein Adverb vor sich hat, kann von einer Zusammensetzung nicht die Rede sein.

de (und des) grandes routes, de (und des) bonnes gens (gute Leutchen) u. s. w.[1]

3) Besonders die Volkssprache dehnt den Gebrauch des Artikels hier weiter aus. Auch in der Litteratur findet sich du bon vin, du vrai bonheur u. a.: A la Saint-Martin on boit du bon vin (Prov.). Die Auslassung des Artikels kann nicht als Fehler betrachtet werden.

§ 277 ([291]). Nach Quantitätsbestimmungen oder Negation.

1) *Il n'y a point de génie sans un grain de folie.*
2) *Il faut se dire beaucoup d'amis et s'en croire peu.*
   Il arrive bien des choses entre la bouche et le verre.
3) *Il n'y a pas de fumée sans feu.*

Statt des Artikels steht im partitiven Sinn bloßes de nach allen Quantitätsbezeichnungen. Dieselben können sein:

1) Substantive: une foule de gens, une livre de sucre, un mètre de drap, une bouteille de vin, un verre d'eau, une poignée de sel, une cuillerée de café, une douzaine d'œufs, un grain de vérité (Körnchen Wahrheit) u. a.
2) Adverbien: beaucoup, plus, moins, assez, tant, autant, trop, peu, pas mal (ziemlich viel), combien, das interrogative que (wieviel, § 331), sowie die Zusammensetzungen trop peu, peu ou point, plus ou moins, combien peu.

Das Adverb bien bezeichnet nicht eine Quantität, sondern einen Grad und hat (außer in bien d'autres) de mit dem Artikel nach sich.

3) Negationsfüllwörter (Adverbien!): pas, point, rien, personne, jamais, guère u. a., mögen dieselben mit oder ohne ne stehen.

Anm. 1) Hierher gehören auch quatre jours de vivres (Lebensmittel für 4 Tage), trois mois de campagne u. a. (vgl. § 154). Ebenso un peu de, le peu de. Ferner nombre, quantité (eine Menge), vor welchen der unbestimmte Artikel fehlen muß, nebst (un) bon nombre. Der unbestimmte Artikel fehlt auch vor force (eine Menge), nach welchem weder de mit noch ohne Artikel steht: Il est auteur de force chansons.

---

[1] Früher des bons mots (Witze), wofür jetzt meist des mots; des petites-maisons (Irrenhäuser), wofür maison de fous oder besser maison de santé, asile; des petits-maîtres (Stutzer), wofür fortwährend wechselnde Bezeichnungen üblich sind.

§ 277. Artikel bei Quantitätsbestimmungen.

La plupart kann, seiner Entstehung nach (la plus-part die größere Zahl, die Mehrzahl), nur de mit dem Artikel nach sich haben: La plupart des hommes.

2) Die Quantitätsadverbien sind nicht anwendbar in Verbindungen eines artikellosen Substantivs mit einem Verb, daher avoir bien faim (soif, froid, sommeil u. s. w.), auch avoir grand'faim. Oder sie treten dann als Gradadverbien auf: Il ne tient pas assez compte des difficultés.

Da bien ohne Einfluß auf das folgende Substantiv ist, so müßte auch das Substantiv, dem ein Adjektiv vorangeht, bloßes de haben, also bien de grandes villes, bien de fertiles contrées. Jedoch geschieht dies in der Regel nur bei d'autres (bien d'autres choses), wogegen bien des grandes villes. Man muß sagen bien des jeunes gens u. s. w. (vgl. § 276, Anm. 2.)

Beaucoup, peu, combien können auch in substantivischer[1] Weise gebraucht werden (viele, wenige, wie viele). Beaucoup pensent que le soleil se refroidit et qu'il finira par s'éteindre.

Die **Adverbien infiniment, prodigieusement, énormément, terriblement, diablement, singulièrement, passablement, honnêtement, médiocrement, bien autrement, tellement** finden sich meist nur mit de, während sie als Gradadverbien de mit dem Artikel nach sich haben sollten.

3) Die Nachstellung des Negationsfüllwortes ändert nichts: On voyait de la fumée, mais de flamme point. Außer bei Einschiebung von en: Des visites, je n'en recevais point. — Ein nachgestelltes Quantitätsadverb dagegen wird immer zum Gradadverb und der Artikel tritt ein: Vous avez de l'argent assez.

Zusatz. De allein genügt nicht und der Artikel tritt ein,
1) Wenn das Substantiv näher bestimmt ist: Si les hommes n'ont pas des idées qui s'étendent au delà de leur propre existence, ils sont impropres à vivre en société. L'ambassadeur n'avait pas des pouvoirs suffisants pour accorder ce qu'on lui demandait. Oder wenn es nur auf die Qualität (nicht auf die Quantität) ankommt.
2) Wenn beaucoup, peu, combien absolut gebraucht sind (vgl. oben Anm. 2): Beaucoup des gens d'armes (Panzerreiter) avaient peur. Ils ne savaient pas combien des leurs avaient péri.
3) In der verneinten rhetorischen Frage (Frage und Negation heben sich auf): N'avez-vous pas des oreilles?

Der Artikel bei dem prädikativen Substantiv.

§ 278 (292). Doppelter Nominativ oder Accusativ.

1) *On naît poète, on ne le devient pas.*
2) *Des relations intimes s'étaient établies entre les papes*

---

[1] Da auch Littré diese Wörter substantivisch verwendet, so hat das Verwerfungsurteil mancher Grammatiker kein großes Gewicht.

et Charles Martel, qu'ils avaient déclaré protecteur de Rome; Pepin, qu'ils avaient sacré roi; et Charlemagne, qu'ils avaient couronné empereur.

Der Artikel fehlt bei dem prädikativen Substantiv, mag sich dasselbe auf das Subjekt des Satzes beziehen (doppelter Nominativ) oder auf das Accusativobjekt (doppelter Accusativ). Das deutsche als, zu wird nicht ausgedrückt.

1) **Doppelter Nominativ** findet sich hauptsächlich bei folgenden Verben:

être sein	entrer eintreten
devenir werden	sortir hervorgehen
demeurer ⎫ bleiben	passer (befördert) werden.
rester ⎭	sembler ⎫ scheinen
naître geboren werden	paraître ⎭
mourir sterben	être censé gelten für
marcher gehen	

sowie bei dem Passiv der Verben, welche im Aktiv doppelten Accusativ haben. Il est Anglais (aber C'est un Anglais). Devenir ministre. Mourir jeune fille. Entrer sous-lieutenant dans un régiment. Sortir vainqueur de la lutte. Passer officier. Être passé maître dans (pour) qc (Meister sein in etwas). Être censé complice. Être nommé député.[1]

Anm. Passer pour (gelten für): Il passe pour bon médecin.

Selten hat das prädikative Substantiv den Artikel. Selbst ein näher bestimmender Zusatz bedingt denselben nicht: être bon musicien, habile nageur, devenir loi de l'État, rester vassal de qn. Doch auch être un écrivain de génie. Bei Verwandtschaftsbezeichnungen fehlt fast regelmäßig der Artikel: être fils, petit-fils, neveu, parrain de qn, auch im übertragenen Sinn être fils de ses œuvres (aus eigener Kraft geworden sein, was man ist, *a self-made man*). Être, devenir maître (oder le maître) de qc, aber fast immer être le maître[2] de faire qc (die Freiheit haben etwas zu thun). Être cause de qc, victime de qc selten mit, être le témoin de qc selten ohne Artikel. Être appelé, nommé meist ohne Artikel.

Avoir l'air (= paraître) kann nur Adjektive nach sich haben: Elle a l'air

---

[1] Hierher gehören auch Verben, welche mit einem Adjektiv oder Particip verbunden werden: tomber malade, tomber amoureux, tomber évanoui, tomber endormi (einschlafen), tomber assis (auf den Stuhl zurücksinken), périr gelé (erfrieren), mourir empoisonné (an Gift sterben) u. a. Auch nach allen obengenannten Verben können Adjektive das Prädikat bilden.

[2] Vgl. être homme (femme) à faire qc (der Mann, die Frau danach sein etwas zu thun) selten mit Artikel (§ 269, 4).

contente (heureuse). Dagegen soll man sagen Cette femme a l'air hautain (ein stolzes Äußere). In zweifelhaften Fällen schiebt man d'être ein: Cette femme a l'air d'être embarrassée, was bei Sachen am besten immer geschieht: Cette robe a l'air d'être bien faite.

2) **Doppelter Accusativ** steht vorzugsweise bei den Verben:

faire, rendre	machen	savoir, connaître	kennen
couronner, sacrer	krönen	voir	sehen
		sentir	merken
ordonner, consacrer, élire	weihen wählen	croire, penser, juger, réputer	halten
créer, déclarer, nommer	ernennen	soupçonner	vermuten
		estimer, évaluer	schätzen, rechnen
proclamer	ausrufen		
saluer	begrüßen	appeler, dire, nommer	nennen
envoyer	schicken		
constituer, établir, instituer	einsetzen	intituler, surnommer	zubenennen
admettre	zulassen	définir	erklären (als etwas)

sowie bei einer Anzahl von Reflexiven: se montrer (sich zeigen), se trouver (sich finden), se faire (werden), s'improviser (z. B. journaliste, ohne Vorbereitung werden), se porter (z. B. héritier, auftreten), s'établir, se mettre (z. B. coiffeur, werden), se placer (z. B. domestique, eine Stelle annehmen) u. a.[1]

So sagt man: On l'a ordonné prêtre, consacré évêque, salué roi; on admet la ville siège du parlement; je le sais, je le connais honnête homme; on le soupçonnait espion; on évaluera une faute chaque infraction à la règle; on l'a envoyé premier secrétaire à Constantinople.

Anm. Die Präposition pour ist zu setzen nach choisir[2] (wählen), désigner (bestimmen), tenir[3] (halten), reconnaître (anerkennen; manchmal

[1] Andere rechnen die Reflexive, weil sie ein Passiv vertreten können, zum doppelten Nominativ.

[2] **Choisir** (wählen), wenn die persönliche Entscheidung den Ausschlag giebt, **élire** (erwählen), wenn die Stimmenmehrheit entscheidet. Auswählen heißt nur choisir. Chez les Francs la royauté était à la fois élective et héréditaire, c'est-à-dire que le roi était *élu*, mais toujours *choisi* dans la famille des Mérovingiens.

[3] Ohne **pour** steht tenir nur vor Adjektiven; vor Substantiven ist pour zu setzen (außer in wenigen stehenden Verbindungen z. B. je le tiens honnête homme).

ohne pour), **prendre** (halten, irrtümlich ansehen), **passer** (gelten), **se faire passer** (sich ausgeben): On prendra pour une déclaration de guerre l'envoi d'une escadre dans la mer Noire. On prend souvent l'irrésolution pour de la prudence.

Comme steht nach **regarder** und **considérer** (betrachten). Auch nach anderen Verben sind pour und comme nicht ganz ausgeschlossen.

De folgt auf **traiter** und **qualifier** (beide: nennen): traiter qn de fou, qualifier qc d'imposture. Letzteres im juristischen Gebrauch mit doppeltem Accusativ: C'est une action que la loi qualifie délit.

Nur in gewissen Verbindungen sind üblich: **armer** qn chevalier (zum Ritter schlagen), **nationaliser** qn Allemand, **retenir** qn prisonnier (dagegen eher en otage).

Der Artikel ist hier häufiger als bei dem doppelten Nominativ; insbesondere pflegt er nach **pour** zu stehen: Maintenez envers et contre tous ce que vous aurez reconnu comme vérité (aber eher ce que vous aurez reconnu pour la vérité). Ein näher bestimmender Zusatz kann, aber muß auch hier nicht den Artikel herbeiführen: Le duc craignait de se faire (le) vassal du roi de France.

An Stelle des Objektsaccusativs tritt bei **faire** häufig de und in diesem Falle kann der Prädikatsaccusativ nie ohne Artikel stehen: La politique fit de Gustave-Adolphe l'allié de la France. Besonders steht in dieser Weise en für das Personalpronomen der 3. Person: Buckingham avait reçu tous les dons de la nature; tout contribua à en faire le héros de la ville et de la cour. — In Beziehung auf Sachen muß de eintreten: Memnon se disposait à faire de la Grèce même le théâtre de la guerre. **Rendre** dagegen steht auch bei Sachen mit doppeltem Accusativ.

Das Prädikat kann auch hier ein Adjektiv sein. Für **faire** wird dann auch in Beziehung auf Sachen der doppelte Accusativ richtig: Les Orientaux font Édesse aussi ancienne que Ninive (ausgeben für).

Der Infinitiv als Prädikat.

§ 279 (²⁹³). **Nominativ (bezw. Accusativ) mit dem Infinitiv.** Viele der oben aufgezählten Verben können statt eines Substantivs oder Adjektivs auch einen Infinitiv zum Prädikate haben. Dann entsteht die Konstruktion des Nominativs (bezw. Accusativs) mit dem Infinitiv. Zu diesem prädikativen Infinitiv kann wieder ein Substantiv oder Adjektiv prädikativ hinzutreten.

Nominativ mit dem Infinitiv: Il semblait rêver. Si vous ne faites pas d'objections, vous êtes censé consentir. Il semble être l'auteur de cette épigramme. Mit **pour**[1]: La ville de Merv passe pour être

---

[1] Dagegen Particip nach **comme**: Pour ne pas éveiller les soupçons, il me désigna comme étant son frère.

la clef de l'Afghanistan. Ces gens ont été reconnus pour être de dangereux malfaiteurs.

Accusativ mit dem Infinitiv: A ce compte-là, vous vous trouveriez redevoir (herauszahlen müssen) à votre adversaire. Voilà qui s'appelle parler. Il se trouva devenir la propriété des créanciers de son père. — **Nach laisser und faire**[1]: On l'a laissé partir. On l'a fait venir. — Nach Verben der **Sinneswahrnehmung**, und zwar in größerem Umfang als bei diesen Verben doppelter Accusativ zulässig ist: Je le vis sortir précipitamment. Je les ai entendus chanter. Regardez-moi faire (sehen Sie mir zu). Die Verben des **Denkens** und **Sagens** können gewöhnlich nur im Relativsatz in dieser Weise gebraucht werden: Cette inscription qu'on prétend être illisible. Chacun de nous a de nouveau des pensées qu'il sait lui être familières. Dans une goutte d'eau on découvre des êtres qu'on n'aurait pas soupçonnés d'y habiter. Le soleil est 1000 fois plus gros que Jupiter, qu'on dit être[2] 1400 fois aussi volumineux que la terre. Doch auch: Je le croyais être mon compatriote. Il ne connaissait pas ces messieurs pour être ses parents. Dans sa quatrième satire Boileau essaie de prouver que tous les hommes étant fous, chacun, néanmoins, s'estime être sage.

§ 280 ([294]). Der Prädikatsinfinitiv im aktiven und im passiven Sinn; Ersatz desselben durch ein entsprechendes Particip.

1) Der (in der Konstruktion des Accusativs mit dem Infinitiv) auf die Verben **faire, laisser, entendre, voir, sentir** folgende Infinitiv eines **intransitiven** Verbs kann nur **aktiven** Sinn haben: Il faut laisser parler le monde. On entendait les cloches sonner à toute volée. On voit reverdir les champs. Il sentit la mort venir.

Der Subjektsaccusativ[3] kann meist beliebig vor oder nach dem Infinitiv stehen: On entend sonner les cloches oder on entend les cloches sonner. Unmittelbar vor dem Infinitiv kann er selbstverständlich nicht stehen, sobald er durch ein Personal- oder Relativpronomen ausgedrückt ist: On les voit venir. Les cloches qu'on entend sonner. **Faire** verschmilzt mit dem folgenden Infinitiv zu einem Begriff, welcher die Einschiebung des Subjektsaccusativs nicht gestattet: On fera venir le médecin (jedoch bei dem affirmativen Imperativ: faites-le venir).

---

[1] Nicht aber nach **rendre**, welches weder Infinitiv noch Particip als Prädikat haben kann, vgl. § 84, Anm. 2.

[2] Selten dont on dit qu'il est . . . Am besten vermeidet man beides in folgender Art: qui, dit-on, est . . .

[3] D. h. der Accusativ, welcher bei der Auflösung in einen Nebensatz zum Subjekt desselben würde, z. B. on voit que les champs reverdissent.

Es ist zulässig, aber kaum üblich, nach **entendre, voir, sentir** das Particip des Aktivs statt des Infinitivs zu setzen. Gewöhnlich tritt das Particip nur nach solchen Verben der Sinneswahrnehmung ein, welche den Infinitiv nicht zulassen: Au loin, l'œil découvrait un aigle planant dans les airs (aber: on voyait un aigle planer).

2) Der auf dieselben Verben folgende Infinitiv eines transitiven Verbs kann dagegen aktiven wie passiven Sinn haben. Beispiele im § 281.

Für die Stellung des Subjektsaccusativs gilt das oben Bemerkte; sobald aber der Infinitiv passiven Sinn hat, kann der Subjektsaccusativ[1] nur nach demselben stehen. Daher: On entendait chanter les moines oder on entendait les moines chanter, aber nur: On entendait chanter vêpres.

Das Particip des Passivs (Part. Prät.) ist nach **faire, laisser, entendre** unmöglich. Nach **voir** und **sentir** ist es aber ebenso häufig als der Infinitiv: Il se sent attiré (oder attirer) vers l'étude. On le voit attaqué (oder attaquer) par ses anciens amis. Il vit toutes ses espérances renversées (oder il vit renverser toutes ses espérances). Durch den Infinitiv wird der Verlauf, die Dauer der Thätigkeit, durch das Particip mehr das Endresultat dieser Thätigkeit hervorgehoben.

§ 281 ([295]). Der Accusativ mit dem Infinitiv bei transitivem Verb.

Aktiver Sinn.	Passiver Sinn.
On fait signer les témoins.	*On fait signer le procès-verbal.*
Laissez lire les enfants.	*Ne laissez pas lire des livres dangereux.*
On voyait des chiens chasser seuls.	*On vit chasser ces malheureux comme des bêtes fauves.*
On entend chanter le rossignol.	*On entend chanter des airs connus.*

Der Infinitiv eines transitiven Verbs nach **faire, laisser, entendre, voir, sentir** kann aktiv oder passiv aufzufassen sein.

---

[1] Subjektsaccusativ ist er nur für die Auffassung des Infinitivs als Infinitiv mit passivem Sinn. In Wirklichkeit ist es ein Objektsaccusativ, weil hier die (im Lateinischen und im Englischen verbotene, aber im Französischen wie im Deutschen erlaubte) Konstruktion des Accusativs mit dem Infinitiv ohne Subjektsaccusativ und mit aktivem Infinitiv vorliegt. Zur Vergleichung:
Der Feldherr ließ die Gefangenen wegführen.
Le général fit emmener les prisonniers.
Dux captivos abduci iussit.
The general ordered the prisoners to be led away.

Anm. Da der Sinn des Infinitivs durch die Form nicht kenntlich gemacht werden kann, so muß er aus dem Zusammenhang erraten werden. Sätze wie Je l'ai fait écrire sind zweideutig: ich habe ihn (den Knaben; den Brief) schreiben lassen.

Inwiefern die Stellung den Charakter des Infinitivs anzeigen kann, vgl. § 280, 2.

§ 282 ([296]). Der sogen. Dativ mit dem Infinitiv.

La crainte le fit marcher plus vite.	*La crainte lui fit hâter le pas.*
Laissez reposer le malade.	*Laissez prendre au malade quelques instants de repos.*
Je le vis tomber dans cette faute.	*Voilà la faute que je lui vis commettre.*
J'aimais à entendre conter le vieux soldat.	*J'ai souvent entendu raconter ses campagnes au vieux soldat.*

In der Konstruktion des Accusativs mit dem Infinitiv darf nicht gleichzeitig ein Subjektsaccusativ und ein Objektsaccusativ vorkommen.[1]

Sollten beide zusammentreffen, so wird aus dem anfänglichen Subjektsaccusativ ein Dativ.[2]

Infolge dessen wird der anfängliche Objektsaccusativ zum Subjektsaccusativ und der Infinitiv erhält passiven (statt aktiven) Sinn.

Anm. 1) Bei faire wird die Umwandelung in den Dativ am strengsten befolgt. Sie muß auch eintreten, wenn das Objekt durch einen Nebensatz oder einen Infinitiv ausgedrückt ist: On lui fit craindre qu'il ne fût arrêté (d'être arrêté). — Unnötiger Weise tritt der Dativ öfter ein in on lui fit changer d'avis, de résolution u. a.

2) Bei den übrigen Verben ist der Dativ nur unbedingt vorgeschrieben, wenn Subjekts- und Objektsaccusativ durch persönliche Fürwörter ausgedrückt sind: Je le lui ai laissé prendre. Je le leur ai vu faire. Je le lui ai entendu dire. Auch diese Sätze sind der Form nach zweideutig.

Laisser kann mit dem Dativ stehen, selbst wenn kein Sachobjekt vorhanden ist: Laissez dire les gens oder aux gens (laßt die Leute reden). Laissons faire les événements. Laissons faire au temps. — Bei dem reflexiven se laisser folgt manchmal noch der Dativ statt par, wenn eine Sache die Wirkung ausübt: Il se laisse facilement emporter à la colère.

---

[1] Wohl aber ein adverbialer Accusativ: Faites-le attendre un instant.
[2] Dieser Dativ bezeichnet das (leidende) Objekt, an welchem die Thätigkeit sich vollzieht, und hat Ähnlichkeit mit dem Dativ in On ne lui connaissait pas un ami, vgl. § 291 Anm. 3.

3) Wenn der Objektsaccusativ durch das reflexive Fürwort ausgedrückt ist (d. h. bei dem Infinitiv eines reflexiven Verbs) tritt die Umwandelung in den Dativ nicht ein: Laissez-le s'emporter tant qu'il voudra. Nach **faire** wird ein solcher Infinitiv intransitiv (verliert das reflexive Fürwort), vgl. § 64 Anm. 2.

Zusatz. Äußerlich hat diese Verwandlung in den Dativ Ähnlichkeit mit der im Lateinischen im gleichen Falle vorgeschriebenen Wahl der passiven Konstruktion (statt des zweideutigen nunquam auditum est crocodilum violasse Aegyptium). Die französische Konstruktion ist aber nicht durch das Streben nach Klarheit herbeigeführt, denn die Zweideutigkeit besteht oft weiter: Je le lui ai laissé prendre ich ließ zu, daß er es nahm, oder: daß es ihm genommen wurde. In dem gegebenen Beispiel ist der Grund für das Eintreten von lui, daß nur so die übliche Vereinigung der pronominalen Objekte möglich war. In Sätzen mit **faire** (on lui fit donner sa démission) muß der Dativ eintreten, weil **faire** mit einem Infinitiv einen untrennbaren Verbalbegriff bildet und nach französischem Brauch niemals zwei gleichartige Objektskasus von einem Verb abhängig sein können.[1]

§ 283 ([297]). Der Accusativ.

Ein adverbialer Accusativ findet sich im Französischen:

1) **Zur Bezeichnung der räumlichen Beziehung:** Les troupes ont marché dix lieues.
2) **Zur Bezeichnung der zeitlichen Beziehung:**
   a) Auf die Frage **wann?** Le soir il rentra chez lui. Un beau matin il se trouva riche. Hier soir und hier au soir. L'an 31 av. J.-C. Le 18 janvier (über au 18 janvier vgl. § 152 A. 1).
   b) Auf die Frage **wie lange?** Il a dormi trois heures. Il fut quelque temps sans pouvoir répondre.
   c) Auf die Frage **wie oft?** Deux fois la semaine.
3) **Zur Bezeichnung des Preises oder Wertes:** Acheter, vendre, revendre qc 50 francs. Coûter, valoir 3 fr. Parier (seltner gager) 100 fr. Jouer deux louis la fiche (Spielmarke). Louer une maison 1000 piastres. Estimer une propriété 50000 fr. Ebenso acheter, vendre qc un bon prix, une bonne somme, un prix fou, un prix arbitraire (willkürlich festgesetzt); doch acheter qc à bon marché.[2]
4) **Zur Bezeichnung des Gewichts:** Ce colis (s stumm; Stück, Warenballen) pèse 150 kilogrammes (kilos).

Der Accusativ abhängig von Verben vgl. § 213.

---

[1] Der doppelte Accusativ (§ 278, 2) widerspricht dieser Regel nicht, da der eine Objekts-, der andere Prädikatsaccusativ ist. Über die Möglichkeit eines adverbialen Accusativs S. 263 N. 1.

[2] In der Umgangssprache fast ausschließlich acheter qc bon marché, was die Grammatiker verwerfen.

V. Das Pronomen.

Persönliches Pronomen.

§ 284 (²⁹⁸). **Vertauschung der Zahl oder der Person.**

1) *Nous avons anobli et anoblissons le sieur Joseph Cadoudal.*
2) *Vous êtes le bienvenu.*

1) Die 1. Plur. statt des Singulars wird von Fürsten und Obrigkeiten gebraucht (Autoritätsplural). — Ebenso von Schriftstellern (Plural der bescheidenen Äußerung).

2) In der Anrede kann vous für eine einzelne Person gebraucht werden (Plural der höflichen Anrede).

Das Verb steht in beiden Fällen im Plural; weitere Bestimmungen dagegen (Substantiv, Adjektiv, Particip) behalten die Singularform.

Anm. 1) Außerdem vertritt der Plural den Singular in der adhortativen Form: On dit que j'ai de l'esprit: servons-nous-en. — Schriftsteller gebrauchen auch on von sich und in familiärer Sprache steht öfter on für die 1. Person: On sait vivre, que diable! (unser einer hat Lebensart).

2) Die Anrede mit tu hat in diesem Jahrhundert bedeutend zugenommen. Der im Deutschen fast unbekannte Übergang von tu zu vous oder umgekehrt im Lauf der Rede ist französisch sehr häufig. — Die Anrede an Gott ist vous (von den Protestanten wird tu gebraucht).

Zusatz. Vous (nie te, selten nous) dient auch als Ersatz der Objektsformen von on: On a beau prévoir tous les événements, celui qui vous arrive est toujours le seul auquel on n'ait pas songé.

§ 285 (²⁹⁹). **Prädikativer Gebrauch des neutralen le** (für le, la, les).

1) *Êtes-vous mariée? — Je le suis.*
2) *Êtes-vous la mariée (Neuvermählte)? — Je la suis.*

1) Das neutrale le steht prädikativ mit Bezug auf ein Adjektiv oder ein in adjektivischer Weise gebrauchtes Substantiv.

2) Dagegen werden le, la, les prädikativ gebraucht mit Bezug auf ein determiniertes Substantiv oder substantivisch gebrauchtes Adjektiv.

Anm. 1) Ein Substantiv ist in adjektivischer Weise gebraucht, wenn es Nationalität, Religion, Stand u. dgl. allgemein angiebt: Êtes-vous Anglais? Il est protestant. Son frère est militaire. Manche schreiben daher auch il est anglais mit kleinem Buchstaben.

2) Determiniert ist ein Substantiv, wenn es den bestimmten Artikel oder dessen Äquivalente (Possessiv, Demonstrativ) vor sich hat.

Zusatz. Von Sachen gilt die gleiche Regel; zu bemerken ist, daß das Subjekt ce lautet, wenn das prädikative le, la, les die Identität (nicht die Eigenschaft) bezeichnet: Ces livres sont-ils amusants? — Ils le sont. Dagegen: Sont-ce là vos livres? — Ce les sont.

Über anderen Gebrauch des neutralen le vgl. § 211 Anm. 4. — Beziehungslos steht es in l'emporter sur qn (den Sieg davon tragen über), le disputer à qn (das Gleichgewicht halten), und dem vorwiegend mit der Negation gebrauchten le céder à qn (jemand nachstehen, wofür jedoch auch céder le pas à qn).

§ 286 (³⁰⁰). Die Pronominaladverbien en, y.

1) *Charles-Quint passa ses dernières années parmi les moines, mais sans en embrasser la vie.*

2) *J'aurai moins de complaisance que vous n'en avez eu. Votre plume ne vaut rien, prenez-en une autre (une nouvelle).*

3) *Lorsqu'on lui annonça l'arrivée de son ami, il s'en montra très joyeux.*

1) Das Adverb **en** vertritt einen **possessiven Genitiv**.

2) Es vertritt einen **partitiven Genitiv** bei Quantitätsbestimmungen, Adjektiven, substantivischen und adjektivischen Indefiniten (**plusieurs, personne, rien, aucun, un autre u. a.**), welche übrigens nicht Subjekt sein dürfen.[1]

3) Es vertritt eine **präpositionale Bestimmung** (de lui u. s. w.).

Anm. In den beiden ersten Fällen steht en unterschiedslos in Bezug auf Personen und Sachen. Im dritten Fall aber ist seine Anwendung auf Personen nicht unbeschränkt: dieselbe ist zulässig z. B. bei

a) **parler, répondre** (einstehen für), **dire du bien, s'occuper de qn**
b) **s'approcher, s'éloigner, se détacher de qn**
c) **recevoir, obtenir, espérer qe de qn**
d) **se défier, se plaindre, raffoler, être fou, avoir horreur de qn**
e) **être aimé, adoré, connu, protégé, aidé de qn**[2]

---

[1] Wohl aber logisches Subjekt: Les feuilles tombent en automne, mais au printemps il en reviendra d'autres. Il n'en est rien (das ist nicht der Fall).

[2] Und ebenso beim Passiv aller Verben, welche de neben par zulassen.

§ 287. Ausfall des Personalpronomens.

f) Bei **faire** wenn die für Sachen statt des doppelten Accusativs vorgeschriebene Konstruktion (vgl. § 278, 2 Anm.) auch bei Personen eintritt: Le roi rendit sa confiance au ministre, et en fit presque son ami.

Weniger häufig ist **y** in Anwendung auf Personen, findet sich aber nach **songer, penser, se fier**[1]**, croire, s'intéresser à qn**: Il est votre cousin, mais vous ne semblez guère vous y intéresser.

En und **y** als Ortsadverbien (daher, dahin): Après avoir quitté son lit pendant deux heures, il s'y fit remporter pour ne plus en sortir.

§ 287 ([301]). **Ausfall des verbundenen Personalpronomens.**

1) *Il est arrivé le matin et reparti le soir même.*
2) *Cette pièce a eu un destin peu commun: le public l'a sifflée et applaudie à quelques années d'intervalle.*

1) Das Pronomen als Subjekt fällt manchmal beim zweiten Verb weg.
2) Ebenso kann das Objektspronomen bei dem zweiten Verb fehlen.

In beiden Fällen ist Bedingung,
a) daß beide Verben in umschreibender Zeit stehen,
b) daß beide gleichartig sind, d. h. daß beide transitiv oder intransitiv, affirmativ oder negiert sind und daß sie gleiches Hülfsverb haben,
c) daß sie durch **et** oder **ou** verbunden sind.

Für den zweiten Fall (Auslassung des Objektspronomens) ist weitere Vorschrift, daß die Verben gleichen Kasus erfordern, daher Il m'a flatté et (il) *m'a* dit des choses blessantes tout à la fois.

Anm. Bei einfacher Zeit fällt das Subjektspronomen weg, wenn die Verben eine stehende Verbindung bilden: il va et vient (er geht auf und ab); es muß wegfallen nach **ni**: il ne veut ni ne peut vous rendre ce service. — In alter Sprache konnte jedes (auch das erste) Subjektspronomen fehlen. Erhalten ist dies in sprichwörtlichen Redensarten: Fais ce que dois, advienne que pourra. Roi ne puis, prince ne daigne, Rohan suis (Familiendevise).

---

[1] Sprichwörtlich: Souvent femme varie, Bien fol est qui s'y fie (Franz I.). Zu bemerken ist noch, daß **y** wie **en** nur auf die 3. (nicht auch die 1. oder 2.) grammatische Person bezogen werden. Nur bei dem dritten Fall (**en** für präpositionale Bestimmungen) finden sich Ausnahmen.

§ 288 (³⁰²). **Unrichtiges le, en, y.**
Je sais que tu es mon meilleur ami.
Il se repent maintenant d'avoir eu cette faiblesse.
J'ai renoncé à lui faire entendre raison.
Die unserem es, davon, darauf u. s. w. entsprechenden Wörter le, en, y dürfen nicht bei einem Verb als Hinweis auf einen folgenden syntaktisch verbundenen Satzteil stehen.

Anm. 1) Dagegen stehen diese Wörter, wenn die syntaktische Verknüpfung (durch Wegfall der Konjunktion) aufhört: Je le sais, tu es mon meilleur ami. Ebenso, wenn der abhängige Satz vorangeht: Que le libre examen soit le trait dominant du XVIII⁰ siècle, ce n'est pas la peine de le dire.

2) Wie es unüblich ist, durch ein neutrales Personalpronomen auf etwas Folgendes hinzuweisen, ist es auch unerlaubt, dem Verb ein persönliches Pronomen als Objekt beizugeben, wenn dieses Pronomen in dem abhängigen Satze wieder als Subjekt erscheint; also: Vous permettrez (oder Permettez) que je vous fasse une observation; dagegen bei folgendem Infinitiv: Vous me permettrez (oder Permettez-moi) de vous faire une observation.

§ 289 (³⁰³). **Einzelne Bemerkungen zum verbundenen Personalpronomen.**

1) Obwohl es nicht erlaubt ist, ein Pronomen der 3. Person auf ein vorausgehendes Substantiv ohne Artikel zu beziehen (wenn dasselbe nicht Eigenname ist), finden sich doch Beispiele: Si la loi ne vous fait pas justice, vous ne devez pas vous la faire à vous-même.

2) Wie im Deutschen giebt es im Französischen einen ethischen Dativ, bestehend in dem pleonastischen Zusatz der Dativform des verbundenen Personalpronomens: Goûtez-moi de ce vin-là. La mule vous lui¹ détacha un coup de sabot si terrible, si terrible, que de Pampelune même on en vit la fumée.

§ 290 (³⁰⁴). **Das unverbundene Pronomen ohne Verb.**
Das unverbundene Personalpronomen steht überall, wo eine direkte Abhängigkeit von dem Verb nicht vorhanden ist, also
1) Alleinstehend als Antwort: Qui m'a appelé? — Moi.
2) Substantivisch: le moi et le non-moi (Ich und Nicht-Ich).
3) Nach Präpositionen: Venez avec moi. Chez moi. Il est chez lui (zu Hause). Il a une manière à lui (eigen).
4) Prädikativ nach c'est: c'est moi, c'est toi, c'est lui (elle),

---

¹ Hier sind andere als die sonst üblichen Kombinationen erlaubt. Auch die Stellung des Dativs und Accusativs unter einander nach dem Imperativ hat keine feste Regel.

c'est nous, c'est vous, aber ce sont eux (elles), vgl.
§ 217 Anm. 1.

Bemerke: Qui l'a fait? — C'est moi (d. h. Beziehung auf das Subjekt). Dagegen: Êtes-vous médecin? — Je le suis (d. h. Beziehung auf das Prädikat).

5) Bei der Vergleichung: Son frère est plus instruit que lui.
6) Vor dem Relativ: Toi qui lui as rendu tant de services.
7) In der Verbindung mit même: Moi-même, vous-mêmes (ihr selbst, aber vous-même Sie selbst).
8) In Verbindung mit einem Adjektiv, Particip¹ oder einer Ordinalzahl: Moi seul (je) n'en ai rien su. Toi parti où trouverai-je un appui? Il s'enfuit du champ de bataille, lui quinzième (selbfünfzehnt).

Anm. Das lateinische me miserum! ist malheureux! oder malheureux que je suis, doch auch oft pauvre moi!

§ 291 (³⁰⁵). **Das unverbundene Pronomen beim Verb.**
Moi, je ne le crois pas (familiärer *je ne le crois pas, moi*).

Zur Verstärkung tritt öfter das unverbundene Fürwort zu dem verbundenen.

Alleinstehend als Subjekt kann das unverbundene Personalpronomen nur in der 3. Person auftreten: Je le lui ai proposé, mais lui ne voulait pas en entendre parler.

Anm. 1) Das emphatisch zugefügte **moi** wird oft noch verstärkt: moi qui vous parle; ebenso vous qui parlez. Der Relativsatz kann deutsch nicht wiedergegeben werden.

2) Das unverbundene Fürwort steht auch vor den Mittelformen des Verbs: Moi, m'oublier à un tel point! Alors lui de courir. — Je l'ai fait pour des raisons à moi connues.²

Einzelne Verben nehmen nur das unverbundene Personalpronomen als Objekt zu sich; hauptsächlich

a) aller, venir¹, courir à qn

---

¹ Bemerke je soussigné (ich unterzeichneter) als Rest alten Brauchs, doch auch schon moi soussigné. Hier Nominativ, was in toi parti, lui quinzième nicht der Fall ist.

² Diese Stellung tritt auch bei einzelnen Adjektiven (besonders **propre, particulier**) ein: dans un langage à lui propre.

³ Il vint à nous (er kam auf uns zu), venez à nous (wendet euch an uns), il vint chez nous (er kam zu uns in unsere Wohnung), il nous vint du monde (wir bekamen Besuch), vous nous reviendrez, j'espère (Sie werden doch wieder kommen).

b) recourir, en appeler à qn
c) penser, songer, rêver à qn (selten parler à qn)
d) accoutumer, habituer, renoncer à qn
e) avoir affaire, prendre garde, faire attention à qn
f) être à qn (gehören)²

Umgekehrt wählt das Französische bei einer Reihe von Verben das verbundene Fürwort, während wir das unverbundene erwarten, hauptsächlich bei Verben der Wahrnehmung voir, découvrir, sentir, savoir, croire, trouver, soupçonner u. a. On ne lui vit d'abord que la tête (anfangs sah man nur den Kopf von ihm). Je lui connais une foule d'ennemis. On lui découvre tous les jours de nouvelles qualités. Il se sentit une force irrésistible.

§ 292 (³⁰⁶). Der Gebrauch von soi.

1) *Chacun pour soi. Il ne faut pas trop parler de soi. Celui qui ne pense qu'à soi, trouve difficilement un ami.*

2) *Un bienfait porte sa récompense avec soi (lui). La guerre traîne après elle (soi) des maux sans nombre.*

1) **Soi** muß von Personen gebraucht werden, wenn dieselben in allgemeiner Weise (meist durch ein indefinites Pronomen) ausgedrückt sind.

2) **Soi** kann von Sachen gebraucht werden, doch seltener für das weibliche Geschlecht.

Anm. 1) Man gebraucht nicht mehr soi von Personen, wenn dieselben in allgemeiner Weise durch ein Substantiv bezeichnet sind: L'avare ne vit que pour lui-même (nicht pour soi) dans ce monde. — Noch weniger darf soi von bestimmten Personen gesagt werden, um eine Unklarheit zu vermeiden. In solchen Fällen muß die Ausdrucksweise geändert werden; daher nicht L'avare qui a un fils prodigue, n'amasse ni pour soi ni pour lui, sondern ... n'amasse ni pour ce fils ni pour lui-même.

2) **De soi** und mehr noch **en soi** (beide: an und für sich) sind stehende Ausdrücke, die auch bei Femininen bleiben: La chose est innocente en soi. — In soi-disant ist soi (für se) ein Accusativ (sich nennend; nicht: selbst sagend), das Particip ist daher unveränderlich (§ 255, Anm. 1); auf Sachen darf soi-disant seiner Etymologie nach nicht angewandt werden.² — **Soi** kann nie

---

¹ Cette maison est à lui, aber cette maison lui appartient. — Auch s'adresser à qn und viele andere Reflexive gehören hierher; der Accusativ ist bei ihnen immer ein anderer als le, la oder les (§ 158, 3) daher muß der Dativ nach dem Verb stehen.

² Hierin liegt der Unterschied zwischen soi-disant und prétendu. Beide sind = angeblich, vorgeblich; nur das letztere aber ist = sogenannt.

§ 294. Zusammenfassung der Personalpronomina.

mehr, auch nicht bei Sachen, auf einen Plural bezogen werden¹: Que de maux les guerres civiles traînent après elles!

3) Als Nominativ ist jetzt nur **soi-même** üblich. Früher auch einfaches **soi**: On a souvent besoin d'un plus petit que soi. Il faut être soi (seinen Charakter nicht verleugnen; dagegen mit bestimmtem Subjekt: il a été lui).

Dabei ist zu bemerken, daß in einzelnen Fällen der Nominativ der Reflexive überhaupt (also auch **moi-même, lui-même** u. a.) wenig üblich ist, besonders

a) Nach Verben, welche bereits ein verbundenes Reflexiv vor sich haben: Il ne faut jamais se faire justice à soi-même (selten se faire justice soi-même). — Daß das verbundene Reflexiv nicht fehlen darf, ist § 64 erwähnt.

b) Nach den Verben **penser, réfléchir, voir, examiner, juger, savoir, observer, connaître, régner** u. a. pflegt das Reflexiv mit **par** zu stehen: Je veux en juger par moi-même. Die Präposition dient hier zur Bezeichnung der bewirkenden Person, daher der Gegensatz faire qc par soi-même (selbständig): faire qc par un autre (thun lassen).

§ 293 (³⁰⁷). **Das unverbundene Personalpronomen von Sachen.** Das Pronomen der 3. Person (lui, elle, nicht aber auch das untersetzbare soi), wird bei Sachen möglichst vermieden und durch Adverbien (**en, y, dedans, dehors, dessus, dessous, devant, derrière** u. a.) ersetzt: Cette affaire n'est pas sûre, vous auriez tort d'y (für sur elle) compter. Voyez sur la table, cherchez dessus et dessous (für sur elle, sous elle).

§ 294 (³⁰⁸). **Mehrere unverbundene persönliche Fürwörter (oder ein solches mit einem Substantiv).**

1) *Lui et toi(,)*
   Ton frère et toi(,) } *(vous) partirez ensemble.*

2) *Je vous laisserai partir, toi et lui.*
   Je (te, vous) laisserai partir(,) toi et ton frère.

1) Zwei unverbundene Fürwörter (oder eines mit einem Substantiv) als Subjekte können vor dem Verb durch ein verbundenes Fürwort im Plural zusammengefaßt werden.²

2) Zwei unverbundene Fürwörter als Objekte³ werden in der Regel in derselben Weise zusammengefaßt. Ist eines der Objekte ein Substantiv, so kann die Zusammenfassung ein-

---

¹ Daher kann **soi** nie nach **entre** stehen.
² Die zusammengefaßten Subjekte können auch nur ein modales Hülfsverb gemeinsam haben: Je ne vois pas ce que nous pourrions, vous me demander, moi vous refuser.
³ Oder mit einer Präposition verbunden.

treten und unterbleiben; es kann außerdem lediglich das un=
verbundene Fürwort vor dem Verb nochmals in verbundener
Form auftreten.

Das Komma tritt nur ein, wenn eine Zusammenfassung
stattfindet.

Dabei wird der Vorzug der Personen beobachtet, d. h. in
der Zusammenfassung verschiedener grammatischer Personen
hat die 1. vor der 2. und beide haben vor der 3. den
Vorzug.

Anm. Nach französischem Brauch muß die 1. (redende) Person bei
dem Zusammentreffen mit anderen Personen an letzter Stelle genannt werden.
Sogar (unlogisch) je vous dis cela de vous à moi (das bleibt unter uns).

Possessivpronomen.

§ 295 (³⁰⁹). **Vertauschung der Zahl oder der Person.**
Die bei dem Personalpronomen (§ 284) erwähnten Vertauschungen
finden in gleicher Weise bei dem Possessiv statt, so daß notre,
votre für mon, ton, und ebenso le nôtre, le vôtre für le
mien, le tien eintreten.

Anm. Als Possessiv für das unbestimmte on wird meist son gebraucht:
On ne doit pas médire de son prochain. Englisch genauer one's.

§ 296 (³¹⁰). **En statt des Possessivs.**
*Le soin qu'on apporte au travail empêche d'en sentir
la fatigue.*

Son wird gebraucht, wenn einer Person ein Besitz zu=
gesprochen wird. Dagegen tritt meist en ein, wenn einer Sache
ein Besitz zugesprochen wird. (Vgl. auch § 286, 1.)

Anm. Doch kann auch vielfach in Bezug auf Sachen (besonders Städte,
Länder) son gebraucht werden. Dieses Possessivpronomen muß (statt en)
eintreten,
1) Wenn der Gegenstand des Besitzes mit einer Präposition verbunden ist:
   Les montagnards préfèrent leur pays à tout autre malgré la rigueur de
   son climat.
2) Wenn entweder der besitzende Gegenstand oder der Gegenstand des Be=
   sitzes[1] das Subjekt des Satzes ist:
   Cette maison a ses beautés et ses défauts.
   Vous rappelez-vous cette ville? Ses promenades sont admirables.

---

[2] In der neueren Sprache ist dies Regel.

§ 297 ([311]). Verstärkung des Possessivs.

Voilà mon avis à moi, maintenant faites comme vous l'entendrez.
Je l'ai vu de mes propres yeux.

Das adjektivische Possessiv kann verstärkt werden durch den Zusatz von **propre** oder Beifügung des zugehörigen Personalpronomens im possessiven Dativ.

§ 298 ([312]). Wiederholung des Possessivs.

1) *Cet enfant est orphelin, il a perdu son père et sa mère.*
2) *Son patron le choisit pour son gendre et son successeur.*

1) Wie der Artikel so muß das Possessivpronomen vor jedem einzelnen von mehreren koordinierten Substantiven wiederholt werden.
2) Dies geschieht in der Regel sogar, wenn diese Substantive eine und dieselbe Person bezeichnen.

Anm. 1) Oft aber tritt eine Zusammenfassung solcher Substantive zu einem Gesamtbegriff ein, und die Wiederholung unterbleibt: ses père et mère (Eltern), ses frère(s) et sœur(s) (Geschwister), ses biens et revenus (sein ganzes Vermögen), on lui demanda ses nom, prénoms et qualités (wie er hieße und was er wäre). Immer à ses risques et périls (binde *riské*).

2) Grammatisch betrachtet, ist nur diese Wiederholung richtig. Das Possessiv kann nur fehlen, wenn auch der Artikel fehlen könnte. Man sagt nun wohl les père et mère de qn, aber nicht le gendre et successeur de qn.

Zusatz. Wenn vor einem Substantiv mehrere Adjektive stehen, so wird das Possessiv wiederholt, wenn die Adjektive nicht demselben Gegenstand gleichzeitig zukommen: Chacun a ses bons et ses mauvais jours; es wird nicht wiederholt, wenn die Adjektive verschiedene Eigenschaften eines und desselben Gegenstandes bezeichnen: Tout le monde admire nos belles et vastes forêts.

§ 299 ([313]). Dem deutschen Gebrauch zuwider darf das Possessiv nicht stehen:

1) Vor dem Substantiv, welches einen Relativsatz im Gefolge hat, wenn durch letzteren der Besitz hinlänglich klar bezeichnet wird: Avez-vous gardé la (nicht ma) lettre que je vous ai écrite la semaine dernière?

Jedoch steht das Possessiv, wenn der Relativsatz nur eine erklärende oder nebensächliche Bemerkung enthält: J'espère que vous possédez encore mon adresse, que j'avais ajoutée à ma dernière lettre.

2) **Bei der Angabe von Körperteilen**[1]: Dans sa chute il se démit l'épaule; peu s'en fallut qu'il ne se cassât le cou.

 Ähnlich trouver la mort, perdre la vie (selten sa vie). Zu bemerken: Dire qe entre ses dents. — Il donna hardiment son bras au chirurgien, weil donner le bras à qn eine andere Bedeutung haben kann. — Se couper[2] le doigt (sich den Finger abhauen), se couper au doigt (sich in den Finger schneiden).

3) **Nach dem intransitiven changer und redoubler**: Il y a des gens qui changent d'opinion comme on change de linge. Je redoublai d'attention.

 Zusatz. 1) Das deutsche Possessiv wird im Französischen durch einen Relativsatz ersetzt.

 a) Bei Substantiven, von welchen ein anderes Substantiv mittelst einer Präposition abhängig gemacht werden müßte: Le séjour que nous faisons à l'étranger, sert plutôt à irriter notre patriotisme qu'à l'affaiblir (unser Aufenthalt im Auslande).

 b) Öfter bei Substantiven, die eine Zeitangabe enthalten: Le siècle où nous vivons. Le temps où nous sommes. Par le temps qui court.

 2) **Seiner Zeit** heißt dans **son** temps oder dans **le** temps. — Je tenais à faire **votre** connaissance, aber à faire plus ample connaissance avec vous. — Dieu **m'est** témoin, aber vous êtes témoin qu'il a été l'agresseur (mein Zeuge). — Plier bagage (sein Bündel schnüren).

 3) Mit Bedeutungsunterschied:

Faire (refaire, chercher) **fortune** (wieder) reich werden, zu Reichtum zu gelangen suchen; faire sa fortune zu Macht und Ansehen gelangen.[3]

Prendre **parti** Partei ergreifen; prendre son (auch un) parti einen Entschluß fassen.[4]

Reprendre **haleine** ausschnauben, sich erholen; reprendre son haleine wieder Luft haben.

Donner la **main** à qn die Hand geben; donner sa main à qn die Hand reichen, zur Ehe nehmen.

Se dire la **vérité** aufrichtig gegen einander sein; ils se disent leurs vérités sie sagen einander unangenehme Wahrheiten.

Ne pas perdre de **temps** ungesäumt an die Arbeit gehen; ne pas perdre son temps sich mit Erfolg bemühen.

---

[1] Einen festen Gebrauch, wie ihn das Englische bietet (*he broke his arm*) kennt weder das Deutsche noch das Französische.

[2] Englisch *to cut off one's finger; to cut one's finger.*

[3] Sein Glück machen ist also bald faire fortune, bald faire sa fortune.

[4] Prendre le parti de qn sich zu jemand schlagen. Prendre son parti sur qe (il a pris son parti là-dessus, il en a pris son parti) etwas verschmerzen, sich in Geduld fassen.

§ 300. Possessiv gegen deutschen Gebrauch.

Faire le tour du monde die Welt umsegeln; faire son tour de France seine Wanderzeit (z. B. als Handwerksbursche) abmachen.
Faire la paix avec qn Frieden schließen; faire sa paix avec qn sich aussöhnen.
Être à son aise wohlhabend sein; être à l'aise (auch à son aise) sich behaglich fühlen.

§ 300 (⁸¹⁴). **Das Possessiv steht dem deutschen Gebrauche zuwider:**

1) Wo wir das Besitzverhältnis durch ein Personalpronomen mit der Präposition von ausdrücken: ein Freund von mir un de mes amis.

    So auch: ein Gedicht von ihm des vers de sa composition, ein Streich von ihm un tour de sa façon u. a. — Der possessive Genitiv des Personalpronomens ist nicht üblich, wohl aber der possessive Dativ desselben: un ami à moi¹.

2) Bei Verwandtschaftsbezeichnungen in der Anrede: Mon père, madame de Vaubert était hier un peu souffrante.

    Ebenso lautet in der militärischen Sprache die Anrede des Untergebenen an den Vorgesetzten mon lieutenant, mon colonel, mon général (nicht monsieur le colonel u. s. w.).

    Auch außer der Anrede ist es nicht üblich, bei Verwandtschaftsbezeichnungen den Artikel zu setzen; daher: Vous n'avez pas encore vu mon (notre) cousin? Ebenso wenig sollen derartige Bezeichnungen ohne Artikel oder Possessiv stehen, erlaubt ist das nur bei **papa, maman** und den Zusammensetzungen mit **grand**, greift aber weiter um sich.

3) Mit dem Possessiv werden verbunden **aîné, cadet, pareil, semblable**: Mon frère est mon aîné de deux ans. Nos semblables. Nos anciens, nos aînés (unsere Vorfahren). Dasselbe geschieht bei **supérieur, inférieur**: Nos supérieurs.²

    Zusatz. Das Possessiv steht außerdem vom deutschen Gebrauche abweichend in einer Reihe von Redensarten
    1) Für deutsches Personalpronomen:
       il se jeta à mon cou er fiel mir um den Hals
       ils tombèrent à ses pieds, à ses genoux sie fielen ihm zu Füßen
       on vint à son secours man kam ihm zu Hülfe

---

¹ Der possessive Dativ des Substantivs dagegen steht nur in vulgärer Sprache; er ist jedoch erhalten in la barque à Caron, se battre de la chape à l'évêque (um des Kaisers Bart streiten) u. a.
² Englisch *our elders, our betters* u. a.

c'est votre tour; à votre tour maintenant Sie sind an der Reihe
une lettre à mon adresse ein an mich gerichteter Brief
avez-vous de ses nouvelles? haben Sie von ihm gehört?
c'est à votre disposition, à vos ordres, à votre service es steht Ihnen zu Diensten; à ma charge mir zur Last.
on le fit en son honneur[1] man that es ihm zu Ehren
je suis votre obligé (je vous suis obligé) ich bin Ihnen verbunden

2) Besonders häufig in Verbindung mit **tout**:
aimer Dieu de toute son âme aus ganzer Seele
remercier qn de tout son cœur (de tout cœur) aus ganzem Herzen
courir de toutes ses forces (aber à toutes jambes) aus Leibeskräften
s'employer à qc de tout son pouvoir sich nach Kräften bemühen
faire tous ses efforts pour obtenir qc sich alle Mühe geben
trembler de tous ses membres am ganzen Leibe zittern
il porte toute sa barbe er trägt einen Vollbart u. a.

3) In präpositionalen Ausdrücken:
on alla à sa rencontre ihm entgegen
on le fit à votre intention für Sie
on le fit à votre considération, à votre égard aus Rücksicht auf Sie
de ma part von meiner Seite, von mir
sur son compte in Bezug auf ihn
par son moyen, par son intermédiaire (par son entremise) durch seine Vermittelung
à sa suite nach ihm, mit ihm
en sa faveur ihm zu gunsten
à mon usage für mich bestimmt
à son défaut wenn er nicht will oder kann
il s'assit à côté de moi oder à mes côtés[2], selten à mon côté neben mich

Dagegen faites-le pour l'amour de lui (ihm zuliebe), au milieu d'eux (in ihrer Mitte; dans leur milieu in ihrer Umgebung, ihrem Umgangskreise).

§ 301 ([315]). Ethisches Possessiv. Wie der Dativ des persönlichen Fürworts so wird vielfach das Possessiv pleonastisch gesetzt, mit dem Unterschiede jedoch, daß, obwohl der Charakter der beiden Ausdrucksweisen derselbe ist, dieses Possessiv nur in stehenden Redensarten vorkommt.[3]

1) So steht mon, notre vor dem Hauptgegenstand der Erzählung: Maître René Genouillac, — c'était le nom de notre apothicaire, — avait une fille.

[1] Nicht mehr in diesem Sinne à son honneur. Dagegen je le dis à son honneur (ihm zum Lobe), il s'en est tiré à son honneur (mit Ehren).

[2] Obwohl der Plural ebenso unlogisch ist wie in se promener sur les bords d'une rivière.

[3] Pleonastisch bedeutet also, daß das Possessiv die Rolle eines Füllwortes hat, nicht etwa, daß man es nach Belieben setzen oder auslassen kann.

2) **Son** und **leur** stehen häufig nach **sentir** und **trahir** (schmecken nach, verraten): Voilà un latin qui sent son collège.

3) Das Possessiv tritt vor Substantive, die eine Maßangabe enthalten: tomber tout de son long oder tomber de son haut (der Länge nach hinfallen[1]), manger son content (nicht comptant! sich satt essen), dormir son soûl[2] (sich ausschlafen).

4) Einzelne Ausdrücke: se mettre sur ses grands chevaux (sich auf das hohe Roß setzen), jurer ses grands dieux (hoch und teuer schwören), faire ses preuves (sich die Sporen verdienen), donner sa mesure (zeigen, was man leisten kann), faire ses classes, ses humanités (das Gymnasium absolvieren), faire sa rhétorique, sa philosophie (in Unter-, Oberprima sitzen), faire son droit (Jura studieren), aller son petit bonhomme de chemin (gemütlich dahinschlendern), fermez votre porte (machen Sie doch die Thüre hinter sich zu), cuver son vin (den Rausch ausschlafen), savoir son monde (Lebensart haben), se mettre sur son séant (sitzende Stellung einnehmen), payer de sa personne (sich persönlich der Gefahr aussetzen), il est bien fait de sa personne (schön gewachsen), un animal timide de sa nature (von Natur furchtsam), cela a fait son temps (ist veraltet, außer Mode), il a son dû (was ihm gebührt), trouver son fait (finden, was man braucht), j'ai votre affaire (da kann ich Ihnen dienen), il est dans son droit, dans son tort (im Recht, im Unrecht), faire qc à ses heures (nach Bequemlichkeit), il a fait comme à son ordinaire (wie er zu thun pflegt), il n'est pas dans son bon sens (er ist toll), il a repris ses sens, sa connaissance (wieder zu sich gekommen) u. s. w.

§ 302 ([316]). **Die Stellung des Possessivs bei Zusammensetzungen.**

Il partit pour ne plus revoir le lieu de sa naissance. Sur (à) son lit de mort il se repentit de sa cruauté.

Bei zwei durch **de** verbundenen Substantiven tritt das Possessiv vor das erste Substantiv, wenn die Verbindung der Substantive zu einem Gesamtbegriff eine innige ist, sonst vor das zweite.

Anm. Man wird sagen: l'état de sa santé (sein Gesundheitszustand), aber un animal à son état de liberté (im Freiheitszustand); au péril de sa vie (mit Lebensgefahr), aber son genre de vie (Lebensweise); le lieu (l'année) de sa naissance, aber son acte de naissance (Geburtsschein). Man sagt sowohl les amis de son enfance, les compagnons de son exil[3] wie ses amis d'enfance, ses compagnons d'exil. Die Entscheidung ist oft schwierig; in

---

[1] Letzteres auch: wie vom Himmel gefallen sein.
[2] Nur in solchen Ausdrücken darf soûl noch gebraucht werden.
[3] Mehr dem höheren Stil angehörig.

mechanischer Weise trifft man meist das Richtige, wenn man untersucht, ob auch das erste Substantiv Gegenstand des Besitzes sein kann; in diesem Falle hat es auch das Possessiv vor sich: son nom de famille, sa finesse d'esprit, sa cité d'adoption.

§ 303 (³¹⁷). Das substantivische Possessivpronomen.

1) *Vos intérêts sont les nôtres.*
2) *Il parlait au nom de ses confrères et au sien (propre).*
3) *Il a fort à faire pour gagner son pain et celui de sa famille (le pain de sa famille et le sien).*

1) Ohne Verbindung mit einem Substantiv darf nur das substantivische Possessiv stehen.
2) Vor ein und dasselbe Substantiv können nicht zwei adjektivische Possessiva treten.
3) Wenn zu einem Substantiv ein Possessiv und ein possessiver Genitiv gehören, so wird der letztere vermittelst des substantivischen Determinativs angeknüpft. Seltner tritt das Possessiv in die substantivische Form.

Anm. 1) Im prädikativen Gebrauch findet sich nach être, devenir, rester, faire, dire, regarder (mit comme) u. a. Verben das substantivische Possessiv ohne Artikel: Pourquoi ce bonheur n'était-il pas sien? Son ami lui dit de regarder la maison comme sienne. Cette idée me paraît tellement juste que je la fais mienne (mir aneigne). Jedoch darf leur nie so gebraucht werden und während bei den meisten Verben der Artikel auch stehen kann, darf nach faire das prädikative Possessiv nie den Artikel haben.¹

2) Wie das adjektivische Possessiv wird auch das substantivische durch **propre** verstärkt. Außer propre, seul, même kann kein Adjektiv zu dem substantivischen Possessiv treten.

Zusatz. 1) Manchmal finden sich die substantivischen Possessive in familiärer Sprache adjektivisch gebraucht: un mien cousin (ein Vetter von mir). Dieser Freund von mir: mon ami que voici.

2) Das Mein und Dein: le tien et le mien. Diese Stellung muß gewählt werden, vgl. § 294 Anm.

3) Ellipse des Substantivs findet statt in il a encore fait des siennes (das sieht ihm wieder recht ähnlich). — Nicht nachzuahmen ist la vôtre (für votre lettre) u. a.

---

¹ Faire qe sien ist zugleich die geläufigste von allen diesen Ausdrucksweisen. Für cet objet est mien sagt man nur est à moi. Mit Unrecht werden obige Beispiele der familiären Redeweise zugewiesen. Meist gehören sie in ihrem jetzigen Gebrauch dem edleren Stile an. Vgl. mit § 278.

Demonstrativpronomen.

a) Eigentliches Demonstrativ.

§ 304 ([318]). **Das adjektivische Demonstrativ.**

Ce jardin est bien entretenu (dieſer Garten).
Ce jardin-ci est bien entretenu, mais ce parc-là ne l'est guère (dieſer Garten ... jener Part).

Das adjektiviſche Demonſtrativ ce (cet), cette kann, wenn eine Gegenüberſtellung eintritt, durch den Zuſatz von ci und là verſtärkt werden. Dieſe Adverbien treten vermittelſt Bindeſtrich hinter das Subſtantiv.

Anm. 1) Gewöhnlich bezeichnet dann das mit ci verbundene Subſtantiv den dem Sprecher näher liegenden Gegenſtand. Ohne daß eine Gegenüberſtellung vorhanden iſt, tritt là zu Subſtantiven, welche einen entfernten Gegenſtand bezeichnen: ce château-là (jenes Schloß dort), wofür familiär ce château là-bas.

2) Bei Subſtantiven, welche einen Tagesabſchnitt bedeuten, vertritt ce unſer **heute**: ce matin, ce soir, cette nuit.

3) Das Demonſtrativ ſteht öfter für unſeren Artikel:

a) Bei der Beziehung auf eine vorher genannte Perſon oder Sache: Molière fut souvent en butte aux contrariétés de son emploi; une santé faible et languissante contribuait encore à rendre plus triste l'existence de ce grand comique (des großen Komikers). Insbeſondere heißt **der letztere ce dernier**.

b) **Ces messieurs** ſteht für unſer **die Herren** d. h. die, welche zugegen ſind und zuhören: Ces messieurs et ces dames sont servis. Dagegen darf der Singular nie ſo gebraucht werden (ce monsieur iſt geringſchätzend), man ſagt dann nur monsieur.

c) Bei der Angabe einer unmittelbar hinter dem gegenwärtigen Augenblick zurückliegenden Zeit: ces jours,[1] ces jours-ci (in den letzten Tagen), ces temps-ci,[2] en oder dans ces derniers temps (in letzter Zeit).

Zuſatz. 1) Das Demonſtrativ fehlt oder iſt durch den Artikel erſetzt: **de sorte que, de façon que, de manière que**; ebenſo **de la sorte**:[3] Quel droit avez-vous pour parler de la sorte? Ferner: à l'instant (in dieſem Augenblick), laisser les choses dans l'état (im augenblicklichen Zuſtand, intakt),

---

[1] Dagegen un de ces jours in den nächſten Tagen.
[2] Dagegen ce temps-ci unſere Zeit, die Gegenwart.
[3] Nur bei dem Verb, alſo nicht des aventuriers de la sorte.

dans l'espèce (im vorliegenden Fall), wo eher même zu ergänzen ist. Cela fehlt in: si j'avais su! (hätte ich das gewußt), es ist durch das persönliche Fürwort ersetzt in: A qui le dites-vous? (als ob ich das nicht wüßte).

2) Zu warnen ist vor dem Demonstrativ bei dem Superlativ: Kaiser Heinrich IV., dieser unglücklichste aller Fürsten l'empereur Henri IV, ce prince malheureux entre tous (nicht etwa ce prince le plus malheureux).

§ 305 (³¹⁹). Das substantivische Demonstrativ.

1) *Poursuivi par ses concitoyens, Thémistocle se réfugia auprès d'Artaxercès. Celui-ci s'estima heureux de posséder le plus grand général de la Grèce.*

2) *Turenne et Condé commandèrent des armées l'un contre l'autre; celui-ci était plus impétueux, celui-là plus réfléchi.*

1) Das deutsche substantivische dieser ist durch **celui-ci** (nicht etwa **celui** allein) zu übersetzen.

2) Bei einer Gegenüberstellung bezieht sich **celui-ci** (dieser, der letztere) auf das zunächst stehende, **celui-là** (jener, der erstere), auf das entferntere Substantiv.

Anm. Wird nur emphatisch eines der beiden Demonstrative gesetzt, so ist es **celui-là**: Cette gare n'est que provisoire, car une autre, définitive celle-là, sera construite l'année prochaine.

Zusatz. Der einzige Rest des alten demonstrativen Gebrauchs des jetzigen Determinativs **celui** ist erhalten in **à celle fin de**, welches jetzt mißverständlich **à seule fin** geschrieben wird und mit **afin de** gleichbedeutend ist.

§ 306 (³²⁰). Das neutrale ce.

C'est la vérité. Ce doit être joli. Ce ne peut être que lui.

Das neutrale Demonstrativ **ce** findet sich nur in Verbindung mit **être**, welches die modalen Hülfsverben **devoir** und **pouvoir** vor sich haben kann.[1]

Anm. **C'est que** leitet die Angabe eines Grundes ein (deutsch: nämlich): Il n'a pu venir, c'est que son frère est tombé malade. Oft pleonastisch: Allez-y. — C'est que je n'ai pas le temps.

Zusatz. Außerdem ist **ce** noch erhalten in **sur ce** (darauf hin, damit) **à ce destiné** (dazu bestimmt), **de ce non content** (damit nicht genug), et

---

[1] Vor **devenir** auch ohne Verbindung mit **être**: ce devint un usage. Nur in veralteter Sprache steht **ce** vor **venir** (in der Volkssprache erhalten). **Ce (il) semble** es scheint, **ce (il) me semble** mir scheint (§ 307 A. 2).

ce (und das, und zwar, für et cela). Alle können nur in scherzhafter Rede gebraucht werden.

§ 307 (³²¹). **C'est und il est vor prädikativen Bestimmungen.**

1) *C'est un fait.*
2) *Il est clair que vous avez été trompé,* aber
   On vous a trompé, c'est clair.
3) *C'est peu de connaître les règles, il faut les observer.*

1) Vor Substantiven steht **c'est**. Doch müssen dieselben den Artikel oder eine gleichwertige attributive Bestimmung (Possessiv, Demonstrativ) vor sich haben; daher c'est un fait, c'est l'usage, c'est la règle, aber il est de fait, il est d'usage, il est de règle u. a.
2) Vor Adjektiven steht **c'est**; ausgenommen ist das Adjektiv, auf welches ein Satz mit **que** oder ein Infinitiv folgt.
3) Vor Adverbien (der Quantität) steht **c'est**.

Anm. 1) Vor Substantiven ohne Artikel tritt **il est** ein: il est midi, il est temps, il est besoin.[1] Trotz fehlenden Artikels aber sagt man c'est dommage, c'est pitié, c'est plaisir, c'est raison, c'est justice vor Infinitiv (mit de) oder Nebensatz (que . . .).

2) Die Vor- oder Nachstellung thut dabei nichts zur Sache, es kommt lediglich darauf an, ob eine syntaktische Verbindung vorhanden ist oder nicht, daher auch c'est clair, vous avez été trompé (die syntaktische Verbindung ist aufgehoben). In der Antwort steht aus demselben Grunde immer **c'est**: On vous a trompé. C'est possible. Für die Unterscheidung von il me semble und ce me semble gilt die gleiche Regel.

Il est wird dabei öfter ausgelassen: Inutile d'ajouter que ce beau projet est tombé à l'eau (vgl. § 91 A. 5a).

Nur **il est vrai** (allerdings, vor folgendem **mais**: zwar) steht auch außerhalb der syntaktischen Verbindung: On m'a trompé, il est vrai, mais qui pouvait le prévoir? Das daneben vorkommende **c'est vrai** hat den Charakter des Ausrufs.[2]

---

[1] Doch **point n'est besoin, si besoin est.** In **force lui fut de s'en aller** (wohl oder übel mußte er sich zum Weggehen bequemen) wird il nie mehr gesetzt. Diese Ausdrücke zeigen, daß auch in den obigen il das grammatische unpersönliche Subjekt ist neben dem logischen Subjekt midi, temps, besoin. Aus demselben Grunde il est cinq heures (auf die Frage quelle heure est-il?), aber c'est cinq heures (auf die Frage quelle heure vient de sonner?).

[2] **C'est vrai** ist unser **Sehr wahr** als Zwischenruf. — Die Ausnahmefälle, in welchen **ce** für **il** eintreten muß (c'est vrai, c'est dommage, pitié, justice u. a.) oder eintreten kann (c'est heureux, c'est à craindre) werden

Die Volkssprache setzt unterschiedslos c'est vor Adjektiven, mag syntaktische Verbindung vorhanden sein oder nicht. In der Schriftsprache ist c'est trotz solcher Verbindung nur erlaubt vor Adjektiven, die einen Affekt bezeichnen: heureux, malheureux, beau, triste, surprenant, effrayant, étonnant u. a. C'est vraiment bien triste de ne voir pendant quinze jours que le ciel et l'eau.

Alles, was für das Adjektiv gilt, findet auch auf Infinitive (wie il est à présumer, à craindre, à regretter u. a.) Anwendung; daher ist wegen des Affekts auch hier erlaubt: C'était à craindre que la Californie ne devînt pays chinois.

3) Vor einem Adverb, welches adjektivische Verwendung hat, ist il est am Platze (doch findet sich auch familiär c'est): Il était bien de sa part de ne pas vous quitter.

§ 308 ([322]). Ceci, cela ohne Prädikat.
Gardez ceci, donnez-moi plutôt cela.
Ceci hat Bezug auf den näheren, cela auf den entfernteren Gegenstand.

Außerdem kann ceci sich auf das Folgende beziehen, während cela auf das Vorausgehende Bezug nimmt: Tâchez de bien retenir ceci (näml. was ich sagen werde). Je n'ajouterai rien de plus, cela peut vous suffire (näml. was ich früher gesagt habe).

Anm. 1) Pleonastisch steht cela in pourquoi cela, comment cela, où cela, qui cela in der Frage. Ebenso zur Vervollständigung eines Vergleichungssatzes: Il n'est pas si fou que cela. Est-ce que je m'intéresse tant que cela à cette affaire? (Sinn: als ob mir an dieser Geschichte etwas gelegen wäre).

2) In familiärer Sprache steht cela (ça) öfter von Personen, manchmal in geringschätzigem Sinn: C'est[1] vicomte, on ne sait comment ni pourquoi, et ça veut être plus légitimiste que nous.

3) Statt des Demonstrativs cela kann das Ortsadverb là eintreten nach de und par: De là vient qu'il n'a pas réussi. De là son inquiétude. Il faut commencer par là.

Zusatz. Voici und voilà werden wie ceci und cela unterschieden, d. h. voici bezieht sich auf das Folgende, voilà auf das Vorausgehende: Vous me demandez des preuves? Les voici. Aber: Voilà tout ce que j'ai à vous dire. — Familiär bildet man auch zu voilà eine Frageform: Ne voilà-t-il pas que vous vous fâchez?

nur verständlich, wenn man im Auge behält, daß ce mehr als il der von einem Affekt begleiteten Äußerung entspricht.

[1] Auch ce ist hier dem ça gleich gestellt, daher fehlt der Artikel vor vicomte.

§ 309 ([823]). Ceci und cela mit Prädikat.

1) *Ceci (cela) est probable.*
2) *Ceci est un secret,* aber
   C'est là un secret ober *cela, c'est un secret (c'est un secret, cela).*

1) Zu **ceci** wie zu **cela** kann ein Adjektiv als Prädikat treten.
2) Ein Substantiv kann wohl als Prädikat zu **ceci** stehen, nicht aber zu **cela**. Entweder muß **cela** durch **ce** vor être wieder aufgenommen oder es muß in seine Bestandteile (ce-là) zerlegt werden.

Anm. In der Frageform: Est-ce donc là un secret? Die Trennung ist aber außerhalb der Frage ebenso nötig, denn cela est un secret ist nicht französisch. Dasselbe muß vor **tout** und **quelque chose** geschehen: C'est là tout. Selten wird **ceci** in **ce** und **ici** zerlegt: C'est ici le plus grand événement de notre globe.

Unterbleiben muß die Zerlegung von cela vor **même** und **seul**: Cela même est une des conditions de la vie humaine. Cela seul est la vérité. Vgl. § 315.

Unterbleiben kann sie in Verbindung mit der Negation: Cela n'est rien. Cela n'est pas un défaut (ober ce n'est pas là un défaut).

Umgangen werden kann sie durch **tel**: Car tel est notre (bon) plaisir (denn das ist Unser Wille).

§ 310 ([824]). Ce vor dem logischen Subjekt.

1) *Celui qui, pour l'égoïste, est le plus digne de tous les soins, c'est lui-même.*
2) *Ce dont nous nous méfions le moins, ce sont nos propres folies.*[1]

Hauptsächlich in Verbindung mit **celui qui, ce qui** tritt eine Inversion ein, durch welche das eigentliche Prädikat zum (grammatischen) Subjekt wird; das im zweiten Satzglied folgende eigentliche (jetzt logische) Subjekt nimmt **ce** vor sich,

1) wenn es ein Pronomen ist,
2) wenn es im Plural steht.

Anm. Niemals darf **ce** eintreten vor einem Adjektiv oder Particip[2]: Ce que vous me demandez là, est illicite (défendu par les lois).

---

[1] Nicht etwa c'est de nos propres folies. Unerlaubte Attraktion.
[2] Denn diese sind immer Prädikat, nie logisches Subjekt. — Doch: Vivre loin de ses amis, c'est triste (etwas Trauriges), wenn das grammatische Subjekt aus einem Infinitiv besteht.

Zusatz. 1) Für den Infinitiv gilt der Zusatz von ce als Regel, besonders wenn er selbst logisches Subjekt ist oder wenn mehrere Infinitive das grammatische Subjekt bilden: La chose à laquelle un homme ambitieux pense le moins, c'est de[1] mériter sa fortune. Boire, manger, dormir, c'est le partage de la brute comme de l'être pensant.

Wenn das grammatische und das logische Subjekt ein Infinitiv ist, sollte ce vor dem letzteren nur fehlen, wenn er verneint ist: Penser c'est vivre.[2] Dagegen Végéter (ce) n'est pas vivre.

2) Immer muß ce stehen, wenn das logische Subjekt durch einen Satz dargestellt ist: Ce qui donne surtout du prix aux lettres de Mme de Sévigné, c'est qu'elle parle une langue qui ne vieillit pas.

b) Determinativpronomen.

§ 311 ([325]). **Adjektivisches Determinativ.** Das adjektivische Determinativ ce (cet), cette ist von beschränktem Gebrauch: Le nouveau monde est cette partie du monde, qui a été découverte à la fin du XVe siècle, et à laquelle on a donné le nom d'Amérique. Es findet sich hauptsächlich nach de im partitiven Sinne: Mon ami est de ces gens qui ne font pas les choses à moitié. Il y a de ces (gewisse) rencontres qui ne s'oublient pas.

Außerdem statt des Artikels vor der Konjunktion (eigentlich Relativadverb) que: Il faut lui rendre cette justice qu'il a pris sa tâche au sérieux.

§ 312 ([326]). **Das substantivische Determinativ celui, celle.**

On ne respecte que ceux qui se respectent eux-mêmes.
Les plaisirs les plus impérissables sont ceux de l'esprit.
La religion nous impose deux devoirs: celui d'aimer Dieu, et celui d'aimer notre prochain.

Das substantivische Determinativ celui kann nur nach sich haben das Relativpronomen oder die Präposition de mit einem Nomen oder Infinitiv.

Anm. Als Verkürzung eines Relativsatzes wird häufig ein Particip mit celui verbunden: La lumière a une vitesse, par seconde, de 77 000 lieues

---

[1] Nicht etwa à, wenn schon Vauvenargues es in diesem Satze statt de gebraucht. Unerlaubte Attraktion.

[2] Ausnahmen sind häufig, besonders wenn der Infinitiv beidemale derselbe ist, oder ce aus Wohllautsrücksichten vor serait, manchmal auch vor aurait été, eût été ausgelassen wird: Les théories littéraires de Boileau sont fort générales, mais elles sont éternellement vraies. Les nier serait nier l'art lui-même (A. Vinet).

de 4000 mètres. Cette vitesse est celle trouvée (für qui a été trouvée) par l'aberration des étoiles fixes. Mit Unrecht wird diese, besonders in der wissenschaftlichen Sprache unentbehrliche Ausdrucksweise verworfen. Die Verbindung des Determinativs mit einem Adjektiv ist nicht anzuraten; auch sie ist erlaubt, wenn ein Relativ folgt, zu welchem das Determinativ als Beziehungswort steht: Cette orthographe diffère de celle plus régulière que nous avons suivie.

Zusatz. Das Determinativ kann fehlen: Heureux qui laboure les champs qu'ont labourés ses pères! L'armée ennemie se retira sans autre succès que d'avoir désolé le plat pays. In Sa vie et sa mort furent d'un heureux et d'un sage läßt sich auch (dem Lateinischen gemäß) ein Genitiv der Eigenschaft annehmen. (Vgl. § 324).

§ 313 (³²⁷). Celui-là als Determinativ.

Que ceux-là sont haïssables qui parlent toujours d'eux-mêmes.

Zur Verstärkung wird là (nicht etwa auch ci) dem Determinativ beigefügt, wenn es durch das Prädikat von dem Relativ getrennt ist.

Anm. 1) Auch bei anderen Einschiebungen kann celui-là stehen. So findet es sich sehr häufig (nicht immer) vor même: Ceux-là mêmes) qui comptaient nous surprendre, furent surpris.

2) Damit ist nicht zu verwechseln das Demonstrativ celui-ci, celui-là, welches ausnahmsweise (§ 167) vor dem Relativ stehen kann

a) Bei der Gegenüberstellung: De ces deux maisons contiguës, celle-ci, qui n'a que vingt ans d'existence, menace déjà ruine, tandis que celle-là, qui date de deux siècles, se trouve en parfait état de conservation.[1]

b) Nach c'est: C'est celui-ci qui doit être responsable.

§ 314 (³²⁸). Das neutrale ce als Determinativ.

Ce qui est utile, n'est pas toujours agréable.
C'est lui qui est venu. C'est lui que j'ai vu.

Das determinative ce steht unmittelbar vor dem Relativ. Nur bei der Umschreibung kann es von demselben getrennt werden.

Anm. Vor dem Relativadverb (Konjunktion) que kann ce nur in zwei Fällen stehen:

1) Wenn in der Umschreibung ein mit Präposition verbundenes Substantiv oder Pronomen steht: c'est de lui qu'on parle; c'est à votre domestique que je l'ai remis; c'est dans votre chambre que vous deviez chercher.

---

[1] Der Relativsatz ist hier nur beiläufiger Zusatz, daher ist das Komma vor qui zu setzen.

2) In konjunktiven Verbindungen[1]: en ce que, sur ce que, à ce que, de ce que, jusqu'à ce que, parce que (dagegen ist que Relativ in par ce que).

§ 315 (³²⁹). Cela ist ausnahmsweise Determinativpronomen.

Es muß statt ce eintreten:
1) Vor **même** und **seul**: Que cela seul soit reconnu vrai qui l'est pour le genre humain.
2) Vor **de** (welches nach ce nicht eintreten kann): Il a cela de commun avec son frère. Le comte d'Erfeuil avait cela de particulier, que l'on ne pouvait pas légitimement se fâcher de ce qu'il disait.

Anm. 1) Im ganzen wird demnach cela nur in den Fällen als Determinativ gebraucht, in welchen es auch ein substantivisches Prädikat duldet (§ 309 Anm.).

Anm. 2) In der Verbindung mit **tout** ist nur ce als Determinativ üblich, aber es muß auch **immer**[2] stehen. Alles, was heißt also nur tout ce qui (und ebenso **alle**, welche nur tous **ceux** qui, toutes **celles** qui).

Cela in Verbindung mit tout kann nur Demonstrativ sein und der folgende Relativsatz enthält nur eine beiläufige Bemerkung: Tout cela, qui est si propre à exciter la pitié, peut s'alléguer en faveur de l'accusé. — Bei einem derartigen Relativsatz wird natürlich das Determinativ nach tout auch sonst überflüssig: Comme Victor Hugo acceptait la souffrance, et comme il la faisait accepter à tous, qui, en le voyant invincible, invulnérable presque à la douleur, ne songeaient plus à se plaindre!

Relativpronomen.

§ 316 (³³⁰). Das Relativ qui.

Das gewöhnliche Relativpronomen ist qui mit dem Accusativ que. Die Form qui als Accusativ wird nach Präpositionen gebraucht, daher lautet der Genitiv de qui, der Dativ à qui. Der Genitiv de qui wird jedoch meist durch dont ersetzt.

Anm. Da qui nicht nach dem Geschlecht unterschieden werden kann, muß es möglichst direkt seinem Beziehungsworte folgen, damit die Klarheit nicht leidet. Wenn die Trennung unvermeidlich ist, schafft man Abhülfe
1) Durch **lequel** welches nach dem Geschlecht unterschiedene Formen hat, zu welchem aber nur gegriffen wird, wenn nicht durch eine Umstellung das Beziehungswort vor das Relativ gerückt werden kann. (§ 317 Anm.)

[1] In einzelnen ist ce verloren gegangen: depuis que für depuis ce que, après que für après ce que.
[2] Auszunehmen die stehende Redensart Tout est bien qui finit bien.

2) Durch Wiederholung des Beziehungswortes oder durch Einschiebung eines an seine Stelle tretenden Personalpronomens: Il n'est pas besoin d'insister beaucoup sur les caractères qui distinguent les œuvres des deux grands tragiques, œuvres qui sont dans toutes les mémoires. Si l'on regarde la variété des genres, Boileau en a-t-il borné le nombre, lui qui admet quelques genres morts avec le vieil esprit gaulois?

3) Durch et qui (ou qui, mais qui), welches überhaupt dazu dient, den Relativsatz an ein Beziehungswort anzuschließen, welches anderweite attributive Bestimmungen hat: Le duc de Châtillon, gouverneur du dauphin, et qui avait conseillé à ce prince d'aller à Metz, malgré la défense formelle du roi, fut ensuite disgracié.

§ 317 (³³¹). Der Gebrauch von lequel.

1) Il m'a tenu un discours auquel je n'ai rien compris.
2) C'est un homme au sort duquel je m'intéresse.
3) On subit toujours l'influence des gens parmi lesquels on vit.

Das Relativpronomen **lequel** muß eintreten:

1) Wenn das mit einer Präposition verbundene Relativ einen Sachnamen zum Beziehungswort (Antecedens) hat.
2) Statt des Genitivs dont muß duquel (de laquelle u. s. w.) eintreten, wenn das Relativ von einem mit Präposition verbundenen Substantiv abhängig ist. Der Genitiv des Relativpronomens muß hinter dieses Substantiv treten.¹
3) Nach den Präpositionen entre und parmi.²

Anm. **Lequel** kann stehen:

a) Wenn das Relativ sich nicht auf das unmittelbar vorhergehende Substantiv bezieht. Besonders ist dies der Fall, wenn lequel das richtige Beziehungswort deutlich erkennbar macht, weil es zweigeschlechtig ist: Il y a une édition de ce livre, laquelle se vend fort bon marché. Doch besser mit Umstellung: Il y a de ce livre une édition qui . . .

b) Wenn ein Relativsatz einem anderen untergeordnet ist, erhält der eine qui, der andere lequel, gleichfalls aus Rücksicht auf die Klarheit: Le monde allégorique des Précieuses descendait en droite ligne de Christine de Pisan, qui le tenait de Jean de Meung, lequel s'était borné à copier Guillaume de Lorris.

¹ Dieselbe Regel gilt für das Englische, jedoch nur, wenn das Beziehungswort ein Sachname ist.
² Da de qui auch in der Beziehung auf Personen seltner wird, tritt lequel meist auch nach den mit de gebildeten Präpositionen ein, also nach autour de, auprès de, en face de u. a.

Lequel darf nicht stehen:
- a) Nach c'est in der Umschreibung: C'est la mère de votre ami qui (nicht laquelle) me l'a dit.
- b) Nach der Präposition en: Une homme en qui l'on peut se fier.
- c) Als neutrales Pronomen, daher rien dont (nicht duquel).

Zusatz. Hauptsächlich werden die beiden Relative dadurch unterschieden, daß qui in Relativsätzen steht, welche für das Verständnis wesentlich sind, lequel mehr in solchen, welche nur beiläufige oder erklärende Bemerkungen enthalten. Daher steht das Komma viel häufiger vor lequel als vor qui. Lequel tritt aus demselben Grunde ein, wenn ein Nachdruck auf das Relativ fällt oder der nur accessorische Charakter des Relativsatzes bezeichnet werden muß: On voit deux fenêtres dans le haut du fronton (Giebel), lequel dépasse un peu les tours latérales.[1]

§ 318 ([332]). **Einschiebung eines Beziehungswortes.**
Wie das Personalpronomen (vgl. § 289, 1), so darf sich auch das Relativpronomen nicht auf ein Substantiv ohne Artikel (es sei denn ein Personenname) beziehen. Daher: On alla acheter du blé en Égypte, pays qui de tout temps était renommé pour ses céréales (in Ägypten, welches . . .). Ebenso wird île nach Inselnamen, ville nach Städtenamen dem Relativsatz vorangestellt. Auch nach Jahrzahlen und sonstigen Zahlenangaben: en 1820, époque à laquelle (im Jahr 1820, wo . . .).

Man darf nicht (nach lateinischer Weise) lequel[2] adjektivisch einem solchen Beziehungsworte voranstellen, außer in auquel cas (ein Fall, in welchem; in welchem Falle) mit Beziehung auf einen Satz. Ziemlich oft aber steht lequel adjektivisch vor einem im Relativsatz nur wiederholten (also vorher schon genannten) Beziehungswort: C'est une de ces imaginations paresseuses qui ne se mettent en frais d'esprit et d'invention que dans des circonstances extraordinaires, lesquelles circonstances il faut saisir en toute hâte si l'on veut en profiter.

§ 319 ([333]). **Das neutrale qui.**
Ne répétez pas ce qu'on vous a confié en secret.
Il ne m'a pas gardé le secret, ce qui m'a fort déplu.

Das neutrale qui verlangt das Determinativ ce vor sich, mag dieses Determinativ von einem vorausgehenden Verb abhängen, oder das Relativ sich nur auf den Inhalt des vorausgehenden Satzes beziehen.

Anm. 1) Das determinative ce muß dagegen fehlen:

---

[1] Es ist nur ein Giebel da; qui würde zur Annahme führen, daß deren mehrere vorhanden sind, daß aber nur derjenige Fenster hat, welcher höher als die Türme ist.

[2] Noch weniger selbstverständlich quel, welches kein Relativ ist.

a) Nach neutralen Indefiniten, daher: rien qui, quelque chose qui, autre chose qui, chose qui.
b) In Beziehung auf das neutrale Interrogativ: Que voulez-vous que j'y fasse? Que pensez-vous qui soit arrivé?
c) In **que je sache, que nous sachions**[1]: Il n'y a personne à la maison, que je sache.
d) Nach **Präpositionen** mit Bezug auf den Satzinhalt: Il mit de l'ordre à ses affaires, après quoi il partit. Bei einzelnen Präpositionen, besonders **à**, steht manchmal das Determinativ: Il vint me remercier, ce à quoi je ne m'attendais guère.

2) Das determinative **ce** kann fehlen:
   a) Wenn zwei mit dem neutralen **qui** beginnende Sätze durch eine Konjunktion verbunden sind, kann vor dem zweiten das Determinativ fehlen: Destouches voulut épurer la comédie de tout ce qui provoquait la grosse gaieté ou qui sentait la mauvaise compagnie.
   b) Neben **ce qui est plus** (was noch mehr heißen will), **ce qui est pis**[2] (was noch schlimmer ist), **ce qui est mieux** (was noch besser ist) findet sich **qui plus est, qui pis est, qui mieux est**: La convention fut conclue, et, qui mieux est, observée.
   c) Nach **voici** und **cela** steht oft das neutrale **qui** ohne Determinativ: Voilà qui est trop fort! Voici qui complète notre infortune! Dies ist nur in Sätzen üblich, welche einen Ausruf enthalten.[3] Ebenso steht **quoi** in Verbindung mit Präpositionen: Voilà en quoi vous faites erreur. Niemals darf der Accusativ **que** ohne Determinativ stehen.
   d) Bei der Begriffsbefinition eines Adjektivs: Monarchique: qui appartient à la monarchie.

§ 320 ([334]). Que und ce que als Nominativ.

1) *De simple moine qu'il était, il devint évêque.*
   On le nomma président, ce que de fait il avait toujours été.
2) *Voilà justement l'acteur qu'il nous faut.*
   On vous trouvera ce qu'il vous faut.
1) **Que** und **ce que** stehen als prädikativer Nominativ bei den Verben, welche doppelten Nominativ zulassen.

---

   [1] Vgl. § 240 Zus. 2. Früher auch que je crois, que je pense, für welche jetzt in der Regel je crois, je pense steht. Das frühere Relativ hat noch zur Folge, daß in diesen Ausdrücken die bei Einschiebungen übliche Inversion unterbleibt.
   [2] Dafür nicht pire zu setzen.
   [3] Das fehlende Determinativ ist nicht ce, sondern das neutrale quelque chose (oder chose).

2) Que und ce que stehen als logisches Subjekt bei unpersönlichen Verben.

Anm. 1) Ebenso malheureux que je suis! (**me miserum!**) vgl. § 290 Anm. On n'a jamais su ce qu'il est devenu, vgl. § 91.

2) A l'heure qu'il est (in gegenwärtiger Zeit); il me demanda l'heure qu'il était (wieviel Uhr es wäre). Prenez ce qu'il vous plaît (was Ihnen beliebt); prenez ce qui vous plaît le mieux (am besten gefällt).

Zusatz. Eine ähnliche Erscheinung wie die § 310 erwähnte findet sich bei dem Relativ. Unter Vermittlung von c'est (welches beim Ausruf wegfällt) tritt eine Inversion ein, durch welche das eigentliche Prädikat als grammatisches Subjekt vorangestellt wird. Das nachfolgende eigentliche (jetzt logische) Subjekt nimmt gewöhnlich **que** vor sich; wenn es durch einen Infinitiv ausgedrückt ist, außerdem **de**[1]: C'est une belle chose que la musique (es ist etwas Schönes um die Musik). Erreur que tout cela! (alles das ist Irrtum). C'est donner que de faire un pareil marché (das ist so gut wie geschenkt). Man erklärt dieses **que** als prädikatives Neutrum; c'est une belle chose (ce) que (c'est) la musique.

§ 321 (³³⁵). Das Relativadverb dont.

La nature, { *dont les secrets nous échappent,* / *dont nous ne connaissons pas le secrets,* } *suit des lois immuables.*

Dont, welches außer dem in § 317, 2 bezeichneten Falle gewöhnlich den Genitiv des Relativs bildet, bewirkt keinerlei Änderung in der gewöhnlichen Wortfolge und führt nicht den Wegfall des Artikels herbei.

Anm. Nach dem als partitiver Genitiv gebrauchten dont fehlt öfter das Verb: Il y a quinze blessés, dont trois grièvement.

Dont bildet auch den Genitiv des neutralen qui (ce dont, rien dont): Il n'y a rien dont on ne trouve la fin.

§ 322 (³³⁶). Das Relativadverb où.

Il ne demeure pas dans la maison d'où je le vis sortir.
La maison dont il sort, est une des plus nobles du pays.

D'où wird gewöhnlich nicht im bildlichen Sinne gebraucht; dafür tritt dont ein, welches seinerseits in räumlicher Beziehung zu vermeiden ist.

Anm. Où hat entweder ein Substantiv oder das Adverb là (seltner ici) als Antecebens: Là où il n'y a rien le roi perd ses droits. — Où darf

---
[1] Welches in der Poesie oft fehlt.

nicht in der Umschreibung das Adverb **que** vertreten: C'est là que je vous attendais (da habe ich Sie erwartet; *hic Rhodus hic salta*).

§ 323 (³³⁷). Das Relativadverb que.

1) Manchmal findet sich **que** noch für das jetzt gebräuchlichere **où** in **au temps que, dans le temps que, au moment que**. Es kann nie durch **où** ersetzt werden nach Zeitadverbien, mit welchen **que** zu einer Art von Konjunktion verschmilzt: aujourd'hui que, maintenant que, à présent que, autrefois que, alors que u. a. Ebenso du temps que.

2) In der Umschreibung c'est . . . **que** ist **que** Relativadverb, wenn ein Nomen mit Präposition in die Mitte tritt vgl. § 314 Anm. 1.

Nach dem heute vorwiegenden Sprachgebrauch muß das Relativadverb in diesem Falle eintreten: C'est à vous que je parle (nicht c'est vous à qui je parle).¹

3) Über das Relativadverb **que** in en ce que, sur ce que u. a. vgl. § 314 Anm. 2.

§ 324 (³³⁸). Beziehungsloses Relativ.

Das Relativ ohne Beziehungswort findet sich als Nominativ, Accusativ und in Verbindung mit Präpositionen: Qui dit averti, dit muni. Il est bien gardé, qui Dieu garde. Rien de ce qui vient des personnes célèbres n'est indifférent à qui les apprécie. Vgl. § 312 Zus.

Interrogativpronomen.

§ 325 (³³⁹). Das adjektivische quel.

1) *Quelle raison pouvez-vous alléguer?*
   Je ne sais quelle raison vous pourriez alléguer.
2) *Quelles sont vos raisons?*
   Je vous ai fait connaître quelles sont mes raisons.

Das adjektivische **quel** steht in der direkten wie in der indirekten Frage
   1) attributiv mit einem Substantiv verbunden,
   2) prädikativ auf ein Substantiv hinweisend.

Anm. Quel fragt nach der Qualität, wird aber vielfach auch gebraucht, wo es sich um die Identität handelt: Quel est l'auteur du Patelin? Vergl. § 327 Anm. 1.

Quel tritt für das von uns erwartete **de qui** (wessen?) ein, wenn das letztere von einem nicht prädikativen Nominativ abhängig gemacht werden

---

¹ Durchaus unerlaubt ist die in früherer Zeit übliche Attraktion c'est à vous à qui je parle (ebenso c'est là où je vous ai rencontré vgl. § 322 Anm.).

müßte: Quelle épée a délivré l'Allemagne du joug des Romains? (Weſſen Schwert . . .?) In edlerer Sprache ſteht auch ſonſt **quel** ſtatt de qui, beſonders wenn das regierende Subſtantiv mit der Präpoſition de verbunden iſt: De quel sang fut-il prodigue?

§ 326 (^{340}). Das ſubſtantiviſche lequel.

Lequel de ces deux hommes est le plus coupable?
Il serait difficile de dire lequel est le plus coupable.

Lequel ſteht in der direkten wie in der indirekten Frage. Wenn auf dasſelbe nicht ein partitives de folgt, ſo iſt es doch zu ergänzen.

Anm. 1) Öfter wird in direkter wie in indirekter Frage **quel** auch da gebraucht, wo es ſich um eine Auswahl handelt und demnach **lequel** am Platze iſt: En résumé, toutes les qualités du génie français sont là. Quelles? — l'unité, la mesure, la proportion, la sagesse (Paul Albert). Un abonné m'avait demandé . . . de dire quelle (de ces diverses étymologies) est celle qui est la meilleure (P. M. Quitard).

2) Nach **lequel** ſowie nach **quel, qui, ce qui** findet ſich ein pleonaſtiſches **de** vor beiden durch **ou** getrennten Wörtern: Lequel préférez-vous, du cheval secouant sa crinière ou du cheval dompté? Quel est le poète, de moi ou de mon frère? Nous verrons dès demain qui gouverne ma cour, d'elle ou de moi. On ne saurait dire ce qui l'emportait dans Lessing, du talent ou de la volonté. Dieſes nicht erforderliche **de** iſt veranlaßt durch eine Attraktion aus dem öfter zugefügten, meiſt aber fehlenden **des deux**. Ebenſo außerhalb der Frage: S'il y a, de vous ou de votre frère, un coupable, ce n'est certainement pas vous (de attrahiert aus dem zu ergänzenden **de vous deux**).

§ 327 (^{341}). Das perſönliche qui.

Qui vous l'a dit?
Ne vous rappelez-vous plus qui vous l'a dit?

Das perſönliche Interrogativ **qui** ſteht in der direkten wie in der indirekten Frage.

Anm. 1) **Qui** hat für beide Geſchlechter und Zahlen, für Nominativ und Accuſativ gleiche Form. Manche erſetzen es im Fem. durch **quelle**, für den Plural tritt meiſt **quels, quelles** ein: Quels (für qui) sont ces gens?

2) **A qui** vertritt unſer weſſen bei einem Beſitzverhältnis: Weſſen Buch iſt dies? A qui est ce livre?

3) **Qui . . . qui** iſt gleich l'un . . . l'autre und iſt beſonders noch üblich in qui ça qui là (der eine hier, der andere dort), qui plus qui moins (der eine mehr, der andere weniger). — Ebenſo **que . . . que** in que bien que mal (ſo ziemlich, ſchlecht und recht).

4) **C'est à qui** heißt um die Wette¹ (eigentlich: es gilt, es handelt sich darum, wer etwas thun wird). Le portrait que la Rochefoucauld fait de l'homme, n'est pas beau; c'est à qui ne veut pas s'y reconnaître. Ähnlich steht à vor einem durch **qui** eingeleiteten indirekten Fragesatz nach Verben des Wettstreites: lutter, rivaliser, se disputer, parier à qui fera qc.

§ 328 (³⁴²). Das neutrale que.

Que peut vous faire l'opinion de ce gens-là?
Dites-moi ce que l'opinion de ces gens-là peut vous faire.

Das neutrale Interrogativ **que** steht nur in der direkten Frage; in der indirekten Frage tritt das neutrale Relativ mit seinem Determinativ (ce qui) ein.

Anm. 1) Der Nominativ **que** kann nur bei intransitiven Verben stehen und außer dem prädikativen Gebrauch bei être fast regelmäßig nur bei solchen, die zugleich unpersönlich gebraucht sind: que vous en semble? qu'est-il arrivé? qu'importe? u. s. w. Bei Transitiven tritt die Umschreibung **qu'est-ce qui** ein: Qu'est-ce qui peut vous le faire supposer? Auch statt des Accusativs **que** steht oft **qu'est-ce que:** Qu'est-ce que cela prouve? Doch auch (nachdrücklicher): Que prouve cela?
2) Als Nominativ bei Transitiven kann auch **qui** Verwendung finden. Besonders in stehenden Redensarten: Qui vous amène? (was führt Sie hierher?) Qui me vaut l'honneur de votre visite? (was verschafft mir die Ehre Ihres Besuches?) Auch indirekt: Je ne sais qui me retient (ich weiß nicht, was mich zurückhält).
3) Wenn das Verb des indirekten Fragesatzes im Infinitiv steht, so bleibt das fragende **que** stehen: Il ne savait que² répondre.
4) **Que** kann für pourquoi eintreten.³ In negativen Sätzen darf dann nur ne (ohne Negationsfüllwort) stehen: Que ne m'avez-vous appelé? = Pourquoi ne m'avez-vous pas appelé?

§ 329 (³⁴³). Der Gebrauch von quoi.

Quoi als Nominativ ist nur üblich alleinstehend: Il y a du nouveau. — Quoi? Oder mit folgendem de: Quoi de plus heureux que

---

¹ Im gleichen Sinn à l'envi (bald von *invitus*, bald von *invidia* abgeleitet, nicht envie zu schreiben) oder à qui mieux mieux (durch Verbalellipse nach beiden mieux zu erklären).
² Nachdrücklich steht quoi vor dem Infinitiv statt des Accusativs que in direkter und indirekter Frage: Quoi répondre? Il ne savait quoi répondre.
³ Gewöhnlich nur in negativen Sätzen. Die Frage erhält durch que den Charakter des Ausrufes; wo das nicht möglich ist, muß pourquoi stehen.

ce qui vous arrive. Auch als Accusativ ist (außer nach Präpositionen) quoi nur alleinstehend zu gebrauchen: J'ai quelque chose à vous dire. — Quoi?

Anm. 1) **Quoi** als Accusativ vor einem Infinitiv vgl. S. 293 N. 3. Statt quoi faisant u. a. sagt man jetzt ce que faisant.

2) **Quoi** darf nicht gebraucht werden, um anzudeuten, daß man nicht verstanden hat. Die landläufigste Art, dies auszudrücken, ist **Plaît-il?** Auch **Comment, monsieur?** Am besten ist **Monsieur?** in fragendem Ton gesprochen. Außerdem **Vous dites?** oder **Vous disiez?** In komischer Weise als Ausdruck der Überraschung wird **hein?** gebraucht.

3) **De quoi** vor einem Infinitiv bedeutet, daß das Mittel oder die Ursache zu einer Thätigkeit gegeben ist: J'ai de quoi vous répondre. Il y a là de quoi réfléchir. Mit Auslassung des Infinitivs (vivre): avoir de quoi (zu leben haben); remercier ist zu ergänzen in der populären Art den Dank abzulehnen: il n'y a pas de quoi (kein' Ursach').

§ 330 ([344]). Die Anknüpfung des indirekten Fragesatzes. Ein indirekter Fragesatz kann unmittelbar nur von Verben des Sagens, Wissens, Erfahrens und ähnlichen abhängig gemacht werden. In anderen Fällen muß die Einschiebung von savoir stattfinden: la question est de savoir si vous m'avez compris (die Frage ist, ob . . .). Il s'agit de savoir qui vous l'a commandé (es handelt sich darum, wer . . .). Je me soucie peu de savoir où vous comptez aller (ich kümmere mich wenig darum, wohin . . .). On a disputé pour savoir quelle ville a été le berceau de l'imprimerie (man hat darüber gestritten, welche . . .) u. s. w.

§ 331 ([345]). Das Interrogativ im Ausrufesatz.

Wenn **quel** und andere Interrogative in einem Ausrufesatze stehen, unterbleibt in der Regel die Inversion; dieselbe ist jedoch nötig, wenn der Satz die Negation enthält: Quels soins tu as pris de moi! Aber: Quels soins n'as-tu pas pris de moi!

Ebenso bei **que**, welches für **combien** steht: Que de services il m'a rendus! Bei der Negation ist hier die Inversion durch die Klarheit geboten. Que de services ne m'as-tu pas rendus!

Que tritt auch an Stelle von **comme**[1]: Que Dieu est puissant! In solchen Sätzen ist Negation und Inversion unmöglich, weil die Unterscheidung von dem in § 328 Anm. 4 erwähnten Gebrauch unmöglich wäre.

---

[1] Oder von **combien**, welches manchmal vor Adjektiven steht.

Indefinites Pronomen.

a) Nur substantivisch gebrauchte Fürwörter.

§ 332 (³⁴⁶). On (l'on), personne und rien sind Singulare; die beiden ersten sind männlich, rien ist Neutrum.

Anm. 1) Sylleptisch können **personne** und besonders **on** in Beziehung auf Feminine weiblich gebraucht werden: Personne n'est si sérieuse que moi pour les choses sérieuses. On n'est pas toujours jeune et belle. **On** kann auch als Plural verwandt werden: Quand on est si proches voisins, il faut vivre en paix. — **Rien** (Kleinigkeit) ist wirkliches Substantiv: Un rien suffit pour le mettre en colère. Il vaut mieux ne rien faire que de faire des riens (läppische Dinge). Für nichts achten ist daher sowohl ne compter pour rien als compter pour rien; im letzteren tritt der substantivische Charakter von rien mehr hervor.

2) **Rien moins** ist zweideutig, weil es unserem **nichts weniger als** eben sowohl wie unserem **nichts Geringeres als** entspricht.¹ Zur Vermeidung von Unklarheiten ist zu merken:

a) Wenn der Sinn nur negativ sein kann (vor Adjektiven), setzt man **rien moins**: Cette affaire n'est rien moins qu'éclaircie (durchaus nicht aufgeklärt).

b) Wenn der Sinn negativ oder positiv sein kann (vor Substantiven und Infinitiven), so steht **rien moins** im negativen Sinn: Il n'est rien moins qu'un héros. La *Geste des Romains* n'est rien moins que ce que le titre annonce: il ne s'y agit ni de Romains ni d'aventures.

Im positiven Sinn setzt man **rien de moins** oder **ne ... pas moins**: La suppression des lois sur la chasse ne serait rien de moins que la suppression du gibier (wäre gleichbedeutend mit). Certains écrivains n'ont pas entrepris moins que la réhabilitation complète des Précieuses (haben das ganze Preciösentum wieder zu Ehren bringen wollen). Il n'aspire à rien de moins² qu'à vous supplanter oder il n'aspire pas à moins qu'à vous supplanter (er geht auf nichts Geringeres aus, als Sie zu verdrängen).

b) Nur adjektivisch gebrauchte Fürwörter.

§ 333 (³⁴⁷). **Maint, certain, différents, divers.** Die adjektivischen Indefinite haben beiderlei Geschlecht. Beide Zahlen haben nur **maint** und **certain**; als wirkliche Adjektive kommen **différents** und **divers** auch im Singular vor in der Bedeutung

---

¹ Im ersten Falle ist **moins** Adverbium, im zweiten steht es in adjektivischer Verwendung statt moindre.
² Die Franzosen sind in dieser Unterscheidung wenig sorgfältig. So giebt sogar die Akad. diesen Satz nur mit **rien moins** und dem Rate, sich anders auszudrücken.

verschiedenartig, als Indefinite haben sie nur Plural mit der Bedeutung verschiedene (= mehrere).

Anm. Hin und wieder finden sich **certain** und **maint** auch substantivisch gebraucht: La crise est beaucoup plus aiguë que certains ne veulent l'avouer. Certains prétendent que . . . Certains de ces messieurs se sont excusés. L'Espagne a traduit mainte de nos œuvres (Littré).

c) Adjektivisch und substantivisch gebrauchte Fürwörter.

§ 334 ([848]). **Adjektivisch un, une, substantivisch l'un, l'une.**

En descendant le fleuve, on voit d'un côté (auf der einen Seite) *des forêts; de l'autre une vaste plaine.*

L'un, l'une ist abweichend von dem deutschen Gebrauch streng substantivisch, es kann also nur durch de mit einem Substantiv verbunden werden.[1]

Anm. 1) Un hat einen Plural: **les uns . . . les autres** (die einen . . . die anderen).

2) Statt l'un de steht vielfach un de. Der Artikel gilt hauptsächlich für unentbehrlich vor einem Pronomen oder vor einem Adjektiv, bei welchem ein früheres Substantiv zu ergänzen ist: L'Arabe charge ses chameaux de son butin . . . Monté sur l'un d'entre eux (oder monté sur l'un des plus légers), il fait aisément trois cents lieues en huit jours. Zur Vermeidung des Hiatus tritt l'un meist auch nach **si, et, ou** u. s. w.[2] ein.

3) **Un** steht öfter im Sinne von **un certain.** Un monsieur X. (ein gewisser Herr N. N.). En un sens (in gewissem Sinne).

§ 335 ([349]). **L'autre.**

On ne le reconnaît plus, c'est un autre homme.

L'un vaut l'autre (einer ist des anderen wert).

L'autre hat die gleiche Form für die adjektivische wie für die substantivische Verwendung.

Anm. 1) Eine vor **autre que** stehende Präposition darf nach diesem Ausdruck nicht wiederholt werden: Les formes de poésie que Villon a employées, avaient été trouvées par d'autres que lui (nicht que par lui, was unerlaubte Attraktion wäre). Diese vielfach mißachtete Regel findet auf alle

---

[1] Man sagt wohl l'autre côté die andere Seite; die eine Seite aber heißt l'un des (deux) côtés. Vgl. § 149 A. 1, § 275, 1. In älterer Sprache war l'un costé ganz korrekt.

[2] D. h. nach denselben Wörtern, welche l'on für on nach sich haben.

§ 335. L'autre.

Präpositionen Anwendung, nicht auf à allein, wie Littré (von dem der gegebene Satz herrührt) angiebt.

2) **Tout autre** hat oft den Sinn eines Komparativs: L'affaire est d'une tout autre importance (von viel größerer Wichtigkeit). Ebenso tritt **(bien, tout) autrement** vor Adjektive und bildet eine Art verstärkten Komparativs: Ceci est tout autrement important (weit wichtiger). **Ne ... pas autrement** heißt nicht besonders: Vos menaces ne m'effraient pas autrement.

3) Die substantivische Nebenform **autrui** findet sich nur in Verbindung mit Präpositionen: Il ne faut pas convoiter le bien d'autrui.

Zusatz. Phraseologisches: L'autre jour (dieser Tage d. h. in den letzten Tagen); dagegen l'autre semaine, l'autre mois, l'autre hiver u. a. (vorige Woche u. s. w.). Am anderen (d. h. folgenden) Tage le lendemain.

Un autre Cicéron (un second Cicéron, un nouveau Cicéron sind ebenso üblich) ein zweiter Cicero.[1]

Nous autres (wir). Vous autres (,) peintres (ihr Maler). Dieser Zusatz bei **nous, vous** ist üblich, aber nicht nötig. Eux autres ist vulgär, vous autres ohne appositives Substantiv ist geringschätzend.

De côté et d'autre, de part et d'autre (beiderseits). De manière ou d'autre (auf die eine oder andere Art). Parler de choses et d'autres (von diesem und jenem sprechen). De temps à autre = de temps en temps. In solchen Ausdrücken fehlt bei **autre** der Artikel.

D'une part ... de l'autre (part), d'un côté ... de l'autre (côté) einerseits ... anderseits. Im ersten Gliede steht unbestimmter, im zweiten bestimmter Artikel. Bei fehlendem ersten Glied hat das zweite (auf der anderen Seite) den unbestimmten oder keinen Artikel: d'une autre part, d'un autre côté, d'autre part (seltner d'autre côté). — Bei **part** (nicht bei **côté**) findet sich auch bloßes de in beiden Gliedern: d'une part ... d'autre part.

Ne pas laisser pierre sur pierre (keinen Stein auf dem anderen lassen). Diese im Deutschen unübliche Wiederholung des Substantivs ist im Französischen[1] häufig.

Etwas anderes autre chose. C'est autre chose (auch c'est différent). Nichts anderes rien autre chose (auch rien autre) oder ne ... pas autre chose que.[2] Sonst jemand quelque autre. Sonst niemand nul autre. Niemand als ich personne, autre que moi. La morale n'est pas autre à Paris, autre à Londres (eine andere als).

Und andere (substantivisch) et d'autres: Diderot, d'Alembert et d'autres (auch et autres). Im adjektivischen Gebrauch heißt et d'autres und andere (d. h. nicht alle), et autres dagegen und sonstigen (d. h. die übrigen).

---

[1] Wie im Englischen.
[2] Zu meiden ce n'est rien que und besonders rien d'autre, personne d'autre (nichts, niemand anderes).

faſt = et les[1] autres): Les fourmis et d'autres insectes. Les nègres et autres gens de couleur.

Bien d'autres, bien d'autres personnes (ſehr) **viele andere.** A d'autres erzählen Sie das Märchen einem anderen. Il n'en fait pas d'autres das iſt ſo ſeine Art. Entre autres[2] unter anderem.

§ 336 ([350]). L'un l'autre (einander) und ähnliche.

Il faut se pardonner les uns aux autres.

Die Präpoſition tritt bei l'un l'autre in die Mitte.

Anm. 1) Zuſammengeſetzte Präpoſitionen können getrennt werden, ſo autour les uns des autres, en face les uns des autres, à la suite les uns des autres, au travers les uns des autres u. ſ. w.

2) In den Verbindungen l'un et l'autre (beide), l'un comme l'autre (der eine wie der andere), l'un ou l'autre, ni l'un ni l'autre wird die Präpoſition vor beide Beſtandteile geſetzt: Nous comptons des amis dans l'un et dans l'autre parti. Wenn eine Zuſammenfaſſung eintritt, kann bei dem **adjektiviſchen** l'un et l'autre die Präpoſition nur einmal geſetzt werden: dans l'un et l'autre cas.[3]

§ 337 ([351]). Pas un.

Il n'a pas un ami dans ce monde.

De ses nombreux amis pas un ne lui est venu en aide.

Pas un hat adjektiviſchen und ſubſtantiviſchen Gebrauch bei gleicher Form.

Anm. Im Accuſativ bevorzugt man **pas de (point de)**: Après le froment, l'ancien monde ne connait pas de céréale plus précieuse que le seigle. — Auch als Nominativ: Mieux vaut, en somme, un ministère mal venu que pas de ministère du tout.

§ 338 ([352]). Nul; aucun.

Charlemagne fit ce que nul n'avait fait avant lui, ce que ne devait tenter aucun de ses successeurs: il gouverna ses sujets pour eux-mêmes.

Nul und **aucun** (beide von gleicher Form für adjektiviſchen und ſubſtantiviſchen Gebrauch) unterſcheiden ſich dadurch, daß **nul** allgemein verneint, **aucun** dagegen einzelnes ausſcheidet und daher beſonders vor partitivem de zu wählen iſt.

---

[1] Die Erklärung iſt, daß bei Anfügung von et autres eine Zuſammenfaſſung zweier Ausdrücke ſtattgefunden hat wie les père et mère (§ 274, 1).

[2] Manche wollen nur entre autres choses gelten laſſen.

[3] Die Präpoſition **entre** kann naturgemäß nie wiederholt werden: Quelle différence entre l'un et l'autre!

Anm. 1) **Nul** ist auch reines Abjektiv in der Bedeutung nichtig: Le testament a été déclaré nul (= a été annulé). Tout cela est nul et non avenu (null und nichtig).

2) Veraltet ist **aucuns, d'aucuns** in dem Sinne von manche; in familiärer Rede wird es noch manchmal benutzt: D'aucuns cherchent les enseignements dans la fange. — Das negative **ne** ... **aucun** wird unbedenklich im Plural gebraucht: Le capitaine répondit qu'il n'avait vu aucuns feux et que le phare n'existait plus.

§ 339 (353). Rien, aucun, personne[1] für quelque chose, quelque, quelqu'un. „Etwas, irgend ein, jemand" sind durch die erstgenannten Wörter zu übersetzen, wenn der Satz auf irgend eine Weise negativen Sinn erhält. Die ist der Fall:

1) Bei einer Negation: N'essayez pas de rien changer. Il n'a rien dit à personne.

2) Nach Verben der Willensäußerung, des Denkens und Sagens, wenn dieselben negiert sind: La coutume de France ne veut pas, dit Molière, qu'un gentilhomme sache rien faire. Il est difficile de se figurer que ce genre de littérature ait pu avoir pour personne le moindre attrait. Ebenso nach **empêcher, défendre, nier** u. a., wenn dieselben nicht negiert sind: Des préjugés nationaux ont longtemps empêché les Français de rien étudier qu'eux-mêmes. Le roi défendit à ses généraux de hasarder aucune bataille.

3) Nach Verben und Ausdrücken des Affekts: Vous craignez tant de me rien devoir. Il craignait d'aborder aucun sujet (Thema) qui pût nous rappeler sa faute.

4) Nach Adjektiven, die begrifflich eine Negation enthalten: Il est impossible de rencontrer aucune faute contre cette règle. Il serait injuste d'en rien conclure contre vous. Ebenso nach Verben gleicher Art, sogar nach **cesser**: Sous Théodose II on cessa de rien donner en nature aux gouverneurs.

---

[1] **Pas un** und **nul** (sowie **nulle part**) gehören nur in ausnahmsweisen Fällen hierher. Der Hauptunterschied zwischen **nul** und **aucun** liegt gerade darin, daß ersteres ursprünglich negativen Sinn hat. **Nul** kann nicht mit einem anderen Negationsfüllwort zusammentreffen, denn z. B. in Jamais nul n'en a dit du bien hat **jamais** affirmativen Sinn (jemals).

5) In der affirmativen rhetorischen Frage (negativer Sinn): Comprend-on rien de pareil?
6) Im zweiten Glied des Vergleichungssatzes: La féodalité s'organisa à Jérusalem dans une forme plus sévère encore que dans aucun pays de l'Occident.[1]
7) Nach dem Superlativ im Relativsatz: Ce paysage est un des plus ravissants que j'aie vus dans aucun de mes voyages.
8) Nach sans, sans que[2], avant que, avant de, loin que, loin de und ähnlichen: L'armée essuya des revers qui, sans avoir encore rien de décisif, compromettaient le plan général de la campagne. Avant qu'aucune nation gauloise eût remué, César accourut à la rencontre d'Arioviste. Loin d'introduire aucune nouveauté, nous nous sommes bornés à repousser les nouveautés qu'on avait voulu établir.

Anm. Dagegen muß **quelque chose, quelque, quelqu'un** eintreten:
a) Wenn im Satze ein einfaches **ne** stehen muß (denn mit diesem zusammen ergäben **rien, aucun, personne** eine dem Sinn nicht entsprechende volle Negation): La capitale craignait qu'elle ne fût victime de quelques mesures de vengeance. Aus diesem Grunde stets nach à moins que ... ne: Je résolus de me tenir tranquille à moins que quelque chose ne me forçât à sortir de mon inaction.
b) Wenn irgend welche zwei der oben bezeichneten Bedingungen zusammentreffen (und sich so gegenseitig aufheben): Je partis sans voir aucun de mes amis, aber Je ne partirai pas sans avoir vu quelqu'un de mes amis.

§ 340 (354). Plusieurs.

Plusieurs personnes me l'ont affirmé.
De toutes ces choses, il y en a plusieurs à rejeter.

Plusieurs (mehrere; sehr viele[3]) hat gleiche Form für adjektivischen wie für substantivischen Gebrauch).

---

[1] Hier darf **pas un** eintreten: On dit que d'Anville connaissait mieux l'Égypte que pas un Égyptien.

[2] Nach **sans** darf auch **nul** eintreten: Un homme parut dans la salle, sans que nul l'y eût vu entrer. — Hauptsächlich nach **sans** tritt sehr oft **aucun** hinter sein Substantiv und erhält die Bedeutung jederlei, jedweder, d. h. es ist für **tout** (statt für **quelque**) gesetzt: Il l'a fait sans mauvaise intention aucune.

[3] Letztere Bedeutung besonders im substantivischen Gebrauch, weil manche grundlos das absolute **beaucoup** vermeiden (vgl. § 277 Anm. 2).

Anm. Statt des substantivischen **plusieurs** (mit **d'entre eux, en**) tritt öfter das abjektivische Prädikativ auf das Subjekt oder Objekt bezogen ein: Lorsqu'on les (c.-à-d. les loups) voit plusieurs ensemble, ce n'est point une société de paix, c'est un attroupement de guerre.

§ 341 ([355]). Tel, telle.

Infatigable, violent, ne doutant de rien[1], tel il était. Il y a tel tableau du Poussin qui vaut mieux seul que tout ce qu'on a fait depuis.

Tel hat die Bedeutung solcher oder mancher. In beiden Fällen hat es für abjektivischen und substantivischen Gebrauch gleiche Form.

Anm. 1) **Tel** steht als Prädikat zur Vertretung eines Nomens bei Verben, die doppelten Accusativ oder Nominativ haben: Ce discours fut véritablement prophétique, quoique mon père ne le crût point tel.[2] Es steht dann öfter emphatisch für das prädikative le (§ 285): La plupart des grands capitaines sont devenus tels par degrés.

Dasselbe **tel** findet sich statt der Wiederholung eines Adjektivs: L'effacement complet ou à peu près tel des syllabes atones.

2) **Tel als Determinativ:** Un homme tel qu'il vous (le) faut. Tel croit prendre, qui est pris. Tel de ces tableaux vaut une galerie entière. — **Tels que** (wie; z. B.): Les pierres fines, telles que le diamant, le rubis, la turquoise, etc. — **Il n'y a rien de tel que** (es geht nichts über): Il n'y a rien de tel que de s'entendre.[3]

Mit folgender Konjunktion (Konsekutivsatz): Il est dans un état tel qu'on ne conserve aucun espoir de le sauver. So tritt emphatisch **tel** ein in folgenden konjunktiven Ausdrücken, welche gewöhnlich keinerlei Determinativ haben: de telle façon (manière) que, de (en) telle sorte que.

3) **Tel determinativ mit dem Korrelat quel** steht in **tel quel**: La publication telle quelle des manuscrits (in dem vorliegenden Zustande, ohne Änderungen). Oft mit der Nebenbedeutung des Mittelmäßigen: Des gens tels quels.

Mit dem Korrelat **tel**[4]: Tel peuple, telle infanterie (wie das Volk selbst, so seine Infanterie).

4) **Distributiv** steht **tel ... tel autre**: On voit appliquer ici tel principe, là tel autre.

---

[1] Ne douter de rien sich alles zutrauen.
[2] So auch mit **pour, comme** nach **regarder, considérer** u. a.
[3] Früher ohne **de**; noch in Redensarten: Il n'est rien tel que balai neuf.
[4] Früher dem Lateinischen (**qualis ... talis**) entsprechend **quel**. Auch sonst hat das Französische gleichförmige Korrelate: Autant de questions, autant de mystères. Tant vaut le rapporteur, tant vaut le rapport. Vgl. auch **autant ... autant** § 361.

5) Monsieur un tel (der Herr Soundso). Tel et tel (der und der), tel ou tel (der oder der), d. h. ersteres steht, wenn man Bestimmtes im Auge hat, letzteres, wenn man die Wahl läßt: Voyez tel et tel de vos collègues (sprechen Sie mit dem und dem Ihrer Kollegen); hier bestimmte Personen, deren Namen nicht wiedergegeben werden. Chacun est fils de la terre qu'il habite, et c'est dans ce sens qu'on doit dire que tel animal est originaire de tel ou tel climat (dem oder dem, diesem oder jenem Klima angehört); es ist gleichgültig, welches Klima man sich dabei vorstellt.

§ 342 (^{356}). Même.

1) *Tous les deux firent la même réponse.*
2) *Les Romains ne vainquirent les Grecs que par les Grecs mêmes.*

Les plus sages même sont sujets à se tromper.

1) **Le (la) même** hat die Bedeutung **derselbe, der nämliche**; es ist substantivisch und adjektivisch.
2) **Même** ohne Artikel heißt **selbst** und kann nur adjektivisch gebraucht werden. In der Bedeutung **sogar** ist es Adverb und demnach unveränderlich.

Anm. 1) Wenn **derselbe** nicht mit der **nämliche** vertauscht werden kann, sondern für das Personalpronomen eingetreten ist, muß französisch das letztere stehen: Votre sœur vient d'arriver; l'avez-vous déjà vue? (haben Sie dieselbe schon gesehen?)

Im Sinne von **gleich, gleichartig** kann der Artikel fehlen: Deux plantes de même espèce.¹ **Dasselbe** ist **la même chose**; **le même** ist neutral nur in cela revient au même (das läuft auf dasselbe hinaus).

2) Eine bestimmte Regel für die Veränderlichkeit von **même** giebt es nicht. In Verbindung mit dem Personalpronomen ist es immer veränderlich: nous-mêmes, eux-mêmes.²

3) **De même** (dasselbe). Ich that dasselbe: Je fis de même (oder j'en fis autant). — Ein mit **de même que** (ainsi que) eingeleiteter Satz verlangt im Nachsatze nach manchen **de même** (ainsi): De même que l'eau ne garde aucune empreinte, de même tout s'efface dans certaines mémoires.

4) **A même** ist eine präpositionale Redensart (unmittelbar an, aus; mitten in): Boire à même la cruche (aus dem Kruge, d. h. ohne Glas trinken). Il se lava les mains à même d'un seau d'eau (mitten in einem Eimer Wasser, der für anderen Gebrauch bestimmt war). Être à même de

---

¹ Ein und derselbe **un seul et même** oder **un même**: Chacune des deux conjugaisons types (Hauptkonjugationen) n'a qu'une seule et même règle. Nous avons un même intérêt.

² Ausgenommen sind **nous** und **vous**, wenn diese Fürwörter eine Person bezeichnen (§ 284).

faire quo heißt imstande sein etwas zu thun (eigentlich: unmittelbar dabei, in der Möglichkeit).

5) Nicht einmal heißt ne... pas même oder ne... même pas. Ohne Verb pas même, vor dem Infinitiv ne pas même (ungetrennt).

§ 343 (357). Tout, toute.

Toute la population se porta ⎱ *à la rencontre du*
Tous allèrent ⎰ *vainqueur.*
Tout ou rien.

Tout, toute ist im Singular rein adjektivisch, der Plural **tous, toutes** kann auch substantivisch gebraucht werden. Das Neutrum (le) tout ist ausschließlich Substantiv.[1]

Anm. 1) Auch wenn tout die Bedeutung **ganz, voll** hat, fehlt öfter der Artikel. So im Singular bei einzelnen Ausdrücken: cela est de toute justice (nicht mehr als billig; eigentlich: von voller Gerechtigkeit), de toute nécessité (durchaus nötig), de toute impossibilité (durchaus unmöglich), un cheval de toute beauté (von höchster Schönheit), il est à toute extrémité (in der mißlichsten Lage, in äußerster Gefahr), il le veut à toute force (durchaus, mit aller Gewalt) u. a.

Häufiger fällt der Artikel weg in adverbialen Ausdrücken mit dem pluralischen **tous**: de tous côtés, de toutes parts, en tous lieux, de tous temps, à tous moments, en tous sens (nach jeder Richtung, Dimension), en tous genres, de tous genres, de toutes sortes, de tous points (durchaus). Bemerke noch: toutes choses (alles), donner à toutes mains (mit vollen Händen), se sauver à toutes jambes, mettre toutes voiles dehors (alle Segel spannen, alle Mittel versuchen), armé de toutes pièces (völlig gerüstet), écrire un mot en toutes lettres (ausschreiben, d. h. nicht abkürzen), un lion à tous crins (ausgewachsener Löwe) u. a. In Sprichwörtern: Tous chemins mènent à Rome. In vielen dieser Ausdrücke wird auch manchmal der Singular gebraucht (tout = jeder). — Ebenso öfters tous deux, tous trois, tous quatre, tous autres neben dem gewöhnlichen tous les deux[2] u. s. w.

Häufig fehlt der Artikel auch außer stehenden Nebenarten; tout wird dann verallgemeinert und bedeutet **alle und jede, jederlei**: On lui refusa tous secours. Des animaux de tous pays et de toutes races.

2) **Le tout** das Ganze. Le tout est de savoir s'il réussira (hauptsächlich handelt es sich darum, ob...); bei der Negation kann der Artikel wegfallen: Ce n'est pas (le) tout de se divertir. — Il a perdu tout ou partie de sa fortune (ganz oder teilweise verloren).

3) **Tout** = seul: Je vous dirai pour toute excuse que... — Tout prädikativ: Vérité, justesse, beauté, toutes choses (oder autant de choses)

---

[1] Doch nicht gern als attributiver Genitiv. Vgl. § 104, S. 100 N. 2.
[2] Manche unterscheiden **tous deux** (beide zusammen und gleichzeitig), **tous les deux** (beide, aber nicht zusammen oder nicht zu gleicher Zeit).

qu'on ne peut juger sans les sentir (deutsch: alle **Dinge** .. oder: lauter **Dinge** ...) — Soll **tout** sich auf mehrere koordinierte Substantive beziehen, so muß es vor jedem wiederholt werden: Dans le port on voyait des bâtiments des toutes formes, de toutes grandeurs, de tous les pavillons.

4) **Wir alle** nous tous oder tous tant que nous sommes. **Unser aller Glück** notre bonheur à tous (vgl. beim **Possessiv** § 297). **Tout le monde** jedermann; le monde entier oder l'univers **die ganze Welt.** Somme toute **alles in allem.** Une fois pour toutes **ein für allemal.**

§ 344 (⁸⁵⁸). Tout als Adverb.

1) Das Adjektiv vertritt das Adverb bei **tout**, wenn dasselbe vor ein konsonantisch anlautendes weibliches Adjektiv tritt. Also Il était tout pâle et tout agité. Ils étaient tout pâles et tout agités. Aber Elle était **toute** pâle et tout agitée. Elles étaient **toutes** pâles et tout agitées[1].

Derselben Regel folgt das zusammengesetzte Adjektiv **tout-puissant**.

2) Vor dem Substantiv bleibt **tout** in der adverbialen Form; einzelne lassen jedoch auch hier die für das Adjektiv geltende Regel eintreten: Ils étaient tout dévouement, tout(e) fidélité, tout abnégation. Nous sommes tout oreilles (ganz Ohr).

Anm. 1) Während nous sommes tout (ganz) confus und nous sommes tous (alle) confus unterschieden werden können, bedeutet demnach elles sont toutes confuses sowohl: sie sind ganz beschämt, als: sie sind alle beschämt. — Es ist nicht etwa die adjektivische Form vor konsonantisch anlautenden Femininen später (als Forderung des Ohres) eingetreten; sondern **tout** war früher immer veränderlich, blieb es aber nur in dem genannten Falle, weil sich hier das Ohr gegen die (männlich klingende) Form des Adverbs sträubte.

Anm. 2) Tout vor Städtenamen ist unveränderlich, und zwar nicht nur, wenn die Einwohner gemeint sind: Le mont Palatin fut à lui seul tout Rome pendant quelque temps. Mit (vorangestelltem) Artikel bezeichnet es nur die Einwohner: (le) tout Paris. — Man erklärt es mit tout le peuple de Rome oder besser tout de Rome (substantivisches Neutrum), wahrscheinlich ist es Adjektiv zu dem (in diesem Fall nur männlich gebrauchten) Städtenamen.

§ 345 (³⁵⁹). Chaque; chacun, chacune.

A chaque jour suffit sa peine.

---

[1] **Tout égal** ist kaum französisch; man sagt bien égal, wohl aber c'est tout un.

Deux quantités, égales chacune à une troisième, sont égales entre elles.

Chaque ist auf den abjektivischen, **chacun** auf den substantivischen Gebrauch beschränkt.

Anm. 1) Wenn **chacun** appositiv zu einem pluralischen Subjekt der 1. oder 2. Person steht, so ist das zugehörige Possessiv **notre, votre**: Agissons chacun selon notre conscience. Vous arrivez le même jour, chacun de votre côté. Gehört das Subjekt der 3. Person an, so ist sowohl **son, sa,** wie **leur** erlaubt, doch muß das letztere stehen, wenn das Accusativobjekt des Satzes erst nachfolgt: Les abeilles bâtissent chacune leur(s) cellule(s).

Auch nachfolgendes Personalpronomen kann für die 3. Person im Singular (**soi**) wie im Plural (**eux, elles**) stehen: Après avoir attendu trois jours, les chevaliers retournèrent chacun chez soi (ober chez eux).

2) **Chaque** darf auch nicht distributiv ohne Substantiv gebraucht werden: Ces livres coûtent 5 francs chacun[1].

3) **Tout** (jedweder) und **chaque** (jeder einzelne) unterscheiden sich wie **nul** und **aucun**. Das erstere ist allgemein, das zweite speciell, das erstere weist auf die Gattung, das letztere auf das Einzelwesen hin: Tout homme a des passions, chaque homme a sa passion dominante. — Bemerke tous les ans, toutes les fois (que); aber chaque année, chaque fois (que); nicht beides zu mengen.

§ 346 (³⁶⁰). Quelque; quelqu'un, quelqu'une.

L'ouragan a déraciné quelques arbres.

L'ouragan a déraciné quelques-uns de nos arbres fruitiers.

Quelque ist auf den abjektivischen, **quelqu'un** auf den substantivischen Gebrauch beschränkt.

Anm. 1) **Quelque** mit dem Artikel: Voici les quelques lignes qu'il m'a écrites (die wenigen, die paar Zeilen).

2) **Quelque** ist unveränderlich vor Zahlwörtern: A quelque quatre-vingts pas du village (etwa 80 Schritte). Dagegen à quatre-vingts et quelques pas (etwas über 80 Schritte). Vor Zahlsubstantiven muß **quelques** eintreten: à quelques centaines de pas (einige hundert Schritte). § 151 Anm.

§ 347 (³⁶¹). Quiconque, quelconque.

On vous protégera contre quiconque vous attaquera.
Il trouvera un prétexte quelconque pour ne pas obéir.

---

[1] **Chaque** in diesem Falle ist ein sehr gewöhnlicher Fehler, den auch Littré (Definition von duc im Suppl.) begangen hat.

Das relative Indefinit **quiconque** (wer immer) hat nur substantivischen Gebrauch), **quelconque** (welcher immer) dagegen nur adjektivischen. **Quelconque** kann nur nach seinem Substantiv stehen.

Anm. Im negativen Satze wird quelconque besser durch **aucun** u. a. ersetzt: Il n'y a aucun pouvoir qui m'obligeât à cela (nicht il n'y a pouvoir quelconque).

§ 348 (³⁶²). **Die relativen Indefinite im konzessiven Gebrauch.**

1) *Qui que tu sois, ton audace sera punie.*
Quoi que vous fassiez, vous aurez le dessous.
2 a) *Quelles que soient vos raisons, vous ne le convaincrez pas.*
 b) *Quelques (bonnes) raisons que vous puissiez lui donner, vous ne le convaincrez pas.*

1) **Qui que** (wer immer) und **quoi que** (was immer) können nur substantivisch gebraucht werden.
2 a) **Quel¹ que** (welcher immer) steht nur prädikativ und kann nur mit dem Verb **être** verbunden werden.
 b) Im attributiven Gebrauch steht dafür **quelque²** ... **que**. In diesem ist quelque veränderlich, wenn ein Substantiv folgt; am besten wird es auch dann verändert, wenn das Substantiv noch ein attributives Adjektiv vor sich hat.

Anm. 1) Außerdem **qui que ce soit**, **quoi que ce soit**: Qui que ce soit qui vous l'ait dit, il s'est trompé. — **Quoi que** (getrennt): was immer, **quoique** (verbunden): obgleich³. — Auch **où que** (wo immer): Pas une doctrine, où qu'elle naisse, pas un sophisme, d'où qu'il tombe, qui ne trouvent leurs partisans.

2) Einzelne lassen **quelque** vor einem attributiven Adjektiv unverändert. Selten steht **quelque ... qui**: Quelque danger qui survînt, le chef resta calme. Nie **quelque ... dont**: De quelque côté qu'on envisage la question, la difficulté reste la même (nicht quelque côté dont ...).

Die Inversion steht immer bei 2a; in den übrigen Fällen steht sie, wenn das Subjekt ein Substantiv ist, und dann im Falle 1 stets, im Falle 2b meist.

---

¹ **Quel** ist das alte Relativ (jetzt nur Interrogativ).
² Das frühere **quel** wurde mit dem folgenden Relativ **que** verbunden zu **quelque**; damit wurde die Einschiebung eines zweiten **que** nötig.
³ Beides ist dasselbe, der Unterschied ist nur in der Schreibung.

§ 349 (³⁰³). **Adverbiales quelque—que u. a.**

1) *Quelque bonnes que soient vos raisons,*
2) *Toutes bonnes que* {sont / soient} *vos raisons,*
3) a) *Si bonnes que soient vos raisons,*
   b) *Si bonnes vos raisons soient-elles,*
4) *Pour bonnes que soient vos raisons,*

} *vous ne le convaincrez pas*

Wie—auch, so—auch (so sehr—auch vor Substantiven) wird ausgedrückt durch
1) quelque—que (unveränderlich),
2) tout—que (bald adverbial, bald adjektivisch wie das § 344 erwähnte tout),
3) si—que oder si mit der Inversion,
4) pour—que.

In allen Fällen muß der Konjunktiv stehen, nur mit tout—que kann noch der Indikativ verbunden werden.

Anm. 1) Quelque kann vor einem zweiten Adjektiv ausgelassen werden: Ces paroles quelque fermes et bien tournées qu'elles soient, ne changeront pas l'opinion publique. Dasselbe gilt für tout, dagegen muß si vor jedem Adjektiv wiederholt werden.[1]

2) Tout-que hatte in älterer Zeit den Konjunktiv, im 18. Jahrhundert drang der Indikativ durch, weil bei dem Gebrauch von tout—que die Annahme der Wirklichkeit entspräche; jetzt ist, wenn ein Adjektiv folgt, der Konjunktiv ebenso häufig wie der Indikativ.[2] Als wirklich vorhanden gilt aber die Eigenschaft immer; bei quelque—que, si—que, pour—que bleibt es nur unentschieden, in welchem Grade dieselbe vorhanden ist, während sie bei tout—que in sehr hohem Grade vorhanden ist. Quelque bonnes que soient vos raisons: wie gut auch immer Ihre Gründe sein mögen; toutes bonnes que sont (soient) vos raisons: sehr gut, wie es Ihre Gründe sind; so sehr Ihre Gründe auch gut sind.[3]

Oft ist die ursprüngliche Form noch deutlich erkennbar: Cette jeune fille voyait venir Raimbaud tout triste et tout pensif qu'il était (höchst betrübt und gedankenvoll, wie er es war). Der konzessive Sinn fehlt und daher fehlt auch der Konjunktiv. Deshalb hat auch tout-que in der Regel den Indikativ, wenn es vor einem Substantiv steht: Tout théologien qu'il est,

---

[1] Wie es für si überhaupt Vorschrift ist, S. 119 N. 1.
[2] Nach der Akademie wie nach Littré soll der Indikativ gebraucht werden. Littré selbst gebraucht indes auch den Konjunktiv.
[3] Für das Verständnis von tout—que ist zu berücksichtigen: tout zur Bildung des absoluten Superlativs § 131 Anm. 2, que als prädikativer Nominativ § 320 Anm.

Amyot sait rendre justice à la sagesse profane (eigentlich: durchaus Theologe, denn das ist er, läßt . . .).

3) **Si—que** ist neben **tout—que** die üblichste Form; **quelque—que** wird allmählich seltner. Si mit Inversion ist besonders in der familiären Ausdrucksweise üblich, auch die übrigen nehmen manchmal Inversion statt que.

4) **Pour—que** gilt bei manchen als veraltet, aber ohne Grund.

Pour—que nimmt nur Adjektiv in die Mitte, **tout—que** nimmt Adjektiv und Substantiv, **quelque—que** und **si—que** nehmen Adjektiv, Substantiv und Adverb in die Mitte. Bemerke **pour peu que** (wenn irgend).

5) Veraltet sind **quel—que** (mit Adjektiv), **tel—que**, **tant—que**, **aussi—que**. Noch üblich ist **tant soit peu** (wenn nur einigermaßen; so wenig auch).

VI. Das Adjektiv.

Stellung der Adjektive.

§ 350 (³⁶⁴). Hauptregel.

Pour les malades on choisit de préférence du vin vieux.

Il emplit à demi le verre du vieux vin qu'il avait apporté.

Das nachgestellte Adjektiv ist vorwiegend prädizierend, es legt dem Gegenstand eine Eigenschaft bei, welche ihn von anderen Gegenständen derselben Art unterscheidet: **du vin vieux** alter Wein (d. h. nicht ein Wein aus den letzten Jahren).

Das vorangestellte Adjektiv ist vorwiegend epithetisch, es ist ein schmückendes Beiwort: **de vieux vin**. Die Eigenschaft, welche es dem Gegenstande beilegt, ist demselben wesentlich eigen oder wird doch, wenn auch nur im vorliegenden Falle, als vorhanden angenommen. Hier: alter (und infolge seines Alters milder und kräftiger) Wein, denn nur von solchem war die beabsichtigte Wirkung zu erhoffen.

Anm. 1) Man sagt daher **un homme riche**, **des meubles riches** (Luxusmöbel), aber **un riche présent**, **une riche collection**; **les savants bénédictins**, aber **les Femmes savantes**; **un brave homme** (ein wackerer Mann), aber **un homme brave** (ein tapferer Mann). **Un brave militaire, un brave** officier bedeutet: ein tapferer Soldat, ein tapferer Offizier, weil die Eigenschaft der Tapferkeit für diese Personen selbstverständliche Standestugend ist.[1]

2) In einer großen Reihe von Verbindungen ist das Adjektiv mit seinem Substantiv fast zu einer Zusammensetzung verwachsen und hat daher eine feste Stelle meist vor dem Substantiv:

Un bonhomme (ein gutmütiger Mann; eine ehrliche Haut; eine Wachspuppe u. dgl. Jacques Bonhomme Beiname des französischen Bauers). Ein guter Mann un homme bon et généreux (selten ohne zweites Adjektiv) oder un homme de bien.

D'une commune voix, d'un commun accord (mit Einstimmigkeit).

Une fausse clef[2] (ein Nachschlüssel), avoir un faux air de (aussehen wie), une fausse dent, les faux dieux, une fausse espérance, une fausse nouvelle, un faux pas (Fehltritt), un faux pli (Falte, Bruch an unrechter Stelle), un faux poids, faire fausse route (irre gehen, bildlich), un faux témoin, une fausse vertu u. a.

Dagegen des bijoux faux, un diamant faux, un mouvement faux u. a. Falsches Geld nur la fausse monnaie, aber un faux billet de banque, une fausse pièce d'or oder un billet de banque faux, une pièce d'or fausse.

Un château fort (Burg), une place forte (Festung), daher: eine starke Burg, eine starke Festung un fort château, une forte place.

Un grand homme (hervorragender Mann), une grande dame (vornehme Dame).

Um körperliche Größe zu bezeichnen sagt man un homme (une dame) de haute taille, de haute stature, in Verbindung mit einem anderen Adjektiv auch grand mit beliebiger Stellung: un grand homme blond, un grand beau jeune homme; un homme grand, bien fait. un homme grand et sec.[3]

Un honnête homme[4] (ehrlicher, rechtschaffener Mann), un malhonnête homme (unehrlicher Mensch).

Dagegen un homme honnête (höflicher Mann), un homme malhonnête (unhöflicher Mensch).

Le moyen âge das Mittelalter.

---

[1] Doch kann le brave commandant auch bedeuten: der biedere Major, mit einer leisen ironischen Nebenbedeutung.

[2] Unrichtig kann wohl durch nachgestelltes faux ausgedrückt werden, aber man sagt nicht une clef fausse (ein unrichtiger Schlüssel), dafür ist im Gegenteil une fausse clef gleichfalls gebräuchlich. Un faux calcul eine falsche Berechnung, verfehlte Spekulation; un calcul faux eine Rechnung mit Rechnungsfehler und daher mit unrichtigem Ergebnis.

[3] Nachgestelltes grand findet sich in familiärer Ausdrucksweise z. B. s'excuser de la liberté grande.

[4] Manchmal auch nachgestellt un homme très honnête. Die anständigen Leute les honnêtes gens, eine anständige (angemessene) Belohnung une récompense honnête (doch auch une fort honnête gratification). **Honnête homme** hatte im 17. Jahrhundert die Bedeutung des englischen *gentleman* (homme comme il faut, homme cultivé, homme de bonne compagnie).

Daher: ein Mann von mittleren Jahren un homme d'un âge moyen (doch auch de moyen âge).

La sainte Bible (aber l'Écriture sainte), le saint-empire (romain), le saint-siège, la sainte table (Tisch des Herrn).

Dagegen la guerre sainte, la Terre sainte (das gelobte Land), la terre sainte (geweihte Erde), le vendredi saint (Karfreitag), la semaine sainte (Karwoche), la ville sainte (aber la sainte cité oder la cité sainte).

Manchmal ersetzt dem Franzosen die veränderte Stellung, was wir durch die größere Freiheit der Zusammensetzung erreichen: l'échange libre der freie (ungehinderte) Handel (Verkehr); dagegen le libre échange der Freihandel.

§ 351 (³⁶⁵). Regelmäfsig nach dem Substantiv stehen
1) Adjektive, welche ihrer Bedeutung nach nur ein **unterscheidendes** Merkmal bezeichnen, daher
   a) Adjektive, welche eine sinnlich wahrnehmbare Eigenschaft bezeichnen: du bois blanc, une feuille verte, une table ronde, une pierre dure, un breuvage amer, une odeur nauséabonde.
   b) Adjektive, welche ein Volk, eine Sprache, eine Konfession, einen Stand oder Titel bezeichnen: l'armée allemande, la marine anglaise, la littérature française, un prêtre (curé) catholique, un ministre (pasteur) protestant, le palais présidentiel, une fortune princière.

   Ebenso die von Eigennamen abgeleiteten Adjektive: le latin cicéronien, une plaisanterie rabelaisienne.
   c) Die Participien: une étoile filante (Sternschnuppe), un homme instruit.
2) Adjektive, welche ihrer Begleitung oder grammatischen Funktion wegen nicht voranstehen können, daher
   a) Die Adjective, welche vor sich eine andere Bestimmung haben als si (aussi), très, bien, fort oder als eines der Quantitätsadverbien¹ plus, moins, assez u. s. w. Un trop long discours, une très riche mine de fer, aber un discours démesurément long, une mine excessivement riche.
   b) Die Adjektive, von welchen eine adverbiale Bestimmung abhängig ist, oder welche zu einem Vergleiche dienen: Une

---

¹ Welche in dieser Verwendung Adverbien des Grades sind.

riche contrée, un brave guerrier, aber une contrée riche en vins, un guerrier brave comme un lion.

c) Die Adjektive, welche in der absoluten Konstruktion stehen: sortir d'une fonction les mains nettes (mit reinen Händen, mit unbeflecktem Rufe).

Anm. 1a) In übertragener Bedeutung stehen die Adjektive der sinnfälligen Eigenschaft gewöhnlich vor dem Substantiv: de noires pensées, une noire ingratitude, une verte semonce (tüchtige Strafpredigt), une verte vieillesse (ein noch kräftiges Greisenalter), d'amères infortunes[1], une douce harmonie[1] une étroite amitié, la froide raison[1] u. a.

Ebenso, wenn das Adjektiv zum schmückenden Beiwort wird: la blanche barbe des vieillards, la noire verdure des cyprès, le vert feuillage, le bleu ciel d'Italie.

1b) Oft sind die Adjektive in diesem Falle überhaupt unrichtig oder wenig üblich: le roi de Prusse (doch le monarque prussien[2]), l'ambassadeur de France (seltner l'ambassadeur français), une leçon de français, un maître d'anglais (meist de langue anglaise).

1c) Die Participien des Präsens stehen voran, wenn sie schmückende Beiwörter sind: une criante injustice, une éclatante victoire, le pénétrant Charles-Quint.

Die Participien Prät. stehen in der Regel vor dem Substantiv, wenn sie zu Adjektiven geworden sind, so besonders **prétendu, absolu, parfait, dissolu, dévué,** oft auch **damné, enragé, envié, feint, maudit, obstiné, regretté, signalé** und das ganz adjektivische **rusé**[3]: cette prétendue résignation, le dissolu Charles II, une feinte modestie, un obstiné refus, de signalés services, un rusé compère.

§ 352 (⁸⁶⁶). Adjektive, welche mit der Stellung die Bedeutung ändern.

I. Die Adjektive **certain** (sicher, bestimmt, zuverlässig), **différents** und **divers**[4] (verschiedenartig) stehen nach dem Substantiv. Vorangestellt werden diese Wörter zu unbestimmten Fürwörtern: **certain** (ein gewisser), **différents, divers** (mancherlei).

---

[1] Amer, doux, froid stehen meist auch im bildlichen Sinne nach dem Substantiv. Das nicht zu obiger Gruppe gehörige **aveugle** kann vor oder nach dem Substantiv stehen: la force aveugle, une fureur aveugle; une aveugle confiance, les aveugles destins, un aveugle orgueil. — Bemerke une nuit blanche (schlaflose Nacht), des idées noires.

[2] Ebenso sind le roi français, le roi anglais, l'empereur allemand u. a. üblich.

[3] Auch **absolu, dissolu** sind reine Adjektive vgl. § 83 A.

[4] Im Singular kann für **différent, divers** sein Bedeutungsunterschied eintreten; **différent** steht dann immer nach, **divers** vor oder nach dem Substantiv. — **Certain** nachstehend kann von Personen nur im Sinne einer Sache sicher und nur mit abhängigem Genitiv gebraucht werden: Il parlait en homme certain de son fait.

II. Folgende Adjektive haben eine gemeinsame Bedeutung für die Stellung vor und nach dem Substantiv[1], außerdem eine weitere Bedeutung nur für die Stellung nach demselben:

a) Vor und nach dem Substantiv b) Nur nach dem Substantiv

a) Vor und nach dem Substantiv	b) Nur nach dem Substantiv
dernier der letzte[2]	dernier der vorige
double doppelt	double doppelzüngig, falsch
nouveau neu, ein anderer[3]	nouveau neu, neuartig
premier der erste[2]	premier ursprünglich
propre eigen	propre reinlich

Beispiele: a) La dernière nouvelle. Ses derniers moments. Sa dernière heure, son heure dernière. Le Jugement dernier de Michel-Ange. Une double portion, une portion double. Un nouveau chanteur, un chanteur nouveau. Une nouvelle lutte, une lutte nouvelle. Le nouveau monde (Amerika). Du vin nouveau. Une première représentation. Le premier mouvement. Le premier acte. Acte premier, scène première. Dans votre propre intérêt, dans votre intérêt propre. Suivre ses propres idées, ses idées propres.

b) Jeudi dernier. La semaine dernière. Ces jours derniers. Le siècle dernier[4]. Un caractère double. Un jeu double. Un idiome nouveau. La loi nouvelle. Le (un) monde nouveau (neue Weltordnung; fremdartige Welt). La cause première (Urgrund). L'idée première. Les matières premières (Rohstoffe). Avoir les mains propres.

Häufig ist die verschiedene Stellung nur Redefigur (Chiasmus): Un auteur également fécond en idées nouvelles qui étaient fausses et en nouveaux mots qui étaient barbares.

III. Umgekehrt haben eine besondere Bedeutung für die Stellung vor dem Substantiv außer einer gemeinsamen Bedeutung für die Stellung vor und nach demselben[1]:

a) Nur vor dem Substantiv	b) Vor und nach dem Substantiv
ancien ehemalig	ancien alt
méchant erbärmlich	méchant böse, boshaft[5]
pauvre armselig, elend	pauvre arm
plaisant lächerlich, albern	plaisant unterhaltend, spaßhaft
pur rein, bloß	pur rein, ohne Beimischung
seul einzig	seul allein, lediglich

---

[1] Welche Stellung dann zu wählen ist, muß nach der Hauptregel (§ 350) entschieden werden.

[2] Daß premier und dernier in dieser Bedeutung fast immer voranstehen, ist erklärlich, da sie Ordinalzahlwörter sind.

[3] Neu d. h. neu gemacht, noch nicht benutzt: neuf. Des souliers neufs.

[4] Mit gleichem Sinn, aber geänderter Auffassung: ces derniers jours, le dernier siècle.

[5] Méchant steht nur selten nach dem Substantiv.

Beispiele: a) Un ancien militaire. De méchants vers. Une assez pauvre musique. Un plaisant personnage. C'est un pur enfantillage. Il n'y a qu'un seul Dieu.

b) Le français ancien; l'ancien français (le vieux français). Les anciens peuples; les peuples anciens. De méchantes gens; des gens méchants. De pauvres gens; des gens pauvres. L'enfant d'un pauvre homme, d'un homme pauvre. Un homme plaisant; un plaisant homme. La meilleure qualité de pain se fait de pur froment; le froment pur fait le meilleur pain. La seule cupidité, la cupidité seule a été le mobile du crime. On doit obéir à Dieu seul.

Das substantivisch gebrauchte Adjektiv.

§ 353 ([367]). Substantivisches Adjektiv. Der Gebrauch des Adjektivs als Substantiv findet sich auch im Französischen, doch nicht im gleichen Umfange wie im Deutschen.

1) Männlich: le riche, le pauvre, le futur (Bräutigam), le malade[1], être le bienvenu, le droit du plus fort. Häufiger im Plural: les fidèles, les nobles, les anciens, les modernes, les assistants (die Anwesenden), les morts, les fauves (wilden Tiere). Im Singular ist große Vorsicht nötig[2]: der Empfindliche l'homme susceptible, der Falsche l'homme faux u. s. w., weil le susceptible, le faux zur Verwechslung mit dem Neutrum Anlaß geben.

2) Weiblich: la Méditerranée, l'Adriatique, la Baltique (Ostsee), la capitale, la future, la mariée, une blonde, la coquette, une vieille, la gauche, à droite (ergänze main), une circulaire (erg. **lettre**, ein Cirkular), rendre la pareille (mit gleicher Münze bezahlen), une incise eingeschobener Satz), la gutturale (Kehllaut), la sifflante (Zischlaut), une inconnue (Unbekannte, mathemat.).

3) Sächlich: l'antique, l'arbitraire (die Willkür), le beau, le bon, l'essentiel, le gothique, l'important, le juste, l'injuste, le passé, le présent, le tragique, l'utile, le

---

[1] **Le malade** der Patient. **Le patient** ein Kranker, der einer chirurgischen Operation entgegensieht, ein Verurteilter vor der Hinrichtung.
[2] Wie im Lateinischen (z. B. vir probus). Im Englischen ist die Substantivierung im Singular fast ganz verschwunden.

vrai u. f. w. Faire le nécessaire (die nöthigen Schritte), l'assemblée était au complet, au grand complet, (vollzählig), qui peut le plus peut le moins (wer das Höhere leistet, kann auch das Geringere), le mieux continue (die Besserung des Kranken hält Stand), il est bonhomme au demeurant (im übrigen), über cela revient au même vgl. § 342 Anm. 1.

Mit folgendem partitiven Genitiv: le commun des hommes (der gewöhnliche Schlag von Menschen), perdre le meilleur de ses soldats (die meisten, die besten seiner Soldaten verlieren), perdre le meilleur de son temps (seine meiste Zeit), le plus clair de son profit (sein hauptsächlichster Gewinn), au plus épais du bois (im dichtesten Gehölz), au plus fort de la mêlée, de l'hiver (im hitzigsten Getümmel, im tiefsten Winter) u. a.

§ 354 ([368]). **Ersatz für dasselbe.** Unser substantivisches Adjektiv ist öfter nicht wörtlich zu übersetzen.

1) Das Klügste le plus sage parti, das Geringste la moindre des choses, bis auf weiteres jusqu'à nouvel ordre, sich bis aufs äußerste verteidigen se défendre jusqu'à la dernière extrémité u. a.
2) Statt des neutralen substantivierten Adjektivs tritt die Umschreibung mit **ce qui est, ce qu'il y a ein:**
   a) Wenn eine Verwechslung mit dem Mask. möglich wäre, daher: das Ewige ce qui est éternel (l'Éternel der Ewige, der Herr).
   b) Wenn das Adjektiv nicht in substantivischem Gebrauche üblich geworden ist[1]: Das Unrichtige an Ihrer Behauptung ist, daß ... ce qu'il y a d'inexact dans votre assertion, c'est qu'elle confond deux faits essentiellement différents. Daher besonders bei Superlativen, die ihrer Natur nach weniger als Positive die Substantivierung zulassen. Über **tout ce qu'il y a de (plus)** vgl. 131 Anm. 3.

Die Kongruenz des Adjektivs mit dem Substantiv.

§ 355 ([360]). **Hauptregel.**

Les nations commerçantes sont ordinairement riches et puissantes.

---
[1] Oder nicht mehr üblich ist, denn in älterer Zeit besaß das Französische in höherem Grade die Freiheit, Adjektive substantivisch zu gebrauchen.

§ 355. Hauptregel der Kongruenz.

Das Adjektiv, mag es attributiv oder prädikativ gebraucht sein, stimmt in Geschlecht und Zahl mit seinem Substantiv überein.

Anm. 1) Bei folgenden Adjektiven bedingt die Stellung eine Verschiedenheit:

a) **Demi** ist unveränderlich vor, veränderlich nach dem Substantiv: une demi-heure, trois heures et demie (midi et demi). Ebenso **plein** (avoir des larmes plein les yeux, aber avoir les yeux pleins de larmes) und **franc de port** (portofrei; vous recevrez franc de port la lettre que je vous envoie). Ebenso excepté u. a. vgl. § 257, Anm. 3.

b) **Nu** (nackt) und **feu** (verstorben) bleiben vor dem Substantiv unverändert, wenn sie keinen Artikel vor sich haben: nu-pieds, nu-jambes, nu-tête[1]; feu madame la présidente, feu la reine, feu Sa Majesté.

Aber la feue reine; und bei Nachstellung les pieds nus, la tête nue.

c) **Ci-joint** und **ci-inclus** (anliegend, beigeschlossen) sind unveränderlich vor dem Substantiv, wenn sie keinen Artikel nach sich haben (vous recevez ci-joint copie de l'acte de vente) oder wenn sie zu Anfang des Satzes stehen (ci-inclus la copie de l'acte de décès).

Dagegen: Je vous envoie ci-jointe la somme de 60 fr. Veuillez examiner les pièces ci-jointes.

2) Das prädikative Adjektiv kann statt auf das eigentliche auf ein neutrales Subjekt bezogen werden: Voilà pourquoi c'est beau la jeunesse (vgl. *triste lupus stabulis*).

3) Wie einzelne Adjektive wird auch das Substantiv **témoin**[2] zu Anfang des Satzes adverbial gebraucht und nicht verändert: On s'attendait à une séance orageuse, témoin les galeries pleines (das bewiesen die gedrängt besetzten Galerien).

Über die Adjektive, welche eine Farbe bezeichnen, vgl. § 126, 2a. Über **avoir l'air content(e)** vgl. § 278, 1 Anm.

Zusatz. Bei verbundenen Substantiven stimmt das Adjektiv mit dem Substantiv überein, zu welchem es gehört: Des peaux de renards tannées; des peaux de renards bleus. Bemerke le droit de cité romaine das römische Bürgerrecht.

§ 356 (870). Ein Adjektiv auf verschiedene Substantive bezogen.

1) *On ne voyait que la mer et le ciel uniformément bleus.*
2) *Les sauvages font leurs canots avec de l'écorce ou avec du bois léger.*

---

[1] Nur diese Verbindungen sind üblich. Oft la tête découverte, auch en cheveux, letzteres nur von Frauen.

[2] Von lat. *testimonium*, also eigentlich: das Zeugnis (nicht: der Zeuge). Aus demselben Grunde: prendre les dieux à témoin ohne Pluralzeichen.

Pour garnir leurs flèches, les sauvages se servent d'une pierre ou d'un os aiguisés.

1) Wenn ein Adjektiv (attributiv oder prädikativ) sich auf mehrere Substantive bezieht, so steht es im Plural. Wenn die Substantive verschiedenes Geschlecht haben, so hat das Adjektiv männliches Geschlecht.

2) Bei der Verbindung durch ou ist darauf zu achten, ob das Adjektiv nur das letzte Substantiv oder beide näher bestimmt.

Anm. 1) Man kann das Adjektiv mit dem letzten Substantiv übereinstimmen lassen, wenn die Substantive begriffsverwandt sind oder (was meist gleichzeitig der Fall ist) eine Klimax bilden: Bacon avait pris la philosophie de son temps dans un dédain et une aversion légitime. Le général fit preuve d'un sang-froid, d'un courage, d'une audace étonnante. Bei der Wahl des Singulars knüpft man am besten das letzte Substantiv nicht durch et an.

Anm. 2) Es ist üblich, bei verschiedenem Geschlecht das männliche Substantiv dem Adjektiv zunächst zu stellen, vgl. oben la mer et le ciel bleus. Doch ist dies nur eine Forderung des Ohrs und daher nicht nötig,

a) Wenn das Adjektiv prädikativ (d. h. etwas von den Substantiven entfernt) steht: L'aspic (Natter) et la vipère (Otter) sont excessivement dangereux.

b) Wenn die männliche und weibliche Form des Adjektivs für das Ohr sich nicht oder kaum merklich unterscheiden: Le ciel et la mer bleus. Wenn der Unterschied groß ist, bleibt Wiederholung des Adjektivs das beste: La presse locale et les comités locaux.

§ 357 ([371]). **Verschiedene Adjektive auf ein Substantiv bezogen.**

1a) *Les langues allemande et française*
b) *La langue allemande et la française.*

2a) *Les IVe et Ve siècles*
b) *Le IVe et le Ve siècle*[1]
c) *Le IVe siècle et le Ve.*

1) Wenn mehrere nachstehende Adjektive zu einem Substantive gehören und verschiedene Gegenstände (nicht ein Gegenstand mit verschiedenen Eigenschaften) bezeichnet werden sollen, so steht

---

[1] Bei fehlendem Artikel ist nur diese Stellung möglich: Une foule de beaux esprits de second et de troisième ordre.

a) gewöhnlich das Substantiv im Plural, während die Adjektive den Singular behalten; oder

b) seltener[1] das Substantiv im Singular und der Artikel wird vor dem zweiten Adjektiv wiederholt.

2) Dasselbe findet in ganz gleicher Weise statt, wenn die Adjektive (Ordinalzahlen) voranstehen. Doch ist hier außerdem die Nachstellung des zweiten Adjektivs mit dem Artikel erlaubt, aber wenig üblich.

Anm. Selbstverständlich ist die Wiederholung des Substantivs gestattet, aber nur bei größerem Nachdruck üblich: L'histoire profane et l'histoire sacrée.

Wenn das Substantiv im Singular steht, darf der Artikel vor dem zweiten Adjektiv nur fehlen, wenn beide Adjektive eine Gruppe, fast einen Gesamtbegriff bilden, so: l'antiquité grecque et romaine (das klassische Altertum), la philologie grecque et romaine (die klass. Philologie), la philologie française et anglaise (die französisch-englische Philologie). — Die einzige häufigere Ausnahme findet sich bei Ländernamen (la France méridionale et centrale; l'Espagne centrale et occidentale), weil die Wiederholung des Artikels nicht beliebt (s. unten Note) und ein Mißverständnis nicht denkbar ist, wohl aber ein Mißverständnis eintreten könnte, wenn man die Form 1a mit dem Plural des Ländernamens wählen wollte, während man recht wohl sagt les parties centrale et occidentale de ce pays.

Der Komparativsatz.

§ 358 (372). Einteilung.

Die Komparativsätze lassen sich einteilen in

1) Komparativsätze der **Gleichheit**: eine Eigenschaft oder Thätigkeit wird den verglichenen Gegenständen in **demselben** Grade zugesprochen.
2) Komparativsätze der **Ungleichheit**: eine Eigenschaft oder Thätigkeit wird einem der verglichenen Gegenstände in **höherem** oder **geringerem** Grade als dem andern zugesprochen.
3) Komparativsätze der **Proportionalität**: die Zunahme (oder Abnahme) einer Eigenschaft oder Thätigkeit steht im Verhältnis zur Zunahme (Abnahme) einer anderen Eigenschaft oder Thätigkeit.

§ 359 (373). I. Komparativsätze der Gleichheit.

Die Vergleichung kann eine **unausgeführte** oder eine **ausgeführte** sein; im letzteren Falle wird der Gegenstand, mit welchem ein

---

[1] Nach Fr. Wey bezeichnen manche dies als das bessere. Unrichtig ist die Angabe, es sei das häufigere.

anderer verglichen wird, namhaft gemacht, im ersteren Falle wird er als selbstverständlich nicht genannt.

    a) Unausgeführte Vergleichung:
1) *Crésus demanda à Solon si jamais il avait rencontré un homme si heureux et si digne d'envie.*
2) *Vous ne trouverez personne qui travaille tant.*

    Als Adverb des Grades steht in der unausgeführten Vergleichung
1) **si** vor Adjektiven (oder Nomen überhaupt),
2) **tant** vor Verben.

    Anm. 1) Die Ausführung der Vergleichung ergiebt im ersten Satz die Hinzufügung von **que lui-même**, im zweiten den Zusatz von **que l'homme dont je vous parle**. Wenn der Satz sich leicht in Gedanken zu einem vollständigen Komparativsatz erweitern läßt, können auch **aussi, autant** (statt **si tant**) eintreten: Aucun des combats antérieurs n'avait été aussi sanglant (nämlich que celui-là). Wenn die Vergleichung auch in Gedanken nicht ausgeführt werden soll, erhält der Satz den Charakter des Ausrufs: Il est si heureux et si digne d'envie! Im Ausrufe kann **tant** vor, jedoch nicht unmittelbar vor dem Adjektiv stehen: Dans les meilleurs auteurs on découvre des fautes de langage, tant il est difficile de conserver toujours la même correction.

    Anm. 2) Wenn von mehreren angereihten Adjektiven das erste **si** hat, so muß das zweite auch dieses Adverb vor sich nehmen, aber nicht umgekehrt, daher: Ces grands yeux songeurs et si francs.

    3) Auf **si** und **tant** kann nach dem Vorausgehenden ein komparatives **que** nicht folgen, wohl aber ein Konsekutivsatz mit **que**: Il était si harassé qu'il tombait de fatigue.

    b) Ausgeführte Vergleichung:
1) *Il est aussi instruit que son frère.*
    Il travaille autant que son frère.
2) *Il n'est pas aussi (si) instruit que son frère.*
    Il ne travaille pas autant (tant) que son frère.
1) Ohne Negation steht nur **aussi** vor dem Adjektiv (Nomen), **autant** vor dem Verb.
2) Mit Negation stehen sowohl **aussi, autant** als **si, tant**, doch letztere seltner.

    Anm. 1) **Autant** kann bei größerem Nachdruck auch bei einem Adjektiv oder adjektivisch gebrauchten Substantiv stehen, jedoch nicht unmittelbar vor demselben: Le cheval est un animal docile autant qu'utile et vigoureux. Je suis autant que vous curieux de le savoir.

Anm. 2) Das deutsche **als** oder **wie** darf nur durch **que** übersetzt werden. Dagegen steht **comme**, wenn kein Intensivadverb (**si, aussi** u. s. w.) vorausgeht: Une maison grande comme une caserne. Grand comme la main handgroß. Il travaille comme un nègre. (§ 127, Anm. 4.)

§ 360 (⁸⁷⁴). II. Komparativsätze der Ungleichheit.

1) *Il a été plus heureux que sage.*
Il gagne moins qu'auparavant.
2) *Il a été plus heureux qu'il n'a été sage.*
Il a gagné moins qu'il n'avait espéré.

1) Im Komparativsatze der Ungleichheit stehen **plus, moins** bei dem Nomen wie bei dem Verb.
2) Wenn das erste Glied des Satzes nicht negiert ist, erhält das zweite Glied ein expletives **ne** unter der Voraussetzung, daß es ein Verb in Personalform enthält.

Moins verringert, aber es negiert nicht.

Anm. 1) Unter derselben Bedingung wird **ne** auch nach **plutôt** zugefügt: On dira plutôt: j'aime mieux mourir que pécher, qu'on ne dirait: j'aime mieux mourir que de pécher. — Ebenso nach **autre** und **autrement**: L'événement a été tout autre qu'il n'avait espéré. Il agit autrement qu'il ne parle.

Anm. 2) Wenn das zweite Satzglied wirklich negativen Sinn hat, so erhält es einfaches **ne** (nicht **ne ... pas**), auch wenn das erste Glied negiert ist: Je ne suis pas plus son ami qu'il n'est le mien.

§ 361 (⁸⁷⁵). III. Komparativsätze der Proportionalität.

Diese Sätze werden deutsch mit **je ... desto** oder **um so ... desto** eingeleitet.

Die beiden Satzglieder bieten ein gerades Verhältnis, wenn die Eigenschaft oder Thätigkeit in beiden gleichmäßig zu- oder abnimmt. Sie stehen im umgekehrten Verhältnis, wenn die Eigenschaft oder Thätigkeit des einen Gliedes zunimmt, während die des anderen abnimmt oder umgekehrt. So ergeben sich vier Formeln:

Gerades Verhältnis
{ Plus on cède à la passion, plus on en devient l'esclave.
Moins on cède à la passion, moins elle pourra nous dominer.

Umgekehrtes Verhältnis	Plus on cède à la passion, moins on aura de force pour la vaincre. Moins on cède à la passion, plus on se sent fort pour y résister.

Dazu für das beiderseits sich gleichbleibende Verhältnis:
Autant on hait la vanité orgueilleuse, autant on estime une noble fierté.

Anm. 1) Bemerke: Je eher (später) desto besser le plus tôt (tard) sera le meilleur (le mieux), auch plus tôt que plus tard. Je länger desto mehr plus je vais, plus je m'applaudis de mon acquisition. Andere Ausdrucksweisen statt **plus ... plus** u. s. w. sind **à mesure (à proportion) que:** La température décroît à mesure qu'on s'élève dans les airs. Ferner: **d'autant plus ... que plus**: Vos préjugés sont d'autant plus pardonnables qu'ils sont plus généralement répandus. Ohne **plus, moins** im zweiten Glied[1] kann diese Ausdrucksweise nur im Sinne um so mehr, da stehen: Il faut se presser, d'autant (plus) que le malade s'affaiblit tous les jours.

2) Der organische Komparativ ist in der Redensart **plus ... plus** im ersten Glied, bei **d'autant plus ... que plus** daher im zweiten Glied unerlaubt: Plus la force employée est petite, plus l'effet obtenu sera faible: Le son d'un tambour est d'autant plus aigu qu'il est de plus petite dimension.[2]

3) Das zweite Glied in den Formeln **plus ... plus** u. s. w. hat sehr häufig **et** vor sich: Plus la distance est grande, et moins les objets son distincts.

Dieser Gebrauch ist durchaus nicht veraltet, wird aber von manchen verworfen, weil sie et für nötig halten, um ein zweiteiliges Glied als solches kenntlich zu machen. Wo das zweite Glied beginnt, geht aber meist deutlich genug aus dem Sinn hervor: Plus je médite sur la nature de l'homme, plus j'examine l'état présent des sociétés, moins un monde de sagesse et de félicité me semble possible à réaliser. Zur größeren Klarheit läßt man oft im zweiten Teil eines doppelteiligen Gliedes die Inversion eintreten: Plus un son est faible, et plus est grande la distance, moins ce son est perceptible à l'oreille.

---

[1] Welches dem ersten Glied in der Ausdrucksweise **plus ... plus** entspricht: Plus les préjugés sont répandus, plus ils sont pardonnables.

[2] Dagegen kann man sagen: Moins la pointe du paratonnerre est exposée à l'oxydation, *mieux* il fonctionne. Le bruit du tonnerre est d'autant *moindre*, que l'orage est plus éloigné. Organischer Komparativ in den anderen Gliedern findet sich hin und wieder (besonders als Adverb), ist aber nicht nachzuahmen. **Plus bon** für **meilleur** ist nicht erlaubt; Sätze, die es bieten, sind für die Grammatik eigens hergerichtete Barbarismen.

VII. Die Adverbien der Affirmation und der Negation.

§ 362 (⁸⁷⁶). **Ohne unmittelbare Verbindung mit dem Verb.** Das Adverb der Affirmation ist **oui** (ja), das der Negation **non** (nein).

Das berichtigende „ja" (doch, ja doch) als Antwort auf eine negative Behauptung oder Frage wird mit **si** wiedergegeben: Vous n'avez donc pas lu l'Avare de Molière. (N'avez-vous pas lu l'Avare de Molière?) — Si, monsieur.

Anm. 1) Den Adverbien **oui, si, non** muß im Französischen, besonders wenn sie die ganze Antwort ausmachen, aus Höflichkeitsrücksichten **monsieur, madame** u. s. w. beigefügt werden. Ebenso wird, gleichfalls aus Höflichkeitsrücksichten, statt **non** oder **si** auch **pardon** oder **pardonnez-moi** gewählt. Nur in familiärer Sprache ist **si fait** für einfaches **si** üblich.

2) **Non** findet sich als Negation in folgenden Fällen:
- a) Als Antwort: Vous rappelez-vous cette circonstance? Non, (monsieur,) je ne me rappelle rien de pareil.
- b) Bei Satzgliedern, die kein Verb enthalten: Non content d'exterminer les nobles, Pierre le Cruel de Castille frappait sa propre famille. Vgl. **non que** (nicht als ob) neben **ce n'est pas que**.
- c) Bei einer Alternative oder einer Doppelfrage: Que Venise fût ou non cédée à l'Autriche, Bonaparte voulait que la France gardât les îles Ioniennes. A-t-il, oui ou non, du talent?
- d) Als Negation einzelner Wörter: un non-sens (Unsinn), une cause non encore connue¹; d'autres travaux non moins vastes. — Manchmal auch **pas** oder **point**, letzteres immer in **peu ou point** (wenig oder gar nicht): un homme peu ou point instruit.

Bemerke: **non seulement ... mais encore** (nicht nur ... sondern auch); über **non plus** vgl. § 366. — Statt des einfachen **non** tritt öfter **non pas**, seltner **non point** ein.

§ 363 (⁸⁷⁷). **Negation beim Verb.** In Verbindung mit dem Verb¹ wird als Negation **ne** gebraucht, welches in der Regel von einem Negationsfüllwort begleitet ist. So entstehen die Formen

ne ... pas (lat. *passum*) nicht
ne ... point (lat. *punctum*) gar nicht, durchaus nicht
ne ... guère (deutschen Urspr.) kaum

ne ... nulle part nirgends
ne ... nul ⎫
ne ... aucun ⎬ keiner
ne ... pas un ⎭

¹ Das alleinstehende Part. Prät. ist die einzige Verbalform, welche die Negation **non** verlangt.

ne . . . jamais niemals
ne . . . plus nicht mehr
ne . . . nullement } keineswegs
ne . . . aucunement

ne . . . personne niemand
ne . . . rien nichts
ne . . . (pas, point) encore noch nicht
ne . . . que nur, erst

Anm. 1) Pas und point unterscheiden sich lediglich dadurch, daß letzteres stärker verneint und in der gewöhnlichen Sprache seltener ist.[1] Beiden kann zum größeren Nachdruck du tout beigefügt werden.

2) Von anderen Füllwörtern finden sich noch mot und goutte in den Nebensarten il ne disait (soufflait) mot; on n'y voit goutte.

Auch Genitive[2] der Zeit (de la vie, de ma vie, de huit jours, de longtemps, de sitôt u. a.) können das Füllwort bilden: Ces haines ne s'éteindront de longtemps. Ferner homme vivant, âme vivante, âme qui vive, qui que ce soit, quoi que ce soit: Ame qui vive ne lui a parlé. Ebenso autre[2] vor folgendem que: Il ne connaît d'autre volonté que la sienne (dagegen: Quand elles ne trouvent pas autre chose, les hyènes déterrent les cadavres).

3) Ohne Verb haben die oben angeführten Füllwörter auch alleinstehend negativen Sinn (wobei ne . . . que auszunehmen ist): Qu'en sait-il? rien. A-t-il assisté à nos réunions? jamais. Quel était l'état du pays? Plus de finances, plus d'armée, plus de marine.

So auch: Qu'a-t-il répondu? Mot (nichts). Le connaissez-vous? Du tout (durchaus nicht).

Pas kann in diesem Falle niemals allein stehen (dafür non pas), aber wohl: pas encore, pas moi, pas le moins du monde u. a.

4) Mit dem Verb kann rien volle Negation sein auch ohne Beifügung von ne in (ne) compter pour rien. § 332 Anm. 1.

Früher konnte[3] ne in der Frage fehlen: Fit-il pas mieux que de se plaindre? Noch in dem familiären (ne) voilà-t-il pas erlaubt.

§ 364 ([378]). **Stellung der Negation.** Ne steht vor dem Verb und, wenn dasselbe verbundene Fürwörter als Objekte vor sich hat, auch vor diesen. Der Infinitiv nimmt außerdem auch das Füllwort vor sich: Il ne me reconnaissait pas. Il fit semblant de ne pas me reconnaître.

Anm. 1) Bei den Infinitiven avoir und être können die Füllwörter nachstehen: Être ou n'être pas (neben être ou ne pas être). Dasselbe ge-

---

[1] Beide Wörter werden in wie außer der Frage meist unterschiedslos gebraucht. N'est-elle point belle cette Marseillaise catholique composée par de pauvres matelots d'autrefois? Ne respire-t-elle pas une forte et noble assurance? n'est-elle point propre à donner, dans les luttes furieuses, cette confiance aveugle qui fait les victorieux? (Souvestre).

[2] Doch ist auch der Zusatz von pas vor Genitiven der Zeit und autre trotz folgendem que häufig. Plus und jamais können bei allen beigefügt werden.

[3] Nach manchen älteren Grammatikern war es Vorschrift.

schickt bei dem umschreibenden Infinitiv: Il était furieux de ne vous avoir pas rencontré.

2) Wenn sembler, paraître vor einem Infinitiv stehen, so kann ohne Änderung des Sinnes die Negation zu diesen Verben oder zu dem Infinitiv gezogen werden: Il semble ne pas se douter oder il ne semble pas se douter qu'il est en danger. So auch bei il faut. Diese Freiheit kann aber nicht auf die modalen Hülfsverben übertragen werden: Le malheureux est travaillé de deux folies: l'une qu'il sait ne pas avoir et qu'il simule, l'autre qu'il ne sait pas avoir et qui le ronge. — Il ne pouvait pas venir (er war abgehalten); il pouvait ne pas venir (es stand ihm frei). **Ne (pas) pouvoir ne pas faire qe** = etwas thun müssen: Vous ne pouvez ne pas convenir du fait.

Bemerke: ich hoffe nicht (will nicht hoffen), daß ... j'espère (j'aime à croire) que vous ne retomberez plus dans la même faute; nicht etwa **espérer** zu negieren.

§ 365 (³⁷⁹). Ne ... que (nur; erst). Bei ne ... que steht ne vor dem Verb, que unmittelbar vor dem Worte, welches durch nur, erst näher bestimmt werden soll: Les anciens ne connaissaient que trois parties du monde, encore ne les connaissaient-ils que superficiellement; ce ne fut qu'un demi-siècle avant J.-C. que les Romains se hasardèrent à pénétrer dans la Germanie et dans la Bretagne.

Anm. 1) Ne ... que ist unmöglich und muß durch **seulement** ersetzt werden,
 a) wenn es sich auf das Subjekt bezieht,
 b) wenn es sich auf das Verb selbst bezieht,
 c) wenn kein Verb vorhanden ist.

Im ersten Falle kann jedoch auch die Umschreibung mit **il n'y a que, ce n'est que** eintreten: Il n'y a que les morts qui ne reviennent pas (= les morts seuls). Ce n'est que l'inondation qui rend l'Égypte fertile (= l'inondation seule).

Im zweiten Falle kann auch die Einschiebung von **faire** zu Hülfe genommen werden[1]: Bonaparte résolut d'achever l'occupation du Delta, qu'il n'avait fait que traverser (= qu'il avait seulement traversé). — Manche halten schon das Hülfsverb für ausreichend (L'auteur n'a qu'effleuré la matière) und ein modales Hülfsverb genügt unter allen Umständen (Le médecin ne put que constater le décès).

2) Für nicht nur ist ne ... pas que[2] üblich geworden: Il n'y a pas que des sots sur la terre (A. de Musset).

[1] Bei dem nur temporalen ne ... que muß de zwischen faire und den Infinitiv treten: On croyait la révolution finie, quand elle ne faisait que de commencer.
[2] Diese Ausdrucksweise ist so ungemein verbreitet, daß man sie ohne Bedenken trotz manchen Grammatikern gebrauchen kann.

§ 366 (³⁸⁰). Negative Konjunktionen.

1) *Ni Darius ni Xerxès ne réussirent contre les Grecs.*
2) *Catilina était un homme sans crainte ni pudeur.*
3) *La première croisade de saint Louis n'eut aucun résultat, ni la seconde non plus.*

1) Weder — noch ist ni . . . ni, welches bei dem Verb den Zusatz von ne verlangt.
2) Die Konjunktionen et, ou werden in Sätzen mit negativem Sinn durch ni ersetzt.
3) In Sätzen dieser Art wird außerdem aussi (auch) durch non plus, ne . . . pas davantage (ebensowenig) ersetzt.

Anm. 1) Einmaliges ni wird gemieden, besonders bei dem Subjekt, doch findet es sich auch bei diesem: Naples ni Sorrente, Rome ni Albano n'ont un pareil horizon.

Bei koordinierten Verben muß ni vor dem letzten und darf nicht vor dem ersten stehen, bei dem mittleren Verb ist ni fakultativ: Je ne pouvais, (ni) ne devais, ni ne voulais lui céder.

2) Entweder un homme sans crainte **ni** pudeur oder un homme sans crainte **et sans** pudeur. Le chevalier sans peur et sans reproche. Le P ne se prononce pas dans ce mot et dans les quatre suivants (Acad. 1835, baptême. Dafür 1878: **ni** dans les quatre suivants).

3) **Aussi** bleibt auch im negativen Satz in den Fällen, wo deutsch ebenso wenig sich nicht einsetzen ließe: Mais ne te trompes-tu pas aussi? (täuschest du dich nicht etwa?). Bleiben muß auch das logisch folgernde **aussi** (vgl. § 208): Ma douleur serait bien médiocre, si je pouvais vous la dépeindre; aussi ne l'entreprendrai-je pas. — Bei ne . . . que kann **non plus** eintreten: Nos anciens auteurs écrivaient généralement par un seul c accoster. Cela prouve qu'ils n'en prononçaient qu'un seul. Nous n'en prononçons qu'un seul non plus (Littré).

§ 367 (³⁸¹). Ne ohne Füllwort.

Das Füllwort der Negation muß fehlen und ne steht allein für das deutsche „nicht",

1) Wenn das fragende **que** für pourquoi eintritt: Que ne le disiez-vous plus tôt? § 328 A. 4.
2) In dem von **prendre garde**[1] (achthaben, sich hüten) abhängigen Satze: Prenez garde qu'on n'abuse de votre bonté.
3) In dem Bedingungssatze, welcher die Inversion statt der Konjunktion si enthält: N'eût été la crainte d'une surprise, je n'aurais pas quitté un endroit si agréable.

4) In Nebensätzen nach einem Hauptsatz mit negativem Sinn. Besonders nach **si, tellement**: Il n'est si bonne compagnie qui ne se sépare. Nach **ce n'est pas que** (oder **non que**): Nous n'avons jamais eu de querelle; non qu'il n'y eût entre nous des différences d'opinion, mais l'un respectait les sentiments de l'autre. Nach fragendem oder verneintem **il tient à** (es ist gelegen an): A quoi tient-il que vous ne répondiez?

Anm. 1) Meist steht ne allein auch nach den fragenden qui und que im Ausruf: Qui ne voit cela! Que ne sait-on pour avoir la paix!

2) **Prendre garde** in der Bedeutung beachten, nicht übersehen gehört nicht hierher[2]: Prenez garde que ce n'est pas l'auteur lui-même qui parle.

3) Auch in vollständigen Bedingungssätzen kann ne allein stehen: C'est là son expression, si ma mémoire ne me trompe.

4) Hierher gehören außerdem die Sätze mit **que**, welche deutsch mit „bevor" oder „ohne daß" (und daher ohne Negation) ausgedrückt werden, in welchen aber nicht etwa que eine Verkürzung für **avant que, sans que** ist: Vous n'entrerez pas ici que je ne sois mort. Je ne puis vous rendre ce service que votre famille n'y consente. Vgl. § 235, Anm. 2.

Zusatz. In Redensarten steht vielfach ne ohne Füllwort: Qu'à cela ne tienne (das soll mich nicht abhalten); à Dieu ne plaise; ce que Dieu ne veuille; ne vous en déplaise (mit Verlaub); n'importe; n'avoir garde (sich wohl hüten) u. a. Besonders häufig bei **il n'est, il n'y a**: Il n'y a (il n'est) pire eau que l'eau qui dort.

§ 368 (³⁸²). Fortsetzung. Das Füllwort der Negation kann fehlen und ne steht meist allein für das deutsche „nicht"

1) Bei **savoir**, sowohl wenn es selbständig als wenn es vor dem Infinitiv steht: Je ne sais (cela). Il ne sait feindre. Das Füllwort muß fehlen bei **je ne saurais** (= je ne puis): Je ne saurais vous en dire davantage.

2) Bei **pouvoir, oser** und **cesser** nur vor dem Infinitiv: Il n'a pu (il n'a osé) me contredire. Il ne cesse de pleurer. Der Infinitiv kann zu ergänzen sein: Rendez-moi ce service. — Je ne puis.

---

[1] Prendre garde heißt: achthaben (daß etwas nicht geschieht). Bei der (meist zutreffenden) Übersetzung: sich hüten (daß etwas geschieht) könnte es scheinen, daß der Fall zu § 369, I zu rechnen wäre.
[2] In diesem Sinne hat es auch nicht den Konjunktiv nach sich.

3) Nach Zeitangaben mit **il y a** (voilà) und nach **depuis que**, doch muß das Verb in einer Zeit der Vergangenheit (außer Imperfekt) stehen: Il y a quinze jours (voilà quinze jours) qu'il n'est sorti de chez lui. Il avait bien vieilli depuis que je ne l'avais vu.

Anm. Familiär wird auch bei **bouger** die zweite Negation ausgelassen: Du matin au soir il ne bouge de sa fenêtre.

§ 369 (⁸⁸³). **Expletives ne.** Bloßes **ne** wird in Nebensätzen gesetzt, während deutsch keine Negation steht[1]; und zwar

I. Unter allen Umständen steht **ne**

1) Nach **éviter** (vermeiden) und **empêcher** (verhindern): Évitez qu'il ne vous parle. Les pluies continuelles empêchent qu'on ne travaille aux champs.

2) Nach **à moins que**[2] (ausgenommen wenn, wofern nicht): Je sortirai à moins qu'il ne pleuve.

Anm. 1) Nach **éviter** kann das expletive **ne** immer fehlen; **empêcher** neigt zur Gruppe II hin, d. h. **ne** kann ausgelassen werden, wenn **empêcher** fragend oder negiert gebraucht ist.

2) Wenn **à moins que** durch wenn nicht, wofern nicht übersetzt wird, könnte es scheinen, daß hier die deutsche Negation durch **ne** ohne Füllwort ausgedrückt ist. Wörtlich heißt aber à moins qu'il ne pleuve: den Fall ausgenommen, daß es regnet. Daher mit voller Negation: Quand on parle de choses, on emploie *en* au lieu de *son*, à moins que la construction de la phrase ne permette pas l'usage de ce pronom (außer da, wo ... nicht erlaubt).

II. **Ne** steht nur, wenn das vorangehende Verb nicht negativen Sinn hat (d. h. nicht von der Negation oder **sans** begleitet, nicht fragend und nicht bedingt gebraucht ist).

1) Nach Ausdrücken der Furcht (craindre, appréhender, redouter, trembler, avoir peur, de peur que, de crainte que)

Je crains qu'il **ne** vienne

Dagegen:

Je ne crains pas qu'il vienne

Craignez-vous qu'il vienne?

Si je craignais qu'il vînt

} daß er kommt (käme)

---

[1] Dem Deutschen erscheint dieses **ne explétif** pleonastisch; dem Franzosen erscheint es nötig (außer nach **craindre, douter, nier**, welche in der gewöhnlichen Sprache meist ohne **ne** gebraucht werden).

[2] Nach **avant que** kann **ne** eintreten, aber niemals nach **sans que**.

(Aber je crains, je ne crains pas, etc. qu'il ne vienne pas daß er **nicht** kommt).

2) In Komparativsätzen der Ungleichheit: Il a gagné moins qu'il n'avait espéré. Vgl. § 360.

Anm. Frage und Verneinung (Bedingung und Verneinung) heben sich auf und es entsteht affirmativer Sinn; daher tritt in solchen Fällen ne wieder ein:

Ne craignez-vous pas qu'il **ne** vienne?
Si je ne craignais pas qu'il **ne** vînt } daß er kommt (käme)
Quand même je ne craindrais pas qu'il **ne** vînt

Die Regeln über den Gebrauch des expletiven ne nach Ausdrücken der Furcht müssen streng befolgt werden, wenn sie auch von den Franzosen selbst sich oft vernachlässigt finden. Eine logische Erklärung wie im Lateinischen (Wunsch des Gegenteils) muß mißlingen, weil die französische Konstruktion nur eine äußerliche Nachahmung der lateinischen ist.[1]

III. Umgekehrt steht ne nur, wenn das vorangehende Verb negativen Sinn hat

1) Nach Ausdrücken des Zweifelns und Verneinens (douter, nier, contester, disconvenir u. a., oft auch) désespérer): On ne peut nier que vous n'ayez agi en honnête homme. Il n'est pas douteux que les Pays-Bas n'aient été les véritables Indes de Charles-Quint.

2) Nach **il s'en faut** (es fehlt daran): Il ne s'en fallut pas de beaucoup que l'armée ne fût entièrement détruite.

Anm. 1) In den von Verben des Zweifelns oder Verneinens abhängigen Sätzen darf ne nicht eintreten, wenn sie diesen Verben vorausgehen: Que des abus se fussent mêlés aux bonnes pratiques de l'éducation publique et privée, et qu'au temps de Rousseau une certaine réforme fût utile, personne ne le nie. — Auch wenn jene Verben vorangehen, fehlt öfter ne; einzelne machen noch einen Unterschied zwischen fragendem und negiertem Verb.

2) Ebenso steht ne nach dem schon dem Sinne nach verneinten **il s'en faut (de) peu**: Il s'en fallut de peu (peu s'en fallut, il ne s'en fallut de presque rien, il ne s'en fallut guère) que Marguerite de Navarre ne fût retenue prisonnière par Charles-Quint. Frage mit verneinendem Sinn steht der Negation gleich: De combien s'en est-il fallu que je ne fusse condamné?

Zusatz. In sämtlichen unter I—III aufgezählten Fällen darf kein ne eintreten, wenn die Infinitivkonstruktion gewählt wird: A moins d'être fou, il est impossible de raisonner comme cela. Je craignis d'être arrivé trop tard, et que mon secours ne fût inutile.

---

[1] Wie auch Littré (peur Suppl.) eingesteht. George Sand sagt über dieses ne: Les grands écrivains ne donneront-ils pas aux bonnes gens le droit de s'en débarrasser? Hélas! non, tant qu'il y aura des académies gardiennes de la lettre morte, et qu'ils voudront tous en être.

VIII. Die Präposition.

§ 370 (³⁸⁴). Die gleiche Präposition vor verschiedenen Substantiven. Wenn mehrere auf einander folgende Substantive die gleiche Präposition zu sich nehmen sollen, so kann diese Präposition bei dem zweiten und den folgenden Substantiven wegfallen: De grands travaux pour les canaux et (pour) les routes assurèrent la facilité du commerce.

Dagegen müssen die Präpositionen à, de und en jedesmal wiederholt werden.

Anm. Jede Präposition muß wiederholt werden, wenn die Substantive der Bedeutung nach einen Gegensatz bilden: On le ramènera à son devoir par la persuasion ou par la force.

Auch à, en und besonders de werden öfter nicht wiederholt
1) Bei einer Zusammenfassung: Le système légal des poids et (des) mesures. Une centaine de morts ou (de) blessés.
2) Bei einer Aufzählung: Pendant les mois d'octobre, novembre, décembre, janvier, février, la campagne d'Égypte présente un aspect ravissant de fertilité et de fraîcheur.

Bei den mit de zusammengesetzten präpositionalen Ausdrücken pflegt nur de wiederholt zu werden: Les poètes ses contemporains plaçaient Voltaire loin au-dessous de Corneille, de Racine, de Boileau, de Rousseau.

371 (³⁸⁵). Verschiedene Präpositionen vor gleichem Substantiv. Wenn verschiedene Präpositionen zu demselben Substantiv treten sollen, so ist es nicht nötig, daß das Substantiv nach jeder dieser Präpositionen gesetzt wird: Qu'il l'ait fait avec ou sans intention, la faute est grave. So auch durant et après cette expédition; en dedans et en dehors de la ville; envers et contre tous (gegen Freund und Feind).

Anm. Es kann jedoch nicht eine wirkliche Präposition und ein präpositionaler Ausdruck in dieser Weise verbunden werden; daher wohl près et à l'est de la ville, aber nicht dans et hors de la ville.

Register.

Die Zahlen weisen auf die Paragraphen, wenn nicht ausdrücklich S. angegeben ist.

a elidiert 27
à, en 174, 4; à bei Ent=
 fernung S. 158 N. 1;
 bei Daten 152 A. 1
abasourdir 16
abbaye 10 A.
Abbrechen der Wörter 36
Abendland S. 100 N. 3
Abkürzungen 37; der
 Zahlen 153, 3
abois 100
aborder 62 A. 2
abrupt 22
absolu 83
Absolutes Particip 257
 A. 2
absoudre 83
absous 122, 1
Abstrakte 267, 2; Plu=
 ral 101, 2
Abteilung der Zahlen
 153, 2, S. 139 N. 2
Accente 35
accessit 22
accourir 62 A. 2
accroire 85
accroître S. 55 N. 2
Accusativ vor dem Verb
 203; vor dem Inf.
 mit à 203 A.; ab=
 hängig von Verben
 213; mit dem Inf. 279
 ff.; doppelter 278, 2;
 adverbialer 283
Achéron 15

acheter 70
achten für nichts 332
 A. 1
aconit 22
acquérir 22, 81; Fut. 80
Adam 7
adjectif S. 111 N. 4
Adjektive von Namen
 abgeleitet 32 A.; der
 Zeitangabe 154; die
 mit dem Subst. einen
 Begriff bilden, 276 A.
 2; neutrale, bei Verben
 141; substantivisch
 353 f.; bei Städte=
 namen 107 A. 2;
 steigerungsunfähige
 130; Kongruenz 355
 ff.; Stellung 350 ff.
 für Adv. 126, 2c, 140
adjudant, aide de camp
 30
admettre mit Konj. 231
 A. 2.
Adverbiale Bestimmung
 eingeschoben 205, II
Adverbien 133 ff.; Stel=
 lung 205; Kompa=
 ration 136; für Per=
 sonalpronomen 293;
 adjektivischer Form
 33, 4, 140; für Adj.
 139; verbal umschrie=
 ben 142 f.
Aerschot 15

-age 109, 2, 112 A. 1.
Agen 7
en agir S. 128 N. 4
agnat 12
ai 40, 4
aide 113, 4
aide et conseil S. 107
 N. 3
aïeul 97
aigle 113 A.
aigu 9
aiguille 9
aiguiser 9
-aindre 83
aîné mit Possess. 300, 3
ainsi que 232
avoir l'air 278, 1 A.
aise 125 A.; à son aise,
 à l'aise 299 Zus. 2
-aître 84
Aix 17
Aktiv 43
Albi 3
Albret 22
Alep 22
Alger 21
Algier S. 240 N. 2
alle, welche 315 A. 2
aller 61, 72; als Hülfs=
 verb 60 A. 1; Verbin=
 dungen 72 A.; um=
 schreibend 142; mit
 Gerundium 256 A. 4;
 aller, s'en aller S. 128
 N. 1; aller, venir 72 A.

aller, partir, voyager
S. 67 A. 2; s'en aller
73, S. 128 A. 1; s'en
aller, s'en venir S. 128
A. 2
allerdings 307 A. 2
alles, was 315 A. 2
almanach 15, 21
aloès 23
alors S. 124 A. 5
alphabet 22
als nach Komparativ 129
-am nicht nasal 7
ambassadeur 121 A.
amen 7
amer 22
amnistie 28
amour 112 A. 2
an 176
ancien 352, III
-andre 82
anfangen 82
Anfangsbuchstaben, große 32
Anführungszeichen 38
angélus 23
anoblir S. 3 A. 1
-ant Plural 94 A. 1
Antéchrist 21, 22
antérieur 128 A. 1, 129 A.
Antioche 15
Antiochus 15
Anvers 22
août 4
apercevoir 86; apercevoir, s'apercevoir 67, 4
apothicaire 28
apparaître 62 A. 2
apparoir 89
appeler, en appeler à S. 128 A. 6
approcher, s'approcher 67, 5; 67, 8
Apposition 278

après 174 A. 2
après-midi 98 A. 4, 111 A. 2
aquarium 9
arc 21
Aremberg 7
arguer 9
arrêter 237, 1 A. b;
arrêter, s'arrêter 67, 8
arriver 61; il arrive 239 A. 2
arsenic 21, 22
Artaxerce 17
Artikel 92, 259 ff.; bestimmter, in Redensarten 268; vor Bruchzahlen 149 A. 1; Korrespondion 275; bei Familiennamen 32, 9; fehlend 269, 272; fehlend nach Präpositionen 270; fehlend in verbalen Ausdrücken 271; fehlend bei subst. Possessiv 303 A. 1; fehlend bei même 342 A. 1; fehlend bei tout 343 A. 1
Artikelloses Substantiv als Beziehungswort eines Pronomens 289,1
asbeste 16
aspect 21
Aspiriertes h 19
assaillir 79
asseoir 10 A., 88
Assomption 22
aster 22
assurer S. 195 A. 1
asthme 16, 21
atlas 23
attaquer, s'attaquer 67, 2
attendre que 230 A. 2
attendu 257 A. 3

Auch 15
auch nicht 356 A. 3;
auch noch 137
aucun 338
auf 177
augenblicklich 187, 3
augmenter, s'augmenter 67, 6
Augsbourg 21
-auld 21
-ault 21
aune 114
aus 178
Ausrufesatz 331
Ausrufezeichen 38
außer 179
aussi 208 b 2, 359, 366, 8
aussitôt wie Präposition 175 Zuf.
auster 22
autant 359
d'autant plus ... que 361 A. 1
automne 21
autre 335; bei Zahlen 154; nous autres 335 Zuf.; et autres, et d'autres 335 Zuf.
autrui 335 A. 3
Auxerre 17
Auxonne 17
avancer 62 A. 2; avancer, s'avancer 67, 6
avant 174 A. 2
avertir 238, 1 A. 1
avoir 10; ohne Passiv 211 A. 1; avoir und être bei Intransitiven 61 f.; il y a 368, 3; il y a, il est S. 87 A. 2; il y a, c'est 90 A. 4
avril 11
-ayer 10

b, Bindung 26
babil 11
Bab S. 97 N. 6
baigner, se baigner 67, 5
bail 96 A. 2
baisser, se baisser 67, 5
bal 96 A. 2
balancier, pendule S. 104 N. 2
balbutier 18
balb 137
banqueroute, faillite 79 A.
baptiser 21
baril 21
bas 121, 5; Abv. 141
baste 24
battre 82
Baumnamen 106, 5
beau 122, 2; in Zusammensetzung 117 A. 2
beaucoup 136, 137, S. 124 N. 3; bei der Komparation 129
becqueter 70
Bedeutungswechsel im Plural 109
Bedingungssatz 225, 241 A. 7
Begriffsverben 44
bei 180
beinahe 79, 143
bekanntlich 137
Belfort 21
nach Belieben 189, 4
belvéder 22
Bengale 7
bénin 122, 1
bénir 75
Benserade 7
-berg 21
Bergnamen 106, 3
Berlioz 22
nicht besonders 335 A. 2

bétail 96 A. 2
bêtement 137
Beziehungswort für das Relativ eingeschl. 318
bien 136, 137, 277 A. 2; Stellung 205; Abv. zu beau 135 A. 1; als Abj. 139
bientôt S. 124 N. 3
billion 11, S. 107 N. 1
Bindestrich 33, 153, 1
Bindung 26
binnen 181
bis 182
bis 23
blanc 121, 2
bleu 125, 1
blocus 23
bœuf 21; bœuf gras 21
boire 83; boire, prendre 83; le boire et le manger S. 107 N. 3
bon 128 nebst A. 2; Abv. 141
bonhomme 97 A., 98 A. 1, 350 A. 2
bonnement S. 125 N. 3
Boufflers 22
bouger 368 A.
bouillir 79
bouillon S. 107 N. 2
bourg 18, 22
-bourg 21
bourgmestre 22, 24
bourreler 70
bowl 22
braire 85
branchies, ouïes S. 97 N. 3
bravoure 112 A. 2
Brésil 11
Briefadressen 162 A.
Briefüberschrift 38
briguer S. 59 N. 1

bru S. 110 N. 2
Bruchzahlen 149
Brüche, gemischte 149 A. 2
Brucys 23
bruire 89
brut 22
Bruxelles 17
Buchstabennamen 111 A. 1; Elision vor, 27
Büchertitel 32, 10
but 22

c und ç 41, 1; c und qu 41, 2
ça 166 A., 308 A. 2
cadet mit Possess. 300, 3
Caen 4
cal 96 A. 2
Calas 23
Camille 11
Camoëns 7, 23
cancer 22
cantatrice, chanteuse 121 A.
caoutchouc 21
cap 22
capitale, Artikel 275, 2
carabine S. 107 N. 5
carnaval 96 A. 2
ce 306; ce und le 285 Zuf.; Elision 27; vor logischem Subj. 310; vor dem Inf. 310 Zuf.; ce qui 39
ceci 308 f.
le céder à qn 285 Zuf.
cédille 41, 1
ceindre, se ceindre 67, 2
cela 308 f.
celer 70
à celle fin 305 Zuf.
celui vor Particip oder Abj. 312 A. celui qui 39

cent 147
centumvir 7
cep 22
cerf 21
cerf-volant 21
certain 172 A., 333, 352 I
cesser 368, 2
c'est 217 A. 1; c'est
 und il est 307; c'est
 qui, Zeitenfolge 241
 A. 6; c'est ... qui
 323, 2; c'est que
 306 A.; c'est à qui 327
 A. 4.
ch 15
Chabrias 15
chacal 96 A. 2
chacun 345
chaloir 89
champagne 113, 1
changer 62 A. 2; 67, 5;
 299, 3; S. 194 A. 2
Charaktervokal 48
Charle 31
Charybde S. 107 A. 3
chaque 345, chaque und
 tout 345 A. 3
chaussée S. 112 A. 1
chef-d'œuvre 21
chenil 21
cher, Cher 22; cher Adv.
 141; chèrement 141
Chéronée 15
Chersonèse 15
de chez 175 A. 1
Chiasmus 209 A. 352, II
choir 61, 88
choisir, élire S. 259 A. 2
choral 96 A. 2
chrestomathie S. 10 A. 3
chrétien 18
Christ 21, 22
chut 22
ci 33, 8, 166

Cid 22
ciel 97
ciguë 9
ci-inclus 355 A. 1; ci-
 joint 355 A. 1
cil 11
circonspect 21
Cirkumflex für Konsonan-
 ten= oder Vokalausfall
 35; als Zeichen der
 Länge 35; bei Abn.
 135 A. 1; fehlend 35
ciseaux 100
Citate 152 A. 3
civil 11
clair Adv. 141; claire-
 ment 141
clairon 113, 3, S. 105
 A. 1
clef 21
clerc 21
clore 85
Clovis 23
Coblentz 18
cognat 12
coi 122, 1
commander 237, 1 A. b
comme wie Präposition
 175 Zuf.; statt prädik.
 Accus. 278. 2 A.
commencer 82; par 142;
 à faire werden 81 A.
 5; commencer, se
 mettre à 82 A.
commun 350 A. 2
comparaître S. 55 A. 1
Compiègne 21
complet 121, 4
comprendre 238, 1 A. 1
compris 257 A. 3
compter pour rien 332,
 A. 1
concevoir 86, 238, 1 A. 1
conclure 85

concret 121, 4
à condition que 237, 1
 A. b
conduire 84
confesser, se confesser
 67, 7
confire 84
connaître 84
conquérir 81; conquérir,
 prendre 83
construire 84
contempteur 22
contre 174 A. 3
contredire S. 190 A. 2
contresens 16
contrevenir 61 A.
convenir 62, 237, 1 A. b
convoyer 74
corail 96 A. 2
Cortez 18
cosinus 16
coucher S. 67 A. 1; se
 coucher S. 55 A. 2,
 § 67, 5
coudre 88
couple 113 A.
courir 80
courre 80
court Adv. 141
il en coûte S. 128 A. 5
coutil 21
couvrir 79
craindre 83, 369, II
creux Adv. 141
cri de 265 Zuf.
Critias 18
croire 10, 85, S. 192
 A. 1; que je crois
 S. 289 A. 1.
croître 62 A. 2, 84
croup 22
cueillir 79
cuiller 22
cuire 84

d eingeschoben 40, 7;
   Bindung 26
damner 21
Danemark 22
dans und en 174 A. 4
Dativ, possessiver 300, 1,
   S. 275 N. 1; ethischer
   289, 2; Dativ vor Ac=
   cusativ 204; Dativ mit
   dem Inf. 282
Datum S. 136, N. 2
Daten, Stellung 205 Zus.
davantage 27, 132, 3
David 22
de nach plus, moins 136
   A.; nach on dirait
   S. 220 N. 1; in der
   Doppelfrage 326 A. 2;
   vor certains 172 A.; vor
   unbestimmten Angaben
   182, 3, vor zweit. Inf.
   245 A. 3; deund à beim
   Inf. 251; de bei côté,
   part, 174 A. 5; bei il
   s'en faut S. 133 N. 1
débet 22
déborder 62 A. 2
décéder 61
déceler 70
décemvir 7
de ce que 237, 2 A. 2;
décevoir 86
décider 237, 1 A. b;
décider, se décider 67, 1
déchoir 62 A. 2, 88
décréter 237, 1 A. b
décroître 62 A. 2
se dédire S. 58 N. 1
défaillir 79
Defektive Verben 89
déficit 22
dégeler 62 A. 2, 70
dégénérer 62 A. 2
degré S. 245 N. 4

délices 99, 3
demeurer 62
demi 355 A. 1
Demonstrativpronomen
   164 ff. 304 ff.
sich denken S. 59 N. 2
d'entre 175, A. 1
dépêcher, se dépêcher
   67, 8
depuis que 368, 3
dépouiller, se dépouiller
   67, 2
dépourvu 88
dernier 352, II; bei Zah=
   len 154
derselbe 342 A. 1
dès 174 A. 6
Desaix 16
descendre 62 A. 2
Deshoulières 24
désinence S. 41 N. 2
désirer S. 222 N. 2
destructeur 121 A.
désuétude 16
Determinativer Gebrauch
   von Namen 266
Determinativpronomen
   167, 311 ff.
détruire 84
devenir werden 81 A. 2
devoir 86; als Hülfsverb
   60 A. 1
dévot 121, 5
dévoyer 74
diablement 137
diagnostic 12 S. 108 N. 1
différent 172 A. 352, I
dîme 148 A.
Diphthonge 8; fallende 11
Diphthongierung des
   Stammvokals 47
dire 84, 238, 1 A. 1; on
   dirait S. 220 N. 1
discret 121, 4

disparaitre 62 A. 2
disputer, se disputer 67,
   2; le disputer 285 Zus.
dissolu 83
dissoudre 83
dissous 122, 1
distiller 11
distinct 21
district 21
divers 125 A., 172 A.,
   352, I
dix-sept 17
doch 143; nicht übers. 233
   A. 2
doigt 21
dommages et intérêts
   99, 3
donc 22
dont 321
Doppelformen mit und
   ohne Cirkumflex 35
Doppelkonsonant 29;
   Trennung 36, 3
Doppelpunkt 38
dormir 76; dormir, cou-
   cher S. 67 N. 1
dot 22
double Adv. 141; 352, II
Doubs 21
sans doute que 239
douter 369, III; douter,
   se douter 67, 3
doux 121, 3; Adv. 141
douzaine S. 139 N. 3
drachme 15, 18
droit Adv. 141
dru Adv. 141
Ducis 23
dur Adv. 141
durant 174 A. 9
durch 183

e stummes 40, 3 b, 69
   A. 3; am Schlusse

mancher Wörter, 31;
am Wortschluß 31; e
statt ie 28; e geschlos=
senes 40, 3 a; é vor
stummer Silbe 40, 3 a,
69, A. 2; é vor der
Adverbialendung 135,
A. 3; e, prothetisches
35; e=Laute im Wort=
innern 69; e=Laute bei
Verben 70
eaux 101
échapper 62 S. 194 N. 3;
  échapper, s'échapper
  67, 5, 67, 7
échecs 21
échoir 61 A., 88
échouer 62 A. 2; échouer,
  s'échouer 67, 5
éclore 61, 85
écouter, entendre 89
écrire 83, 238, 1 A. 1
Edelsteine 107, 4
-ège 109, 2
ein u. derselbe S. 302 N. 1
-eindre 83
einerseits ... andererseits
  335 Zus.
auf einmal 177, 7; nicht
  einmal 342 A. 5
Einschiebung von -t- S.
  44 N. 4
einstimmig 143
élire, choisir S. 259 N. 2
Elision 27
em nicht nasal 7; wie
  nasales in 7
émail 96 A. 2
embellir 62 A. 2; em-
  bellir, s'embellir 67, 5
émigrer 62 A. 2
emm- 7
-emment 5
empêcher 369, I

Emphatischer Plur. 102, 3
empirer 62 A. 2
l'emporter 285 Zus.
en wie nasales in 7; nicht
  nasal 7
en 286; Stellung bei
  Verben 73 A.; pleo=
  nastisch 138; eingescho=
  ben 212 A. 4; nicht zu
  setzen 288; bei Reflexi=
  ven 73 A.; von Per=
  sonen 286 A.; statt Pos=
  sessiv 296; im Sinne
  von pour cela 212 A. 4;
  Particip bei en 258
  Zus. 1
en und dans 174 A. 4;
  für à S. 192 N. 2; en
  bei Ländernamen 263;
  vor Artikel 174 A. 4
enchanteur 121 A.
encore 137
-endre 82
Endung 47 ff.
Endungskonsonanten 40, 1
enfant 117 A. 1
enfer(s) 22
Enghien 4
Englische Aussprache 5
enivrer 7
ennoblir 7
ennui 7
s'ennuyer 90, S. 89 N. 2
enseigne 113 A.
ensuite S. 124 N. 5
s'ensuivre 73 A.; il s'ensuit 90
-ent Plural 94 A. 1
entendre 238, 1 A. 1;
  entendre, écouter 89
entendu 258 Zus. 2
entre, parmi 174 A. 7;
  entre, Elision 27;
  d'entre 129

entrer 61
entresol 16
envers 22, 174 A. 3
s'envoler S. 55 N. 2
envoyer 74; Verbin=
  dungen 74 A.; envoyer
  promener 64 A. 2
épais 121, 5
épousseter 70 A. 2
époux S. 113 N. 2
sich erinnern 81 A.
erobern 83 A.
sich ertränken S. 58 N. 3
équateur 9
équation 9
équestre 9
équitation 9
es nicht übers. 211 A. 3
ès für en les 23, 92 A.
Eschyle 15
escroc 21
espérer 221 A. 3 b, 364
  A. 2, S. 223 N. 1
essayer, s'essayer 67, 1
-esse 119 A. 1
est 22
est-ce que 206 A.
Esther 22
estomac 21
et 22; bei Zahlwörtern
  147; im Vergleichungs=
  satze 361 A. 3; nicht
  gebunden 26
étant donné 217 A. 1 Zus.
État 100
etc. 39
-eté 28
éther 22
étiage 18
être 10
être für aller 72 A.;
  être und appartenir S.
  270 N. 1; être werden
  81 A. 1, 2, 3; il est.

il y a, S. 87 N. 2;
il est und c'est 307
etwa 142, 143
Etymologie zur Ge=
 schlechtsbestim. 112
eu und ue 41, 4
-eur 112, 2, 121, 6
éviter 369, 1
s'évanouir S. 55 N. 2,
 S. 58 N. 4
examen 7
excepté 257 A. 3
exemption 22
exil 11
expirer 62, 211 A. 2
exprès 121, 5
extrême 130 A.
ey 40, 4
-eyer 10 A.

f. Bindung 26
de façon que 232
Fahnenträger S. 105 N. 3
faillir 79
faillite, banqueroute
 79 A.
faire 84; faire, rendre
 84 A. 2; faire, laisser
 84 A. 1; faire werden
 81 A. 4; se faire werden
 81 A. 3; faire Hülfs=
 verb 60 A. 1; faire
 umschreibend 142, 305
 A. 1; faire zur Um=
 schreibung von Intran=
 sitiven 212 Zus.; faire
 als stellvertretendes
 Verb 84 A. 3; faire
 mit Inf. 84 A. 1, 258
 Zus. 2, ohne Passiv
 211 A. 1; faire mit
 Reflexiv 64 A. 2; faire
 mit doppeltem Accus.
 278, 2 A.; faire mit

Konj. 239 A. 3; faire
 appeler 74 A.; faire
 fortune 299 Zus. 2;
 il fait bon, beau, cher
 243 A.
fait 22; 258 Zus. 2
falloir 86; il faut Kon=
 struktion 86; il s'en
 faut 238, 2 A., 369, 111
Farbenadjektive 33, 4,
 126, 2 a
fast 143
fat 22
fatal 125, 2
faux 121, 3, 350, A. 2;
 Adv. 141
favori 122, 1
femme 5
fer 22
férir 89
ferme Adv. 141
Feste 267, 5
feu verstorben 125, 1, 260
 A. 5, 355 A. 1
fier 22
fil 11
fille S. 109 N. 5
fils 23
final 125, 2
Finale Konjunktionen 234
finir par 142
se flétrir S. 58 N. 2
fleur de lis S. 17 N. 2
fleurir 75
fleuve 265, 3
Flußnamen 108; mit Ar=
 tikel 264, 265, 3
flux S. 107 N. 3
force 277 A. 1
Formenbildung 50, 78
fors S. 161 N 1
fort 137; se faire fort
 119 A. 3
fortwährend 142

fou 122, 2
Foulé 21
fourvoyer 74
Fragesatz 206 ff.; indi=
 rekter 330
Fragestellung 206 ff.
frais 122, 1, 126, 2 c
franc 121, 2; Adv. 141
franc de port 355 A. 1
franc-comtois 126, 2 b
Français, les 100
fränkisch S. 113 N. 1
frater 22
Fréjus 23
Fremdwörter 95 A.
frire 89
frugal 125, 2
zu früh 142
fuir 10, 80
für 184
fusil 21
Futur 40, 5, 221 A. 3;
 Bildung 48, Umschrei=
 bung 241 A. 1

g, Bindung 26; g und ge
 41, 1; g und gu 41, 2
Gage S. 96 N. 4
gager 100
gangrène 18
garant S. 112 N. 2
garçon S. 109 N. 5
garde 93 A. 5, 104, 113, 4
garer, se garer 67, 8
gaz 22
Gebiet der gleichförmigen
 Konjugationen 76, der
 ungleichförmigen 77
Gedankenstrich 38
gegen 174 A. 3, 185
gehören S. 270 N. 1
Geländer S. 94 N. 3
Gelder 103 A.
geler 62 A. 2, 70

Gemahlin S. 113 N. 2
gemeinsam 143
gendarme 27
Genitiv, possessiver 300, 1
gens 23, 94 A. 1, 115;
   gens, hommes 97 A.
gent 115 A.
gentil 21, 121, 5
gentilhomme 98 A. 1
gentiment 135, A. 2
genug 143
Genus des Verbs 43
Geographische Namen 32, 3, 4
George, Georges 31
gerade 142
nichts Geringeres als 332 A. 2
gern 143
gérondif 256
Gers 22
Gerundium 256
Geschlecht der Substantive 105 ff.
Geschliffenes l 11; geschliffenes n 12
gésir 16, 89
geste S. 108 N. 3
gestern 137
Gex 17
gh für gu 15
glacial 125, 2
Glasgow 18
Gleichförmige Verben 46
sein Glück machen S. 274 N. 3
gn 40, 2; untrennbar 36, 4
Goth 21
goutte 363 A. 2
Grammatisch zusammengehörige Wörter 26
grand 350 A. 2; Adv. 141
grand' 119 A. 3
grand'mère 125, 4

grandement 135 A. 2
grandir 62 A. 2
granit 22
gras 121, 5
gratis 23
grec 121, 2
grièvement S. 125 N. 2
gril 21
Groënland 7, 22
gros 121, 5; Adv. 141
guano 9
gui 9
guide 113 A.
Guise 9
gut kennen 137
Guyane 9
Guyenne 9

h stummes 20; aspiriertes 19
haïr 75
haro S. 11 N. 2
Harte Konsonanten 13; hartes x 17
hasarder, se hasarder 67, 1
Hauptkonjugationen 46
haut Adv. 141; hautement 141
havre 19
havresac 16
hébreu 124, 2
Heidelberg S. 11 N. 4
hélas 23
hem 7
hennir 5
Henri S. 11 N. 5
heur 110 A. 1
heute 304 A. 2
hiatus 23
hier 22
Himmelsgegenden 32, 3, 106, 1; 267, 4
hinter 186

Historisches Perfekt 78
historischer Infinitiv 250, 4
hiver 22
hören = erfahren 89
nicht hoffen 364 A. 2
hoffentlich 143
Hollande S. 12 N. 1
homme Plural 97 A.
Homonymen 114
Honduras 23
honnête 350 A. 2
honneur 112 A. 2
en (à) son honneur 300 Zus. 1, S. 276 N. 1
Hornist S. 105 N. 1
Hôtel-Dieu 98 A. 2
huit 22, 146
Hülfsverben 44; Konjugation 56 ff.; eigentliche und uneigentliche Hülfsverben 60; modale 60 A. 1
hymen 7
hymne 113 A.

i nach ll 31; i elidiert 27
iceberg 21
idéal 96 A. 2
ie diphthongisch 146
ignorer 238, 2 A.
il fehlend 90 A. 5
ill nicht geschliffen 11
-im nicht nasal 7
imaginer, s'imaginer 67,3; imaginer mit Konj. 231 A. 2
immanquable 7
immédiat 22
immer bei Komparativ 129 A.
immer noch 137
Imperativ 33, 6, 43
Imperfekt 222; Imper-

fectum conatus 222
Zuf.; Imperfekt Fut.
221 A. 4
il importe mit Konj.
239 A. 4
imposer, en imposer à
S. 128, N. 7
impossible 239
impromptu 22
imstande sein 342 A. 4
in 187
Inchoativsilbe 49, A. 1
incliner, s'incliner 67, 4
Inde, Indes 99, 1
Indefinites Pronomen
170 ff.; 332 ff.
Indeklinabilien 95
indemniser 5
Indikativ 43
indistinct 21
ineptie 18
inertie 18
inexpugnable 12
inférieur 128 A. 1, 129 A.
Infinitiv, reiner 242 ff.;
Infinitiv mit à 246 ff.;
mit de und anderen
Präpositionen 250 ff.;
Infinitiv substantiviert
245 Zuf. 2; als Prä=
dikat 279 ff.; Infini=
tiv, Stellung des Per=
sonalpronomens, 159;
Infinitivkonstrukt. 253
initial 125, 2
initier 18
inquiet 121, 4
instantané, momentané
119 A. 2
instinct 21
instruire 84
Intensivadverbien, Wie=
derholung S. 119 N. 1
Interjektion 198 f.

Interpunktion 38
Interrogativpronomen
169, 325 ff.
interrompre 211 A. 3
Intransitive 45, 61 f.,
212; Intransitiv
(Trans.) für deutsches
Reflexiv 66; Intran=
sitiv und Reflexiv 67;
Intransitive umschrie=
ben 212 Zuf.; Intran=
sitive mit Passiv 212
A. 2; Particip, 258,
Zuf. 1
Invalides, les 100
inventeur 121 A.
Inversion 206 ff.; nach
Adverbien 208 b 2,
209, 4
io, ie ein= und zweisilbig
S. 45 N. 1
Irrenhaus S. 256 N. 1
issir 89
isthme 16, 21
Italiens, les 100
italiques 38
Iterativform 49 A. 1
ja nicht 143
jadis 23
Jahreszeiten 106, 2,
269, 3
Jahrzahlen 152 Zuf.
jamais 269, 5
je, Elision 27
jedes Jahr 345 A. 3
Jérusalem 7
Jésus 23; Jésus-Christ 21
Joachim 7
Job 22
joug 18
Judas 23
jumeau 122, 2
Jupiter 22
jusque 174 A. 8; Elision

27; jusqu'à ce que
230 A. 2
juste Adv. 141

Kabettenanstalt S. 121
N. 1
Karabiner S. 107 N. 5
Kardinalzahlen 145; Kar=
dinalzahl für Ordinal=
zahl 152
Kasus 94 A. 2
kaum 143
Knabe S. 109 N. 5
Kollektive 103, 3, 217
A. 2
Kolon 38
Komma 39
Komparation 127 ff.; or=
ganische 128; des Sub=
stant. 127, A. 2
Komparativ 127; für Po=
sitiv 132, 4; für Su=
perlativ 132, 3; Kom=
parativ organischer, im
Vergleichungssatz 361
A. 2
Komparativsatz 358, 369
II
Konditional 221 A. 4
Konditionale Konjunktio=
nen mit Konj. 231
Kongruenz des Adjektivs
355 ff.
Konjugation 47 ff.; der
Hülfsverben 56 ff.;
des gleichförmigen
Verbs 51 ff.
Konjunktion 196 f.
Konjunktiv 43, 227 ff.;
i. Bedingungssatze 225
A. 2; im Konzessivsatz
226 A. 2; im voraus=
gehenden abhäng. Satze
238, 1 Zuf.

können 87
Konsonanten 1, 13; stumme 21; ausnahmsweise laut 22; Konsonantenausfall 30; Konsonantenvertauschung 14 ff.; Konsonant, auffälliger, 30; einfacher 29; Doppelkonsonant 29
Konzessive Konjunktionen mit Konj. 233
Konzessivsatz 226
Kursivschrift 36

l zu u 40, 6; l, Trennung 36, 4, 5; l mouillée, Bindung 26
la (pron.), Elision 27
là 33, 8; là für cela 308 A. 3
labeur, labour 112 A. 2
laisser, faire 84 A. 1; laisser mit Reflexiv 64 A. 2; laissé 258 Zus. 2
Lameth 22
Lancaster 22
landau 96 A. 1
Ländernamen 107, 1; mit Artikel 262 f. 265, 2, 3
lange 137
Laon 4
laps 23
las 121, 5
lassen 84 A. 1
lauter 343 A. 3
Lautregeln 40
le (pron.), Elision 27; le, la nach Imperativ 157; le neutrales 285; le eingeschoben 211 A. 4; le nicht zu setzen 288; le und ce 285 Zus.
legs 21
leicht 143

lequel 39, 169, 317, 326; abjektivisch 318
Lesseps 23
lettres 100
der letztere 304 A. 3
se lever S. 55 N. 2
lez S. 27 N. 1
lieber 143
Lille 11
linceul S. 6 N. 1
lingual 9
linguiste 9
liquéfaction 9
lire 84
lis 23
livre 114
loin als Adj. 139
longtemps 137
lorsque 23; Elision 27; Inversion 209, 3; lorsque durch que ersetzt 224 A. 2.
Lot 22
louer, se louer 67, 3
lourd Adv. 141
Lucas 23
luire 84

m, n nach Nasalvokalen 40
machen 84 A. 2
Machiavel 15
madame 98 A. 1, 162
Mädchen S. 109 N. 5
mademoiselle 98 A.1,162
Madrid 21
Maëstricht 4
magister 22
maint 172 A., 333
maintenant S. 124 N. 5
maire 128 A. 1
maïs 23
Majuskel 32
mal 124, 3, 136; als Adj. 139

malachite 15
Malesherbes 24
malgré que 233 A. 3
malin 122, 1
m'amie 161 A.
mamour 161 A.
manche 113 A.
de manière que 232
Männlich der Bedeutung nach 106; der Endung nach 109; dem Ursprung nach 111
manœuvre 113, 4
marâtre S. 110 N. 1
marc 21, S. 108 N. 4
Marc 22
Mark S. 108 N. 4
mars 23, Mars 23
Martel 122, 2
masque 113 A.
mat 22
mathématiques 99, 3
matinal 125, 2
maudire 84
mauvais 128; Adv. 141
méchant 352, III
Médicis 23, S. 98 N. 1
nicht mehr 142
même 33, 7, 342; de même 342 A. 3; à même 342 A. 3
mémoire 113 A.
mentir 76
menu Adv. 141
mer 22
merci 113 A., 119 A. 3
mérinos 23
Metalle 106, 4
mettre 82; mit Konj. 231 A. 2; se mettre à 82
Metz 18
mi- 106 A. 2

Michel-Ange 15,
midi, le midi S. 247 N. 1
mieux zur Komparation 127 A. 3
mil 11, 147
mille 11, 147
milliard 11
millier 11
million 11
Miltiade 18
Mischvokale 2
mit 188
Mittelformen 43
Modale Hülfsverben 60 A. 1
Modus 43
mœurs 23
moi, toi nach Imperativ 157
moindre 128 A. 4
moins 136; au moins, du moins 137; moins ... moins 361; à moins que 369, 1; rien moins que 332 A. 2
momentané, instantané 119 A. 2
Monate 106, 2; Monatsdatum 152; Monatsnamen 269, 1
monosyllabe 16
mons 162 A.
monseigneur 93 A. 1, 162
monsieur 21, 93 A. 1, 162
mont 265, 3
montagne 265, 3
monter 62 A. 2
morgen 137
Morgenland S. 100 N. 3
mot 363 A. 2; mot (de) 265 Zuf.
Motion des Adjektivs u. Substantivs 118 ff.;

des Substantivs 117; motionsunfähige Wörter 119
motus 23
mou 122, 2
moudre 83
Mouilliertes l 11; mouilliertes n 12
moult 22
mourir 61, 81; Fut. 80
mousse 114
mouvoir 87
multiplier, se multiplier 67, 4
Mündung 187, 4

nach 189
naître 61, 84
Namen mit Bindestrich 33, 3; antike 31; Namen wie Adj. 124, 4
nämlich 137
Nasale, Bindung 26
Nasalvokale 6, 40, 2; mit ungewöhnlicher Bezeichnung 7
natal 125, 2
natürlich 143, S. 212 N. 1
naval 125, 2
ne alleinstehend 367 f.; fehlend 363 A. 4; expletiv 237, 2 A. 1, 369; ne ... que 365
Negation 362 ff.; bei modalen Hülfsverben 364 A. 2; im Vergleichungssatz 360; Negation, Frage, Bedingung S. 216 N. 1
Negative Indefinite bei negativem Sinn 339
Nemrod 7
nenni 5
nerf 21

net 22; Abv. 141
Neuchâtel 21
neu S. 312 N. 3
von neuem 137
Neutra 112
neutralement 137
ni für et, ou 366, 2; ni ... ni 366, 1
Nicolas 23
nier 369, III, S. 223 N. 3
Niger 22
Nil 11
noce 100
nombre 265 Zuf.
nombril 21
Nominalformen 43
Nominativ, doppelter 278, 1; Nominativ mit dem Inf. 279
non 362 A. 2; non plus 366, 3
nord-est 21
notre 21
Notre-Dame 21
nouveau 122, 2, 352. II; de nouveau, à nouveau 137
nouveau monde 32, 3
nu 355 A. 1
nuire 84
nul 121, 5, 338
numéro 268
Numerus 43
Nuremberg 7

oasis 23
Objekt, präpositionales, vorgestellt 204; persönliches und sächliches bei Verben 215 f.
obtenir 237, 1 A. b
œil 97
œuf 21
œuvre 112 Zuf.

offrir 79; offrir, s'offrir 67, 1
oi 40, 4
oignon 4
oïl 11
-oindre 83
-ois alt für -ais S. 45 N. 1
Oldenbourg 7
à, dans l'ombre 187, 1
ombrelle S. 103 N. 1
omnibus 23
on und l'on 171 A.; on weiblich 332 A. 1; on für je 284 A. 1
-ondre 82
onze 27, 146
orchestre 15
Ordinalzahlen 145, 148
ordonner 237, 1 A. 1
-ordre 82
orge 112 Zuſ.
orgue 112 Zuſ.
orléans 23
Ortsadverbien, Stellung 205
Ortsnamen, pluraliſche 99, 2
os 23
oser Hülfsverb 60 A. 1, 368, 2; dürfen S. 222 N. 1
Ostrogoth 21
Othon, Otton S. 24 N. 1
ou, Artikel nach demſelben 274, 3
où 322
oublier 221 A. 1 b
ouest 22
oui aſpiriert 27
ouïes 100
ouïr 89
-ould 21
-oult 21
-our 112, 2

ours 23
outil 21
ouvrer 89
ouvrir 79, ouvrir, s'ouvrir 67, 3
-oyer 10

p, Bindung 26
Paar, paar 113 A.
page 114
paillasse 113 A.
au pain et à l'eau S. 107 N. 1
paire S. 105 N. 4
paître 84
paon 4
Pâques 113 A.
par zugefügt vor Reflexiv 292 A. 3
paraître 212 A. 3 b, S. 55 N. 1, S. 234 N. 1
parallèle 113 A.
parasol 16, S. 103 N. 1
pareil mit Poſſeſſ. 300, 3
parfaitement 137
parler 211 A. 2; parler mit Objekt 141, S. 131 N. 1; S. 191 N. 3
parmi 174 A. 7
parti, partie S. 109 N. 1
Participien 254 ff.; Part. Präſ. 256; Part. Prät. 78, 257 f.; Part. Prät. und Perf. S. 40 N. 1; Part. ſtatt Inf. 280; Participien, Stellung 351, 1 c, A.
partir 61; partir, aller, voyager S. 67 N. 2
partout, Stellung 205
pas, point 363 A. 1; pas un 337; pas de 337 A.

passé 257 A. 3
passer 62 A. 2; passer, se passer 67, 6
Paſſiv 43; unperſönlich 90 A. 3
pater 22
Patient S. 313 N. 1
pauvre 352, III
pays 10 A.
paysan 10 A.
pécheur 121 A.
à peine 208 b 2
peler 70
pendule 113, 2
péninsule, presqu'île S. 129 N. 1
pensum 7
percevoir 86
Perfekt 221 A. 2; hiſtoriſches 223
péril 11
période 113 A.
persil 21
Perſon 43
Perſönliche und unperſ. Konſtruktion 249 A.
Perſonalpronomen 156 ff., 284 ff.; unverbundenes 290 ff.
Perſonennamen, Plural 102; mit Artikel 260; nach Titeln 265, 1
personne 112, 3; weiblich 332 A. 1
se persuader 258 A. 1
petit 128
peu 136
peut-être 208 b 2; peut-être que 239
pharmacien, apothicaire S. 22 N. 2
physiognomie 12
pire 128 A. 3
pis 136

pistolet, pistole S. 109
N. 2
plaire 84; il plaît 243 A.
plaisant 352, III
plein 355 A. 1
le Plessis S. 27 N. 1
pleuvoir 87
plumeau S. 92 N. 4
la plupart 217 A. 2 b,
277 A. 1
Plural der Substantive
94 ff.; der Adj. 125;
Plural für Singular
104; für eine Person
284; Pluralzeichen feh=
lend 95
plus 23, 136; plus ... plus
361, plus d'un 217
A. 2 c
plusieurs 340
Plusquamperfekt, histo=
risches 224
plus-que-parfait 23
plutôt 245 A. 3
poêle 114
poindre 83
points suspensifs 38
polysyllabe 16
porc 21; porc-épic 22
Positiv für Komparativ
132, 1; für Superlativ
132, 2
Possessivpronom. 160 ff.,
295 ff.; nicht ausge=
drückt 299; zuzufügen
300; Possessiv bei cha-
cun 345 A. 1; ethisches
301
possible 239
post- 21
poste 114
postérieur 128 A. 1, 129
pouding 22
pouls 21

pour vor Inf. 245, 2;
statt präbif. Accus. 278,
2 A.; pour que 234
A. 1; pour ... que
349; pour peu que
349 A. 4
pourpre 113 A.
pourquoi 207, II A. b
pourvoir 88
pouvoir 87, 368, 2; pou-
voir, savoir 87; il se
peut 139
Präpositionen 174 ff.,
703 f.; adverbial 175
Zuf.; bei autre 335 A. 1
Präsens 221 A. 1; hi=
storisches 221 1 b
pratique S. 111 N. 1
précis 125 A.; précisé-
ment S. 126 N. 2
préférer 245 A. 3
préfix 121, 3
premier 352, II; bei an=
deren Zahlen 154
prendre 62 A. 2, 83;
se prendre à anfangen
82 A.; prendre, con-
quérir 83; prendre,
boire 83; se prendre
s'en prendre à S. 128
N. 3; prendre mit Konj.
231 A. 2; prendre
garde 251, 1 A.; pren-
dre parti, le parti u. a.
299 Zuf. 2; S. 274
N. 4
préséance 16
à présent S. 124 N. 5
présentement 135 A. 2
présomption 22
presque, Elision 27
presqu'île, péninsule S.
129 N. 1
prétendre 238, 1 A. 1

prétendu, soi-disant S.
270 N. 2
près, auprès de 175 A.
2, 3
prévoir 88
prier 212 Zuf.; S. 190 N. 4
prime 148 A.
prince S. 109 N. 5
procès-verbal, protocole
29
prochain 130 A.
Pronomen 155 ff., 284 ff.;
Stellung des Personal=
pronomens 158 f.
proposition, phrase S.
178 N. 1
propre 352 II
prospectus 23
puis S. 124 N. 5
puisque 23; Elision 27
punch 15
pur 352, III

q für qu 15
quaker 9, 22
quand 225 A. 1; fehlend
208 b 1; Inversion
209, 3
Quantität bei Cirkumflex
35
Quantitätsbestimmungen
277
quarantaine S. 139 N. 3
quart 148 A.
quartz 9, 18
quatre 21; Aussprache
146
quatre-vingt 147
que für afin que 234 A.
2; für lorsque 224
A. 2; für si und a. 236
que, ce que als Nomi=
nativ 320; que vor
logischem Subjekt 320

Zus.; que als Relativ-
adverb 323; ne pas
que 365 A. 2; que
fragend 328; que und
quoi 328 A. 3; que
für pourquoi 328 A. 4;
que, Inversion 206,
III A.
quel 169, 206 A. c 325;
für qui 325 A. 327 A.
1; quel que 348; quel
für lequel 326 A. 1
quelconque 347
quelque 346; bei Zahlen
151 A., 346 A. 2;
quelque ... que 210,
1, 348 f.; quelque
chose 112, 3; quelque-
fois 30; quelqu'un 33,
9, 346
querir 81
qui und lequel 316 f.;
qui neutral 319; qui
fragend neutral 328
A. 2; qui für ce qui
319; qui ... qui 327
A 3; qui que ... 348
quiconque, 347
Quimper 22
quint 148 A.
quitte 125 A.
quoi fragend 329; de
quoi 329 A. 3; quoi
que 348
quoique, Elision 27

r, Trennung 36, 4, 5;
Bindung 26
Rabatt S. 24 N. 2
racheter 70
raide Abv. 141
raisin 103, 3
rajeunir 62 A. 2
rasch 142

re- und ré- 35
rébus 23
recevoir 86
recette 30
récidiviste S. 17 N. 5
Reciproker Sinn 64
reclure 85
recouvrer, recouvrir 79 A.
recrue S. 111 N. 2
reculer, se reculer 67, 5
rédemption 22
redoubler 299, 3
Reflexive 45, 63; für
deutsches Intrans. oder
Trans. 65; reflexiv u.
intransitiv 67; Reflexiv
für Passiv 63 A. 4;
Particip 258, A. 1
Reflexivpronomen 156;
Wegfall 64 A.
reflux S. 107 N. 3
refuser, se refuser 67, 1
régal 96 A. 2
Regent S. 241 N. 2
Regentennamen 152
registre 24
régler 237, 1 A. b
Reichsland S. 244 N. 3
Reims 23
reine-Claude 18
reisen S. 67 N. 2
Rektion der Verben 213 ff.
relaps 23
Relativpronomen 169,
316 ff.; Relativ, be-
ziehungsloses 228 A. 1,
324
Relativsatz 39, 219, 2;
mit Konj. 240; Zeiten-
folge 241 A. 5; In-
version 209, 1; Rela-
tivsatz für Possessiv
299 Zus. 1
reluire 84

Rembrandt 7
rendre, faire 84 A. 2
renvoyer 74
repaître 84
reparaître S. 55 N. 1
repartir 62
se repentir 76
replet 121, 4
répondre 238, 1 A. 1,
S. 189 N. 3
reposer, se reposer 67, 5
requérir 81
requiem 9
requirieren 81 A.
résoudre 83, 237, 1 A b;
résoudre, se résoudre
67, 1
respect 21
au reste, du reste 137
rester 62
résulter 62 A. 3
résumer, se résumer 67, 7
retourner 61
rétracter, se rétracter 67, 7
Retz 18
réussir 90, S. 89 N. 1
revêtir, se revêtir 67, 2
Rezept S. 24 N. 4
rien 127 A. 4, 332;
Stellung 205
rire 85
risques et périls S. 99 N. 1
Rossinante S. 109 N. 4
rougir, se rougir 67, 4
roux 121, 3
Rubens 7, 23
rude Abv. 141

s-Laute 16; s scharf zwi-
schen Vokalen 16; s im
Auslaut 23; s am
Schluß von Namen 31;
s stumm im Inlaut 24;
Bindung 26

s der 1. Sing. 49, A. 2;
s in der 2. Sing. Imp.
S. 44 N. 3
saillir 79
saint 32, 8, 260 A. 5,
350 A. 2
Saint-Omer 22
Satzeichen 38
Sand 22
Saône 4
savoir 87, 368, 1; Hülfs=
verb 60 A. 1; einge=
schoben 330; savoir,
pouvoir 87; que je
sache 240 Zus. 2; je
ne sache pas 228 A. 4;
sachez S. 200 N. 1;
je ne saurais 87
à savoir 137
Savoyard S. 5 N. 2
Schallwörter 199
Scheideformen 113
schließlich 142
Schriftregeln 41
Schwiegertochter S. 110
N. 2
sciences, lettres S. 97 N. 1
sculpter 21
Scylla S. 107 N. 3
sec 121, 2; Adv. 141
sécher, se sécher 67, 5
second 18; second,
deuxième S. 137 N. 1
secret 121, 4
sehr 137; nicht sehr 137
seigneur 128 A. 1
sein, es sind 90 A. 4
Seltz 18
semblable mit Possess.
300, 3
sembler 238, 2 A.
semoule S. 6 N. 1
Senlis 23
sens 23, Sens 23

sentir 76; mit Reflexiv
64 A. 2
seoir 88
sept 21, 22
serré Adv. 141
servir 76
seul 352, III
si 225 A. 1, 359; feh=
lend 208, b 1; si ohne
negativen Sinn S. 214
N. 2; si même 226
A. 1; si que 232 A 1;
si ... que 349; si
affirmativ 362; si fait
362 A. 1
sicher 143
Sieyès 23
signet 21
Silbenausfall 25
Silbenteilung 36
Singular für Plural 103
sis 88
sitôt wie Präpos. 175 Zus.
sogar 143
sogleich 142
soi 292
soi-disant 292 A. 2; soi-
disant, prétendu S. 270
N. 2
soit 22, 137
solde 113 A.
solennel 5
somme 114
somptueux 22
sonner 62 A. 2, 90, S.
89 N. 3
de sorte que 232; de la
sorte 304 Zus. 1
sortir 76
sot 22
souffrir 79
souhaiter S. 222 N. 2
soûl 21, S. 277 N. 2
souloir 89

Soult 21, 22
soupirail 96 A. 2
sourcil 21
sourdre 89
soussigné S. 269, N. 1
Spartiate 18
sport 22
Sprachlaute 1
Städtenamen 107, 2; mit
Artikel 261; mit tout
344 A. 2
Staël 4
stagnant 12
Stamm 47; erweiterter
46, reiner 46; Stamm=
verstärkung 47
Stätige Endungen 48
Stellung des Adjektivs
350 ff.; des persönl.
Fürworts 158 f.; der
Negation 364; der
Zahlwörter 154; Stel-
lung bei Redensarten
S. 107 N. 3
Stiefmutter S. 110 N. 1
Stimmhafte Konsonanten
13
Stimmlose Konsonanten
13
stipuler 237, 1 A. b
Stoffnamen 267, 1; Plu=
ral 101, 1
stras 23
Strasbourg 16
Stumme Konsonanten 21
Stundenangaben 149 A. 3
subit 22
Subjekt, doppeltes 90
A. 2; Subjekt u. Prä=
dikat 217 ff.; Subjekts=
accusativ S. 262 N. 1
Substantive, nur männ=
liche 117 A. 3; nur
weibliche 117 A. 3;

ohne Singular 99; wie
  Adj. gebraucht 124, 1
subvenir 61 A.
sud 22; sud-est 21
Suez 18
suffire 84
Suger 22
de suite S. 124 N. 4
suivre 83
Sully 11 A.
Sund 7, 22
supérieur 128 A. 1, 129 A.
Superlativ 127; für Kom‍parativ 132, 5; nicht mit Demonstrativ 304 Zuſ. 3; abſoluter 131; adverbialer 131 Zuſ.
supposer mit Konj. 231 A. 2
surseoir 88
sus 23
suspect 21
symptôme 22

t wegfallend vor s 40; t wie ss 18
tabac 21
taire 84
Talleyrand 11 A.
talmud 22
tandis que 23
Tanger 21
taon 4
tant 359; tant soit peu 349 A. 4
Teilungsartikel 93, 276 ff.
tel 341; tel quel 341 A. 3. tel que 232 A.; tel et tel, tel ou tel 341 A. 5
témoin 355 A. 3, S. 112 N. 2
Temporale Konjunktionen mit Konj. 230

Tempus 43; Tempora 220 ff.; Tempusfolge 241
Téniers 22
tenir 81
terminaison S. 41 N. 2
thaler 22
théâtral 125, 2
Thiers 22
Thomas 23
le tien et le mien S. 107 N. 3
tiers 22, 148 A.
tiret S. 26 N. 1
tistre 89
Titel 265, 1
toast 4, 22
tomber 61; mit präd. Nominativ S. 258 N. 1
tonneau, tonne S. 189 N. 1
toujours 137; Stellung 205
tour 114
tourner, se tourner 67, 5
tout 343; tout und cha‍que 345 A. 3; tout Plural 94 A. 1; tous 23; tous deux, tous les deux S. 303 N. 2; tout mit de 211 A. 2; tout vor Städtenamen 344 A. 2; adverbial 344; Stellung 205; tout . . . que 349
tout à coup, tout d'un coup S. 124 N. 6
tout de suite S. 124 N. 4
tout à l'heure S. 124 N. 4
traire 10, 85
trait d'union 33
tranquille 11
transir 16
transit 22

transitif 16
Transitive 45, 211
travail 96 A. 2
Trema 34; auf Verbal‍formen 71 A. 2
très 137, S. 124 N. 3
tressaillir 79
trichine 15
trinken 83
Tripolis S. 240 N. 2
trochée 15
trompette 113, 3
Tunis S. 240 N. 2

über 190
Übereinstimmung von Subjekt und Prädikat 217 ff.
übrigens 137
uhlan, aspiriert 27
ui 40, 4
-uire 84
um nicht nasal 7
um 191
Umschreibung des Futurs 241 A. 1
-un wie on 7
un 146
un 334; Eliſion 27; l'un 334 A. 2; l'un l'autre 336; l'un et l'autre u. a. 218 A. 2
unaufhörlich 142
unbedenklich 143
und nicht überſ. 245 A. 2
Ungleichförmige Verben 46
univers 22
Unperſönliche Verben 45; Particip 258, Zuſ. 1
unter 192
ut 22
Utrecht 21
-uyer 10

v als Stammauslaut 40, 1; v vor Konsonant 40, 1
vacances 100
vaguemestre 24
vaincre 82
Valladolid 21
valoir 86
il vaut mieux 90
vantail 96 A. 2
vapeur 113 A.
vase 114
Vaugelas 23
vedette 38
véhémentement 135 A. 2
vendre 82
vengeur 121 A.
Venedig, Venetien S. 240 N. 2
venir 61, 81; Verbindungen 72 A.; umschreibend 142; venir à u. a. S. 269 N. 3; d'où vient 239 A. 1; s'en venir S 128 N. 2; venir. aller 72 A.
ver 22
Vera-Cruz 22, 261
Verb 43 ff.; Übereinstimmung mit dem Subjekt 217 ff.; Verb der Bewegung zugefügt 245 A. 2; Verb, gleichförmiges, Konjugation 51 ff.; ungleichförmiges 77 ff.
Verbaladjektiv 255
Verben, Einteilung 44 bis 46; Verben, impersönliche 90 f.; Verben, defektive 89; Verben auf cer, ger 68; Verben auf éer 70 A. 1; Verben auf ayer, oyer, uyer 71; Verben mit dem Accusativ 213; Verben mit verschiedener Rektion 214
verbes pronominaux essentiels, accidentels 63 A. 1
Verbundenes Personalpronomen 157 ff.
Verdoppelung des Konsonanten 40, 3 b
vergebens 143
Vergleichungssatz mit Inversion 209, 5
Verkürzung bei Zahlen 147 A., 152 A. 5
vermout 22
Verneinung, Frage, Bedingung S. 216 N. 1
vers 22, 23, 174 A. 3
Verschmelzung zu einem Wort 31
vêtir 80
Vichnou 15
vieillard 117 A. 1
vieillir 62 A. 2
vielleicht 143
vieux 122, 2
vil 11
ville 11
vingt 21, 22, 146
violoniste S. 105 N. 2
vis 23
Visigoth 21
vite S. 130 N. 1
vitrail 96 A. 2
vivat 22
vivre 83; transitiv S. 236 N. 2; vive 228 A. 1
voici, voilà 308 Zus., S. 149 N. 2
voile 113 A.
voir 10, 88; mit Reflexiv 64 A. 2

Vokal, auffälliger, 28; Vokalausfall 28; Vokale 1; reine 2; Mischvokale 2; stumme 4; nasale 6
Vokalisierung des l 40, 6
Völkernamen 32, 6
vollends 143
vollständig 137
volontairement S. 124 N. 1
volontiers S. 124 N. 1
von 193
von bei Superlativ 129
vor 194
votre 21
vouloir 87, 237, 1 A. a; Hülfsverb 60 A. 1
vous Objektsform zu on 284 Zus.
voyager S. 67 N. 2
vrai Adv. 141
vraisemblable 16
vu 257 A. 3, 258 Zus. 2

Wechsel von y mit i 10
Weiblich der Bedeutung nach 107; der Endung nach 110
Weiche Konsonanten 13; weiches x 17
bei weitem 143
nichts weniger als 332 A. 2
wenigstens 137
wenn (durch que) 237, 2 A. 4
werden 81 A.
um die Wette 327 A. 4
whist 22
Wiederholung des Artikels 274; des Personalpronomens 287, 294; des Possessivs 298

Wiederholung von tout 343 A. 3; Wiederholung der Präposition 370; der Intensivadv. S. 119 N. 1
-willer 11
Winde 106, 1, 267, 4
Wissenschaften 107, 3
Witz S. 256 N. 1
Wochentage 106, 2, 269, 2
Wortarten 42
Wortstellung, regelmäßige 202
Wurtemberg 7

x für s 41, 5; Trennung 36, 2; Bindung 26; x in Zahlwörtern 146; x als Pluralzeichen 96; x-Laute 17
Xaintrailles 17
Xercès 17
xylo- 17

y (Buchstabe) 3; y = ii 10; Trennung 10 A. y 286; Wegfall 72; nicht zu setzen 288; pleonastisch 138; von Personen 286 A.; mit doppelter Funktion S. 87 N. 1
yacht 21

z wie s 18
Zahladverbien 150
Zahlen, Abkürzung 37
Zahlsubstantive 151
Zahlwörter 32, 8, 144 ff.
Zeitadverbien, Stellung 205
Zeiten 43, Gebrauch der Zeiten 220 ff.; Zeitenfolge 241
zénith 22
zinc 22
Zischlaut, Plural 95
zu 195
zuerst 142
zufällig 143
zuletzt 142
Zusammengehörige Wörter 26
Zusammengesetzte Substantive 98; zusammengesetzte Adjektive 33, 4. 126
Zusammensetzungen 31, 33, 1, 123, 1; Possessiv in Zusammensetzungen 302
zwar 307 A. 2
zweiter 335 Zus.

J. Bielefeld's Verlag in Karlsruhe.

Plattner, Ph., Übungsbuch zur franz. Schulgrammatik M. 1.20
Elementarbuch der französischen Sprache. Zweite Auflage . . . . M. 1.50
Vorstufe für das Elementarbuch der französischen Sprache . . . . M. —.30
Lehrgang der französischen Sprache für lateinlose Knabenschulen und für Mädchenschulen. I. Teil. M. 2.40
Vorstehende Lehrbücher sind auch in dauerhaftem, solidem Schuleinband zu haben, und zwar das Elementarbuch sowohl einzeln als auch mit der Vorstufe zusammengebunden.

Schmitz-Aurbach, Therese von, Leitfaden der französischen Sprache für höhere Mädchenschulen. Nach der analytischen Methode bearbeitet. Schuljahr I. 30 Pfg., II. 45 Pfg., III. 70 Pfg., IV. 1 M. 50 Pfg. (I.—III. kartoniert, IV. gebunden.)

The Life of Dr. Benjamin Franklin, written by himself, mit einem Wörterbuch zum Schul- und Privatgebrauch von Dr. D. Jüngling. 2. Aufl. . . . . . M. 1.—

Anatomische Schulwandtafeln. 8 Tafeln in Farben auf Leinwand gedruckt und mit Stäben versehen . à M. 6.—
1. Atmungs- und Kreislauforgane des Menschen. 2. Haut des Menschen. 3. Leber des Menschen. 4. Skelett des Menschen. 5. Nervensystem des Menschen. 6. Die Muskeln des Menschen. 7. Die Sinnesorgane des Menschen. 8. Die Verdauungsorgane des Menschen (geöffnete Bauchhöhle). 1—5 von Kreisschulrat L. Keller, 6—8 von Dr. med. R. Zilles bearbeitet.

Corval, Dr. H. Pezet de, Oberstabsarzt a. D., **Gesundheitspflege für Haus und Schule.** Vierte Auflage. M. 1.20

Goethe's Götz von Berlichingen. Erste vollständige Bühnenbearbeitung. Aus der Goethe-Handschrift der Heidelberger Universitätsbibliothek herausgegeben von Dr. **Gustav Wendt**, Direktor des Gymnasiums in Karlsruhe. Zweite Auflage. Geheftet 1 M. 50 Pfg., gebunden 2 M. 50 Pfg.

J. Bielefeld's Verlag in Karlsruhe.

Schulwandkarte von Baden und Württemberg. 4 Blatt. Farbendruck. Maßstab 1 : 200 000. . . . . M. 5.—
Aufgezogen mit Stäben . . . . M. 9.60
Handkarte v. Baden u. Württemberg. In Farbendruck. M. —.20
Kienitz, Dr. Otto, Professor, **Historische Karte von Baden.** In Farbendruck. Maßstab 1 : 400 000. . . . . M. 4.50
Platz, Dr. Phil., Professor, Geologische Skizze von Baden. Mit einer Karte in Farbendruck. Maßstab 1 : 400 000. M. 5.—; Karte allein . . . . M. 4.50
Tritscheler, Ernst Emil, Geographie für Schulen für die Hand der Schüler bearbeitet. I. Heft: Baden. 6. Aufl. II. Heft: Deutschland. 11. Aufl. III. Heft: Europa. 8. Aufl. IV. Heft: Die Elemente der mathematischen Geographie, Menschenarten u. s. w., Asien, Afrika, Amerika und Australien. 6. Aufl. Jedes Heft . . . . . M. —.20
Der Unterricht in weiblichen Handarbeiten nach der Methode der in Karlsruhe stattfindenden Kurse für Ausbildung von Arbeitslehrerinnen dargestellt im Auftrage der Abteilung I. des Badischen Frauenvereins. 3. Auflage. Mit 43 Abbildungen . . . . M. —.90
Wagner, Dr. Ernst, Oberschulrat und **Eyth,** Heinrich, Zeichenlehrer, **Vorlagen aus dem Gebiete des klassischen antiken Ornaments** für den Freihandzeichenunterricht. 80 Blatt. M. 32.— (Erscheint in 4 Lieferungen à 8 M.)
Vischer, A., Hofmaler und Professor, **Leitfaden für den Unterricht der Anatomie und Proportionslehre des menschlichen Körpers.** Mit 63 Abbildungen. Zweite Auflage M. 4.—
Wendt, Gustav, **Die Gymnasien und die öffentliche Meinung.** Zweite Auflage . . . . M. —.80
Klette, R., Baumeister, **Der Bau und die Einrichtung der Schulgebäude.** Mit 52 Abbildungen . . . M. 2.90
Schmölcke, J., Architekt, **Bau und Einrichtung von Turnhallen.** Mit 19 Textfiguren . . . . . . M. —.60

Karlsruhe. Druck der G. Braun'schen Hofbuchdruckerei.

www.ingramcontent.com/pod-product-compliance
Lightning Source LLC
Chambersburg PA
CBHW020239240426
43672CB00006B/575